진리의 탐구 5

주해

나남
nanam

한국연구재단 학술명저번역총서
서양편 473

진리의 탐구 5

주해

2026년 2월 10일 초판 발행
2026년 2월 10일 초판 1쇄

지은이 니콜라 말브랑슈
옮긴이 이충훈
발행자 趙相浩
발행처 (주) 나남
주소 10881 경기도 파주시 회동길 193
전화 (031) 955-4601 (代)
FAX (031) 955-4555
등록 제 1-71호 (1979.5.12.)
홈페이지 http://www.nanam.net
전자우편 post@nanam.net

ISBN 978-89-300-4224-6
ISBN 978-89-300-8215-0(세트)

책값은 뒤표지에 있습니다.

이 책은 2021년 대한민국 교육부와 한국연구재단이 우리 시대 기초학문의 부흥을 위해 펼치는 학술명저번역사업의 지원을 받은 책입니다(2021S1A5A7079632).

한국연구재단
학술명저번역총서
서양편 473

진리의 탐구 5

주해

니콜라 말브랑슈 지음
이충훈 옮김

나남
nanam

De la recherche de la vérité

by

Nicolas Malebranche

일러두기

1. 이 책은 니콜라 말브랑슈(Nicolas Malebranche, 1638~1715)의 첫 번째 책《진리의 탐구》와 이 책에 대한 저자의 주해가 담긴《진리의 탐구의 주해》를 모두 번역한 것이며, 번역의 저본으로는 플레이아드 판(Nicolas Malebranche, Œuvres, t. I, éd. Geneviève Rodis-Lewis, Paris, Gallimard, Bibliothèque de la Pléiade, 1979)을 사용했다.
2. 원문에는 성 아우구스티누스와 성경 등의 문장들이 라틴어로 그대로 삽입되었다. 가독성을 위해 반드시 필요한 경우를 제외하고 원문의 라틴어 인용을 가급적 줄이거나 생략했다.

진리의 탐구 5
주해

차례

주해

머리말

편견과 맞서 싸우는 책들에 일반적으로 가해지는 다양한 판단들을 어떻게 생각해야 하는가

한 책이 세상에 나오게 될 때 그 책의 운명에 대해 누구에게 물어야 할지 아는 사람은 없다. 별들이 그 책의 탄생을 주관하는 것이 아니며, 별들이 그 책에 영향을 미치는 것도 아니며, 누구보다 과감하다는 점성가들이라도 그 책이 어떤 다양한 운수를 겪을지 감히 그 무엇도 예언하지 못한다. 진리가 이 세상 것이 아닌데 천체들이 진리에 어떤 힘을 가질 수 있을 것이며, 또한 진리의 본성은 완전히 정신적인 것이므로 물질이 다양한 배치로 이루어졌다는 사실은 이 물질을 성립하는 데도, 파괴하는 데도 전혀 이바지할 수 없다. 더욱이 동일한 사물들에 대해서도 사람들의 판단은 각자 너무 다르기에, 어떤 책이 다행스러운 성공을 거두리라거나 그렇지 못하리라고 내다보는 것 이상으로 과감하고 무모하게 점쳐서는 안 될 일이다.

그래서 위험을 무릅쓰고 저자가 되려는 사람이라면 누구든지 위험한 일이지만 다른 사람들의 정신 속에서 그들이 온전히 좋아할 존재로 보이도록 해볼까 하는 생각을 동시에 해보는 것이다. 그렇지만 저자들

중에서도 편견에 맞서 싸우는 사람들은 반드시 자기들이 비난을 받게 되리라는 점을 각오해야 한다. 그들의 책은 대부분의 사람들에게 지나치게 어렵고, 설령 이 책들이 적들의 아귀 같은 격노를 벗어난다고 해도 그 책들이 옹호하는 진리 외에는 다른 구원의 방도가 없는 것이다.

지나치게 성급하게 판단을 내린다는 것이 모든 사람이 가진 공통된 결함이다. 누구라도 오류에 쉽게 빠지는데, 바로 그런 결함을 가졌다는 것으로 더욱 오류에 빠지는 것이다. 그런데 성급하게 내린 판단은 항상 편견을 따르게 마련이다. 그래서 편견과 맞서 싸우는 저자들은 틀림없이 과거의 의견들은 어땠든지 묻는 버릇이 든 모든 사람들의 비난의 대상이 된다. 그런 사람들에게 과거의 의견들은 율법과도 같아서 그 율법을 따라 항상 말해야 한다고 생각한다. 결국 독자 대부분은 저자들에 대해 판사가 되는 동시에 일원도 된다. 이 독자들이 저자의 판사가 될 때 그들에게 그런 자격이 있느냐고 의문을 제기할 수 없고, 이 독자들이 저자의 일원이 된다면 저자들이 독자들이 편견에 빠져 있어서 편견에 따라 규범의 권리를 가질 수 있는지, 여러 해 동안 편견에 익숙해졌던 것은 아닌지 불안을 일으키는 까닭이다.

나는 많은 독자들이 공정하고, 선의와 양식을 가졌으며, 간혹 공통된 생각을 따르는 대신 결코 오류에 빠질 수 없는 진리의 규칙들을 따를 만큼 충분히 이성적으로 판단한다는 점을 인정한다. 독자들 중에는 자기 안으로 들어가면서, 모든 문제들의 판단 기준인 내적 진리에 묻는 이들이 여럿이다. 그러나 모든 경우에 내적 진리에 묻는 사람들은 극히 적다. 강력히 집중하고 진정한 판단이 아니면 공언하지 않을 정도로 대단히 충실히 묻는 사람은 거의 없다. 그래서 지나치게 교만하지 않고는 불가능한 일이기는 하지만 편견을 논박하는 책에 비난할 것이 전혀 없다고 가정할지라도 나는 모든 문제에서 이를 전부 승인할 수 있는 한 사람이 있으리라고는 생각하지 않는다. 특히 이 책이 편견들과 싸우고 있다고 하더라도 말이다. 끊임없이 상대편 때문에 모욕을 당하고, 신경이 곤두서 있고, 수모를 겪은 판사가 온전히 정당한 판결을 내리기란, 또한 처음에 과도한 역설이나 우스꽝스러운 거짓추리처럼 보였던 근거들을 자신의 온 힘을 기울여 고려하기란 자연적으로 가능한 일이 아니다.

그러나 한 책에서 마음에 드는 내용을 많이 찾게 될지라도 경악하지 않을 수 없는 몇 가지 내용 역시 찾게 된다면 열에 아홉은 그 책의 나쁜 면에 대해 말하고 종종 좋은 면에 대한 말하는 일은 잊고 만다. 수많은 이기심l'amour-propre의 동기들이 있어서 그것으로 인해 우리 마음에 들지 않는 것이라면 비난부터 하려는 경향이 생긴다. 이 경우에 이성은 근거를 대면서 이런 태도를 정당화하는데, 그러면서 편견을 옹호하고 그 편견들에 맞서는 사람들을 비난하면서 자기가 오류를 비난하고 진리를 옹호하는 것이라고 생각하는 까닭이다.

그래서 편견에 맞서 싸우는 책들에 가장 공정한 판결을 내리는 판사들은 흔히 일반적 판단을 내리게 마련인데, 이런 판단은 그 책들을 썼던 사람들에게 불리하다. 그 판사들은 아마 모 책에는 좋은 점이 있고 저자는 어떤 편견과 맞서 싸우고 있다고 말할 것이다. 그런데 그렇게 되면 그들은 틀림없이 그 책을 비난하는 것이 될 것이고, 저자는 이런 저런 부분에서 문제들을 도가 지나치게 밀어붙이고 있다고 판사로서 단호하고 근엄하게 판결을 내릴 것임에 틀림없다. 이 저자가 독자에게 미리 언질하지 않은 선입견과 맞서 싸울 때 그가 하는 모든 말은 합리적으로 보이지만, 독자가 지나치게 단단하게 연루되어 있는 편견과 싸울 때 저자는 항상 문제들을 과장하게 되니 말이다.

그런데 다양한 사람들이 항상 동일한 편견을 갖는 것은 아니니, 이들이 같은 문제에 대해 내리곤 하는 다양한 판단들을 세심히 수집했다면, 이들의 판단에 따라 이런 유의 책에는 좋은 것도 없지만 동시에 나쁜 것도 없으리라는 점을 알게 될 것이다. 좋은 것이 전혀 없다면 누군가는 승인하지 않는 편견이 없고, 나쁜 것이 전혀 없다면 누군가는 비난하지 않는 편견이 없는 까닭이다.

이런 식으로 이런 판단들이 대단히 공정하게 내려지기에 그 판단들을 사용하여 제 책을 수정해 보겠다고 한다면 비난받을 수도 있는 것이 남을까 봐 모조리 지워야 할 것이고, 승인받을 수도 있는 것이 지워질까 봐 전혀 손을 대지 않을 것이다. 그래서 누구도 경악시키지 않기를 바라는 가련한 저자는 그를 반박하거나 그를 옹호하는 다양한 판단들의 홍수에 빠져 난처한 상황에 놓이게 된다. 그가 끝내 굽히지 않고 자기 생각을 고집스럽게 지킨다는 사람으로 간주될 결심을 하게 된다면 그는 항상 자기모순에 빠지고 말 것이며, 한 민족의 머릿수만큼 다양한 형태를 갖추어야 할 것임이 틀림없다.

그러나 시간이 흐름에 따라 모든 사람을 올바로 평가하게 되고 처음에는 말도 되지 않고 우스꽝스러워 보인 진리가 조금씩 눈에 띄게 된다. 눈을 떠 그 진리를 고려하고 그 진리의 매력을 발견하고 그 진리에 감동하게 된다. 어떤 생각에 충격을 받고 저자를 비난하다가 우연히 그 생각을 승인하는 이를 만나는 경우나, 그와는 반대로 후자라면 이론의 여지 없이 받아들이는 어떤 의견들을 비난하는 이를 만나는 경우가 그러하다.

각자 자기 생각에 따라 말하고 각자 자기모순을 저지른다. 그리고는 다시 자신의 근거들과 타인들의 근거들을 검토한다. 논쟁하고, 열중하고, 주저하며, 아직 검토되지 않은 것에 대해서는 더 이상 쉽게 판단을 내리지 않는다. 그런 뒤 생각이 바뀌게 되어 그 저자가 자기 생각 이상으로 더 합리적이라는 점을 인정하게 되면 간혹 마음속에서 그 생각이 나쁜 점도 있지만 그만큼 좋은 점도 있음을 말하고자 하는 은밀한 성향이 자극된다. 그래서 진리를 강력히 고수하는 자는 처음에 자기가 사람들을 경악하게 하고 우스꽝스러운 사람으로 보이더라도 언젠가 자신이 옹호하는 진리가 사람들의 편견을 물리치리라는 희망을 버리지 않을 것이다.

좋은 책들과 나쁜 책들 사이에, 정신을 환히 비추는 책들과 그저 감각과 상상력이나 즐겁게 해주는 책들 사이에 이러한 차이가 있다. 후자는 처음에 매력적이고 쾌적해 보이지만 시간이 흐르면서 퇴색한다. 반대로 전자는 무언지 모르게 낯설고 불쾌한 데가 있어서 걱정도 되고 괴롭기도 하지만 시간이 흐르면서, 또 사람들이 읽고 성찰함에 따라 그 책들을 즐기게 된다. 흔히 시간은 사물의 가치를 조정한다.

편견들에 맞서 싸우는 책들은 새로운 길을 통해 진리로 이끌게 되므로, 저자들이 기대하는 결실을 얻으려면 다른 책들보다 더 많은 시간이 든다. 이런 유의 책을 쓰는 이들이 전하는 희망을 종종 오해하므로 그 책들을 읽는 사람은 극히 적고, 인정하는 사람들은 훨씬 더 적고, 읽었든 읽지 않았든 거의 대부분이 비난한다. 가장 많은 이들이 지나다

녀 다져진 길이 우리를 가고자 의도하는 곳으로 데려가지 못한다고 확신하더라도 지나다녔다는 자취가 없는 곳으로 들어갈 때 두려움을 느끼게 되므로 우리는 감히 그리로 접어들지 못하는 것이다. 길을 가는데 눈을 내리깔고, 먼저 갔던 사람들 뒤를 맹목적으로 따라가고들 한다. 무리지어 있을 때는 기분 전환도 되고 위로도 된다. 무슨 일을 하는지 생각하지 않고, 어디로 가는지 보지도 못하고, 심지어 가려고 했던 곳을 자주 잊기도 한다.

사람들은 사회를 이뤄 살기 위해 태어났다. 그러나 사회를 유지하는 데는 같은 언어를 말하는 것으로는 충분하지 않고 같은 말langage을 써야 한다. 어떤 이들을 다른 이들처럼 생각하고, 모방을 통해 행동하듯이 의견을 갖고 살아야 한다. 타인의 감정을 이해하고, 우리에게 말하는 사람들의 상상력의 풍모나 감각적 자극을 통해 설득될 경우에는 신체의 이익과 재산 취득의 주제를 편안하고 즐겁고 확신을 갖고 생각한다. 하지만 내면의 진리만을 듣고, 감각의 편견은 편견으로, 검토도 하지 않고 받아들인 의견은 의견으로서 모멸에 차 혐오스럽게 전부 거부하는 것은 대단히 힘든 일이며 재산을 큰 위험에 빠뜨리는 일이다.

그래서 편견을 공박하는 책의 지은이들이 이로써 존경받는 인물이 되고자 한다면 잘못 생각하는 것이다. 아마 그들이 성공한다면, 적은 수의 학자들은 먼저 그들의 책을 가루가 되도록 논박한 뒤에 괜찮은 몇 마디 말을 덧붙이겠지만, 그들은 아마 대부분의 사람들에게 평생 무시되고, 대단히 현명하고 대단히 온건하다고들 인정하는 사람들에게조차 경멸받고 비방을 받고 박해를 받을 것이다.

사실 다른 사람들처럼 행동하지 않는 이들을 종종 변덕스럽고 이상한 사람이라고 비난할 수 있는 만큼 우리와 함께 살아가는 사람들처럼 행동하지 않을 수 없게 만드는 근거들은 대단히 많으며, 또 대단히 강력하고 타당하다. 편견과 싸우는 이들이 있다는 점을 불만스럽게 생각하는 것은 행동과 사유를 충분히 구분하지 못하고 있기 때문이다.

시민 사회의 규칙들을 유지하는 데는 자기가 살아가는 고장의 의견과 관습에 겉으로만 순응하는 것으로는 충분하지 않다. 시민 사회가 결합하는 데 의견과 관습만 한 진리가 없으니 모두들 공유하고 있는 생각들을 검토하는 일은 만용이며 진리에 묻는 일은 애덕을 끊는 일이라고 주장들을 한다.

아리스토텔레스는 모든 대학에서 진리의 규범처럼 받아들여진다. 아리스토텔레스는 오류를 절대 범하지 않기라도 하듯 인용하는 것이다. 아리스토텔레스가 제시한 내용을 부정하는 것은 철학의 이단이나 다름없다. 한마디로 말해서 아리스토텔레스를 자연의 천재로 숭배하는 것이다. 이 모든 것에 더해 아리스토텔레스의 자연학을 가장 잘 아는 사람들은 그 무슨 이유도 설명하지 않고 아무것도 확신하지 않는다. 철학을 하지 않는 학생들은 재사들 앞에서 자기들이 배운 것을 감히 말하지도 못한다. 아마 이 내용으로써 이 점을 성찰하는 사람들이 이런 유의 연구에 대해 생각해야 하는 것이 충분히 이해될 것이다. 이 성적이 되기 위해 잊어야 하는 교의는 충분히 견고해 보이지 않으니 말이다.

그런데 대단히 기이한 행동을 용인하는 근거들이 잘못되었음을 깨닫게 하고자 했다면 만용에 사로잡힌 사람이라고 볼 것이다. 또한 대중을 잘못에서 깨울 정도로 능숙한 사람이라면 그것으로 이득을 보는 사람들과 틀림없이 서로 이득을 도모할 것이다.

모르는 것을 알려면 알고 있는 것을 사용해야 하고, 프랑스 사람이 독일어를 배우는데 독일 시로 문법을 가르치는 것은 프랑스 사람을 놀리는 일이라는 것이 명백하지 않은가? 그런데 아이들에게 라틴어를 가르치는데 데스포테르1의 라틴어 시를 쥐어준다. 그보다 쉬울 수 없는 것들을 이해하는 데도 어려워하는 아이들에게 어느 면으로 보나 난해한 시들을 말이다. 이런 관례는 명백히 이성에 반反하는 것은 물론 경험에도 반하는 것으로, 이런 이유로 아이들은 아주 오랫동안 라틴어를 제대로 배우지 못하는 것이다. 그렇다고 이를 트집 잡는 일은 무모한 일이다. 한 중국인이 이 관례를 안다면 웃음을 참지 못할 것이다. 우리가 사는 지구의 이곳에서는 가장 현명하고 가장 박식한 사람들도 이를 인정하지 않을 수 없다.

대단히 거짓되지만 대단히 형편없는 편견들이며, 대단히 비이성적이지만 대단히 일관적으로 실천되는 관습의 옹호자들은 대단히 많다. 어떻게 근거들을 따를 것이며, 순전히 공론에서 나온 편견들과 싸울 자 누구인가? 아이들에게 제공하는 학습이 가장 훌륭한 것이 아니라는 점을 아는 데 대단한 주의를 기울일 필요도 없다. 그런데 이 점을 인정들을 하지 않는다. 의견과 관습이 이성과 경험보다 우세한 것이다. 그러므로 무수히 많은 편견들을 뒤엎는 책들이 많은 부분에서 가장 현명하고 가장 박식하다고들 하는 사람들의 비판을 받지 않으리라고 어

---

1 [옮긴이] Jean Despautère (라틴어 명 Johannes Despauterius). 네덜란드의 라틴어 문법가로 루뱅대학에서 공부한 뒤 그곳에서 가르쳤다.

떻게 확신할 수 있을 것인가?

사교계에서 가장 양식 있고 가장 능숙하다고들 하는 사람들은 좋은 책이며 나쁜 책들을 가장 많이 연구한 이들이다. 다른 사람들보다 더 탁월한 기억력이며 더 날카롭고 더 폭넓은 상상력을 가진 이들인 것이다. 그런데 이런 유의 사람들은 흔히 무엇이든 신속하게 검토도 하지 않고 판단한다. 자기들 기억에 묻는 것이며, 거기서 깊이 성찰하지 않고 따르는 편견이나 법칙을 발견한다. 자기들이 다른 이들보다 더 능숙하다고 믿으므로 자기들이 읽는 것에 주의를 기울이지 않는다. 그래서 종종 맞서 싸웠던 어떤 편견들이 잘못된 것임을 여성과 아이들이 더 잘 인정하는 일도 다반사이다. 그들은 검토하지 않고는 감히 판단하지 않고, 자기들이 읽은 것에 가능한 모든 주의를 집중하니 말이다. 반대로 학자라는 사람들은 자기 의견에 강력하게 묶여 있는데 다른 사람들의 의견이 자기들의 의견과 완전히 모순될 때 힘들게 반대 의견을 검토하는 일이 없는 까닭이다.

상류사회에 있는 사람들은 하도 많은 문제들에 엮여 있으니 제 자신 속으로 쉽게 들어가 볼 수 없고 사실과 사실임 직한 것을 구분할 수 있는 주의를 충분히 기울일 수 없다. 그럼에도 그들은 어떤 편견들도 극단적으로 중시하지 않는데, 상류사회에 꼭 붙어 있으려면 진리며, 사실임 직한 것에 집착해서는 안 되기 때문이다. 겉에 보이는 겸허나 예절 및 외면에 나타난 절도는 모든 사람에게 사랑받는 품성으로, 대단히 오만하고 야심으로 가득 찬 사람들 사이에서 사교계를 유지하는 데 이런 품성은 반드시 필요하다.

사교계 사람들은 아무것도 단언하지 않고 어떤 것도 이론의 여지가 없는 것으로 믿지 않는 태도를 미덕이자 공덕으로 갖는다. 세상 모든 문제들을 의심스럽게 보고 그보다 성스러울 수 없는 진리들을 자유분방하게 말함으로써 고집쟁이로 비치지 않는 것이 유행이었고, 앞으로도 계속 그럴 것이다.

지금 내가 말하는 사람들은 어떤 것에도 집착하지 않고 자기 재산이 아니면 주의를 기울이지 않으므로 유행이 정당화해 주는 것보다 그들에게 더 편리하고 더 합리적 결정disposition으로 보이는 것이 없다. 그래서 편견과 맞서 싸우는 사람들은 한편으로는 사교계 사람들의 교만과 무위無爲를 미화하면서 입회를 허락받지만, 그들이 어떤 것을 이론의 여지가 없는 것으로 확신하고 종교의 진리와 기독교 도덕을 펼치고자 한다면 고집쟁이며, 어떤 위험을 피하려다 다른 위험에 빠지는 사람들로 간주된다.

내가 보기에 방금 말한 것으로 여러 사람들이《진리의 탐구》에 목소리를 높여 반대했던 상이한 의견들에 내가 어떻게 답할 수 있을지 충분히 판단할 수 있을 것 같다. 나는 누구든 유용하고 어려움 없이 답하도록 노력할 마음은 없다. 그렇게 노력할 사람은 없으리라는 것을 알기 때문이다. 하지만 할 수 있는 만큼 내 의견을 해명했다면 아마 나는 내 자신을 책망할 것 같다.

그러므로 나는 책들을 자연스럽게 판단해 주시는 주의 깊은 독자들에게 내 권리를 맡기는 것이다. 나는 그분들에게 이 책 머리말 및 다른 곳에서 이미 드렸던 다음의 부탁을 기억해 주십사 간청한다.

"진지하게 주의를 기울여 모든 인간의 유일한 주인께 묻고, 그다음에 주께서 보내 주시는 명석판명한 답변에 따라서만 내 생각을 판단하겠다는 것" 말이다. 그분들이 내 책《진리의 탐구》라는 책에 들어 있다고 믿는 것을 그것이 단호한 법칙이라도 되듯 자기들의 편견에 묻는다면, 나는 내 책이 이 법칙들의 거짓과 불의를 알려주기 위해 일부러 쓴 것이니 대단히 나쁜 책임을 인정한다.

주의사항

다음에 이어지는 주해들은 내가 수행했던 것 이상으로 중대한 진리들을 더 개별적으로 설명해 주었으면 했던 몇몇 분의 바람에 부응하여 쓴 것이므로 내가 하게 될 말을 명확히 이해하려면 내 책《진리의 탐구》에서 제시했던 원칙들의 지식이 다소 필요하다. 그래서 이 고찰을 전심을 다해 읽기보다는 그에 앞서 그 고찰을 위해 쓴 책 전체를 주의 깊게 읽는 것이 적절하다. 여백에 적힌 내용이 원래 해당 부분을 가리키고 있음을 알아가면서 두 번째 독서에서야 그 고찰을 읽어야 한다.

내가 제시한 이 의견은 똑똑한 사람들에게만 절대적으로 필요한 것이 아니다. 나는 이 주해들을 이를 붙이게 되었던 책과 아무런 관계가 없기라도 한 것처럼 이 내용을 읽을 수 있는 방식으로 쓰고자 노력했기 때문이다.

나는 진리란 흔히 세상 일 중에서 우리가 최소한의 노력만을 기울이는 것임을 알고 있다. 보통 서로 연관을 맺고 있는 한 책의 모든 부분들을 꼬박꼬박 비교하면서 읽지는 않는다. 흔히 문제들을 계속 이어 읽고 그중 취할 수 있는 부분을 취하는 것이다. 그래서 사람들의 이런 성향에 맞추기 위해 나는 이 고찰들과 이어지는《진리의 탐구》의 대목들의 기억을 잊었던 사람들도 이해할 수 있도록 쓰고자 노력했다. 그렇지만 이 주해를 세심히 노력하여 검토하지는 않을 분들께서는 이해하지 못했을 때 끌어낼 수 있는 거짓되고 터무니없는 귀결에 따라 비난은 말 것을 부탁드린다.

내가 이런 부탁을 드리는 데는 이유가 있다. 독자 여러분들이 물론 내 책을 심판하시는 분들이기는 하지만 내 말을 이해하지 않고 비난부터 하지 말 것을 요구할 권리가 내게는 있을 뿐 아니라, 지금 당장 설명할 필요는 없는 다른 근거들도 있기 때문이다.

첫 번째 주해

신은 정신의 운동과, 그 운동을 결정하는 과정에서 실재하는 모든 것을 지었으나, 원죄까지 지으신 분이 아니다. 신은 사욕의 감정에서 일어나는 실재하는 모든 것을 지었으나, 우리의 사욕까지 지으신 분이 아니다.

몇몇 사람들은 내가 정신과 물질의 비교를 지나치게 일찍[1] 중단했다고 주장하고, 정신과 물질을 비교하는 것 이상으로 신이 정신에 가한 자극을 강력히 규명해 주는 것이 없다고 생각한다. 그들은 가능하다면 우리가 죄를 지을 때 신이 우리 안에 지으신 것과 우리가 스스로 만든 것을 설명해 주기를 바란다. 내 설명으로는 인간이 스스로 새롭게 변모할 수 있다는 데 동의하거나 신이 원죄를 지으신 분이라는 점을 인정하지 않을 수 없으리라는 것이다.

나는 신앙과 이성, 그리고 내 스스로 갖는 내적 감정으로 인해 그 비교를 멈춘 곳에서 비교를 끝낼 수밖에 없다고 답변한다. 나는 모든 점에서 내가 내 안에 결정의 원리를 갖고 있으며, 물질은 같은 원리를 갖추지 않았다고 믿는 근거를 갖고 있음을 확신하는 까닭이다. 이 점은 이후에 증명할 것이다. 그런데 우리가 죄를 지을 때 신이 우리 내부에

---

1 1권 1장.

만드신 것과 우리 스스로 만드는 것이 각각 다음과 같다.

첫째, 신은 끊임없이 또한 난공불락의 자극으로 우리를 보편선普遍善을 향해 몰아간다. 둘째, 신은 어떤 개별선個別善의 관념을 우리 머릿속에 떠오르게 하거나 그 관념을 부여한다. 마지막으로 신은 그런 개별선에 우리가 끌리게끔 한다.

신은 끊임없이 우리를 보편선을 향해 몰아간다. 신이 우리를 만드셨고 자신을 위해 우리를 보존하시기 때문이다. 신은 우리에게 좋은 모든 것을 사랑하기를 바라신다. 신은 최초의 동기이자 더 정확히 말하자면 유일한 동기가 된다. 마지막으로 이 점은 내가 다른 곳에서 이미 말했던 수많은 내용으로써 명확한 것이며, 내 말을 들은 사람들은 이 점에 동의할 것이다.

신은 우리에게 개별선의 관념을 제시하거나 개별선의 감정을 우리에게 전한다. 우리를 환히 비추시는 이는 그분뿐이니 말이다. 우리 주변의 물체들은 우리 영혼에 결코 작용할 수 없으며, 우리는 우리의 빛이 아니고, 우리 자신의 지복인 것이 아니다. 나는 제 3권 및 다른 곳에서 이 점을 아주 상세하게 증명했다.

마지막으로 신은 그런 개별선에 우리가 끌리도록 한다. 신은 우리가 선한 모든 것에 끌리도록 하므로, 개별선을 지각하도록 하거나 우리 영혼에 그것의 감정을 마련할 때 신이 우리를 개별선에 끌리게 하는 것은 필연적 귀결과 같다고 하겠다. 이상이 우리가 죄를 저지를 때 신이 우리 안에 만드는 모든 것이다.

그런데 개별선이 모든 선을 포함하는 것이 아니고, 정신은 명석판명한 시선으로 개별선이 모든 선을 포함한다고는 믿을 수 없으므로 신은 이 개별선의 사랑에 필연적으로도, 저항할 수 없게도 끌리게 하지 않는다. 개별선에 집중하느냐는 우리의 자유이고, 우리에게는 더 멀리 나아갈 수 있는 힘이 있음을 느낀다. 한마디로 말해서 보편선으로 이끄는 자극, 혹은 다른 사람들처럼 말해 보자면 우리의 의지는 이 개별선에 필연적으로든 강요에 의해서든 멈춰 설 필요는 없는 것이라고 느끼는 것이다.

그러므로 다음이 죄악을 범한 자의 행동이다. 그는 멈춰 서서 움직이지 않는다. 그는 신의 자극을 전혀 따르지 않고 아무것도 하지 않는데, 죄악은 무無이기 때문이다. 죄인이 지켜야 하는 중대한 규칙은 그가 할 수 있는 만큼 자유를 사용하는 것이며, 그는 마음속에서 개별선에 멈춰 서서는 안 된다는 명령에 저항하고 있다고 확신할 경우 어떤 선에도 멈춰 서서는 안 된다는 점을 알고 있다. 죄인이 자기 이성의 빛으로 이 규칙을 발견하지 못한다고 해도 적어도 자기 내면의 양심의 비난을 들으면서 이 점을 알게 된다.

그러므로 그는 보편선을 향해 수용한 자극을 따르고, 그가 누리고 있는 것과, 단지 그가 사용하고 있는 것과는 다른 선을 생각해야 할 것이다. 그가 누리는 선과는 다른 선들을 생각하면서 그의 내부에 그의 사랑이 새로운 방향을 향하도록 자극하고, 이런 새로운 방향들을 향하는 데 동의하면서 자신의 자유를 사용할 수 있다. 그런데 신이 그에게 마련한 보편선을 향한 자극을 통해 그는 지금 누리는 선과는 다른 선을 생각할 수 있다. 난점은 정확히 그곳에 있다.2

---

2 [옮긴이] 여기서 난점이란 인간의 자유가 의지의 결정의 비기회원인을 구성하고,

우리가 대상들을 사유하고자 하자마자 그 대상들의 관념이 우리 정신에 떠오른다는 것이 자연의 법칙이다. 그러기 위해서는 우리의 사유 능력이 우리 신체 내부에서 무엇인가 일어나는 경우에 우리가 수용하게 되는 강렬하고 모호한 감정으로 채워져서는 안 된다. 그런데 우리는 만물을 생각하고자 '의지'할 수 있는 것이, 우리를 선을 향하게 만드는 자연적 자극이 우리가 사유할 수 있는 모든 선으로 확장되기 때문이다. 우리는 항상 만물을 '사유'할 수 있는데, 그것은 만물의 관념들을 포함하는 선과 결합되어 있기 때문이다. 나는 이 점을 다른 곳에서 증명했다.[3]

우리가 모든 존재들의 관념을 포함하는 이성과 결합되어 있으므로 이미 멀리서 보고 있는 것을 가까이서 고려'하고자' 할 수 있음이 사실이라면, 자연의 법칙들 덕분에 우리가 원하자마자 관념들이 우리에게 다가오는 것이 사실이라면 다음과 같은 결론을 내릴 수 있다.

첫째, '우리 결심의 원칙은 우리에게 있다.' 개별 관념들의 실재적 현전은 보편선을 향하도록 하는 우리의 운동의 방향을 적극적으로 개별선을 향하도록 결정하며, 우리가 아무런 일도 하지 않을 때 우리의 자연적 사랑을 자유로운 사랑으로 바꾸게 된다. 개별선을 보고 동의하거나 아무 일도 하지 않을 때 우리로서는 전혀 실재적이지 않고 적극

사랑 혹은 의지를 가로지르는 비인칭적인 힘에 모순되지 않기 때문에 환상이 아니라 그 자유를 긍정하는 것이다. 자유로부터 '진실하고 실제적'이지만 어떤 물리적인 유효성도 없는 힘을 만드는 것, 모든 유효성이 신에 머물기에 이런 것이 주해 1의 목적이다.

3 제 3권 2부 6장 '우리는 신의 내부에서 모든 것을 보게 된다'를 읽어볼 것.

적이지도 않다. 나는 나중에 이 문제를 설명할 것이다.

둘째, '우리 결심의 원칙은 개별선의 관점에서 보았을 때 항상 자유롭다.' 우리가 개별선에 끌리는 사랑은 저항할 수 없는 것은 아니다. 개별선을 그 자체로 검토할 수 있고, 지고한 선에 대해 갖는 관념이나 다른 개별선들과 비교할 수 있으니 말이다. 그래서 우리 자유의 원리는, 우리는 신을 위해 태어났고 우리가 신과 결합되어 있으므로 언제나 진정한 선, 혹은 우리가 현재 생각하는 것과는 다른 선을 생각할 수 있다는 데 있다. 우리는 언제나 동의를 중단할 수 있고, 우리가 누리는 선이 진정한 선인지 아닌지 진지하게 검토할 수 있다.

그럼에도 나는 우리 감정이 우리 정신 능력 전체를 차지하는 것은 아니라고 가정한다. 내가 말하고 있는 자유를 벗어나려면 신이 우리를 저항할 수 없이 개별선의 방향으로 이끌어서는 안 될 뿐 아니라 우리가 현재 사랑하는 것과 다른 것을 사랑하기 위해서 우리를 보편선을 향하도록 하는 자극을 사용할 수 있어야 하는 까닭이다. 그런데 우리가 사유할 수 있는 대상들만을 사랑할 수 있고, 지나치게 강렬한 감정을 일으키는 것과는 다른 대상들을 사랑할 수 없을 테니, 우리가 우리 신체에 종속되었다는 점 때문에 우리의 자유는 감소되고, 많은 경우에 자유를 사용할 수 없기까지 한다. 그런 식으로 우리의 감정은 관념을 지우고, 우리는 신체와 결합되어 있어서 오직 그러한 결합을 통해 자기와 관련된 것을 볼 수 있는데 이런 까닭에 우리가 신과 맺는 결합이 약화되어 만물이 우리 앞에 현전하지 못하게 된다. 그때 정신이 결정의 원칙을 완벽하고 자유롭게 보존하고자 한다면 모호한 감정들이 작용하여 분할되어서는 안 된다.

이 모든 것을 통해 알 수 있듯, 신은 죄를 만들지 않았으며, 인간은 스스로 새로이 변화하지 못한다는 것이 명백하다. 신이 죄를 만들지 않았다는 것은 죄를 짓거나, 개별선에 머무르는 사람에게 끊임없이 더 멀리 나아가기 위한 운동을 새기는 까닭이다. 그 운동으로 인해 신은 다른 것을 생각할 수 있고, 현재 자신의 사유와 자신의 사랑의 대상인 선과는 다른 선을 향하도록 하는 힘을 부여하며, 후회가 일어나 불안해하지 않고는 사랑의 대상을 사랑하지 않도록 명령하고, 이성이 가하는 내면의 비난을 통해 끊임없이 그에게 이 점을 일깨우는 것이다.

어떤 의미로 본다면 죄악의 대상이 죄인에게 선으로 보인다면 신은 그에게 그 죄악의 대상을 사랑하게끔 한다는 것도 사실이다. 거의 대부분의 신학자들이 말하듯이 죄악에서 물질physique, 행위, 운동에 대한 모든 것은 신에서 왔으니 말이다. 그런데 이런 피조물들이 우리에게 선하게 보인다는 것은, 다시 말하자면 우리 내부에서 작용할 수 있고, 우리를 행복하게 해줄 수 있게 보인다는 것은 우리 정신이 잘못된 판단을 내리기 때문일 뿐이다.

한 사람의 죄악은 모든 개별선들을 지고한 선에 관련시키지 않아서, 더 정확히 말하자면 개별선들에 있는 지고한 선을 사랑하지 않는 것에서 비롯된다.[4] 그래서 그는 자신의 사랑을 신의 의지, 혹은 본질적이고 필연적인 질서에 따라 조정하지 않는다. 모든 사람들은 신과 더 밀접히 결합해 있을수록, 감각과 정념의 자극에 덜 민감할수록 그만큼 더 그 질서를 더욱 완벽하게 알고 있는데, 우리 감각은 신체에 영혼을 퍼

---

4 내 생각을 명확히 설명한 제 6권 2부 3장에서 끝까지를 대상으로 한 주해를 참조.

뜨리고, 정념은 말하자면 영혼을 우리를 둘러싸고 있는 것으로 이동시키므로 그것이 우리를 꿰뚫고 우리를 가득 채우는 신의 빛에서 멀어지게 만든다.

또한 인간은 자기 실체를 물질적으로 변형시키거나 변화시키는 새로운 변형을 스스로 마련하지도 못한다. 신이 끊임없이 우리 안에 새기는 사랑의 운동은 우리가 실제로 사랑하거나 사랑하지 않더라도, 그러니까 내 말은 사랑의 이런 자연적 운동이 우리 정신에 있는 어떤 특별한 관념으로 인해 방향이 정해지거나 정해지지 않아도 증가하거나 감소하지 않는다는 것이다. 신체의 운동은 정지하면서 멈추지만 이 사랑의 운동은 선을 소유하게 되었다고 해도 멈추는 법이 없다.

필경 신은 똑같은 힘으로 계속해서 우리를 그에게 향하도록 한다. 신은 우리가 가능한 만큼 보편선을 향하도록 한다. 우리 의지 혹은 의지하려는 자연적 능력은 항상 정확히 동일하므로 우리는 항상 똑같이 보편선을 향해 나아갈 수 있다. 그래서 우리를 선을 향하도록 만드는 자극 혹은 자연적 능력은 결코 증가하지도 감소하지도 않는다.

나는 선을 향한 자극이나 자연적 운동이 이렇게 일정하다는 데 대한 명확한 관념도 없고 심지어는 내적 감정도 없다는 사실을 인정한다. 그러나 내가 다른 곳에서 증명했듯이[5] 우리는 우리 자신을 '관념'을 통해 아는 것이 아니고, 우리가 가진 능력이 실제로 활동하지 않을 때 그 능력이 있음을 느끼지도 않는다. 심장의 열熱과 박동이 전혀 느껴지지 않는 것처럼, 우리 내부에 있는 자연적이고, 일상적이고, 항상 동일한

---

5 제 3권 2부 7장 4번과 이 문제를 다루는 주해를 참조.

것으로 존재하는 것은 우리에게 느껴지지 않는 법이다. 우리의 습관조차 느끼지 못한다. 아울러 우리가 신의 사랑이나 분노를 받을 자격이 있는지 느끼지 못하는 것도 같다.[6]

아마 우리 내부에는 우리가 전혀 모르는 무한한 능력이나 기능이 있는 것인지 모르겠다. 우리 존재의 모든 것에 대한 것이 아니라, 단지 지금 우리 내부에서 일어나는 모든 것에 대한 내적 감정만이 있을 뿐이니 말이다. 우리가 고통을 느낀 적이 없었고, 개별선을 욕망한 적도 없다면 우리 자신의 내적 감정만으로는 우리가 고통을 느낄 수 있을지 그러한 선을 의욕할 수 있을지 알아낼 수 없을 것이다.

우리가 더 이상 느끼지 않는 것을 느끼고 더 이상 어떤 움직임도 느끼지 않는 정념에 자극될 수 있는지 알 수 있게 해주는 것은 우리의 기억이지 우리의 내적 감각이 아니다. 그래서 신이 비록 방식은 아주 다르다 하나, 언제나 고른 힘으로 계속해서 자신을 향해 이끌 수 있으며, 우리 영혼에 의욕의 고른 힘이나 동일한 의지를 계속해서 보존하고 있음을 그 어떤 것으로도 우리는 믿지 않을 수 없다. 신은 일반적으로 취한 물질 전체에서 힘의 고른 양이나 동일한 몫의 운동을 보존한다. 그러나 설령 이 점이 확실하지 않더라도 나는 우리 영혼의 자연적 운동의 증가 및 감소가 우리에게 달린 것이라고 말할 수 있다고는 생각하지 않는다. 우리가 자신의 의지의 폭의 원인일 수도 없고, 우리가 바란다고 행복해지는 것도 아니니 말이다.

내가 앞에서 언급한 것에 따라 신은 우리 영혼의 개별적 운동 방향

---

6 Nemo scit utrum amore, vel odio dignus sit.(Eccl, IX, 1)

을 정할 때 사용되는 실재적이고 확실한 모든 것을 만들고 보존도 한다는 점 또한 확실하다. 보편선을 향하려는 우리의 운동을 개별선을 향하게끔 결정하는 것이 바로 이것이다. 하지만 이런 결정이 극복할 수 없는 방식으로 이루어지는 것은 아닌데 우리에게는 더 멀리까지 나아가는 움직임이 있으니 말이다. 그래서 우리가 죄를 지을 때 하게 되는 모든 일이 그럼에도 우리가 행할 수 있는 전부는 아니다. 모든 선을 포함하는 자를 향해 자연적으로 자극을 받기 때문이며, 그 자극이 우리에게 그런 힘을 주는 것이다.

우리가 우리 속에 모든 것을 만든 자와 결합할 때 얻는 역량이 없다면 우리로서는 아무것도 할 수 있는 일이 없다. 행복하기를 바라지 않거나 보편선을 향한 자극을 받지 않았다면 어떤 개별선도 사랑할 수 없으리라는 것이 내게 명백하게 보인다.

그런데 우리로 하여금 죄를 범하게 만드는 것은 주로 선을 구하고 이를 검토하도록 우리가 받은 운동을 더 이상 사용하지 않고, 우리에게는 그저 쓰임새에 불과해야 할 향유에 머무르기 때문이다. 향유하면서 즐거움을 느끼지만 검토하는 데는 수고를 들여야 하므로 검토하는 것보다 향유하는 것을 더 좋아하니 말이다. 그런데 면밀히 주의를 기울인다면 우리에게는 말하자면 우리 안에 작용하는 신의 행동을 타락시키는 원인이 되지만 그럼에도 신의 행동을 아예 없앨 수는 없는 검토나 연구의 결함과 중단을 제외하고는 실재하는 것이란 아무것도 없음을 알게 될 것이다.

그러니 죄를 짓지 않을 때 우리는 무슨 행동을 하는가? 그때 우리는 신이 우리 내부에서 행하고 있는 모든 것을 행하는 것이다. 신이 진정한 선을 얻도록 우리에게 새긴 사랑을 개별선이나, 더 정확히 말해서 거짓된 선이라고 우리가 제한하지는 않는다. 죄를 지을 때 우리는 무슨 행동을 하는가? 아무 행동도 하지 않는다. 저항할 수 없는 자극으로써 신이 우리에게 사랑하지 말도록 하는 거짓 선을 우리는 사랑하며, 더 이상 진정한 선을 구하지 않고 신이 우리 내부에 새긴 움직임을 쓸모없게끔 만들어 버린다. 우리는 계속 멈춰서 있고 계속 정지해 있을 따름이다.

분명 그것도 행위를 통한 것이기는 하다. 그러나 그 행위는 우리 실체에서는 물질적인 것을 전혀 산출하지 않는 내재적 행위, 이 경우에는 우리 내부에 진정한 원인에서 비롯하는 어떤 물질적 결과를, 관념을, 새로운 감각작용을 요구하지 않는 행위, 그러니까 한마디로 말해서 보편적 원인이 아무것도 하지 않으며, 그것에 아무것도 시키지 않는 행위이다. 그것의 정의는 빼고 말하는 것인데 신체의 정지처럼 영혼의 정지는 자연적인 힘이나 효력을 전혀 갖지 않기 때문이다.

그런데 오로지 개별선만을 사랑하거나 질서를 거슬러 사랑할 때 우리는 신에게서 그 개별선을 그대로 무시해 버렸다면 받았을 만큼의 사랑의 자극을 받는 것이다. 더욱이 우리의 동의와 관련해서 이렇게 개별적이고 자연적으로 방향을 결정해 버리는 일이 반드시 필요한 것도 아니고 이에 저항할 수 없는 것도 아니지만 신은 이 또한 우리에게 마련하셨다. 그러므로 우리가 죄를 지을 때 우리는 내부에서 새로운 변형을 전혀 산출하지 않는 것이다.

그러나 나는 우리가 죄를 짓지 않고 유혹에 저항할 때 이런 의미에서 어떤 새로운 변형을 제 자신에게 마련하는 것이고, 우리를 시험에 들게 하는 거짓 선과는 다른 것들을 현실적으로 또 자유롭게 사유하기를 원하는 것이고, 그런 거짓 선을 향유하면서 계속 정지해 있지 않기를 바라는 것임을 인정한다. 그러나 우리는 신이 우리 내부에 보편선을 향하게끔 하려고 새긴 움직임을 통해서만, 한마디로 말해서 은총으로 구원된 우리의 의지, 즉 빛으로 환히 밝혀지고 선행적 희열délectation prévenante이 충동한 우리 의지를 통해서만 추동된 우리의 의지로써만 행복하고자 하므로 그런 거짓 선을 원하지 않는다.

결국 다양한 것들을 의지하는 것은 자기 자신을 상이하게 변형시키는 일이라거나, 내가 정지 혹은 연구와 검토의 자유로운 중단이라고 간주한 우리의 다양한 동의들을 물질적 실재réalités physiques라고 가정하면 나는 이런 의미에서 정신은 행복하고자 하는 행동이나 욕망을 통해 다양하게 변형될 수 있으며, 이런 의미에서 정신은 진정한 역량을 가졌다[7]는 점에 동의하는 것이다. 그러나 내가 보기에는 악에의 동의보다 선에의 동의가 더 큰 실재를 갖는 것이 아니고, 실제 판단의 결과인 동의는 올곧고, 거짓 판단에 의존하는 동의는 조정되고, 우리 동의들의 양상은 오직 대상들에서 벗어나는 것 같다.

신 안에서의 영혼의 정지가 정의로운 것은 그것이 진정한 선이고, 행복의 진정한 원인인 까닭이다. 마찬가지로 피조물에 영혼이 정지할 때 이것이 규칙을 벗어난다는 것은 어떤 피조물도 행복의 진정한 원인이 아니기 때문이다. 그런데 나는 우리의 정지가 규칙을 벗어나거나 벗어나지 않았다면 우리를 정의로운 사람이나 죄인으로 만들지만, 그

---

7 《아르노 씨에 대한 답변》의 2권 412쪽 이하를 참조.

자체로 우리 영혼의 실체를 물질적으로 변화시킨다고는 보지 않는다.

내게는 이것이 모순처럼 보이고, 그래서 신은 자기 피조물에게 진정한 역량을 줄 수 없거나 그 역량을 어떤 물질적 실재의 원인으로 확립하는 것 같다. 내 생각에 보존이란 그저 연속된 창조일 뿐임이 확실한데, 자신이 원했던 것을 계속 의지하는 신의 한결같은 의지에 다름 아니기 때문이다. 이는 신학자들의 공통된 생각이다. 예를 들어 어떤 물체가 존재한다면 그것은 신이 그 물체가 존재하기를 바라기 때문이고, 그 물체가 이곳에도 있고 다른 곳에도 있기를 바란다면 신은 그 물체를 어디에서도 창조할 수 없기 때문이다.

예를 들어 신이 그 물체를 이곳에 창조한다면 어떤 피조물이 그것을 떼어다가 다른 곳에 둘 수 있다고 생각할 수 있을까? 신이 그 물체를 동시에 다른 곳에 창조하고자 하여, 피조물이 이를 할 수 있다는 의미에서 신의 전능의 몫을 피조물에게 떼어주려는 것이 아니라면 말이다. 이런 일이 가능하거나 형이상적 모순이 포함되지 않는다고 가정할지라도, 신에게 불가능한 것은 오직 그것뿐이다. 이성이나 종교의 어떤 원인이 피조물들의 종속성을 감소시킬 수 있는가? 그런데 나는 이미 정해진 이차 원인들의 효과에 대해서는 다른 곳에서[8] 말하겠고, 지금은 내 주제로 다시 돌아가겠다.

그러므로 나는 이 행동, 더 정확히 말하자면 이런 자극이며, 우리 모두가 행복에 대해 갖는 이러한 자연적 욕망은 개별선을 고려할 때 극복할 수 없는 것이 아니라는 의미에서 우리에게 달린 것이라고 말하는

---

8 본 주제에 대한 주해와《형이상학에 대한 대화》의 일곱 번째 대화를 참조.

것이다. 우리에게 어떤 개별선이 제시될 때 우리는 그 개별선의 관점에서 보면서 자유의 내적 감정을 갖게 되는데 그것은 우리가 즐거움이나 고통을 느낄 때 그것의 감정을 갖는 것이기 때문이다. 우리 존재 방식을 우리에게 납득시키는 것과 같은 이유로 우리가 자유로움을 납득하는 것이다. 우리가 존재한다는 점을 가르쳐 주는 것은 우리의 사유가 갖는 내적 감정인 까닭이다.

개별선에 대해 우리가 자유롭다는 것을 느낄 때 자유에 대한 명확한 관념은 우리에게 없으므로 우리가 정말 자유로운 것인지 의심할 수밖에 없다면 우리가 불행한 상태에 처해 있을 때도 우리의 고통과 존재 방식을 의심해야 할 텐데, 우리의 영혼에 대한 관념도, 고통에 대한 관념도 갖지 못하고 그저 내적 감정만 가졌기 때문이다.

우리 외부 감각과 내적 감각은 동일하지 않다. 외부 감각은 우리가 그 관계를 따를 때 항상 어떤 점에서 우리를 속이지만, 내적 감각은 우리를 속이는 법이 없다. 나는 외부 감각을 통해서 물체 표면의 색을 보고, 아리아의 음을 듣고, 내 손에서 고통을 느낀다. 내 감각과의 관계에 따라 이들을 판단한다면 나는 오류에 빠지게 된다. 내가 보고 있을 때 본다고 생각하고, 내가 듣고 있을 때 듣는다고 생각하고, 내가 고통받고 있을 때 고통을 느끼는 것은 그 상태에 머물러 있는 한 나는 잘못 생각하는 것이 아니다. 나는 이 문제들을 더 길게 설명하지 않을 텐데 그 문제들이 그 자체로 명백한 까닭이다. 그래서 우리 정신에 어떤 개별선이 제시될 때 우리 자유의 내적 감정을 갖는다면 우리는 이 선에 대하여 자유롭다는 점을 확신할 수 있다.

그렇지만 우리가 항상 이런 내적 감각을 갖는 것은 아니고, 간혹 대단히 모호한 방식으로 우리 기억에 남은 것만을 간혹 물을 뿐이므로, 우리 자신에게 느껴지지 않는 추상적 근거들을 생각하면서 인간이 자유롭다는 것은 가능하지 않다고 확신하게 된다. 부족한 것 전혀 없이 편안하게 철학하는 스토아주의자는 고통이 악이 아니라고 상상한다. 그는 자신의 내적 감정으로는 실제로 그것과는 반대로 고통이 악임을 납득할 수 없으니 말이다. 세네카가 증명했듯이[9] 그 스토아주의자는 어떤 의미로 대단히 실질적인 근거들을 대면서 지혜로운 자가 불행할 수 있으리라는 것은 모순이기까지 하다고 주장할 수 있을 것이다.

그럼에도 우리 자신의 내적 감각으로는 우리가 자유로움을 납득하는 데 충분하지 않을지라도 우리는 이성을 통해 이를 납득할 수 있을 것이다. 신은 오직 자신을 위해서 행동할 뿐이며, 신은 자신을 추구하게끔 하지 않는 운동을 우리에게 부여할 수 없음을 이성의 빛으로 납득했을 때 보편선으로 이끄는 자극은 난공불락일 수 있으나, 개별선으로 이끄는 자극을 따르는 것이며, 그것에 대해 우리의 동의를 유보하는 것은 우리에게 달린 일이다. 이 자극이 난공불락이었다면 비록 신이 신 자신을 위해서만 우리에게 운동을 부여할 뿐이지만 정작 우리는 신에게까지 이를 수 있는 운동은 갖지 못할 것이며, 비록 신, 질서, 이성이 우리를 지켜준들 우리는 어쩔 수 없이 개별선에 멈춰버릴 수밖에

---

9 [옮긴이] "자유롭고 올곧고 놀라지 않고 굳건하며, 공포와 욕망에서 벗어나 있으며, 명예가 유일한 선이고 치욕이 유일한 악이며, 그 밖에 모든 것은 행복한 삶에 보태지도 빼지도 않고 최고선의 성장과 소멸에 영향을 주지 않고 왔다 가기 때문에 무가치한 것으로 여기는 정신을 행복한 삶이라고 말해서 안 될 이유가 어디 있지요?"(세네카, 《그리스 로마 에세이》, 천병희 역, 숲, 2011, p.344)

없을 것이다. 그래서 우리의 과오로 죄를 범하는 것이 아닐 것이고, 신은 실질적으로 우리의 방탕의 원인일 것이다. 방탕이라는 것은 자유롭게 행하는 것이 아니라 순전히 자연적인 것이 될 테니 말이다.

그래서 우리가 자신의 내적 감각을 통해 자유로움을 확신할 수 없을지라도 우리는 인간이 개별선을 욕망할 수 있다고 가정한다면 자유로운 존재로 창조되었음이 틀림없음을 이성으로 발견할 수 있을 것이다. 또한 신이 자신을 사랑하게끔 끊임없이 부여하는 자극이나 운동이 아니고서는 이들 개별선을 욕망할 수 없다고 가정해도 이 점 역시 이성을 통해 증명이 가능하다. 그러나 우리가 어떤 고통을 감당하는 능력은 이와 같지 않다. 이런 능력을 갖고 있음을 알아내기 위해서는 내적 감정과는 다른 길이 없다. 그럼에도 인간이 고통에 취약하다는 점을 의심하는 이는 아무도 없다.

내가 우리는 자유의 내적 감정을 갖는다고 말할 때 어떤 물리적 동인 없이도 어떤 것을 의지하기로 결심하게끔 해주는 힘, 몇몇 사람들이 '순수한 무관심indifférence pure'이라고 부르는 힘에 대한 내적 감정이 있다고 주장하려는 것은 아니다. 그런 힘은 내가 보기에 분명한 모순을 포함하고 있다. 내가 방금 말한 것을 올바로 이해한다면 이 점을 충분히 알 것이다. 어떤 동인이 필요하며, 동의하기에 앞서 말하자면 느껴야 한다는 점이 명백하니 말이다.

우리가 종종 우리를 움직이게 했던 동인을 생각하지 않는다는 점은 사실이다. 그러나 이는 우리가 이 동인을 성찰하지 않아서이다. 특히 중대한 결과를 갖지 않는 문제들의 경우가 그렇다. 확실히 우리가 행하는 정말 별것 아닌 행동에도 은밀하고 모호한 동인이 언제나 존재한다. 바로 이것이 심지어는 어떤 사람들에게 자신들이 자유롭지 않다는 점을 의심하도록 하고 간혹 이 점을 지지하게 할 때도 있다. 그들은 그들 자신을 세심하게 검토하면서 그들을 의지하게끔 하는 숨겨진 모호한 동인들을 발견한다. 그들은 '자극을 받'은 것이고, 말하자면 운동의 피동被動이 되었다. 그러나 그들 역시 동의의 행위를 통해 자극을 행했던 것이다. 동의했던 순간 행위하지 않을 수 있는 힘의 행위를 말이다.

여기서 '힘'이라는 말을 나는 그들이 힘을 사용했던 순간 가졌던 내적 감정의 힘으로 본다. 그 순간 그들에게 물을 수 있었다면 그들은 감히 그 힘을 부정할 수 없었으리라고 답할 것이다. 그러므로 내가 우리가 자유롭다는 것을 잘못 생각할 수 없는 내적 감정을 가졌다고 말할 때, 나는 이를 신은 우리를 지도指導함에 있어, 또 신이 우리 내부에 만들어 그것으로 그가 의지하는 모든 것을 자유롭게 의지하게 하고 실행하게 할 줄 알고 또 그렇게 할 수 있는 물질적 동인들에 우리를 일종의 독립 상태에 두게 될 '순수한 무관심'이라고 이해하지 않는다.

나는 그 무관심을 우리의 동의를 요청하고 서둘러 동의하게끔 하는 동인들과 관련해서 우리가 동의를 중단할 수 있는 우리의 현실적 힘으로 이해한다. 이때 이들 동인은 말하자면 영혼의 능력 전체를 채우지 않고 있는 것이다. 그러나 나는 모든 사람들이 이 힘을 고르게 갖고 있지 않고, 같은 사람이라도 서로 다른 시기에 그 힘이 동일하지 않다는 점을 인정한다. 나는 다른 곳에서 그렇게 설명했다.10

우리가 자유롭다는 점을 부정하는 사람들이 저지르는 오류에서 비

---

10 《자연과 은총의 논고》의 세 번째 담화.

롯하는 끔찍한 결과들을 상세히 설명함으로써 나는 우리가 자유롭다는 점을 계속해서 입증하고 있다. 이 오류로 모든 종류의 종교와 도덕, 신의 정의와 인간의 정의가 남김없이 파괴된다는 점을 우리는 충분히 보았으며, 이것이 우리가 자유롭다는 반박할 수 없는 증거이다.

내가 다른 곳에서 이미 설명했듯이[11] 우리는 명확한 관념을 통해 우리 영혼을 알지 못하므로, 신이 우리에게 새긴 행동을 끝내는 우리 내부에 존재하는 무엇, 혹은 선인 모든 것을 향한 의지 혹은 자극에 의해서, 그리고 모든 존재들의 관념을 포함하는 자와의 결합을 통해서라면 난공불락은 아닌 운동에 넘어가는 우리 내부에 존재하는 무엇을 찾고자 노력해 보았자 헛된 일이다.

결국 우리는 우리 영혼이 전혀 변화하지 않는다는 점에 대한 명확한 관념을 갖고 있지 못하다. 우리가 존재하고, 우리가 어떤 존재인지 가르쳐 주는 것은 오직 내적 감정뿐이므로, 우리가 자유로운 존재임을 납득하려면 내적 감정에 물어야 한다. 어떤 개별선을 제시할 때 이 내적 감정은 이 점에 대해 충분히 명확하게 답변한다. 어떤 과일 한 조각을 불굴의 의지로 먹지 않거나, 아주 가벼운 고통이라도 피하지 않는 사람은 없으니 말이다. 그런데 우리 내적 감정의 목소리를 듣는 대신, 우리를 생각하도록 방향을 돌리게 하는 추상적 근거들에 주의를 기울인다면, 아마 우리는 우리 자신을 보지 못하게 되어 우리가 누구인지 잊게 될 것이며, 신의 학문과 신이 우리 의지에 행사하는 절대적 힘을 일치시키고자 하면서 우리는 우리가 자유롭다는 것을 의심하게 될 것

11 제 3권 2부 7장.

이고, 종교와 도덕의 모든 원리들을 무너뜨리는 오류에 빠지게 될 것이다.

명목상 자유에 반대하여 내놓는 가장 흔하고 가장 강력한 반박이 이것이다. 반대자들은 신체의 보존이란 신의 관점에서 본다면 그저 연속적 창조일 뿐이라고 한다. 항상 유효한 동일한 의지는 오직 신에게만 있다. 그래서 우리가 말하거나 걷고, 사유하고 의지할 때 신은 우리의 지금 모습 그대로 우리를 지어, 우리를 말하고 걷고 사유하고 의욕하는 존재로 창조하는 것이다. 그 사람이 어떤 대상을 알아보고 맛본다면 신은 그를 그 대상을 알아보고 맛보는 존재로 창조한 것이다. 한 사람이 자기 내부에서 자극된 운동에 동의하고 그가 그 대상에 정지해 있다면 신은 그를 그 대상에서 정지하고 멈춰 서게 창조한 것이다. 신은 그 사람을 지금 이 순간 존재하는 그대로로 만든다. 그는 자기들을 이동시키는 운동을 갖는 대상들 이상으로 관여하지 않는 자신의 동의를 그의 내부에 창조한 것이다.

내 답변은 신은 우리를 말하고, 걷고, 사유하고, 의지하는 존재로 창조했으며, 그는 또한 우리 내부에 우리의 지각, 감각작용, 운동을 야기한다고, 한마디로 말해서 우리 내부에 실재하거나 물질적인 모든 것을 만들었다는 것이다. 이 점에 대해서 나는 앞에서 설명했다. 그런데 나는 신이 동의하는 존재로 만들었음은 부정한다. 정확히 말해서 실재하거나 가상으로 존재하는 개별선에 동의하거나 정지하는 존재의 자격을 갖추게 했음을 부정하는 것이다.

신은 우리가 그런 개별선에 끊임없이 집중할 수 있는 존재로 창조했다. 이 점은 명백하다. 신은 우리를 끊임없이 보편선, 모든 선을 향하게끔 부추기고 있으므로 행복한 존재가 되기를 바라면서 창조한 것이다. 신이 우리를 그런 선에 머무르게 하지 않았음이 명백하다. 신은 영혼과 신체의 결합의 법칙에 따라서나 다른 방식으로 그런 선을 향하게 한다. 좋다. 하지만 이 선이 우리가 모든 선에 대해 가진 난공불락의 자연적 욕망을 포함하지 않는 만큼 우리를 그런 선으로 이끄는 것은 모순이다. 그러므로 신은 우리를 정확히 말해서 동의하거나 동의를 유보하는 존재의 자격으로서가 아니라, 동의하거나 동의를 유보할 수 있는 존재로 창조한 것이다. 신은 우리를 의지'할 수 있는' 존재가 아니라 행복하고자 의지하는 존재로 끊임없이 창조하고, 우리의 정신은 제한되어 있으므로 그런 선이 진실인지 거짓인지 검토하려면 우리에게는 시간이 필요했다. 진정한 선이나 실제 즐거움의 원인으로서 재현되거나 느껴진 그런 선에 멈춰서면서 그 선이 그 자리에 멈춰서 있으므로 설령 악은 되지 않더라도 우리는 더욱 위대한 선은 소유할 수 없게 될 것이다.

방금 말한 것으로부터 다음의 결과가 도출된다.

(1) 우리는 물질적으로 보편선을 향하도록 예정되어 있다. 우리는 절대적으로 행복하고자 하고, 행복에의 욕망은 우리 없이도 우리 내부에 존재한다.

(2) 또한 우리가 알고 있거나 우리가 훌륭한 것으로 맛본 것을 향해 이끌린다는 의미에서 우리는 개별선을 향해 물질적으로 예정되어 있다. 사실 영혼이 개별선을 향해 자연스럽게 움직인다는 것은 보편선을 향한 운동에서 나온 자연스러운 결과이다. 그래서 즐거움이란 모두 의지와 관계해서 그 자체로 유효하다. 즐거움이 의지를 움직이고, 말하

자면 의지로 하여금 대상으로 방향을 정하게 되는 까닭이다.

(3) 모든 즐거움 혹은 물질적 동인動因은 그것을 움직이는 의지와 관련해서 그 자체로 유효하다고는 하나, 의지의 동의와 관련해서 본다면 그 자체로 유효하지는 않는 것이, 영혼이 확고하게 행복하고자 하는 욕망을, 동의를 유보하고 그런 즐거움이 절대적으로 욕망하는 지고한 행복에 일치하는지 그렇지 않은지 검토할 수 있는 힘을 버리게 하지는 않는 까닭이다.

(4) 예수 그리스도의 은총,12 곧 선행적 희열la délectation prévenante이 그것이 자극하고 부추기는 의지와 관련해서 그 자체로 아무리 유효한들, 의지의 동의와 관련해 본다면 그 자체로 유효하지는 않다. 의지는 동의하지 않을 수도 있고 지나치게 자주 동의하는 데 저항할 수도 있기 때문이거나, 사욕이 그것과 반대되는 동인들을 끊임없이 제공하기 때문이거나 중의 한 이유에서이다.

(5) 그럼에도 신은 은총을 통해 의지와 행위를 우리 내부에서 작동시킨다. 바로 그것으로 인해 우리는 개종을 시작하게 되는 것이니 말이다. 신의 은총 덕분에 우리의 의지를 미리 막을 수 있게 된다. 말하자면 의지에 동의하기에 앞서 느끼기부터 해야 하는 까닭이다. 그래서 신은 펠라기우스주의자들이 바라는 대로 협력하는coopérer 것이 아니라 작용하며opérer, 협력하는 자는 바로 우리들이다. 정확하게 말해서 작용하는 자는 시작하는 자이자, 그가 없이 우리는 아무것도 할 수 없는 자

---

12 이 점은 내 책《아르노 씨에게 보내는 답변》2권의 네 편지들 중 첫 번째 편지에서 상세히 설명했다.

이다. 신의 은총은 말하자면 의지보다 앞서므로 의지와의 협력이 가능하다. 동의의 행위를 산출하면서가 아니라 영혼의 능동적 기능, 영혼이 움직이는 의지에 이 동의의 행위를 맡기면서 말이다.

전능하신 신은 필연적 원인만큼이나 자유로운 원인들을 사용하고, 어진 신은 전적으로 자유롭게 우리를 행동케 하므로 순전한 무상의 은총의 도움을 통해 우리로 하여금 약속된 보상을 받을 자격을 갖추게 하여, 그 사람들에게 그 보상을 공정하게 마련해 주고자 한다.

성 아우구스티누스는 "그러므로 신이 이런 방식으로 이성적 영혼과 작용함으로써 약속한다면 말이다. 사실 우리는 그것이 무엇일지라도 믿을 수 있는 조언이며, 부름이며 하는 것이 존재하는 것인지 결연히 믿을 수 없으므로, 확실히 인간에게서 신앙의 의지를 작동시키는 자는 신이며, 신의 긍휼은 어떤 것에서든지 우리에게 예언된다. 그러나 신의 부름에 동의하거나 그것과 대립한다는 것은 내가 이미 말했듯이 본래 의지의 사실"13이라고 말했다.

다음이 내가 이전에 했던 말에 습관적으로 맞서고들 하는 한 가지 반박이다. 신은 우리가 죄를 범할 때 우리 내부에 실재하는 모든 것을 짓고, 설령 대단히 가벼운 것일지라도 많은 사람들에게 수고를 들이게 한다. 그들은 신의 증오는 선이라고는 전혀 없는 행동이란다. 그러므로 그 행동은 모두 죄인이 한 것이고 신은 이에 관여한 바 없다. 그 결과 인간은 신에게서 온 것이 아닌 행동을 통해서 인간을 자극하고, 신

---

13 성 아우구스티누스, 《정신과 문자》(*De Spiritu et littera*) Chap. 34."

에게서 나오지 않은 행동을 통해 스스로를 새롭게 변형시킨다는 것이다. 어떤 의미에서 이는 진실이다.

그러나 나는 죄인들은 신이 나쁜 존재라고 자유롭게 또 그릇되게 판단하기 때문에 그를 증오하는 것이라고 답한다. 그런 식으로 고려된 선을 증오할 수 없는 까닭이다. 그래서 그들이 신을 증오하는 것은 신이 그들에게 선을 추구하기 위해 새긴 바로 그 사랑의 운동에 의해서이다. 그런데 그들은 자기들의 자유로써 해야 할 일을 하지 않기 때문에 신이 선하지 않다고 판단한다. 그들은 신이 선하지 않다는 것을 절대적으로 명백하게 납득하지 않았으니 신을 나쁜 존재로 믿어서는 안 될 것이고, 결과적으로 증오해서도 안 된다.

증오에서 세 가지를 구분해야 한다. 영혼의 감정, 의지의 운동, 이 운동에 대한 동의가 그것이다. 감정은 나쁠 수 없는 것이, 그것은 도덕적 선善도 도덕적 악惡도 아닌 영혼의 변형이기 때문이다. 운동도 나쁜 것이 아닌 것이, 그것은 사랑의 운동과 구분되지 않기 때문이다. 우리 외부에 존재하는 악은 선의 결여일 뿐이므로, 악을 피한다는 것은 선의 결여를 피하는 것, 즉 선을 향하는 것이다. 또한 신의 증오 자체의 실재적이고 확실한 모든 것은 전혀 나쁜 것이 아니다. 죄악의 형식적 악의는 거짓 판단으로 인해 방탕에 빠진 영혼의 동의에 있다. 그리고 죄인은 신이 끊임없이 그로 하여금 자기를 사랑하도록 부여하는 운동을 가증스럽게 사용하기 때문에만 신을 증오할 수 있을 뿐이다. 또한 죄인은 신이 그의 선임을 모호하게 느끼고 그릇되게 판단하고, 창조주가 아닌 피조물이 자기 행복의 원인이라고 믿게끔 하는 거짓 근거들을 더 이상 검토하지 않기 때문에 이를 잘못 사용하는 것이다. 한마디로 말해서 신이 어디에서도 관여하지 않는 것은 도덕적 악의나 죄인의 타락한 사랑뿐이다.

> 신은 사욕의 감정에서 실재하는 모든 것을 행하지만, 우리 사욕을 짓지 않으셨다.[14]

우리가 사욕에 대해 제기한 난점들이 내가 방금 설명한 난점들과 많은 관련이 있으므로, 이참에 나는 신이 비록 만물을 창조했으나 사욕을 만든 것은 아니며, 우리 내부에서 감각적 즐거움을 산출하는 것은 오직 사욕뿐임을 이 자리에서 보여 주겠다.

내가《진리의 탐구》제 1권 5장 및 다른 곳에서 제시한 근거들에 따라 내 생각에 영혼과 신체의 결합이라는 자연 법칙에 따라 심지어 원죄 이전의 인간조차 선행적 즐거움에 의해 감각적 선을 사용하는 경향을 갖게 되었고, 두뇌에서 어떤 흔적들은 가장 중요한 부분에 형성될 때마다 어떤 사유가 그의 정신에 형성된다는 점에 동의들을 해야 할 것 같다. 그런데 이 법칙은 이 장에서 언급한 근거들에 관계하여 대단히 정당한 것이다. 이렇게 가정하고 나면 원죄 이전에 만물이 완벽하게 올바로 조정되어 있었으므로 필연적으로 인간은 이런 힘을 자기 신체에 행사했고, 자기가 원할 때 이 흔적이 형성되지 않도록 막았다. 정신이 신체를 지배하기를 요구하는 것이 질서이기 때문이다.

그런데 인간이 신체에 대해 틀림없이 갖게 되는 이러한 힘은 정확히

---

14 이 주해는《진리의 탐구》의 제 1권 5장과 연관된다.

말해서 그의 욕망과 상이한 열의에 따라 자기 주변 존재들로 인해 자기 신체에 산출된 운동의 전달을 멈춰 세우게 되었다. 그래서 신의 의지 또는 운동 전달의 실질적 원인이 되는 자연의 일반 법칙은 어떤 경우에는 아담의 의지에 달렸던 것이다. 신은 아담을 위해 이렇게 고려해 두었으니, 아담이 동의하지 않았다면 그의 신체에 새로운 움직임이 산출되지 않았거나, 적어도 영혼이 즉각 결합되어 있는 중요한 부분에서 산출되지는 않았다.

원죄 이전에 자연의 설정이 이러했다. 부동하는 정의의 질서가 그렇게 되기를 바랐다. 그 결과 의지는 항상 이 질서에 부합하게 된다.[15] 그런데 이 의지는 항상 동일하게 머물기에 최초의 인간이 지은 죄로 인해 자연의 질서가 무너졌는데, 최초의 인간이 죄를 저질렀을 때 불변의 질서는 그가 절대적으로 어떤 사물에 군림하기를 원치 않았기 때문이다. 죄인이 운동의 전달을 유보하고, 신의 의지를 자신의 의지와 맞추고, 자기에게 유리하도록 영혼과 신체의 결합의 법칙의 예외를 둔다는 것은 부당한 일이 아니다. 그래서 인간은 사욕에 쉽게 빠지게 되었고, 정신은 신체에 의존하게 되었다. 그는 이제 자기 내부에서 깊은 생각 없는 즐거움을 느끼고 의지와는 무관하고 복종이라고는 모르는 운동들을 느낀다. 이는 그를 구성하는 두 부분을 결합하는 대단히 정당한 법칙의 결과이다.

그래서 사욕의 형식le formel도, 원죄의 형식도 전혀 실재적인 것이 아

---

15 제 2권 7장의 주해 7항을 반박하면서 나는 인간이 자기 신체에 행사하는 힘으로 어떤 상실이 산출되는지 이 자리에서 한 말을 대략 설명했다.

니다. 그것은 인간이 어떤 경우에 운동의 전달을 중단하는 힘의 상실에 불과하다. 이를 신이 적극적 의지로 만들었다고 가정해서는 안 된다. 인간이 저질러버린 이 상실은 신의 의지의 자연적 결과가 아닌 것이다. 신의 의지는 항상 질서에 부합하고, 항상 동일한 상태에 있다. 그것은 자신의 순수와 정의로서만 얻는 장점에 어울리지 않았던 인간이 벌인 죄악의 결과이다. 그래서 신이 사욕의 원인이 아니라 영혼과 신체의 결합을 종속 관계로 바꾸어 버렸던 원죄가 그 원인이라고 말해야 한다.

그러나 사욕의 감정과 운동에서 실재적이고 적극적으로 존재하는 것은 신이 만드셨다.16 신은 실재적인 모든 것을 만드셨기 때문이다. 그러나 이는 나쁜 일이 아니다. 감각대상들이 인간 신체에 어떤 운동을 산출하고 이 운동이 영혼에 신체 보존 및 종의 번식에 유용한 어떤 감정을 자극하는 것은 바로 신의 의지에 의한 것이다. 그러므로 이런 일들이 그 자체로 선하지 않다고 누가 감히 말할 수 있을까?

나는 어떤 즐거움을 낳는 원인을 죄라고들 한다는 것을 잘 알고 있다. 그것을 어떻게 아느냐고 말들을 한다. 아무것도 아닌 원죄가 실제로 무엇인가를 산출한다고 생각할 수 있는가? 무無가 진정한 원인이 될 수 있다고 생각하는가? 그런데 다들 그렇게 말하고 있다. 사람들이 하는 말을 진지하게 생각해 보려는 수고를 들일 생각들을 않는 것 같다. 그런 것이 아니라면 아마 성찰과 빛보다는, 더 진지하고 더 확실하게

---

16 성 아우구스티누스, 《펠라기우스주의자들의 두 서한 반박》(*Contre les 2 épîtres des Pélagiens*), liv. I, chap. XV

말하는 사람들에게 들었던 것과 반대되는 설명을 하고자 하지 않는 것이다.

죄가 사욕의 원인이기는 하지만 즐거움의 원인은 아니다. 자유의지 le libre arbitre가 영혼의 자연스러운 운동의 원인은 아닐지라도 죄악의 원인이기는 한 것처럼 말이다. 영혼의 즐거움은 영혼의 운동이나 사랑만큼이나 물질적으로 선한 것이며, 신이 만든 것 중에 올바르지 않은 것이 없다. 신체의 반항이며 유해한 즐거움은 죄에서 온 것이다. 영혼이 개별선에 집착하거나 정지한다면 이는 죄를 저지른 이에게서 오는 것이다. 그러나 피조물이 가질 수 있는 것이란 결핍과 무無뿐이다.

즐거움이란 좋은 것이며, 어떤 방식으로 본다면 이를 즐기는 자를, 적어도 그가 즐기는 동안만은 행복하게 해주기까지 한다. 그러나 즐거움은 악한 것이라고 말할 수 있는데, 정신은 즐거움의 원인으로 드높여지기는커녕 정신의 오류로 인해, 또한 우리 마음의 타락으로 인해 그것의 원인이 되는 것으로 보이는 감각대상들을 향해 정신의 가치를 떨어뜨리는 일이 벌어지기 때문이다. 즐거움은 악하다. 우리는 죄인이며, 그 결과 보상받기보다는 처벌받아 마땅하므로 신으로 하여금 그의 의지의 결과로서 우리에게 쾌적한 감정으로 보상하지 않을 수 없게 만드는 것은 부당한 일이다. 한마디로 말해서 (나는 이 자리에서 다른 곳에서 이미 했던 말을 반복하고 싶지 않다) 즐거움은 악하다. 신이 정신을 만들고 보존하는 것은 오로지 그 자신을 위한 것인데 그 정신은 신을 향하지 않고 다른 방향을 향하고 있으므로 신은 그 즐거움을 지금 금하고 있다. 신이 과거에, 정의로운 인간을 순수한 상태로 보존하기 위해 명령했던 것이 이제는 죄인을 죄악에 묶어두고 있다.

신이 현명하게 마련했던 즐거움의 감정들은 인간으로 하여금 이성을 그의 진정한 선에 집중하는 법을 가르치기 위한 가장 손쉽게 찾을 수 있는 증거들과 같은 것이다. 그러므로 인간이 자기를 둘러싼 신체와 하나였다면 그 즐거움의 감정들이 이제 그의 정신의 능력을 가득 채우고, 정신보다는 무한히 낮은 곳에 있는 그의 마음속에 자극을 가할 수 없는 몇몇 대상들에 집착하게 된다. 그는 이 대상들을 기회가 될 때 그가 누리는 행복의 진정한 원인으로 간주하며, 그 대상들이 자기 안에서 자극하는 운동을 중단시키는 것은 그에게 달린 일이 아닌 까닭이다.

두 번째 주해

제 1권 1장에 실은 내 언급에 대하여. 의지가 선으로 갖는 자극을 다양하게 결정할 수 있는 경우는 '지성'으로 하여금 어떤 개별 대상을 재현하게끔 명령할 때뿐이다.

의지가 욕망과 운동의 방법을 통하지 않고도 다른 방식으로 지성에 '명령'한다고 생각해서는 안 되는 것이 의지는 그 두 가지 이외의 행동을 하지 않기 때문이다. 또한 지성은 영혼이 욕망하는 대상들에 대한 관념을 자기 내부에서 산출하면서 의지에 복종하는 것이라고 생각해서도 안 된다. 지성은 활동하지 않으니, 지적인 방식으로 모든 존재를 포함하는 자와 반드시 결합해서야 비로소 빛 혹은 대상의 관념을 수용할 수 있는 까닭이다. 이 점에 대해서는 제 3권에서 설명했다.

그러니 다음이 해명되지 않은 점이다. 인간은 지고한 이성[1]과 분유分有하고 또 그것과 결합한다. 인간이 진리에 전념하고 진리를 구하는 정도에 따라 진리가 인간에게 드러나는 것이다. 그런데 영혼의 욕망은 자연적 바람으로, 언제나 이루어지기 마련이다. 의지가 더욱 열렬히 욕망할수록 관념은 정신에 그만큼 더 뚜렷이 현전하게 된다는 것이 자

1 제 3권 2부 6장의 주해를 참조.

연의 법칙이다. 그래서 우리 신체에서 무엇인가 일어날 때 수용되는 모호한 감정들로 우리의 사유 능력, 혹은 우리의 지성이 채워지지 않기만 한다면 우리는 어떤 대상을 결코 생각하고자 원치 않으며, 이 대상의 관념이 바로 우리에게 현전하기를 원치 않는다. 우리가 경험으로 알고 있듯이 이 관념은 우리가 더 큰 욕망을 갖거나 더 강렬한 욕망을 가질 때, 그리고 신체를 통해 수용하는 모호한 감정이 더 약하고 덜 민감할 때 그만큼 더 생생하고 명확하다. 이는 내가 앞에서 지적하면서 이미 언급한 것이다.

그래서 나는 의지가 지성에 어떤 특별한 대상을 제시할 것을 명령한다고 말했을 때 내가 말하려고 했던 점은 단지 이 대상을 주의 깊게 고려하고자 하는 영혼은 주의를 기울이고 욕망하면서 그 대상에 접근한다는 것이었다. 자연의 무너지지 않는 법칙인 신의 유효한 의지에 따라 이 욕망은 이 대상을 재현하는 관념을 현전케 하고 명확하게 하는 원인이기 때문이다.

나는 다른 식으로 말하지 않으려 했고, 지금처럼 설명하지 않도록 했는데, 그것은 내가 우리 지식은 신에게서만 나왔고, 우리의 개별의지는 그것의 기회원인이라는 점을 아직 입증하지 않았기 때문이다. 나는 통념에 따라 말했으며, 종종 그렇게 하지 않을 수 없었다. 동시에 모든 것을 말할 수 없었기 때문이다. 독자들은 공정해야 할 것이며 독자들을 만족시키려면 그들을 얼마간 믿어 보아야 한다. 항상 믿음직한 답을 줄 수 있는 사람들은 오직 기하학자들뿐이니 말이다.

지성과 의지가 주된 원리인 영혼의 다양한 기능들이 영혼의 상이한 독립체entités라고 생각해서는 안 된다. 물질이나, 길이, 너비, 높이로 이루어진 연장에 대해 우리가 가진 명확한 관념을 본다면, 영혼이 운동과 다양한 형상을 수용하는 능력이 영혼의 본질과 구분되지 않는다는 점이 명백해진다. 우리가 신체에 대한 관념처럼 영혼의 분명한 관념을 가졌다면 지성과 의지 또한 그 자체로 다른 것이 아님을 알게 될 것이고, 영혼을 자극하는 모든 것을 본질적으로 사유하거나 지각하는 실체라는 점을 알게 될 것임을 나는 확신한다. 그것은 이해력이기는 하지만 실제로 이해력을 갖게 되려면 신의 관념들의 유효성을 통해야만 한다. 그 신의 관념만이 영혼을 자극하고, 변화시키고, 조정하고, 빛을 밝힐 수 있다. 나는 이 점을 다른 곳에서 설명했다.

그러므로 말 그대로 지각하는 것은 영혼이지, 영혼과는 다른 어떤 것으로 이해된 지성이 아니다. 의지도 마찬가지이다. 이 능력은 영혼이 자신의 완전성과 행복을 사랑하는 한, 영혼이 행복하고자 하는 한, 신이 그에게 보편선을 향하도록 끊임없이 새기는 운동을 통해 올바른 것으로 보이는 모든 것을 사랑할 수 있게 되는 한 영혼 그 자체와 다른 것이 아니다.

자유 또한 영혼이 개별선, 다시 말해 자신의 자연적 욕망을 실제로 만족시키지 않는 선을 불가항력적으로 향하게 되는 한 영혼과 다른 것이 아니다. 영혼이 거짓 선에 대해 자신의 동의를 유보할 수 있는 힘은 행복에 대해, 진실하고 견고한 행복에 대해 갖는 자연적이고 저항할 수 없는 운동에서 온다. 흔히 능동적이고, 자유로운 것은 의지이지 영혼이 아니라고 한다. 그런데 이로부터 어떤 저자가 모순을 범했다는 결론을 내리고자, 비판하는 사람이 이 점을 증명하겠다고 모순되어 보일 수 있는 여러 문단들을 접근시킨다면 그는 이해력을 결여했거나 공정하지 않은 사람이라고 할 것이다.

세 번째 주해

내가 3장에서 했던 다음의 언급과 관련하여. 우리가 신앙의 신비에 대해 관념을 갖지 못했으므로 이를 명백하게 알지 못한다고 해도 놀라서는 안 된다.

우리는 신앙의 신비에 대한 관념을 갖지 않았다고 내가 말할 때 앞에서 한 말과 이어지는 말을 통해서 내가 빛과 명증성을 산출하는 명확한 관념에 대해 말했다는 점이 명백하다. 이렇게 말할 수 있다면 그 명확한 관념을 통해 우리는 대상을 '이해compréhension'하는 것이다. 예를 들어 어떤 농부가 인간과 말씀의 합일이나 위격이라는 개념을 갖지 않았다면 신의 아들이 사람으로 태어났다거나, 신은 세 위격이 있다[1]는 점을 믿을 수 없으리라는 데 나는 동의한다. 그런데 이 관념들이 명백했다면 그 관념에 전심을 기울이면서 이 신비를 완전히 이해하고 다른 사람들에게 설명할 수 있을 것이다. 이는 더 이상 말로 할 수 없는 신비가 아닐 것이다. 성 아우구스티누스에 따르면 성부, 성자, 성령에 대해

---

1 "우리가 셋이라고 고백할 때 과연 무슨 셋이냐고 물음을 받고서 전적으로 입을 다물고 있기 싫어서가 아닐까?"(*De Trinitate*, Lib. VII, cap. VI). 또한 다른 곳에서도 "무엇이 셋이냐고 묻는다면 인간 언어가 크게 부족하여 곤욕을 치른다. '세위'라는 말은 말을 할 수도 없고 안 할 수도 없어서 한 말이다."(*Ibid.*, Lib. V, chap. IX.)

위격이라고 말하는 것은 신비를 말하지 않을 수 없을 때 그저 함구하지 않기 위한 것도 아니고, 그들이 누구인지 명확하게 표현하기 위한 것도 아니다.

내가 다른 곳에서 우리가 영혼의 관념을 갖지 않는다고 말했던 것처럼 여기서는 우리는 신비의 관념을 갖지 않았다고 말한 것이다. 영혼에 대한 우리의 관념이나 우리의 신비에 대한 관념이나 명확하지 않기란 같다. 그래서 이 '관념'이라는 말은 애매하다. 나는 그 말을 간혹 어떤 대상을 명확하게든 모호하게든 정신에 재현해 주는 모든 것으로 간주했다. 또한 나는 더 일반적으로 그 말을 그보다 더 정확하고 그보다 더 좁을 수 없는 의미로 정신에 사물들을 대단히 명확한 방식으로 재현하는 모든 것으로 간주하기도 했다. 이렇게 명확하게 재현하게 되니 그저 바라보는 것만으로도 사물들이 이러저러한 변형을 겪는지 알 수 있게 된다. 바로 이 점 때문에 나는 간혹 우리에게 영혼의 관념이 있다고 말하고, 또 간혹 영혼의 관념이 없다고도 말했던 것이다.[2]

담화의 이어지는 부분을 보면 그 용어들을 취한 의미가 무엇인지 분명히 드러나고 있지만, 표현에서 지나칠 정도로 엄밀한 정확성을 기하고 용어들을 정의하는 일은 쉬운 일이 아닌 데다 간혹 성가시거나 재미없는 일이기도 하다.

어떤 저자가 자기를 비판하고자 하고, 그가 모순을 저질렀기를 바라고 있는 사람들에게서만 모순될 뿐이라면 그는 이를 염려할 필요가 없다. 몇몇 사람의 악의나 무지 때문에 반박된 것에 일일이 성가신 설명

---

2 제 3권 2부 7장.

을 통해 만족시키고자 했다면 책이 대단히 형편없어지는 것은 물론이고, 그 책을 읽는 사람들은 모든 사람이 가졌다고 자부하는 공정과는 상반되는 상상의 반박에 저자가 하나하나 답변을 부여하는 것을 보고 놀랄 것이다. 누구라도 악의나 무지로 의심받기를 바라는 사람은 없다. 흔히 설득력이 떨어지는 악의적 반박에 대답해야 할 때란 그런 반박을 가한 사람들이 명망 있는 이들이고, 그런 답변들을 요구한 사람들의 비난으로부터 독자들을 보호할 때뿐이다.

네 번째 주해

> 내가 제 1권 5장에서 했던 다음의 언급과 관련하여. 만사가 이러하다면, 아담이 신의 사랑이며, 선행적 즐거움을 통해 자신이 해내야 할 의무의 일들에 전혀 이끌리지 않는다고 틀림없이 말들을 할 것이다. 아담이 자신의 선에 대해 가졌던 지식이며, 그가 신과 합일하면서 자신의 행복을 바라볼 때 필연적 귀결로서 끊임없이 느꼈던 기쁨으로 신과 합일하게 되었을 때 그에게 의무를 잊지 않게 하고, 선행하는 즐거움을 통해 결정된 그 이상으로 유능하게 행동하게끔 하는 데 충분할 수 있다.

이 모든 점을 분명히 이해하려면 우리가 행동하도록 결심을 시키는 것은 빛과 즐거움뿐임을 알아야 한다. 어떤 대상을 사랑하기 시작하면 그것은 그것이 좋은 것임을 이성을 통해 알기 때문이거나, 그것이 쾌적하다는 것을 감정을 통해 알기 때문이다. 그런데 빛과 즐거움은 대단히 다르다. 빛은 우리의 정신을 비추고, 실제로, 또 효과적으로 우리로 하여금 그 대상을 사랑하도록 하지 않고서도 그것이 선한 것임을 알게끔 해준다. 반대로 즐거움은 우리로 하여금 그것의 원인이 되는 것처럼 보이는 그 대상을 사랑할 결심을 하게 해준다.

우리는 빛 그 자체만으로는 든든하지 않다. 빛은 그저 우리가 자유롭게, 또 스스로 우리가 사랑할 때 그 빛으로 우리에게 제시된 선을 향하게끔 하며, 우리 스스로를 온전히 따르도록 한다. 반대로 즐거움은 이성에 앞서고, 우리가 이성에 묻지 않도록 하며, 우리를 본능적으로 사랑하게 하고, 우리 스스로를 온전히 따르게 하지 않고, 우리의 자유를 약화시킨다.

그래서 아담이 원죄 이전에 영원한 행복에 값하도록 마련된 시간 속에 있었고, 이를 위한 충만하고 온전한 자유가 있었고, 빛이면 그가 이미 사랑의 자연적 움직임을 통해 사랑하고 있었던 신과 밀접히 합일하는 데 충분했으니, 선행적 즐거움 때문에 자신의 의무를 다하려고 했던 것은 아니었다. 그런 즐거움이었다면 그의 공적을 줄임과 동시에 그의 자유 역시 줄였을 것이다. 신이 아담으로 하여금 완전히 자유로운 행동으로써[1] 받아 마땅한 보상을 누리지 못하게 했다면 어떤 점에서 아담은 신에게 불평할 수도 있었을 것이다. 사욕이 선행적 즐거움을 맛보게 한다는 것 하나로 우리에게 필요한 이런 유의 은총을 부여한다는 것은 신이 그의 자유의지에 가할 수 있었을 일종의 모욕이었을 것이다.

아담은 끝까지 밀고 나가는 데 필요한 모든 것을 이미 갖추고 있었으니, 즐거움의 본능을 통해 즐거움을 예비하는 것은 아담의 미덕을 불신하는 일이요, 그를 충절하지 못하다고 비난하는 것이라 하겠다. 아담이 필요로 할 수 있었던 모든 감정과, 그가 빠질 수 있었던 모든 결함을 제거하는 것은 그 스스로 긍지를 갖게끔 하는 일이다. 나는 아담이 필요로 결함도 갖지 않았음을 인정하기 때문이다.

마지막으로 그보다 더 중대한 사실은 예수 그리스도의 강생Incarnation을 우리가 이래도 좋고 저래도 좋을 것으로 만든다는 점이다.[2] 예수 그

---

1 "그는 가장 강한 인간을 떠나도록 했고, 그가 원했던 것을 하게끔 해 주었다." (Aug., *De corrept. et gratia*, cap. XII).

2 파리 판《기독교 대화》의 두 번째 대화를 참조. 나는 이곳에서 죄악을 허용했던 이유를 설명했다.

리스도의 강생이야말로 모든 인간이 죄악을 범하도록 방치하여 예수 그리스도 안에서 모든 사람을 불쌍히 여겨 동정하게끔 했던 이의 제일가는 의도요, 가장 위대한 의도였다.[3] 그 결과 긍지를 갖는 이는 오직 주님 속에서만 긍지를 갖는 것이다.

그러므로 내가 보기에 아담은 자신의 의무를 다할 때 선행적 즐거움을 느끼지 않았음이 확실해 보인다. 그런데 내가 보기에 내가 이 점을 대단히 개연성 있게 보기 때문에 여기서 그렇게 가정하고는 있지만 그가 기쁨을 느꼈으리라는 점이 완전히 확실하지는 않다. 이 점을 설명하겠다.

선행적 즐거움과 기쁨의 즐거움의 이러한 차이는 전자는 이성을 예고하고, 후자는 이성을 따른다는 데 있다. 기쁨은 즉각적으로 기쁨을 느끼지는 않아도 자신이 행복하거나 완전하다는 지식에서 자연스럽게 나오는데, 이는 우리가 자신을 행복하거나 완전하다고 생각할 수 없기 때문이다. 우리가 행복하다는 점을 즐거움을 통해 느끼거나 이성을 통해 알 수 있으므로 두 종류의 기쁨이 있는 것이다. 그러나 나는 여기서 순전히 감각적 즐거움을 말하는 것이 아니다. 내가 말하는 기쁨은 아담이 '신과 합일하면서 자신의 행복을 바라볼 때 필연적 귀결로서' 느꼈을 수 있는 기쁨인데, 실제로 그가 이 기쁨을 느꼈을지 의심할 만한 근거들이 있다.

---

3 Rom., XI, 32; Gal., III, 22.〔"하나님이 모든 사람을 순종치 아니하는 가운데 가두어 두심은 모든 사람에게 긍휼을 베풀려 하심이로다."(〈로마서〉 11장 32절) "내가 하나님의 은혜를 폐하지 아니하노니, 만일 의롭게 되는 것이 율법으로 말미암으면 그리스도께서 헛되이 죽으셨느니라."(〈갈라디아서〉, 3장 22절) — 옮긴이〕

가장 중요한 것은 아마 그의 정신이 이 기쁨으로 너무도 가득 찼다면, 너무 기뻐 정신은 자유롭지 못하게 될 수 있었고, 그는 불가항력으로 신과 합일되었으리라는 것이다. 이 기쁨은 아담 소유의 행복과 비교한다면 당연히 과도한 것이었으리라고 믿을 수 있다.

그런데 나는 첫째, 순전한 지성적 기쁨은 정신을 완전히 자유롭게 만들 것이며, 정신의 사유 능력은 거의 채우지 않으리라고 답한다. 이런 점에서 이 기쁨은 흔히 이성을 흐리게 하고 자유를 감소시키는 감각적 기쁨과 구분된다.

둘째, 나는 아담이 창조된 첫 순간 갖는 행복은 지고한 선의 완전하고 풍족한 소유가 아니었다고 답한다. 그는 자기 소유의 행복을 잃고 불행해질 수도 있는 것이다. 그의 행복은 그가 아픔을 겪지 않는 것이고, 그가 계속 순수한 상태로 살아갔다면 그를 완벽히 행복하게 만들어주었을 분과 좋은 관계를 유지하는 것이었다. 그래서 그의 기쁨은 과도한 것이 아니었다. 자기 자신도 믿지 못할 기쁨이었을 테니 그 기쁨은 일종의 두려움과 섞였거나 섞였음이 틀림없다.

마지막으로 나는 기쁨은 그것을 산출하는 진정한 원인에 항상 정신을 집중하는 것은 아니라고 답한다. 자신의 완전함을 내다보며 기쁨을 느낀다면 그렇게 내다본 것이 그 기쁨의 원인이 되었다고 자연스럽게 생각할 수 있다. 한 가지가 다른 한 가지를 계속 따르게 될 때 우리는 이를 자연스럽게 한 가지 결과로 간주하기 때문이다. 그래서 지금 느끼는 지복을 자기 자신이 만들었다고 생각하게 된다. 자신이 자연적으로 완전한 존재라는 점에 마음속으로 자기만족을 갖게 되고, 자신을 사랑하고, 긍지를 느낀다. 우리가 지각할 수 없는 방식으로 우리 안에서 작용하는 이를 항상 생각하는 것은 아니다.

존재할 수 있는 가장 위대한 철학자보다 아담이 자기 안에서 작용할 수 있고, 자신의 행복과 완전성을 내다볼 때 느꼈던 저 기쁨의 감정의 원인이 될 수 있는 존재는 신뿐임을 더 뚜렷하게 알았다는 점은 사실이다. 그가 이 점을 파고들었을 때 그 사실을 알게 된 것은 이성의 빛을 통해서였다. 그러나 그가 그것을 느꼈던 것은 아니다. 반대로 그는 이 기쁨이 자신의 완전성을 내다본 결과라는 것을 느꼈다. 그는 자기로서는 이 점을 파고들지 않고도 계속 그렇게 느꼈던 것이다. 그래서 작용하고 있음이 뚜렷이 느껴지지 않는 이를, 말하자면 잊거나 염두에 두지 않았다면 이 감정은 그로 하여금 계속 자신의 완전성을 고려하고 자기 내부에서 즐거움을 느끼도록 할 수 있었다.

그래서 흔히들 하는 주장처럼 그가 기쁨으로 완벽해졌다는 말은 터무니없다. 반대로 나는 그의 기쁨은 교만과 타락의 기회가 되었다고 답한다. 내가 이 장에서 아담이 "자연적 완전성을 내다보며 영혼을 자극했던 교만의 기쁨으로 정신의 능력을 채우지 않도록" 주의해야 했다고 말했던 것이 그런 이유에서였다.

다섯 번째 주해

5장의 다음의 언급과 관련하여. '선행적 희열'은 예수 그리스도의 은총이다.

내가 이 장에서는 선행적 희열이 예수 그리스도가 특별히 우리에게 가져다 준 은총이라고 말하고, 다른 곳에서는 이를 예수 그리스도의 절대적 은총이라고 했어도, 그것은 그 은총과는 다른 실제적 은총이 있다는 말도 아니고, 예수 그리스도가 우리에게 가져다주지 않은 은총이 있다는 것도 아니다. 내가 그것을 예수 그리스도의 은총이라고 부르는 것은 신이 최초의 인간을 창조하면서 부여했던 은총과 구분하기 위해서였다. 후자를 우리는 흔히 창조주의 은총이라고 부르는데, 아담이 계속 순수한 상태를 유지할 수 있게 했던 은총은 주로 빛의 은총une grâce de lumière이었기 때문이다. 나는 방금 전의 지적에서 그렇게 설명했는데 아담은 사욕을 갖지 않았기 때문에, 사욕에 맞서 싸우면서 '선행적' 즐거움을 필요로 하지 않았다.

그러나 지금 우리의 의무를 계속 수행하고 우리 내부에 애덕을 유지하기 위해 필요로 하는 은총은 '선행적 희열'이다. 그 즐거움의 원인이 되거나 원인이 되는 것처럼 보이는 사물들에 대한 사랑을 산출하고 유지하므로 신체에서 이루어지는 경우 우리가 수용하는 선행적 즐거움은 우리 안에서 탐욕을 산출하고 또 이를 유지하는 것이다. 그래서 탐욕은 애덕과는 완전히 반대되는 것이므로 신이 우리 안에서 선행적 희열을 통해 애덕을 산출하고 유지하지 않는다면 사욕의 선행적 즐거움은 그것으로 탐욕이 강화되었던 점에 비례하여 애덕을 약화시킨다는 점이 분명하다.

내가 여기서 말하는 것은 신이 우리 안에서 사욕이 작동되도록 두고 감각대상들에 대한 공포를 불러일으키면서 사욕을 감소시키는 것이 아니라는 점을 전제로 한다. 불의에 대한 공포 역시 정의의 희열만큼이나 실재적 은총이니 말이다. 하지만 은총의 희열을 증가시키는 대신 사욕을 감소시킨다고 가정한다면 이로써 생기는 결과는 동일할 것이다. 두 가지 방식으로 저울에 균형을 잡을 수 있다는 점을 우리는 잘 알고 있다. 그 한 가지 방식은 저울판 하나에 분동分銅을 지나치게 많이 쌓는 것이다. 그 저울판이 다시 올라오도록 분동을 다른 쪽 저울에 쌓을 수도 있지만, 저울판에 쌓인 몇 개를 덜어내면서 결과는 동일해진다.

나는 선행적 희열 없이는 어떤 올바른 행동도 할 수 없다고 주장하는 것도 아니다. 나는 이 점에 대해 제 3권 4장에서 충분히 설명했다. 또 마음속에 신의 사랑을 품은 사람은 선행적 희열 없이도 자신이 수행해야 할 의무를 앎으로써 자극된 그의 일상적 사랑의 힘으로써, 예를 들어 빈자에게 적선을 한다거나 어떤 사소한 모욕을 인내심으로써 참아낼 수 있음이 대단히 명백해 보이므로, 나는 사람들이 왜 이 점을 의심하는지 이해할 수 없다.

내가 보기에 희열이 반드시 필요한 때는 유혹이 강할 때이거나 사랑이 약할 때뿐이다. 그러나 신앙심이 대단히 투철해 보이고, 대단히 위대한 유혹을 극복할 만큼 충분한 희망을 가진 정의로운 사람에게 기쁨 혹은 영원한 선에 대한 예감은 뚜렷하게 나타나지만 그는 결국 지나가 버리고 말 선의 매력에 저항할 수 있다.

모든 올바른 행동에 희열이나 실제적 은총이 필요하다는 점은 사실이다. 희열이나 은총이라는 말을 실제로 자극된 애덕이나 이를 동반하는 희열이라는 뜻으로 이해한다면 말이다. 성 아우구스티누스는 흔히 그렇게 이해했다. 어떤 방식으로도 신에 대한 사랑으로 지어지지 않은 모든 것은 아무런 가치가 없다. 그런데 모호성을 제거하고, 희열이라는 말을 내가 이해한 의미로 받아들인다면 나는 내가 했던 말에 누구도 의심을 할 수 있으리라 생각하지 않는다.

그러나 그것이 무엇인지 여기서 밝히겠다. 즐거움과 사랑이 동일하다고들 가정하는데 이는 사랑 없는 즐거움이 거의 없는 까닭이다. 그리고 성 아우구스티누스가 이 둘을 항상 분리한 것은 아니다. 이렇게 가정하고 나면 흔히 말하는 모든 것을 말하는 것이 옳다.

우리는 성 아우구스티누스와 함께 "우리를 더 기쁘게 하는 것에 따라 행동할 필요가 있다Quod amplius nos delectat, secundum id operemur necesse est[1] 고 말할 수 있다. 우리는 사랑하는 것을 확실히 원하며, 희열이나 애덕 없이는 선하거나 칭송받을 만한 것을 전혀 행할 수 없다고 말할 수 있다.

그러나 나는 정념을 다룬 논고에 붙인 주해에서[2] 우리의 지식과 우

---

1 [옮긴이] 성 아우구스티누스, *Explication de l'épître aux Galates*, § 49.

2 제 5권 3장에 대한 주해.

리의 사랑 사이에 존재하는 차이만큼이나 심사숙고했거나 그렇게 하지 않은 사랑과 즐거움은 다르다는 것을, 이 차이를 뚜렷하게 표현하려면 어떤 물체와 그것의 운동 사이에 존재하는 차이가 있음을 보여주고자 한다.

여섯 번째 주해

제 1권 10장 초반과, 방법을 다룬 제 6권 2부 6장에서 내 다음의 언급과 관련하여. 어떤 물체들이 존재한다는 점을 증명하기란 대단히 어렵다. 이것이 물체들의 존재로부터 제시된 증거를 생각해야 할 점이다.

사람들이 그 이상 잘 알 수 없다고 생각하는 것에 정작 까막눈이고, 관념조차 갖지 했다고 상상한 어떤 사물들이 사실은 충분히 알고 있는 일이 일상다반사이다. 사람들의 감각이 지각을 얼마간 겸할 때 무엇을 전혀 이해하지 못하고 있는지, 혹은 무엇을 대단히 불완전하게 알고 있었는지 이해하게 된다. 또한 사람들의 관념이 순전히 지성적이거나 그들을 자극하는 감각적인 것이 전혀 없을 때 그들이 수용하는 것은 깐깐하게도 견고한 증명들뿐이다.

예를 들어 보통 사람들은 형이상학의 대부분의 진리들의 증명 그러니까 신의 존재, 신의 의지의 유효성, 신의 뜻의 불변성의 증명이며, 신, 즉 만물을 고스란히 창조하신 진정한 원인은 하나이며, 모든 지성들이 분유分有하는 지고한 이성만이 존재할 뿐이라는 증명이며, 모든 창조된 의지들을 아우르는 원리는 필연적 사랑일 뿐이라는 증명을 들으면서 무슨 생각을 할까?

그들은 그런 증명이 의미 없는 말들일 뿐이며, 그렇게 개진된 내용에 대해서 아무런 관념을 갖지 않았으니, 차라리 입을 다물고 있는 것이 낫다고 생각한다. 형이상학의 진리와 증거에는 감각적인 데가 전혀 없으니, 사람들은 그것에 자극을 받는 일이 없고, 그 결과 그 점을 납득하지 못한 채로 머문다. 그러나 가장 뚜렷한 관념들은 추상적 관념들이며, 가장 명석판명한 진리들이 형이상학의 진리들이라는 점이 확실하다.

간혹 사람들은 자기들에게는 신의 관념이라는 것이 없고, 신의 의지에 대해 전혀 들어 본 적이 없다고 말한다. 심지어 그들은 종종 그렇게 말하듯이 사유한다. 하지만 자기들이 아마 가장 잘 알고 있는 것은 무엇인지 모른다고 생각한다. 신이 지혜롭고 정의롭고 전능한 이인지, 신은 나뉠 수 있고, 변동할 수 있고, 어떤 존재일지라도 쉽게 변화할 수 있는지, 삼각형인지 아닌지 질문을 받을 때 답변을 주저할 사람이 어디 있겠는가? 그러나 어떤 특질들이 한 주체에 적합한지 그렇지 않은지 묻는다면 그 주체의 관념을 갖고 있는지 아닌지를 잘못 생각할지도 모른다는 점 때문에 주저함 없이 답변할 수는 없다.

마찬가지로 신의 작용이 가장 단순한 길을 따르지 않으며, 신의 의도부터가 잘못 되었다고 누가 감히 말할 수 있을까? 일종의 필연성으로써가 아니라 자신이 따르는 길의 단순성과 보편성을 깨뜨리지 않고자 적극적이고 직접적이고 특별한 의지로써 괴물을 만들고, 한마디로 말해서 신의 의지는 누구나 알고 있는 질서에 반反할 수 없다고 누가 감히 말할 수 있다는 것인가? 그런데 신의 의지에 대한 관념을 전혀 갖지 않았더라도, 적어도 신이 어떤 작용을 하고자 한다고 가정했을 때 그가 반드시 따르리라고 분명히 생각되는 어떤 질서에 따라 행동하게 될지 의심은 할 수 있다.

그러므로 사람들은 사물들의 순전히 지성적 관념만을 갖는 것이며, 이 관념은 감각대상들의 관념보다 훨씬 더 명확하다. 사람들은 신체가 존재한다는 것보다 신이 존재함을 더 확신한다. 사람들이 자기 내부로 들어갈 때 그들은 자신의 절친들이며, 그들 삶 전체를 바쳐 연구한 사람들의 의지보다, 모든 존재를 창조하고 보존할 때 따랐던 신의 어떤 의지를 더욱 명확하게 알게 된다. 사람들의 정신과 신과의 결합이며, 사람들의 의지와 신의 의지, 즉 영원한 법 혹은 불변의 질서의 결합은 즉각적이고, 직접적이고, 필연적인 결합이니 말이다. 사람들이 감각대상과 맺는 결합은 오직 건강과 생명의 보존을 위해서만 세워진 것이므로 사람들이 그 결합을 통해 이들 대상을 알게 된다면 그것은 그들이 그 의도와 맺는 관계만을 따르는 것이다.

성 아우구스티누스의 말에 따르면 이 즉각적이고 직접적인 결합은 정신이 순화된purifié 사람들에게만 알려진 것이며, 그 결합은 우리 이성의 가장 후미진 곳을 환히 밝히고, 우리 마음 가장 깊은 곳에서 우리를 설득하고 우리의 마음을 움직이는 것이다. 신이 어떤 생각을 하는지, 심지어 신이 바라는 것이 무엇인지 우리가 알 수 있다면 바로 이 결합 덕분이다. 우리는 진리들과 영원한 법칙들의 몇몇을 명백하게 알 수 있음을 의심할 수 없는 까닭이다. 하지만 우리가 절친들과 맺는 결합으로는 그들이 무슨 생각을 하며, 무엇을 바라는지 명백하게 알 수 없다. 이를 잘 안다고 믿지만 정작 우리가 그들의 말을 듣고서야 이를 알게 되는 경우에 우리는 거의 항상 잘못 생각하고 있는 것이다.

우리와 우리 주변의 대상들은 감각을 통해 결합하는데 이 결합으로는 우리를 밝힐 수 없다. 감각들의 관계는 완전히 진실한 것이 아니고,

내가 이 책에서 설명한 바에 따르면 종종 어떤 방식으로든 거짓이기도 하다. 바로 이런 이유로 나는 이 자리에서 감각을 통해 우리가 확신하고는 있지만 대상들이 존재한다는 것을 적극적으로 입증하기란 생각만큼 쉬운 일이 아니라고 말하는 것이다. 이성은 우리가 그 점을 상상하는 만큼 확신시켜 주지는 않으며, 이 점을 밝히려면 대단히 큰 열의로 이성에 묻지 않으면 안 된다.

그런데 사람들은 이성적인 것 이상으로 감각적이고, 내적 진리보다는 감각의 증언에 더 기꺼이 귀 기울이므로, 항상 물질이 존재한다는 점을 확신하기 위해 굳이 어렵게 이성에 묻지 않고 계속해서 두 눈에 물었으니, 바로 이런 이유로 사람들은 물질의 존재를 확신하는 일이 어렵다는 말을 들으면 깜짝 놀라기 마련이다. 물체들이 존재한다고 확신하려면 눈을 크게 뜨기만 하면 된다고 생각한다. 환영幻影에 빠지기 쉽대도 가까이 가서 물체들을 만져보는 것이다. 그다음에 그들은 물질의 존재를 의심할 근거가 있음을 어렵사리 깨닫는다.

그러나 우리 눈은 물체 표면에 색을, 공기와 태양에 빛을 재현한다. 귀로는 공기와, 반향反響하는 물체에 퍼진 소리를 들을 수 있다. 다른 감각들에도 관계가 있음을 믿는다면 열은 불 속에, 달콤함은 설탕 속에, 냄새는 사향 속에 있을 것이고, 물체의 모든 감각자질은 그것을 발산하거나 확산하는 것처럼 보이는 물체들 속에 있을 것이다. 그러나 내가 이 책의 제 1권에 제시한 근거들을 통해 본다면 이 모든 자질들은 이를 느끼는 영혼의 외부에 있지 않음이 확실하며, 적어도 그 자질들이 우리를 둘러싼 물체들 속에 존재하지 않다는 것이 명백하다.

그러므로 모든 경우에 우리를 속이는 감각들의 관계만으로 물체들이 외부에 실제로 존재하며, 심지어 이 물체들은 우리가 보는 것, 그러니까 우리가 신체의 눈을 통해 바라볼 때 우리 영혼의 즉각적인 대상으로서의 물체를 닮았다는 결론을 내리려고 하는 이유이다. 확실히 이 점에 대해 어떻게 말하려고 한대도 어려움이 적지 않은 문제이다.

더욱이 우리가 감각들의 관계에 따라 어떤 물체의 존재를 확신할 수 있다면 그것은 특히 영혼과 즉각적으로 결합되어 있는 것과 관련되어 있다. 가장 강렬하고, 실제로 존재하는 어떤 물체와 더욱 필연적인 관계가 있는 것처럼 보이는 감정은 고통이다. 그럼에도 팔 하나를 잃었던 사람들이, 심지어 그 일이 대단히 오래되었어도 바로 그 잘린 곳에서 대단히 강한 고통을 느끼게 되는 일이 종종 일어난다. 그들은 기억에 묻고, 자기 신체를 바라보면서 더 이상 팔이 없음을 잘 알고 있다. 그러나 고통의 감정은 그들을 속인다. 또한 간혹 일어나듯 자기들의 과거에 어땠는가 하는 기억을 고스란히 잃었으며, 그들이 머릿속 상상의 팔에서 고통을 느끼게끔 하는 것과 다른 감각이 남아 있지 않다고 가정했대도 확실히 그들에게 그토록 끔찍한 고통을 느끼는 팔이 없다는 점을 확신할 수 없을 것이다.

머리 위에 뿔이 달렸다고 믿는 사람들이 있고, 자기 몸이 버터나 유리로 되었거나, 자기 신체는 다른 사람들의 신체처럼 이루어지지 않아서, 자기가 닭, 늑대, 소의 몸을 가졌다고 상상했던 사람들이 있었다. 그런 이들은 광인狂人이 아닌가, 라고들 할 것이다. 나도 그 말에 동의한다. 그러나 영혼은 이런 일들을 잘못 생각할 수 있으며, 그 결과 다른 모든 사람들도 감각과의 관계에 따라 대상들을 판단한다면 유사한 오류에 빠질 수 있다. 실제로 이 광인들이 자기들이 존재한다고 생각하는 대로 자신을 바라본다는 점에 주목해야 한다. 그러니 정확히 말해서 오류는 그들의 감정이 아니라 그들이 형성하는 판단에 있는 것이다. 그들이 그저 자신들이 수탉이라고 느끼거나 스스로를 수탉과 같다고 바라본다고 말했다면 그들은 잘못 생각한 것이 아니다. 그들이 유일하게 잘못 생각한 것은 자기들의 몸이 느껴지는 것, 다시 말하자면 스스로 자신을 고려해 봤을 때 정신의 즉각적 대상인 것과 똑같다고 믿고 있는 것뿐이다. 그래서 자기들이 실제 그대로라고 믿는 사람들이라고 해도 그들 스스로 판단할 때 광인들보다 더 분별 있는 것은 아니다. 그들이 감각들의 관계에 따라서만 판단한다면 말이다. 그들이 잘못 생각하지 않게 만드는 것은 이성이 아니라 행복인 것이다.

그렇지만 결국 광인이라고 불리는 사람들이 실제로 광인이라는 것을 그 사람들이 특수한 감정을 갖기 때문이 아니라고 한다면 우리는 어떻게 확신할 수 있는가? 어떤 사람을 광인이라고 보는 것은 그가 존재하지 않는 것을 보기 때문이 아니라 정확히 말해서 다른 사람들이 잘못 생각했든 아니든 그들이 보는 것과는 반대의 것을 보기 때문임이 명백하다.

예를 들어 어떤 농부의 눈은 아마 언젠가 새로이 발명된 망원경을 통해서 달을 있는 그대로, 또는 사람들이 달을 보는 그대로의 방식으로 보게끔 되어 있다. 그는 달을 감탄하는 마음으로 바라보고 동료들에게 이렇게 큰 소리로 외칠 것이다.

“높은 산, 깊은 골이 보인다. 바다며, 호수며, 심연이며 바위들이 보인다! 동쪽으로 바다가 보이지 않소! 서쪽과 남쪽에는 땅과 산만이 보이는구려! 바로 그쪽으로 가면 지금껏 본 것보다 훨씬 높은 산이 보이오. 저 별 중심에 나타나는 끔찍한 심연, 또는 새까만 바다가 안 보이시오?"1

동료들은 그의 이런 감탄어린 말에 뭐라고 답할 것이며, 그에 대해 어떻게 생각할까? 그는 자신이 주시하고 감탄하는 별의 악영향에 상처 입은 광인인 것이라고 하지 않을까? 그의 감정은 그 혼자만의 것이며, 그것으로 충분하다. 그래서 다른 사람들이 보기에 광인이 되는데 실제로 광인이 될 필요는 없는 것이다. 다른 이들과는 다른 방식으로 사물을 생각하고 보는 것으로 충분하다. 모든 사람들이 자기들이 수탉이라고 믿었다면 자기 자신을 지금 그대로의 모습으로 믿는 사람은 확실히 미친 사람으로 간주될 것이다.

그런데 사람들은 '코끝에 부리가 달렸고 머리 위에 볏이 달렸는가?' 라고 물을 것이다. 나는 그렇게 믿지 않는다. 내 감각을 통해서만 판단한다면, 내 감각을 사용해야 하는 대로 쓸 줄 모른다면 나는 그런 것들에 대해서는 아무것도 모른다. 내가 이를 알아보려고 내 얼굴과 머리를 만져본대도 그렇다. 나는 내 신체도 내 주변의 사물들도 길이도 모르고 형상도 모르는 손을 쓰지 않는 이상 다룰 수 없다. 내가 손이란 것을 실제로 가졌는지 확신에 차서 알고 있다고 말할 수 없다. 내가 손을 움직이는 동안 내 두뇌의 어떤 부분에서 어떤 움직임이 일어나기 때문에 손이 있다는 것을 알 뿐이다. 사람들의 말을 들으면 그곳에 공통 감각이 있다고 한다.

그렇지만 나는 그렇게들 말하지만 아는 것이 거의 없는 두뇌라는 부

---

1 망원경으로 달을 볼 때 거의 이런 것들이 보인다.

분조차 모르는 것 같다. 적어도 내가 내 손을 느낄지라도 그 부분이 내 안에서 느껴지지는 않는다. 그래서 나는 아직도 매일같이 논의되고 있는 저 작은 송과선松科腺보다는 오히려 내가 손을 가졌음을 믿어야 한다. 나는 송과선이 어떻게 생겼는지 어떻게 움직이는지도 모른다. 그렇지만 내 신체와 나를 둘러싼 물체들의 형상과 운동을 알려면 그것을 수단으로 삼을 수밖에 없음을 알 수 있다고 확신하는 것이다.

그러니 이 모든 것을 어떻게 생각해야 하는가? 이성을 가르치는 것은 신체가 아니고, 영혼과 바로 결합되어 있는 부분은 그 자체로는 보이지도 이해되지도 않고, 우리의 신체도, 주변의 물체들도 우리 정신의 즉각적 대상일 수 없고, 신체가 실제로 존재한대도 우리의 두뇌로 알 수 없고, 주변 물체들의 존재는 훨씬 덜 알 수 없다. 그래서 우리는 우리 내부에서 작용하는 어떤 우월한 지성이 존재함을 인정하지 않을 수 없다. 그 존재는 우리 내부에서 대단히 강력히 작용할 수 있으므로 두뇌에 최소한의 관념도 보내지 않고서도 우리 외부의 물체들을 실질적으로 재현해 준다. 물론 두뇌에서 산출되는 운동은 그로 인해 우리가 이들 물체를 발견하게 되는 계기는 될 수 있다. 우리 주변의 물체들은 형상을 가지므로 결국 형상을 모르는 눈으로 우리는 보게 된다. 대상 표면에 나타나는 색이 시신경 위에 채색된 색보다 더 강렬하지는 않더라도 우리는 다른 대상들이 발하는 광채를 감탄할 때조차 그 색을 전혀 보지 않는 것이다.

그러나 마침내 두뇌에 어떤 운동이 일어날 때 그 이해력이 우리에게 물체들을 보여 주게 되는 이유는 무엇일까? 더욱이 우리 두뇌에서 운동이 자극되도록 우리 외부에 물체들이 반드시 존재할 필요가 있는가? 잠, 정념, 광기는 외부의 물체들이 일조하지 않아도 여러 운동을 만들어 내지 않는가? 서로가 서로를 움직일 수 없는 물체들이 다른 물체를 마주칠 때 스스로는 갖지 못한 운동의 힘을 전달할 수 있음이 확실한가?[2] 그러나 내가 말하고 싶은 것은 물체들은 스스로 움직이고 우리 두뇌 섬유들을 진동시킨다는 점이다. 모든 사물을 존재케 하는 자가 우리 두뇌에서 우리 정신의 관념들이 결부된 운동을 자극할 수 있을까? 마지막으로 우리 두뇌에 새로운 운동이 일어나지 않지만 그럼에도 우리 영혼이 새로운 관념을 가질 수 있다는 것은 모순인가? 이 점에 대해서는 다른 곳에서 증명했다.[3]

그러므로 외부에 물체들이 존재한다는 점을 확신하려면 우리에게 그 감각을 전하는 존재는 신임을 알고, 무한히 완전한 신은 우리를 속일 수 없음을 아는 것이 절대적으로 필요하다. 이해력은 만물의 관념을 우리에게 부여하는 것인데 이것이 말하자면 사실 아무것도 없는데도 물체들을 실제로 존재하기라도 한 것처럼 우리에게 재현하면서 장난을 치고자 했다면 그런 일이 어려운 일은 아니라는 점이 명백하다.

이러한 근거들이나 비슷한 근거들로 자신의 철학을 흔들리지 않는 토대 위에 세우고자 했던 데카르트는 물체들이 존재한다고 가정할 수 있다거나, 대부분의 사람들에게 대단히 확실해 보이기는 하지만 감각적 증거들을 통해 이를 증명해야 한다고도 믿지 않았다. 필경 그는 우리와 마찬가지로 물체들을 보려면 눈을 뜨기만 하면 되고, 이 관계를

---

2 제 6권 2부 3장 및 이 책 5권의 열다섯 번째 주해를 참조.

3 제 3권 2부 6장 및 이 책 5권의 열 번째 주해를 참조.

눈이 잘못 생각하지 않았는지 확신하려면 그 물체들에 접근해서 만질 수 있다는 것을 알았다. 그는 비슷한 근거들이 거부될 수 없다고 판단할 정도로 인간 정신을 충분히 잘 알았다. 그런데 그는 감각으로 파악되는 사실임 직함도, 사람들의 헛된 찬사도 구하지 않았다. 그는 공적 없는 명성의 영광보다는 무시받더라도 진리를 선호했다. 그리고 그는 확실하고 이론의 여지가 없다고 판단하지 않았던 문제들을 확신하기보다는 편협한 정신을 가진 사람들에게는 기상천외하게 보이는 의심을 통해 그런 이들에게 조롱받는 편이 더 좋았다.

그러나 데카르트가 물체들이 존재하는 데 오직 이성만이 제공할 수 있는 가장 강력한 증거를 마련했고, 신은 속일 수 없음이 확실하고, 우리 정신의 사용법을 따랐고 신이 만든 다른 능력을 사용했는데도 우리가 잘못 생각했다면 신은 우리를 실제로 속일 수 있는 것이라고 말할 수 있을지라도, 물질의 존재는 여전히 완벽히 증명되지 않았다고도 말할 수 있다. 나는 엄격한 기하학으로 증명되지 않았다고 이해하는 것이다.

결국 철학 분야에서 무엇이 됐든 우리가 명백성을 인정하지 않을 수 없을 때만 믿을 수 있다. 우리는 할 수 있는 한 자유를 사용해야 하며, 우리의 판단은 지각보다 더 폭이 넓지 않음이 틀림없다. 그래서 우리가 물체들을 볼 때 우리가 본 것만을 판단해야 하고, 이들 가시적이거나 지성적인 물체들이 실제로 존재한다는 점만을 판단하도록 하자. 그런데 우리가 보고 있는 지성적 세계와 닮은 물질세계가 외부에 존재한다는 것을 우리는 적극적으로 판단할 수 있는가?

아마 우리는 이들 물체들을 우리 밖에 있다고, 심지어는 우리가 자극하는 물체와 대단히 멀리 떨어져 있음을 보고 있으며, 그래서 우리의 판단이 우리의 지각보다 더 멀리까지 넓어지지 않고도 그 물체들이 우리 외부에 있음을 판단할 수 있다고 할 것이다. 하지만 뭐란 말인가? 우리는 우리 외부에 있는 태양 속에 빛이 없는데도 빛을 보지 못한다는 말인가? 그럼에도 나는 우리가 우리 밖에 있다고 보는 이들 물체가 실제로 우리 외부에 존재한다고 말하는데, 그것은 이론의 여지가 없는 것이기 때문이다.

그런데 외부와 거리가 존재하고, 지성적 세계에 우리 정신의 즉각적 대상인 지성적 공간이 존재하는 것이 명백하지 않은가? 조심해야 할 것은 우리가 물질적 대상에 생명을 불어넣을 때 그때 그 대상은 우리가 그것을 바라볼 때, 그러니까 물체를 향해 눈을 돌릴 때 우리에게 보이는 것이 아니라는 점이다. 우리가 보는 물체는 지성적 물체이고, 우리 신체와 우리가 바라보는 태양 사이에 물질적 공간이 있는 것처럼 이 지성적 물체와 우리가 보는 지성적인 태양 사이에는 지성적 공간이 있다.

확실히 신은 자신이 창조한 물체들 사이에 거리가 있음을 본다. 하지만 그는 이 물체며 이 공간을 그 자체로 보는 것은 아니다. 신이 이 물체들을 보는 것은 오직 자신이 그것에 대해 가진 관념을 통해서일 뿐이다. 신은 오직 자기 자신에서만 빛을 끌어낸다. 신은 물질적 세계를 그를 포함하는 지성적 세계에서만, 만물에 존재와 운동을 실제로 전하는 신의 의지에 대한 지식에서만 물질적 세계를 볼 뿐이다. 그러므로 우리가 바라보는 물체들 사이에 물질적 공간이 있는 것처럼 우리가 보는 지성적 물체들 사이에는 지성적 공간들이 있다.

그런데 자기 스스로 모든 존재들을 산출하는 의지를 혼자 깨닫고, 자기 의지로써 모든 존재를 산출하는 이는 신뿐이다. 우리가 보는 것과 닮은 물질적 세계가 실제로 우리 밖에 있는지 우리에게 알게 해주는 이는 신밖에 없기 때문이다. 물질적 세계는 그 자체로는 보이지도 않고 지성적이지도 않다. 그래서 물체들이 존재한다는 점을 전적으로 확신하기 위해서는 신은 존재하고 신은 속이는 자가 아니라고 할 뿐 아니라, 신이 실제로 그 물체들을 창조했음을 우리에게 확신시켜 주어야 한다. 나는 이 문제들이 데카르트의 책에서 증명된 바 없다고 생각한다.

신은 정신에 말하지 않는다. 신은 명백성과 신앙이라는 단 두 가지 방식으로만 정신으로 하여금 이 점을 믿지 않을 수 없도록 한다. 신앙으로 인해 이 물체들이 존재한다고 믿지 않을 수 없다는 점에 나는 동의한다. 그러나 명백성은 완전하지 않고, 신과 우리의 정신과는 다른 어떤 것이 존재한다는 점을 불가항력적으로 믿는 경향이 우리에게는 없는 것 같아 보인다. 우리 주변에 대상들이 존재함을 믿는 극단적 성향이 있음이 사실이다. 나는 이 점에 있어 데카르트에 동의한다.[4] 그러나 이 성향이 아무리 자연스럽대도 명백성을 내세워 우리에게 이를 강요하지 않으며, 그저 자극을 통해서 우리는 이를 따르게 된다. 우리의 자유로운 판단에서는 오직 빛과 명백성만을 따라야 한다. 우리가 감각적 자극에 좌지우지된다면 십중팔구 잘못 생각하게 될 것이다.

우리는 감각자질들, 크기, 형상, 물체의 운동에 대해 판단을 내리게

---

4 《성찰》 6.

되면서 왜 잘못 생각하는 것일까? 물체에 존재한다고 우리가 믿게 되는 것과 유사한 자극만을 따른다면 말이다. 열은 뜨겁고 눈은 희고 태양은 빛으로 눈부시게 빛난다는 것을 우리는 보지 못하는 걸까? 물체만큼이나 감각자질이 우리 외부에 존재한다는 것을 보지 못하는가? 그러나 우리 외부에서 보이는 이 감각자질이 우리 외부에 존재하지 않다는 것이 확실하다. 이렇게 말할 수 있다면 이 점에 대해서는 확실한 것이 전혀 없다. 그러므로 우리가 보는 지성적 물체들 말고 우리가 바라보는 다른 물체들이 존재한다고 판단할 근거는 무엇인가? 감각적 자질뿐 아니라, 크기 형태 및 물체의 운동의 관점에서 기만적인 자극이 동일한 물체들의 실제적 존재의 관점에서도 그렇지 않으리라는 점이 명백한가? 나는 우리의 명백성이 얼마만큼 큰지 묻는 것이다. 사실임 직한 것에 대해서는 근거가 부족하지 않는다는 데 나는 동의하기 때문이다.

나는 감각자질과 물체들은 이런 차이가 있으며, 이성은 물체들의 존재와 관련된 판단보다 감각자질과 관련된 자연적 판단을 더 쉽게 수정하며, 심지어 감각자질과 관련해서 이성이 가한 수정이란 기독교 종교와 도덕에 완전히 부합하며, 종교의 원리에 따라 물체들의 존재를 부정할 수 없음을 잘 알고 있다.

즐거움과 고통, 열, 심지어 색色이 물체들의 존재 방식이 아니며, 일반적으로 감각자질은 물질에 대한 우리의 관념에 들어 있지 않다는 것, 즉 한마디로 말해서 우리 감각은 우리에게 그런 감각대상을 있는 그 자체가 아니라, 건강과 생명의 보존과 관계된 감각대상을 재현한다는 점을 이해하기란 쉽다. 이 점은 이성뿐 아니라 기독교 종교와 도덕에 훨씬 더 부합한다. 우리는 이 책의 여러 곳에서 이 점을 이미 확인한 바 있다.

그런데 우리 내부에 고통과 열을 일으키는 원인이 되는 물체들이 실제로 존재하는지 확신하지 못하는 것처럼 우리 외부에 물체들이 존재하는지 정말로 확신하기란 쉽지 않다. 적어도 외부에 물체들이 존재할 수 있음은 대단히 확실하다. 우리 외부에 물체들이 존재하지 않는다는 것을 증명해 줄 수 있는 것이 전혀 없으며, 이와는 반대로 우리는 물체들이 존재한다는 점을 강하게 믿고자 하는 성향을 가졌으니 말이다. 그래서 우리는 물체가 존재하지 않는다고 믿는 것보다 존재한다고 믿을 때 옳으며, 따라서 우리는 물체가 존재한다고 믿어야 했을 것이다.

우리는 빛과 명백성을 통해 우리의 자연적 판단을 수정할 수 없을 때 그 자연적 판단을 천성적으로 따르는 경향이 있다. 모든 자연적 판단은 신에서 나오는 것이므로, 우리의 자연적 판단이 거짓임을 발견할 수 없을 때 우리는 신에게서 오는 자연적 판단을 우리의 자유로운 판단에 부합시킬 수 있다. 이 모든 경우에 우리가 잘못 생각했다면 우리에게 정신을 부여한 이는 어떤 점에서 우리의 오류와 과오 역시 부여한 것 같다.

이 추론은 아마 충분히 옳은 것으로 보인다. 그러나 이 추론으로 물체들의 존재가 명백하게 증명되었다고 간주해서는 안 된다. 결국 신은 우리가 불가항력적으로 그렇게 추론하는 데까지 이르게 하지는 않으니 말이다. 우리가 그 추론에 동의한다면 자유롭게 동의하는 것이다. 즉 우리는 그 추론에 동의하지 않을 수도 있다. 내가 방금 행한 추론이 정당하다면 물체가 존재한다는 점이 완전히 사실임 직하다고 믿어야 한다. 그러나 우리는 이런 추론만으로는 온전히 확신해서는 안 된다.

다른 식으로 말하자면 행동하는 것은 우리이지, 우리 안에서 작용하는 신이 아닌 것이다. 우리가 동의하는 것은 자유로운 행위를 통해서, 결과적으로 오류에 쉽게 빠지는 행위를 통해서지, 불가항력적 자극을 통해서가 아니다. 우리가 믿는 것은 이를 자유롭게 의지하기 위해서지 수학적 증명이 행하는 것처럼 믿지 않을 수 없도록 명백하게 그것을 바라보아서가 아니다.

확실히 신앙만이 우리가 실제로 물체가 존재함을 확신할 수 있게끔 한다. 우리는 필연적 존재와는 다른 존재가 존재한다는 것을 정확히 증명할 수 없다. 세심하게 주의를 기울여 본들 신이 정말 물질적이고 감각적 세계의 창조자인지 아닌지 온전히 확실하게 알 수 없음을 잘 알 것이다. 그런 명백성은 필연적 관계에서만 볼 수 있기 때문이다. 신과 이런 세계 사이에는 필연적 관계가 전혀 없다. 신은 필연적 관계를 창조할 수 없었다. 그런데도 그가 그렇게 했다면 이를 의지했기 때문이고 그것도 자유롭게 이를 의지했기 때문이다.

하늘에 거하는 성인들은 성부가 성자를 낳고 성부와 성자는 성령을 낳는다는 사실을 명백한 빛을 통해 잘 알고 있다. 이 발출émanation은 반드시 필요하기는 하지만 세상은 신의 필연적 발출이 아니므로, 우리는 신이 외부에 무엇을 만드는지 명백히 보지 못한다. 그럼에도 나는 복자들은 세상이 있음을 확신한다고 믿는다. 그렇지만 신은 우리에게 알려지지 않는 방식으로 자신의 의지를 복자들에게 드러내어 확신시키는 것이라고 나는 믿는다. 이곳에서 우리가 이 점을 확신한다면 우리는 신앙으로 신이 이 세상을 창조하셨고, 이 신앙은 우리의 자연적 판단 혹은 우리의 복합적 감각작용에 부합한다는 점을 배우기 때문이다. 우리의 복합적 감각작용은 우리 감각 전체로 확인되고, 우리 기억으로 수정되고, 우리 이성으로 바로잡히게 된다.

먼저 우리 신앙의 증거나 원칙이 물체들의 존재를 전제로 하는 것처럼 보인다는 점이 사실이다. "믿음은 듣는 것에서 난다fides ex auditu"[5]고 했다. 그래서 예언자들, 사도들, 성경, 기적들을 가정하는 것처럼 보인다는 것이다. 그러나 이 점을 주의 깊게 살펴본다면 우리가 사람들이며, 예언자들이며, 사도들이며, 성경, 기적 등의 외관만을 전제했을지라도 이른바 이런 외관이라고 하는 것은 내가 이 책의 여러 곳에서 증명했듯이 이른바 이런 외관을 정신에 그려낼 수 있는 자는 신뿐이며, 신은 속이는 자가 아니므로 반박의 여지가 없음을 알게 될 것이다. 신앙 자체가 이 모든 것을 전제하고 있으니 말이다.

그런데 성경의 외관에서, 또 기적의 외관을 통해서 신은 천지를 창조했고, 신의 말씀이 육肉이 되었고, 다른 비슷한 진리들은 이미 창조된 한 세계의 존재를 전제하는 것이다. 그러므로 물체들이 존재한다는 것은 신앙으로 확실하고, 이 모든 외관들은 신앙을 통해 실재가 되는 것임이 확실하다. 대부분의 사람들에게는 지나치게 추상적으로 보일 반박에 더 길게 답변하느라 멈춰 설 필요가 전혀 없으며, 나는 지나치게 트집을 잡지 않는 모든 사람들이라면 이 점으로 충분히 만족하리라 믿는다.

---

5 [옮긴이] "그러므로 믿음은 듣는 것에서 나며 듣는 것은 그리스도의 말씀으로 말미암았느니라."(〈로마서〉 10장 17절)

그러므로 이 모든 것으로부터 우리는 자연적 판단들, 혹은 우리를 둘러싼 물체들이나 우리가 생명을 불어넣는 것이 갖추고 있다고 생각하는 감각자질과 관계 맺는 복합 지각을 교정할 수 있고, 심지어 교정해야 한다고 결론 내려야 한다. 그런데 물체들의 실제 존재 방식과 관련된 자연적 판단에 대해서 보자면 우리 스스로 그것에 부합할 수 있을 자유로운 판단을 내릴 수 없기는 해도 또 그래서도 안 되는 것이, 이 자연적 판단들은 완벽히 신앙에 부합하는 까닭이다.

더욱이 내가 이런 지적을 했던 것은 특히나 이들 진리에 대해 진지하게 성찰하도록 하려는 목적에서이다. 즉 신체는 정신에 작용할 수 없으며, 정신의 눈에 띌 수도 없고, 눈을 크게 떠서 바라보는 것들은 그 물체들을 재현하고 우리에게 영향을 주는 관념들과 아주 다르며, 우리 영혼은 오직 신 안에서만 빛과 생명과 양식을 찾을 뿐이고, 영혼은 오직 신과만 즉각적이고 직접적인 관계를 맺을 수 있고, 영혼이 신체와 신체를 둘러싼 것들과 맺는 관계는 필연적으로 영혼이 신의 명석하고 효과적인 실체, 그러니까 우리로 하여금 피조물들을 가능하거나, 존재하거나 우리에게 속한 것처럼 발견케 해주는 실체와 맺는 관계에 의존한다.

이는 실체가 영혼이 우리 정서를 변화시키는 다양한 방식에 따라, 영혼이 실체를 대표하는 한에서 그렇다. 가능하다는 것은 우리의 정서를 자극하는 관념의 지각이 순수한 경우이고, 존재한다는 것은 지각이 뚜렷한 경우이고, 우리에게 속하고 우리의 일부가 된다는 것은 고통이 그러하듯이, 영혼을 대단히 강렬하고 혹하게 끌어당기는intéressant 경우이다. 나는 대부분의 사람들이 이런 지적을 승인하지 않을 것이며, 동물정기가 풍부한가, 부족한가에 따라 그들은 내가 방금 제시한 추론을 조롱하거나 그것에 질겁하리라는 것을 잘 알고 있다.

상상력은 추상적이고 기상천외한 진리들을 받아들일 수 없어서, 그런 진리들을 자기를 겁에 질리게 만드는 유령이나 자기가 조롱하는 환영幻影처럼 간주하는 것이다. 그러나 나는 내게 진리를 알려준 것, 신체가 정신에 가하는 힘에 맞서 헌신적으로 싸우면서 우리를 밝히는 지혜의 대답을, 자기들이 감각에서 찾는 증거와 우리를 혼란에 빠뜨리고 유혹하는 상상력의 저 수런거림과 구분할 줄 아는 사람을 갖지 못하느니 차라리 내가 강하고 대담한 상상력의 조롱의 대상이 되고, 나약하고 두려워하는 상상력의 분노와 격분의 대상이 되는 것이 더 좋다.

일곱 번째 주해

기억, 정신적 습관에 대해 언급했던 제 1권 2부 5장과 관련된 주해

나는 여러 가지 이유로 위의 장에서 기억에 대해서도 정신적 습관에 대해서도 말하지 않으려고 했는데, 그중 가장 중요한 이유는 우리는 우리 영혼에 대한 명확한 관념이 없다는 데 있다. 우리가 영혼의 본성을 명확히 모르는데 영혼이 작용함으로써 자기 안에 어떤 경향을 남기며, 그중 어떤 경향이 습관인지 설명할 방법이 무엇이겠는가? 우리가 어떤 존재의 본성을 뚜렷이 알지 못할 때 그 존재가 겪을 수 있는 모든 변화를 뚜렷하게 알 수 없음은 명백하다.

예를 들어 사람들에게 연장에 대한 명확한 관념이 없다면 형상을 발견하고자 노력한들 헛일일 것이다. 예를 들어 우리가 사용하는 바, 굴대 주위를 바퀴가 돌 때 생기는 편리를 설명하고자 노력한들 역시 헛일일 것이다. 그러나 사람들은 아직 모르는 주제에 대한 이야기를 듣고 싶어들 하므로 아래에 명확한 관념들만을 찾을 목적으로 간단한 검토를 싣는다.

나는 정신에 작용할 수 있고, 정신에 만물의 관념을 재현해 주는 이는 신뿐이고, 정신이 대단히 명확하고 대단히 생생한 관념을 통해 어떤 대상을 알아차리게 된다면 그것은 신이 대단히 완전한 방식으로 정신에 이 관념을 그려주기 때문이라고 가정한다.

나는 또한 신의 의지는 질서와 정의에 완벽히 부합하므로 어떤 사물을 얻으려면 그것의 권리를 갖는 것으로 충분하다고 가정한다. 이 두 가정이 명확하게 설정되었다고 이해된다면 정신의 기억은 쉽고 명백하게 설명될 수 있다. 질서가 기대하는 바로는 종종 어떤 대상을 생각했던 사람들은 그 대상을 아주 쉽게 다시 생각하고, 그 대상을 거의 생각하지 않았던 이들보다 더 명백하고 생생한 관념을 갖게 된다. 신의 의지는 이 질서에 따라 끊임없이 작용하면서 사람들이 원하자마자 그 대상의 명확하고 생생한 관념을 그들의 정신에 나타내준다. 그래서 이러한 설명에 따르면 기억 및 순수 지성의 다른 습관들은 존재가 어떤 식으로 변형된 결과로 얻게 된 작용의 편리가 아니라, 신의 불변의 질서이자, 이미 정신을 따랐던 문제들에 대해 정신이 얻게 된 권리이다. 이런 의미에서 모든 피조물이 작용을 통해 찾은 힘이나 작용의 편리는 신의 유효한 의지일 뿐이다.

또한 나는 죄악을 저지른 이들과 영벌永罰을 받은 자들의 악습 때문에 이런 설명을 방기하지 않을 수 없다고는 생각하지 않는다. 신이 죄악을 저지른 이들의 행동에 온전히 실재성과 적극성을 부여한다고 해도 내가 첫 번째 주해에서 말한 내용에 따라 신은 죄를 만들지 않았음이 명백하기 때문이다.

그러나 나는 영혼이 행동하고 난 뒤에 영혼의 실체에는 실제로 동일한 행동을 할 수 있게끔 해주는 어떤 변화들이 남는다고 믿고, 또 그렇게 믿어야 한다고 생각한다. 그렇지만 나는 그 변화들을 알지 못하므로 이를 설명할 수 없다. 가능한 모든 변화를 찾을 수 있는 명확한 관념이 내 정신에는 없으니 말이다.[1] 나는 명석판명한 증거들이 아니라 신학의 증거들을 통해 순수 지성이 이미 고려했던 대상들을 다른 대상들보다 더 명확하게 보는 이유는 정확히, 그리고 전적으로, 신이 이들 대상을 내가 방금 말한 대로 더욱 강렬하고 더욱 완벽하게 재현해 주어서가 아니라, 그들 자신 내부에서 신의 동일한 행동을 수용할 준비가 더 잘 되어 있기 때문이라고 본다. 어떤 사람들은 악기를 수월하게 연주하는 능력을 얻게 되는데 이는 정확히 말해서 손가락을 움직이는 데 필요한 동물정기가 다른 사람들보다 더 많이 작용하고 더 많은 힘을 가져서가 아니라, 연습을 통해 습관이 붙으므로 정기가 흐르는 길이 더 유동적이고 더 단일하게 되었다는 데 있다. 내가 주해를 붙인 장에서 나는 이 점을 설명했다. 그러나 나는 기억 및 다른 습관들 전부가, 신과 완벽히 결합하여 신의 빛 속에서 모든 종류의 관념을 찾고, 신의 의지 속에서 그들이 바랄 수 있는 행동의 수월성을 발견한 사람들에게 절대적으로 필요한 것은 아니라는 점에 동의한다.

1　제 3권 2부 7장의 주해를 참조.

여덟 번째 주해

제 2권 7장과 관련된 주해. 원죄에 대한 내세웠던 내 증거와 설명들의 요약 및 내게 가장 강력하게 보였던 반박에 대한 답변들

원죄 및 이것이 아버지에서 아이들로 이어지는 방식에 관련해서 정신이 품을 수 있는 난점들에 차근차근 답변하려면《진리의 탐구》여러 곳에서 이 주제에 대해 했던 말을 몇 마디로 줄여 제시해야 한다고 생각한다. 그래서 아래에 주요한 증거들을 제시한다. 나는 증거들을 개별적으로 배치했는데 그런 방식으로 앞으로 그 증거들을 찾고자 할 사람들에게 더 뚜렷이 잘 드러날 수 있게 했다.

1. 신은 자신의 창조물이 질서를 갖추기를 바란다. 우리가 질서에 부합한다고 명확히 생각하는 것은 신이 그것을 원한다는 것이다. 또한 우리가 질서에 반反한다고 명확히 생각하는 것은 신이 그것을 원하지 않는다는 것이다. 양심이라는 내적 감각을 통해 볼 때 확실한 이 진리는 저 불변의 질서,[1] 모든 지성은 물론 신 자신의 법칙을 포함하는 무한히 완전한 존재를 고정되고 순화된 시선으로 고려할 수 있는 모든 사람들

에게 명백하다. 이 점에 대해서 그들을 혼란에 빠뜨리고, 동요하게 할 수 있는 것은 아무것도 없다. 그래서 이 원리에 반反하여 갖게 되는 모든 난점의 기원은 그 난점들을 해결하기 위해 반드시 알아야 할 내용[2]에 우리가 무지하고, 또한 신의 섭리에 대한 우리의 생각이 거짓이거나 불완전하다는 점에 있다.

2. 신이 작용할 때 그의 목적은 오로지 자기 자신뿐이다. 질서가 이를 바라는 것이다.

3. 신이 인간의 정신을 만들고 보존하는 목적은 인간이 신에 전념하고 신을 알고 사랑하게끔 하는 데 있다. 그리고 질서는 그러하도록 요구하는 것이다. 신은 사랑스럽지 않은 것을 우리가 사랑하거나, 가장 사랑스럽지 못한 존재가 가장 사랑받는 존재가 되는 것을 원할 수 없다. 그래서 자연은 타락해 있고 무질서한 상태에 있음이 명백한데, 정신은 사랑스럽지 않거나, 자기 내부에서 전혀 유효하게 작용하지 않는 대상들을 자연스럽게 사랑하는 경향을 갖고, 그런 대상들을 신 자체보다 더 사랑하기 때문이다. 그러므로 원죄 및 자연의 타락은 증거를 필요로 하지 않는다. 각자 제 자신 속에서 자기를 사로잡고 타락시키는 법칙을, 신이 확립하지 않은 법칙을 느끼게 되는데, 그 이유는 그 법칙은 그의 의지 전체가 저항할 수 없는 규칙인 정의라는 불변의 질서와 모

1 나는 뒤에 실은 열 번째 주해에서 불변의 질서가 무엇인지 설명하겠다.

2 《형이상학에 대한 대담》에서 섭리에 대한 부분을 참조.

순되기 때문이다.

4. 그러나 타락 이전의 인간은 자기를 둘러싼 대상들과 결합해야만 하는지를 명확한 지식을 통해서가 아니라 선행적 감정들을 통해 알았다. 질서가 이를 원하기 때문이다. 정신이 어쩔 수 없이 신체에 열중하지 않게 된다면 그것은 무질서와 같다. 정신은 대상들과 결합할 수 있지만 그렇다고 정신이 대상들 때문에 생긴 것은 아니다. 그러므로 정신은 신을 알아야 하고 대상들을 느껴야 한다. 더욱이 대상들이 그의 선이 될 수 없듯, 정신은 노력하지 않고서는 대상들과 결합할 수 없다. 정신이 대상들 내부에 정확히 무엇이 존재하지 않은지 느끼지 않은 채 그 대상들을 있는 그대로 계속 경험했다면 말이다. 그래서 본능적인 사랑으로 사랑받으려면 선행적 감정을 통해 거짓 선을 반드시 구분해야 하고, 자유롭고 합리적인 사랑으로 사랑받으려면 명확한 지식을 통해 진실한 선을 경험해야 한다.

그러므로 정신의 능력은 정신을 둘러싼 대상들과 정신이 활기를 불어넣는 대상의 형상들과 외형들의 지식으로 채워져서도 안 되고, 자신의 뜻과는 무관하게 분할되어서도 안 된다. 그러나 명확한 지식을 통해 어떤 철에 나온 어떤 과일이 신체의 영양분으로 쓰기에 적합한지 명확한 지식을 통해 알기 위해서는 수많은 사실들을 알고 가장 폭넓은 정신이 고스란히 몰두하게 될 수많은 추론을 행할 필요가 있다.

5. 그러나 최초의 인간이 선행적 감정을 통해 주변 대상들을 사용할지 사용하지 않을지 알게 될지라도 그는 불수의不隨意적이거나 다루기 어

려운 운동의 자극을 받지 않았다. 그는 자기가 원할 때 감각적 사물들의 관념들을 그가 사용했든 하지 않았든 자기 정신에서 지워 버렸다. 질서가 그것을 원하기 때문이다. 정신은 신체와 결합할 수 있지만 신체에 종속되어서는 안 된다. 정신은 신체에 명령을 내려야 해야 하는 것이다. 더욱이 신이 우리 내부에 쏟아 부은 사랑 전체는 틀림없이 그에게서 끝나게 될 것이다. 신은 그 자신을 위한 것이 아닌 어떤 것도 우리 내부에서 산출하지 않으니 말이다. 결국 대상들은 사랑할 만한 것이 아니다. 대상들은 우리 내부에서 사랑할 수 있는 자보다 못한 존재이다. 그러므로 자연의 최초의 설정에서 대상들은 정신을 자기들 쪽을 향해 돌릴 수 없고, 그것을 선처럼 고려하고 사랑하게끔 할 수 없다.

6. 우리를 둘러싼 물체들이 우리 영혼에 자극을 일으킬 때는 그것들이 신체에 어떤 움직임을 산출할 때, 또 이 움직임이 두뇌의 주요 부위까지 전달될 때뿐이다. 영혼 자체가 변하고, 감각대상들의 자극을 받을 때 이는 두뇌의 그 부위에서 일어나는 변화에 따르기 때문이다. 나는 이 점을 충분히 증명했으며, 이는 경험으로 증명된다. 이렇게 가정한다면 앞의 항목에 따라 최초의 인간이 자기가 원했을 때 신체에 전달되는 운동, 혹은 적어도 두뇌의 주요 부위에 전달되는 운동을 멈출 수 있었음이 명백하다. 질서가 그렇게 되기를 바랐고, 그 결과 의지가 항상 질서에 부합하는 자는 그가 아무리 전능할지라도 질서에 반反한 것은 그 무엇도 할 수 없다. 그래서 인간은 어떤 경우에는 운동 전달이라는 자연법칙을 중단할 수 있었다. 그에게는 사욕이 없었고 자기 내부에서 만남들 속에서 운동들의 전달의 자연적 법칙을 중단할 수 있는

데, 그가 불수의적이거나 다루기 어려운 운동들을 자기 내부에서 전혀 느끼지 않았기 때문이다.

7. 그러나 최초의 인간은 죄를 범했고 그래서 그 힘을 잃었다. 이 또한 질서가 원한 것이다. 죄지은 자와 복종하지 않는 자에게 유리하게 운동 전달의 일반 법칙에서 우리의 생명과 시민 사회의 보존에 절대적으로 필요한 것과는 다른 예외들이 존재하는 일은 정당한 것이 아니다. 그래서 인간의 신체는 끊임없이 감각대상들의 행위에 자극되고, 그의 영혼은 두뇌 주요 부위에서 발생하는 모든 동요에 자극되므로 과거에는 그저 결합만 되어 있었을 뿐 원죄 이전에는 명령을 내릴 수 있었던 신체에 종속되어 버린 것이다.

8. 그런데 최초의 인간은 다음과 같은 죄를 저지를 수 있었다. 즐거움을 사랑하고 이를 맛보는 일은 자연스러운 일이다. 그런 일이 아담에게 금지되어 있지 않았던 것이다. 기쁨도 마찬가지이다. 자신이 자연적으로 가진 완전성을 보고 기뻐할 수 있다. 그것은 그 자체로 나쁜 일은 아니다. 인간은 행복하기 위해 태어났고, 실제로 행복하고 만족하도록 하는 것은 즐거움과 기쁨이다.

그러므로 최초의 인간은 감각적 선을 이용하면서 즐거움을 맛봤다. 그는 또한 자신의 완전성을 보고 기쁨을 느꼈다. 기쁨을 느끼지 않고 자신을 행복하거나 완벽하다고 고려할 수는 없으니 말이다. 그러나 자기 의무를 수행하는 데는 똑같은 즐거움을 느끼지 않았다. 신이 자신의 선임을 알았더라도 그는 이 점을 느끼지 못했다. 이는 내가 여러 곳에서 입증했다.[3] 그래서 자기 의무를 수행하는 데서 찾을 수 있는 기쁨은 대단히 뚜렷한 것이 아니었다. 이렇게 가정한다면 최초의 인간에게 무한한 정신의 능력이 없었으니 그의 즐거움이나 기쁨은 자기 정신을 덜 명확히 보게끔 했다. 명확히 보아야 신이 자신의 선이요, 자기 기쁨과 즐거움의 유일한 원인이며, 그는 신만을 사랑해야 했음을 알 수 있는데 말이다.

즐거움은 그의 영혼 속에 있으며 영혼을 변형시킨다. 그래서 그것이 우리를 자극하고 동요시키는 정도에 따라 우리의 사유 능력을 채우게 된다. 이는 우리가 경험에 따라 혹은 우리 스스로 갖고 있는 내적 감정에 따라 배우게 된다. 그러므로 최초의 인간이 오만한 기쁨의 강렬한 감정에 의해서나 아마 어떤 사랑 혹은 어떤 감각적 즐거움에 정신의 능력이 분할되거나 채워졌음을 이해할 수 있다. 신의 현전과 자신이 수행해야 하는 의무에 대한 생각이 정신에서 사라져 그 결과 자신의 진정한 선을 탐색하는 과정에서 자신의 빛을 용감히 따르는 것을 게을리 하게 되었던 것이다. 그래서 그는 마음이 다른 데 가 있었으니 전락할 수 있었다. 현재 그의 가장 중요한 은총은 신의 빛, 혹은 그의 의무를 명확히 아는 것이다. 그때 그는 사욕에 저항하기 위해 지금 우리에게 없어서는 안 될 선행적 희열을 필요로 하지 않았다.

9. 또한 아담이 전락하게 된 실질적 원인은 그가 신체의 선을 사용하면서 느꼈던 선행적 감정도 아니요, 자신이 행복하고 완전하다는 점을

---

3 5장에 대한 주해를 참조.

바라보면서 얻은 기쁨도 아니라는 점에 주목해야 한다. 그에게 행복이나 기쁨을 느끼게 해줄 수 있는 이는 오직 신뿐임을 그가 잘 알았기 때문이다. 우리 행복의 진정한 원인만을 사랑해야 하므로 오직 신만을 사랑해야 했다. 최초의 인간이 행복의 진정한 원인을 온전히 순수하게 보존하고자 했을 때 그의 지식과 빛을 혼란에 빠뜨리는 것은 아무것도 없었다. 그는 정신을 분할하여 집중하지 못하게 하고 그를 환히 밝혀주고 강화시켜주는 자로부터 마음을 돌리고 그를 시선에서 놓치고 마는 어떤 위험에 처하게 만들 모든 감정을 정신에서 완전히 지울 수 있었고 또 그랬어야 했다. 신이 자신에게 선한 존재로 강력하게 느껴지지 않고 그러한 자로써만 느껴졌다면 이는 당연히 자신의 자유를 계속해서 사용함으로써 보다 신속히 보상을 받을 자격을 갖추게끔 하려는 것이었음을 기억했어야 한다.

그러므로 아담과 이브가 죄를 지었고, 그다음에 그들이 지은 죄로써 불수의적이거나 다루기 어려운 움직임을 그들 내부에서 느꼈다고 가정한다면 나는 그들의 아이들도 죄인으로 태어나고 그들도 부모처럼 사욕의 움직임에 쉽게 빠지게 되리라고 말하는 것이다. 다음이 내가 그렇게 주장하는 근거이다.

10. 나는 산모의 두뇌와 태아의 두뇌가 밀접히 교류하여 산모의 두뇌에서 만들어지는 모든 움직임과 흔적들이 아이의 두뇌 속에 자극되는 그런 전달 과정이 있다고 쓸 기회가 있었던 제 2권 제 7장에서 이 점을 대단히 자세히 증명했다.

그래서 아이의 영혼은 창조된 바로 그 순간 신체와 결합되는데, 이는 신이 자신의 일반의지의 결과로써 영혼에 '형태를 부여informer' 해야 하므로 신체의 구성을 제공하지 않을 수 없었던 까닭이다. 이렇게 영혼이 창조된 순간 영혼 역시 타락의 성향을 갖고, 신체를 향하게 된다는 점이 명백한 것이, 영혼은 그 순간부터 즉시 자기가 결합되어 있는 두뇌에 실제로 존재하는 운동에 대응하는 성향을 갖게 되니 말이다.

11. 그러나 정신의 방향이 물체들을 향하고 이들을 사랑하는 일은 타락이므로 아이는 창조되자마자 죄인이고 타락해 있게 된다. 신은 질서를 사랑하시므로 아이가 그런 상태에 있는 것을 싫어하신다. 그러나 그의 죄는 자유롭지 못한 것이, 어머니는 그 아이를 죄악의 상태에서 잉태했던 것이다. 산모의 두뇌와 아이의 두뇌가 가진 본성적 질서로 운동의 전달이 확립되기 때문이다. 아직 태어나지 않은 영혼이 타락하고 원죄에 물드는 것은 오직 신체로 인한 것, 발생으로 인한 것이다.

12. 그런데 산모의 두뇌와 아이의 두뇌가 이렇게 교류한다는 것은 아이가 만들어질 때 대단히 좋은 것인데, 다음과 같은 이유로 그렇다. 첫 번째, 교류는 유용한 데다, '태아'의 형성에 없어서 안 되는 것이다. 두 번째, 아이는 자기 방식으로 부모와 어떤 교류를 나눌 수 있다. 자기에게 생명을 불어넣었던 신체가 누구에게서 왔는지 아는 것은 정당한 일이니 말이다. 결국 아이는 이 교류의 방식을 통해서만 바깥에서 무슨 일이 일어나는지, 그리고 자기가 이를 어떻게 생각해야 하는지 알 수 있다.

아이는 신체를 가지므로 신체와 관련된 사유를 갖게 되고, 자기가 그 가운데서 살아갔던 신의 창조물들을 눈에서 놓치지 않도록 해야 한다. 교류가 왜 이루어지는지 내가 제시하는 근거들과는 다른 근거들이 필경 존재할 것이다. 하지만 내가 제시하는 근거들만으로도 충분히 교류를 입증할 수 있고 의지 전체가 필연적으로 질서에 부합하는 자의 행동을 모든 비난에서 충분히 보호할 수 있다.

13. 그러나 아이가 정의로웠다고 해도 자기 의지와는 무관하게 감각대상들의 흔적을 수용한다는 것은 질서에 부합하지 않는다. 또한 아이들의 영혼이 단 한순간에 창조되었고 그다음에 신체와 결합되었고, 단 한순간뿐이라도 순수 혹은 질서의 상태에 있었다면, 그들의 영혼은 당연히, 그리고 불변하는 질서나 영원한 법칙의 필연성에 의해 이러한 교류를 중단할 힘을 갖추고 있었을지도 모른다. 이는 원죄 이전의 최초의 인간이 자기 내부에서 자극되는 움직임을 자기가 원할 때 중단했던 것과 마찬가지이다. 결국 불변의 질서는 신체가 정신에 복종하기를 바라기 때문이다.

그런데 아이들의 영혼이 결코 신의 마음에 기껍지 않기라도 했듯이 신이 운동의 교류 법칙을 아이들에게 유리하게 변화시키는 것도 결코 정당한 것이라고 볼 수 없다. 그래서 아이들이 죄인으로, 방탕하게 태어나는 것은 정당한 일이며, 아이들의 죄의 원인은 정당하고 현명하게 확립된 자연의 질서가 결코 아니라, 그들이 비롯한 부모들의 죄이다. 바로 이런 의미에서 본다면 죄인인 아버지가 아이들을 자기보다 더욱 완벽한 만드는 것도, 산모가 제가 갖지 못한 힘을 아이들에게 갖도록 하는 것도 정당하지 않다.

14. 아담의 죄 이후 만물이 뒤집히고 타락했을 때, 신이 자연 질서에서 무언가를 변화시켜 이 죄로 인한 혼란을 복구할 수 있었음은 사실이다. 그러나 신은 그런 식으로 자기 의지를 바꾸는 법이 없다. 신은 정당하지 않은 그 무엇도 원하지 않는다. 그는 한 번 그가 원한 것을 항상 원한다. 그는 수정하거나 후회하는 일도 없다. 그는 계속해서 바라는 것이다. 신의 영원한 명령은 한 사람의 불안한 의지에 의존하지 않는다. 신이 인간의 의지를 따라 명령을 내리는 일은 정당하지 않다.

15. 그런데 신의 충고를 따르고, 내가 방금 추론한 질서를 확립하고, 최초의 인간이 죄를 짓는 것이 가능하도록[4] 신이 가질 수 있었던 동기들을 우리가 어떻게 생각하는지 말할 수 있다면, 내가 보기에 외부로 작용된 신의 가장 중요한 의도가 그분의 아들의 강생이고, 신은 자연의 질서를 확립했으면서 자연에서 무질서도 일어날 수 있도록 허용하여 저 위대한 창조물에 이득이 되도록 했고, 모든 사람들이 죄악에 빠질 수 있게끔 하여 그 누구도[5] 제 자신에 긍지를 갖지 못하도록 했고, 가장 완벽한 이들에게도 사욕을 남겨두어 그들 자신에게서 헛된 자기만족을 갖지 못하게 했다고 믿는 것보다 신의 위대함에 더욱 값하며, 종교와 이성에 더욱 부합할 수는 없는 것 같다. 자기 존재가 완전하다고 생각한다면 자신이 결코 대단하지 않다고 생각하기란 어렵다. 그

---

4 《기독교 대화》(*Conversations chrétienne*, Paris, 1702)의 두 번째와 다섯 번째 대화를 참조.

5 Aug., *Contra Julianum*, lib. VI, cap. III.

앞에 서면 우리의 완전함과 위대함이 고스란히 사라지고 소멸되는 지고한 선을 동시에 보고 그 선을 사랑하지 않는다면 말이다.

나는 사욕이 공적을 세우는 동기가 될 수 있고, 정신은 기꺼이 영원히 질서를 기꺼이 따를 수 있도록 일시적으로 질서를 힘겹게 따르는 일도 정당한 것이라는 점을 인정한다. 나는 신이 원죄를 예견한 후 사욕을 허용한 것이 부분적으로 이런 목적이라고 주장하는 것이다.

그러나 설령 신이 사욕을 허용했다고 해도 그것이 없으면 절대로 공적을 세울 수 없는 것은 아니므로 신은 예수 그리스도가 우리에게 가져다 준 도움이 없이는 선을 행할 수 없고, 인간은 자신만의 힘으로는 긍지를 가질 수 없기를 바랐다고 하겠다. 인간은 예수 그리스도의 정신으로 생명을 얻지 못한 이상 자신과 맞서 싸울 수 없고 자기를 극복할 수도 없음이 분명하다. 이 두 번째의 아담이라고 할 예수 그리스도는 신앙에 충실한 이들의 우두머리로서 아담에게서 가져 온 사욕의 감정과는 완전히 반대되는 감정을 그들에게 불러일으키게 된다. 사도 바울이 말했듯이 신은 우리에게 예수 그리스도를 보내 "우리 지혜와 의로움과 거룩함과 구원함이 되어 긍지를 갖는 이는 오직 주 안에서 긍지를 갖게끔 하도록 한 것이다."[6]

16. 그러므로 아이들이 사욕을 갖고 태어난다고 가정한다면 그들의 마음은 가능한 신체를 향해 돌아서 있으므로 그들이 진정으로 죄인이라는 점이 명백하다. 또한 그들의 의지에는 자연적 사랑뿐인데, 이 사랑

---

6 I Cor., 1 (〈고린도전서〉 1장 30~31절)

은 타락한 것이다. 그리하여 신은 무질서를 사랑할 수 없으므로 그들 가운데서 신의 사랑을 받을 존재는 아무것도 없다.

17. 그런데 그들이 예수 그리스도 안에서 다시 태어났을 때, 그러므로 그들의 마음이 지금 사랑의 움직임이나 더 정확히 말하면 신의 사랑이 완벽히 활동하고 난 뒤 남는 것과 비슷한 내적 배치, 곧 습관으로 인해 신을 향해 돌아섰을 때 사욕은 더 이상 마음속 유일한 것이 아니고 더 이상 마음을 지배하지도 않으므로 그들에게 죄가 아니다.[7]

예수 그리스도 안에서 세례의 은총을 받음으로써 그들에게 남아 있는 습관적인 사랑은 아담에게서 물려받은 사욕 때문에 그들 안에 남아 있는 사랑보다 더 자유롭고 더 강하다. 그들은 정의를 잃지 않았지만 잠자는 동안 사욕의 운동을 따르는 정의로운 자들을 닮았다. 그때 이들은 그런 사욕의 운동에 자유롭게 동의한 것이 아니므로 세례의 은총을 상실한 것이 아니다.

18. 또 내가 아이들이 세례를 받는 동안 자유로운 사랑으로 신을 사랑하는 일이 있을 수 있다고 말한대도 이를 이상하게 생각해서는 안 된다. 첫 번째 아담과 두 번째 아담은 서로 다른데, 후자는 부활했을 때 왜 아이들을 신체의 속박에서 벗어나게끔 하지 않았을까? 아이들은 전자로 인해 신체를 따를 수밖에 없는 것인데 말이다. 아이들은 효과적이고 강렬한 은총으로써 밝혀지고 신을 사랑하도록 자극되었으니,

---

7 Aug., *De nupt. et concup.*, cap. XXV.

첫 번째 아담이 그들을 막아 세우지 않는 한 자유롭고 이성적인 사랑으로 신을 사랑하게 되는 것이다. 한순간 아이들의 신체가 정신에 자극을 주지 않게 된 것이라고들 할 것이다.

그런데 보이지 않는 것을 보지 않는다는 점에 놀라야 할까? 마음을 바꾸는 이 사랑의 행동을 하는 데 필요한 시간은 그저 한순간일 뿐이다. 또 이 행동은 두뇌에 흔적을 만들지 않고 영혼에서 이루어지는 것이므로, 아이들이 이를 전혀 기억하지 않는대도 놀라서는 안 된다. 두뇌는 흔적이 남지 않은 일들은 기억하지 않으니 말이다.

19. 사도 바울은 노인, 곧 사욕이 예수 그리스도와 함께 십자가형을 받았고, 우리는 세례를 통해 그와 더불어 죽어 묻혔음을 가르친다.[8] 그때 신체가 정신에 가하는 힘으로부터 해방되고, 당장 사욕이 죽어 없어진 것이 아닌가? 사욕이 되살아났음은 사실이다. 그러나 일단 부서지고 아이들이 신을 사랑하도록 그대로 두었을 때 사욕이 아이들 속에서 다시 살아났다고 한들 그들에게 더 이상 해를 끼칠 수 없다. 마음에 자연스러운 사랑과 자유로운 사랑이라는 두 사랑이 있을 때 질서는 우리가 자유로운 사랑만을 갖기를 바란다. 또 세례 받는 아이들이 전혀 자유

---

8 [옮긴이] "우리가 알거니와 우리 옛 사람이 예수와 함께 십자가에 못 박힌 것은 죄의 몸이 멸하여 다시는 우리가 죄에게 종노릇 하지 아니하려 함이니."(〈로마서〉 6장 6절) 칼 바르트는 이 대목에 "'옛 사람', 곧 인간적 가능성의 인간은 죽을 수밖에 없는 죄 많은 것이라 특징지어진 몸과 분리할 수 없이, 구분될 수 없이 하나인 자이다. 그러나 그런 자아에게 해당되는 것이니 나 곧 은혜입은 나, 그리스도와 함께 죽은 나에게는 해당되지 않는다"(칼 바르트, 《로마서》, p.473)는 주석을 붙였다.

롭지 않은 행동의 강요로 신을 사랑했고, 그다음에 같은 유의 여러 행동으로 신체를 사랑하게 되었다면, 신이 자연스럽지만 자유롭지는 않은 여러 행동들보다, 하나의 행동을 더 고려할 수는 없을 것이다.

더 정확히 말해서 이 모순되는 두 사랑이 힘의 평형을 이루고 있다면 자유로운 사랑을 더 고려해야 할 것이다. 동일한 이유로 마음속에 모순되는 두 자유로운 사랑이 연속적으로 있었다면 신은 항상 뒤엣것을 고려하는데 이는 은총이 단 한 번의 치명적인 죄로 상실되는 까닭이다.

20. 그러나 신이 아이에게서 정신에 대한 신체의 지배를 멈추게 하지 않고도 아이를 정의롭게 만들거나, 아이의 영혼을 당장 신을 사랑하는 움직임 뒤에 남은 것과 똑같이 배치하면서 아이의 의지를 자기 쪽을 향하게 할 수 있음을 부정할 수 없고 부정해서도 안 된다. 이러한 행동방식은 아마 다른 방식만큼 자연스럽지는 않아 보인다. 도대체 뒤에 어떤 배치가 남게 될지 우리가 명확히 알지 못하는 까닭이다. 그렇지만 이 점에 놀라서는 안 된다. 내가 다른 곳에서 증명했던 것처럼[9] 영혼에 대한 명확한 관념을 갖지 못했으므로 영혼에게 가능한 모든 변형들을 우리가 알지 못한다고 놀라서는 안 되기 때문이다.

그러나 정신은 명확한 생각을 갖지 않은 것들에 온전히 만족할 수 없다. 선행하는 행동 없이 영혼이 그렇게 배치되려면 아마 놀라운 기적이 필요할 것 같다. 이는 가장 단순하게 보이는 길을 통해 이루어질

---

9 7번째 주해를 참조.

수 없다. 반대로 두 번째 아담이 세례를 받는 아이의 정신에 잠시 예전에 첫 번째 아담이 만들었던 것과 반대되는 것을 만든다면 아이를 재생régénération시키기 위해서는 신이 일상적인 길을 통해 아이에게 자극을 주는 것으로 충분하다. 성인들은 그 길을 통해 비준을 받는 것이다. 아이는 지금 사유하고 의지할 능력을 분할하는 감정도, 운동도 갖지 않으므로 아이는 자신의 진정한 선이 무엇인지 알 수도 없고 이를 사랑할 수도 없다. 세례를 통한 아이들의 재생은 어떻게 이루어지는지 지금은 알 필요가 없으므로 이 점에 대해서는 그만 말하기로 한다.

아이들이 세례로 정말 재생되어 이렇게 말할 수 있다면 성사聖事에 동반되는 행동들, 더 정확히 말하자면 선행하는 행동들 없이 영혼이 애초부터 갖고 태어난 신앙, 희망, 애덕의 습관을 원인으로 한 내적이고 실재적인 증거를 받아들이니 말이다.

내가 편견과 완전히 반대되는 설명을 제시한다면 그것은 비록 근거가 없이도 영적 습관들을 거부하는 사람들을 만족시키고, 그들에게 아이들에게서 재생의 가능성을 증명해 보이기 위함이다. 나는 '귀책imputation'에 명백한 모순이 있다고 본다. 신이 예수 그리스도로 인해 그들에게 다시 질서를 찾아주고 질서를 되찾았을 때 그들을 사랑할 의도가 있었을지라도 지금 질서를 지키지 않는 피조물들을 신은 정의롭다고 볼 수 없으며 실제로 그들을 사랑할 수 없다.

원죄의 증거와 설명에 대한 반박들

첫 번째 항목에 반대하는 첫 번째 반박[10]

신이 질서를 원하신다는 점은 사실이다. 그런데 질서는 신의 의지로 만들어지는 것으로, 신의 의지는 질서를 전제로 하지 않는다. 신이 질서를 원한다는 바로 이런 이유로 신이 원하는 모든 것은 질서 속에 있다. 신이 정신이 신체에 종속되고, 또한 정신이 신체를 사랑하고 두려워하기를 바랐다면 그렇다는 것이 무질서는 아니다. 신이 2 곱하기 2가 4가 아니기를 바랐다면 우리가 2 곱하기 2가 4가 아니라고 말하는 것은 거짓말을 하는 것이 아니라 진리를 말하는 것이리라. 신은 모든 진리의 원칙이며, 그는 모든 질서를 지배하는 자이다. 신은 진리도 질서도 아무것도 전제하지 않는다. 신은 모든 것을 행한다.

답 변

그러니 전부 전도된 것이다. 더 이상 학문도,[11] 도덕도, 종교에서 제시하는 반박할 수 없는 증거도 없다. 신이 완전히 자유로운 의지를 통해 질서와 진리를 만들었다는 이 거짓 원리를 필사적으로 따르는 자에게 이 결론은 명확한 것이지만 이 점이 어떤 이들에게는 답변이 되지 않을지 모른다.

그러므로 내 답변은 신은 지식 없이 아무것도 할 수 없고 아무것도

---

10 반박마다 그것이 반박하는 항목을 다시 읽어야 한다.

11 이후에 설명할 관념들의 본성에 대한 주해를 참조.

원할 수 없으며, 그런 식으로 신의 의지는 무언가를 가정하지만 그 의지는 창조된 것은 그 무엇도 가정하지 않는다는 것이다. 질서, 진리, 영원한 지혜는 신이 만든 모든 창조물들의 모범이다. 그런데 이 지혜는 창조된 것이 아니다. 신은 모든 것을 만들지만 지혜는 만든 적이 없다. 지혜는 언제나 신 존재의 필연성에 따라 만들어지는 것이다.

신이 원하는 모든 것은 신이 그것을 원한다는 바로 그 이유 하나로 질서 속에 있다는 말에 나는 동의한다. 그렇지만 신은 자신에 반反하여, 자신의 지혜와 빛에 반하여 행동할 수 없다. 신은 외부에 아무것도 산출하지 않을 수 있다. 그렇지만 신이 행동하고자 한다면 그가 필연적으로 사랑하는 지혜의 불변하는 질서에 따라 행동할 수 있을 뿐이다. 나는 종교와 이성으로써 신은 자신의 아들 없이는, 그의 말씀이 없이는, 그의 지혜 없이는 아무것도 하지 않는다는 점을 배웠다. 정신이 신체의 뜻에 복종하는 것을 신은 적극적으로 의지할 수 없는데, 신이 자신이 의지하는 모든 것을 의지할 때 따르는 이 지혜는 그것이 질서에 반反하는 것이라는 점을 내게 분명히 알려 주고 있으니 말이다. 또한 나는 그 지혜가 지고하고 보편적인 이성Raison이기 때문에 이것을 통해 명확히 그 점을 아는 것이다. 모든 사람이 그 이성을 분유分有하며, 모든 이해력은 그 이성을 위해 창조되었고, 그 이성으로 인해 모든 사람이 이성적이 된다. 아마도 인간의 이성이 개별적 이성이요, 그의 빛은 거짓으로 빛나는 빛이요, 그의 지혜가 광기이지 않는다면 어떤 사람도 자기 자신에게 이성도, 빛도, 지혜도 아니다.

대부분의 사람들은 자기들을 비추는 영원한 지혜만이 있을 뿐이고, 그들 정신의 즉각적 대상인 지성적 관념들은 창조되는 것이 아님을 분명하게 알지 못하므로, 영원한 법과 불변하는 진리는 신의 자유로운 의지에 의해서 그렇게 확립되었으리라고 상상한다. 그리고 이 때문에 데카르트는 신은 2 곱하기 4를 8이 아니고, 한 삼각형의 세 각을 두 직각과 합동이 아니도록 만들 수 있었다고 말한 것이다. 그는 "질서, 법, 선善과 진리의 이유raison de bonté et vérité는 모두 신에게 달린 것"이며 "아주 옛날부터 영원한 진리를 지고한 입법가처럼 명령하고 확립했던"[12] 자 바로 신이라고 말했다. 이 박식한 이는 신이 필연적으로 사랑하고, 영원히 신과 공존하고, 신이 행동하고자 가정한다면 그의 행동의 필연적인 근거가 되는 어떤 질서가, 법이, 지고한 이성이 존재한다는 점을 소홀히 했다.

신은 자기가 외부에서 만든 것에 초연하지만, 그가 완전히 자유롭다 한들 자신이 만드는 방식에도 초연한 것은 아니다. 그는 항상 가능한 가장 현명하고 가장 완전한 방식으로 행동한다. 신은 항상 불변하고 필연적인 질서를 따르는 것이다.[13] 그래서 신은 정신도 신체도 만들지 않을 수 있었지만, 그가 이 두 가지 종류의 존재를 창조한다면 그는 이를 가장 단순한 길을 통해 창조하고 완벽한 질서에 따라 배치해야 하는 것임이 틀림없다. 예를 들어 신은 정신과 신체를 결합할 수 있지만, 내 주장은 신이 항상 따르는 질서의 결과, 사람들의 원죄 때문에 신이 그런 식으로 질서를 사용하지 않을 수 없다면 신은 정신을 신체에 예속할 수 없다는 것이다. 나는 이를 일곱 번째 항목과 첫 번째 주해

12 《성찰》에 반대하는 여섯 번째 반박에 대한 답변. 6항과 8항. 세 번째 권의 편지 68.

13 제 3권 2부의 6장의 주해나 《형이상학에 대한 대화》의 9번째 대화를 참조.

의 마지막 부분에서 이미 설명했다.

내게 제기될 수 있는 몇몇 소송에 대비하려면 나는 인간이 신이 하고자 하거나 의지하는 바를 알고자 할 때 인간 자신에게 스스로 묻는 일은 그릇된 것이라고 말해야 한다고 생각한다. 사람들은 자기 자신의 성향에 따라 갖게 된 내적 감정을 통해서 신의 의지를 판단해서는 안 된다. 그들은 신을 그보다 더 강할 수 없는 존재로 만들기 위해 종종 부당하고, 잔인하고, 죄를 지은 신을 만들지 모른다. 사람들은 만물을 자기들과 관련하여 판단케 하는 편견의 일반 원리로부터 벗어나야 한다. 신에는 무한히 완벽한 존재의 관념에 뚜렷이 포함되어 있다고 이해하는 것만을 부여해야 한다. 사물들의 판단은 오직 명확한 관념들을 통해서만 이루어져야 하는 까닭이다.

사람들이 숭배하게 될 신은 고대의 신들을 상상했던 사람들처럼 그 신들을 닮은 잔인하고, 불륜을 저지르고, 관능적인 신이 아닐 것이다. 죄지은 자가 아무리 강한 존재가 될지라도 이를 위해서는 모든 질서에 반하여 작용하는 절대적인 힘을 부여하고 죄를 처벌하지 않은 채로 두고, 아무리 정의롭고 순수할 수 있을 사람들도 영원한 고통을 받도록 형을 내리는 몇몇 기독교도들의 신과도 닮지 않을 것이다.

첫 번째 항목에 반대하는 두 번째 반박

신이 질서를 원한다면 괴물을 만드는 자 누구인가? 사람들은 모두 죄인이니 그들 중에서 말하는 것이 아니라, 동물과 식물 중에서 말하는 것인가? 수많은 질병의 원천인 대기의 전반적인 부패의 원인은 무엇인가? 계절이 불순해지고, 태양이나 서리가 지상의 과실들을 고사枯死

시키는 것은 어떤 질서를 따른 것인가? 어떤 동물에 완전히 불필요한 신체 부분들을 마련하고 과실이 완전히 무르익은 후에 얼려 버리는 것은 현명하고 질서를 갖춘 행동인가? 그것은 오히려 신은 자기에게 좋은 것을 만들고 자기 힘이 모든 질서와 모든 규칙을 능가한다는 것이 아닌가? 우리가 원하는 것을 만들도록 허용된 몇몇 과실果實보다 더 중대한 결과를 갖는 문제들에 대해 말하려면 자신의 힘이 모든 질서와 모든 규칙보다 우월하다는 것이 아닌가? 신이 분노의 단지를 만든 흙은 긍휼의 단지를 만드는 흙과 동일한 것이다.14 우리는 불의가 왕관을 쓰고, 미덕이 잔인하게 억압되고, 불경이 끊임없이 번영을 구가하는 것을 종종 보지 않았던가.

답 변

앞의 반박은 진리를 모호하게 만드는 데에나 적합할 뿐인 난점들인데, 그 난점들은 암흑의 정신에서나 태어나는 까닭이다. 신이 정의롭다는 것은 누구나 알지만, 모두들 악인이 행복한 것을 보고 있다. 보이는 것을 부정해야 하고 알고 있는 것을 의심해야 할까? 종교가 미래에 우리가 받게 될 형벌이 무엇인지 가르치는 것을 모를 만큼 우리가 우둔하고 그것의 내용을 믿지 않을 만큼 방탕하니 말이다. 마찬가지로 신은 현명하며, 선이 아닌 것은 만들지 않는다는 점을 모르는 사람은 없다. 그런데도 우리는 괴물이며 결함을 가진 창조물들을 보는 것이다. 무엇

---

14 [옮긴이] "토기장이가 진흙 한 덩이로 하나는 귀히 쓸 그릇을, 하나는 천히 쓸 그릇을 만들 권한이 없느냐."(〈로마서〉 9장 21절)

을 믿을 것인가? 신이 실수를 저질렀다고 믿어야 할까? 아니면 이 괴물은 신에게서 나온 것이 아니라고 해야 한다. 확실히 양식과 단호한 정신을 갖춘 사람은 어느 쪽도 믿지 않는다. 신이 모든 것을 만든 창조주이며, 가능한 만큼 완전할 수 없는 존재는 전혀 만들 수 없음이 명백하다. 신이 창조물을 만들 때 사용하고 또 반드시 사용해야 하는 수단들이 극히 적은 수이고 단순하다는 점과 관련시켜 본다면 말이다. 해결할 수 없는 난점들과 마주쳤다고 동요하지 않고 이 해결 불가능성의 원인이 우리의 무지에 있을 때 단호함을 보여야 한다.

무지로 인해 난점이 생기고 비슷한 난점이 더없이 확고한 감정들을 뒤엎는다면 만물을 모르는 사람들에게 확실한 것은 무엇일까? 무엇이! 더없이 강렬히 번쩍이는 빛들도 그저 희미한 어둠을 쫓을 수 없으며, 더없이 가냘픈 어둠이 그보다 밝을 수 없고 그보다 강렬할 수 없는 빛을 가리지 않던가?

그런데 확립되어 있는 원칙을 약화시킬 수 있으니 비슷한 난점에 반드시 답할 필요는 없더라도 그 난점을 그냥 두고 넘어가서는 안 된다는 점을 아는 것이 올바르다. 인간 정신은 대단히 부당한 판단들을 내리므로 아마 머릿속으로 떠올린 이들 상상의 난점들의 결과로 보이는 감정을 몇몇 항구적인 진리보다 선호할 것이니 말이다. 후자의 경우는 우리가 이를 의심하고자 하여, 그런 의도로 그 진리들을 더 이상 고려하지 않을 때만 의심할 수 있다. 그러므로 나는 신은 몇몇 괴물들이 존재하더라도 질서를 의지하고, 몇몇 괴물들이 존재하는 것은 신이 자신의 완전성의 불변하는 질서에 따라 항상 의지하고 행동하기 때문이라고 말하는 것이다.15 다음이 그 근거이다.

질서는 신이 세상에 저 무한한 다양성을 산출하게 되는 자연의 법칙들이 실제로 그렇듯이 대단히 단순하고 대단히 적은 수여야 한다고 본다. 이런 태도에는 무한한 지혜의 성격이 간직되어 있다. 그런데 바로 일반 법칙의 단순성으로 인해 어떤 개별적인 경우에 주체의 배치로 인해 불규칙한 운동들을 산출하거나 더 정확히 말하면 괴물처럼 끔찍한 배열이 생기기도 한다. 결과적으로 괴물들이 존재하는 것은 신이 질서를 의지하기 때문이다. 그런 식으로 신은 괴물들이 존재하기를 적극적으로 또 직접적으로 원하는 것은 아니지만, 결국 필연적으로 괴물을 만들게 되는 어떤 운동 전달의 법칙들을 적극적으로 의지한다. 그가 이 법칙들을 의지하는 까닭은 그 법칙들이 단순하기는 해도 끊임없이 감탄할 수밖에 없는 다양한 형상들을 산출할 수 있기 때문이다.

예를 들어 운동 전달의 일반법칙의 결과 지구 중심을 향하지 않을 수 없게 되는 물체들이 있다. 사람이나 동물의 신체가 이들 물체들 중 하나이다. 신체를 공중에 떠 있도록 해주는 것이 발밑에 꺼진다고 해보자. 이 특별한 경우 때문에 신이 일반의지를 바꾸는 것은 정당하고 질서를 따르는 것일까? 확실히 이는 사실임 직해 보이지 않는다. 그러므로 이 동물은 틀림없이 신체가 부서지거나 불구가 되고 만다. 동물의 발생도 마찬가지로 추론해야 한다.

질서는 모든 존재가 자기 보존과 종의 증식에 필요한 것을 갖추기를 바란다. 물론 이는 신의 지혜에 값하는 단순한 길을 통해 이루어질 수 있는 한에서 그렇다. 그래서 동물과 식물조차 자신을 보존하고 종을

---

15 《형이상학에 대한 대화》에서 섭리에 관련된 대화 9와 그 이하의 부분을 참조.

지속시키기 위해 보편적 수단들을 갖추고 있음을 보는 것이다. 어떤 개별적인 경우에 동물들이 그 수단을 갖추지 못하는 일이 생긴다면 그 동물들이 태어날 때 따랐던 일반법칙들이 이를 허용할 수 있었기 때문이다. 그 법칙들이 그 동물들만 관여한 것이 아니라 모든 존재에 보편적으로 관여하고, 개별 이득보다 전체의 이득을 선호하는 것이 틀림없다는 이유에서이다.

신이 동물을 하나만 지었다면 그 동물을 괴물로 짓지 않았으리라는 점이 명백하다. 그런데 질서는 신이 그 동물을 그가 다른 모든 동물을 목하 지을 때 따르는 동일한 법칙에 의거해 짓지 않기를 바란다. 신의 행동은 신의 의도에 걸맞은 것이다. 자연의 법칙에 따라 신이 동물 하나만 짓고자 하는 것이 아니라 그는 세상을 짓고자 한다. 질서가 바라듯이 신은 가장 단순한 길을 통해 세상을 지어야 한다. 그러므로 이 세상이 괴물이 아니거나 일반적인 결과는 일반 법칙에 값하므로 우리는 신의 행동을 전혀 비판할 수 없음이 충분히 증명되었다.

신이 개별적 변화들에 대해 개별적 법칙들을 세웠다면, 매 사물마다 그것에 일어나는 모든 운동의 '본성' 혹은 개별 원칙을 두었다면 뚜렷한 난맥상을 보면서 신의 지혜를 정당화하기란 어려우리라는 점을 나는 인정한다. 아마 신이 질서를 원하지 않거나, 그는 무질서가 생겨도 이를 고칠 줄도 고칠 수도 없는 존재라는 점을 고백해야 할지 모르겠다. 결국 이차적 원인들, 그러니까 힘들, 미덕들, 특질들, 자연적 능력들의 거의 무한에 가까운 수와 자연의 유희 혹은 타락이라고 부르는 것을 결합하기란 내게는 불가능해 보인다. 그렇게 되면 조물주의 무한한 지혜와 힘을 해치게 될 테니 말이다. 신은 만물을 지으면서 신의 섭리를 정당화하기 위해 일반법칙의 단순성을 반드시 따라야 한다. 이는 다른 곳에서16 설명할 것이다.

두 번째 항목에 대한 반박

신은 자신을 위해서는 절대 작용할 수 없다. 사람이 현명하면 불필요한 것은 만들지 않는다. 신이 자신을 위해 만들게 될 모든 것은 그에게는 불필요한 것이, 그에게는 아무것도 부족한 것이 없으니 말이다. 신은 오직 자기 자신만으로 충분하다. 그는 자기 존재의 필연성을 통해 그가 자신에게 의지할 수 있는 모든 선을 갖춘다. 그는 스스로는 아무것도 원하지 않으니, 그의 행동은 자기 의지의 실효성을 통해서만 이루어지는 까닭이다. 선의 본성은 전달되고 확산된다는 데 있다. 이는 다른 이들에게는 유용하지만 자기에게는 그렇지 않다. 그것은 이렇게 말할 수 있다면 우리가 행복하게 해 줄 수 있을 사람들을 찾아내고 창조하는 일이다. 그래서 신은 본질적으로 또 지고하게 선한 존재이므로 내가 확립하고자 하는 의미로 본다면 자신을 위해서 행동한다는 것은 모순이다.

답 변

신은 '자신을 위해' 두 가지 방식으로 행동할 수 있다. 그래서 그가 지

---

16 《자연과 은총에 대한 논고》(*Traité de la nature et de la grâce*), 《아르노 씨에게 보내는 답변》(*Réponse à M. Arnauld*), 혹은 이미 언급한 바 있는 《형이상학의 대담》(*Entretiens métaphysiques*)을 참조.

은 것으로 이득을 얻거나 피조물이 자기 내부에서 행복과 완전성을 찾게끔 하는 목적이다. 나는 신이 첫 번째 방식에 따라 자기를 위해 행동하는지, 성경에 따르자면 자신에게 합당한 어떤 영예를 얻기 위해 모든 피조물이 그 안에 상존尙存하는 그의 아들을 통해 모든 것을 짓고 재건했는지 지금은 검토하지 않는다.17 내 주장은 단지 신이 정신을 짓고 보존하는 것은 정신이 피조물들을 자신의 선이거나, 행복의 원인으로 알고 사랑하게끔 하려는 것이 아니라는 점이다. 피조물들은 그런 존재가 아니니 말이다. 그들이 신을 알고 사랑하는 것은 불변하고 영원하고 필연적인 법칙이다. 나는 이를 세 번째 항목에서 이미 설명했다. 그래서 이번의 반박은 내 원칙에 반대되지 않고, 오히려 내 원칙을 유리하게 만든다. 선의 본성이 외부로 확산되고 전달되는 것이 확실하다면, 이 공리는 내가 검토하지 않았지만 신은 지고하고 본질적으로 선하므로 내가 확립하기를 바라는 의미에서 신 자신을 위해 활동하지 않는 것은 모순이라는 것이 명백하기 때문이다.

네 번째 항목에 대한 반박

무지는 죄의 결과이므로 전락 이전의 아담은 자기 신체와 자신을 둘러싼 모든 것을 완벽히 알았다. 그러므로 생명의 보존을 위해 무엇을 해야 했는지 통지받을 필요가 없었다. 예를 들어 아담은 모든 동물의 본성을 완벽히 알고 그 동물들에게 적합한 이름을 붙였으리라는 점이 틀림없으며, 또 그는 그렇게 했다. 플라톤과 피타고라스의 말대로 사물

17 《형이상학에 대한 대담》의 아홉 번째 대담을 참조.

에 이름을 붙이는 일은 오직 현자들만의 일이니 말이다.

답 변

틀린 생각이다. 무지는 악도 아니고 죄의 결과도 아니다. 오류며 정신의 맹목이 악이며 죄의 결과이다. 모든 것을 알고 그 무엇도 모르지 않는 존재는 신뿐이다. 가장 환히 밝혀진 지성에도 무지가 있다. 유한한 모든 것에 무한이 포함될 수 없다. 그래서 모든 삼각형의 모든 속성들을 이해할 수 있는 정신은 존재하지 않는다. 아담은 자기가 창조되는 순간 그가 바로 알아야 했던 모든 것을 알았지만, 그 이상은 전혀 아니었다. 그의 신체의 모든 부분들과 그가 이용했던 물체들이 어떻게 배치되어 있는지 정확히 알았던 때는 아니었다. 나는 본 항목 및 다른 곳[18]에서 그 이유를 설명했다.

이름을 부여한다는 것은 성경에서는 완벽한 지식이라기보다는 권위의 표시이다. 하늘의 주가 지상의 주 아담을 만들었듯, 하늘의 주는 아담 스스로 별에 이름을 부여하듯 동물들에게 이름을 부여하기를 바랐다.[19] 신과 같은 플라톤과 신비로운 피타고라스가 뭐라고 말했든 소리와 말paroles이 그것이 의미하는 사물과 자연적으로 아무 관계도 갖지 않으며, 가질 수도 없음이 명백하다. 말馬이나 소牛의 본성이 무엇인지 책 한 권에 고스란히 담아 설명할 수 있을 테지만 단어는 책이 아닌 것이다. 히브리어로 말馬을 의미하는 sus 및 소를 의미하는 schor라는 단

---

18 T. I, chap. v.

19 Omnibus eis nomina vocat.(Ps., XLIX)

음절이 그 동물들의 본성을 재현한다고 생각하는 것은 우스꽝스러운 일이다. 그러나 이는 분명 아담이 그 동물들에게 준 이름들인 것 같다. 그 이름들이 창세기에 나오며,20 창세기의 저자조차 아담이 동물에게 준 이름들이 그 시대에 사용되었던 것임을 확신한다. 나는 "아담이 살아 있는 모든 동물을 부르는 것이 곧 그들의 이름이 되었다Omne quod vocavit Adam animae viventis, ipsum est nomen ejus"21는 말이 다른 것을 의미하리라고 생각하지 않는다.

그러나 내 말은 아담이 동물들에게 그들의 본성과 어떤 관계가 있는 이름을 부여했다는 것이며, 이 시대의 한 저자가 우리에게 내놓은 박학한 어원학에 동의한다. 나는 최초의 인간이 커다란 가축들이 침묵을 지키므로 그들을 behemoth라고 불렀고, 숫양은 힘이 세므로 ajil, 숫염소는 털로 덮여 있으므로 saïr, 돼지는 눈이 작으므로 chazir, 중동 당나귀는 붉은 것이 많으므로 chamor라는 이름으로 불렸다고 본다. 숫염소가 털로 덮여 있고, 당나귀가 붉고, 돼지가 눈이 큰지 작은지 알기 위해서는 그저 눈을 크게 뜨기만 하면 된다. 아담은 야생이거나 커다란 가축이라고 부르는 것을 beir와 behemoth라고 불렀다. 이 짐승들은 말을 하지 않고 우둔한 까닭이다. 이로부터 어떤 결론을 끌어내어야 하는가? 그는 동물들의 본성을 완벽히 알았는가? 그 점은 확실치 않다. 나는 오히려 아담이 소를 가장 커다란 가축으로 검토할 만큼 단

---

20 chap. XLIX, 17 et XXXII, 5.

21 [옮긴이] "여호와 하나님이 흙으로 각종 들짐승과 공중의 각종 새를 지으시고 아담이 무엇이라고 부르나 보시려고 그것들을 그에게로 이끌어 가시니 아담이 각 생물을 부르는 것이 곧 그 이름이 되었더라."(〈창세기〉 2장 19절)

순했고, 대답을 할 줄 모른다는 점에 놀라서 이를 경멸하여 무시하듯이 beir와 behemoth라는 이름을 붙였다는 결론을 내리고자 했다고 이해한다.

네 번째 항목에 대한 두 번째 반박

고통을 일으키고 불편한 선행적 감정이 있다. 아담은 정의롭고 순수했다. 그러므로 그가 이 점에 놀랐을 리 없다. 그러므로 모든 경우에 이성과 빛으로 행동해야지 지금 우리가 갖는 것과 유사한 선행적 감정으로 행동해서는 안 된다.

답 변

나는 쾌적하지 않고 고통스러운 선행적 감정이 있음을 인정한다. 그러나 최초의 인간은 이 감정을 전혀 아무렇지도 않게 받아들였다. 그 감정들이 그에게 고통이 되자마자 그는 그 감정에 더는 자극되고자 하지 않았고, 이렇게 의지를 갖게 된 순간 더 이상 자극되지 않았다. 이 감정들은 계속해서 그가 해야 할 일과 해서는 안 될 일을 숙연히 알렸던 것이다. 그런 감정들은 그의 지복을 방해하지 않았고, 그가 충실하지 않을 경우 이를 상실할 수 있다는 점을, 또한 그를 행복하게 만들었던 자가 그를 처벌하고 비참한 존재로 만들 수 있음을 그로 하여금 이해하도록 했다.

최초의 인간이 그를 소스라치게 놀라게 했던 강렬한 고통을 결코 느낀 바 없음을 확신하려면 두 가지 점을 고려하기만 하면 된다.

첫째, 고통에 결부된 운동이 대단히 약할 때 고통은 대단히 가볍기 마련인데 고통은 항상 두뇌의 주요 부위까지 전달되는 운동의 힘에 비례하기 때문이다. 둘째, 시간의 연속을 언제나 포함하는 것은 운동의 본성이며, 두뇌부터 피부까지 우리 신체의 신경이 약간 느슨한 부분들에 전달되는 첫 순간에는 강렬할 수 없다는 점이다.

이렇게 가정하면 최초의 인간은 그를 소스라치게 놀라게 하고 그를 불행하게 만들 수 있었을 강렬한 고통을 전혀 느끼지 않았다. 고통의 원인이 되는 운동을 멈춰 세울 수 있었기 때문이다. 그런데 고통을 멈춰 세우는 운동을 시작하자마자 이를 그만둘 수 있었다면 확실히 고통은 존재했을 것인데, 그는 행복하기를 바랐고, 혐오감은 자연적으로 고통의 감정과 결합되어 있으니 말이다. 이 점을 제외해도 아담은 순수했으므로 개별적 방식으로 보호받을 충분한 자격을 갖추었다.

그러므로 아담은 단 한 번도 강렬한 고통에 시달린 적이 없다. 그렇지만 나는 그가 가벼운 고통조차 느끼지 않았다고 말해야 한다고는 믿지 않는다. 이는 과일이 익었다고 생각했는데 설익은 과일을 맛보게 되는 경우에 느끼는 고통 같은 것이다. 그가 아주 아무것도 아닌 것으로도 동요될 수 있었다면 그가 누리는 지복이란 정말 작은 것이리라. 섬세함은 나약하다는 증거이고, 그보다 사소할 수 없는 것이 즐거움과 기쁨을 휩쓸어 가고 소멸시킬 때 그런 즐거움과 기쁨은 전혀 견고한 것이 못 된다. 고통이 우리의 행복을 진정으로 흔드는 경우는 오직 그것이 불수의적이고 우리의 의지와는 무관하게 우리 내부에 남는 경우일 뿐이다. 예수 그리스도는 십자가에 달렸을 때 엄청난 고통을 겪었지만 그래도 여전히 행복했다. 그는 심한 고통을 받고자 하지 않는 일을 용인하지 않았기 때문이다. 그래서 아담은 자신의 의도와는 무관하게 전혀 고통스러워하지 않았으니 원죄 이전에 그가 불행했다고는 말할 수 없다. 여기서 우리의 가정은 그가 선행적 감정으로, 그러나 정중하고 순종적인 감정으로 자신이 생명의 보존을 위해 무엇을 피해야 하는지 이미 알고 있었다는 것이다.

다섯 번째 항목에 대한 반박

아담은 선행적 즐거움을 느꼈고, 선행적 즐거움은 불수의적 운동이다. 그러므로 아담은 불수의적 운동에 자극된 것이다.

답 변

내 답변은 아담의 감정은 그의 이성에 선행했다는 것이다. 나는 네 번째 항목에서 이미 그 근거들을 제시했다. 그러나 나는 아담의 감정이 의지에 선행했다거나 그 감정으로 인해 그의 의지에는 어떤 다루기 힘든 움직임들이 자극되었다는 점을 부정한다. 아담은 생명 보존을 위해 그가 무슨 일을 해야 하는지 선행적 감정을 통해 이미 알고 있었는데도 자신의 의지와는 무관하게 결코 자극되고자 하지 않았다. 이 점은 모순이다. 더욱이 그가 조금도 방심하지 않고 진리의 명상에 몰두하고자 했을 때 그의 감각과 그의 정념은 완벽한 침묵에 놓였다. 질서가 이를 원하는 것이다. 이는 질서가 그의 신체에 행사하는 절대적 힘의 필연적 결과이다.

내 두 번째 답변은 영혼의 즐거움이 그것의 운동 및 사랑과 동일하다는 점은 사실이 아니라는 것이다.[22] 즐거움과 사랑은 영혼의 존재 방식이지만, 즐거움은 그것의 원인이 되는 듯 보이는 대상과 필연적 관계가 없다. 그런데 물체의 운동은 그 형상과는 아주 다르다. 내 말은 끊임없이 선을 향해 이끌리는 영혼은 말하자면 고통을 견딜 때보다 즐거움의 감정을 느낄 때 그 선을 향해 더욱 쉽게 나아간다는 것이다. 이는 밀려나간 물체가 원형일 때 입방체일 때보다 더욱 쉽게 굴러가는 것과 마찬가지이다.

그러나 한 물체는 형상과 그것의 운동이 서로 다르다. 구형이면서 정지 상태에 있을 수 있는 것이다. 정신이 물체와 같지 않다는 점은 사실이다. 정신은 운동하지 않고는 즐거움을 느낄 수 없는데, 이는 오로지 자기 자신을 위해 정신을 짓고 보존하는 신은 끊임없이 선을 향해 밀어붙이기 때문이다. 그러나 이것이 즐거움이 영혼에서는 운동과 동일하다는 점을 증명해 주지 못한다. 이 두 가지는 서로 다르더라도 항상 서로 만날 수는 있는 까닭이다.

내 마지막 답변은 비록 즐거움이 영혼의 사랑 혹은 운동과 다른 것이 아닐지라도 최초의 인간이 신체의 선을 사용하면서 즐거움을 느꼈다고 그가 이들 대상을 사랑하게 되는 것은 아니라는 점이다. 내 말은 즐거움은 영혼을 그 내부에서 좋아하게 만들었던 대상을 향하게 한다는 것이다. 그렇지만 우리가 맛있게 먹는 과일이 우리 내부에 이 즐거움을 일으키는 것은 아니다. 물체들은 영혼 안에서 움직일 수 없고 어떤 방식으로 영혼을 행복하게 만들어 주는 것이다. 이를 할 수 있는 유일한 자는 신이다.

물체 내부에 마주칠 기회가 생겼을 때 느끼는 것이 있다고 생각하는

22 제 5권 3장의 주해를 참조.

것은 오류이다. 아담은 원죄 이전에 물체가 자기 즐거움의 원인이라고 상상할 정도로 그렇게 우둔하지 않았다. 그래서 아담의 즐거움을 동반하는 움직임은 그의 마음이 아니라 신체가 감각대상을 향하게끔 만들었다. 즐거움으로 인해 최초의 인간이 타락하게 되었던 것이라면 지금 우리 내부에서 만드는 것을 그의 내부에서 만들면서가 아니다. 그것은 단지 그가 가졌던 사유 능력을 가득 채우거나 분할하기 때문이다. 그는 자기 정신 속에서 자신의 진정한 선과 의무의 현전을 지웠거나 감소시켰던 것이다.

여섯 번째 항목에 대한 반박

신의 불변하는 의지가 인간의 의지에 종속되었고, 아담에 유리하게 운동 전달의 일반법칙에 예외가 있었다는 것은 어떤 양상에서인지?

답 변

적어도 그런 예외들이 존재할 수 있으리라는 점은 명백하지 않다. 그런데 불변의 질서는 신체가 정신에 종속되어야 함을 요구하는 반면, 신이 질서를 사랑하지도 원하지도 않는다는 것은 모순이다.[23] 신은 필연적으로 자신의 아들을, 자신의 실체 전체를 전달하는 이 지혜를 사랑하기 때문이다. 그러므로 최초의 인간의 원죄 이전에 그를 위해 운동 전달의 일반 법칙에 필연적으로 예외가 있었어야 했다. 아마 이는

---

23 '관념들의 본성'에 관련된 주해에서 나는 '질서'(Ordre)가 무엇인지, 신은 왜 필연적으로 질서를 사랑하는지 설명할 것이다.

추상적으로 보일 것이다. 아래에 더욱 뚜렷한 내용을 싣는다.

인간은 죄인이기는 하나 마음이 내킬 때 자기 팔을 움직이고 멈출 수 있다. 그러므로 인간의 다양한 의지들에 따라 동물정기는 신체의 어떤 운동을 산출하거나 멈추도록 결정되어 있다. 이 점은 확실히 운동 전달의 일반법칙으로 생길 수 없다. 그래서 이렇게 말할 수 있다면 신의 의지가 오늘날에도 여전히 우리 의지를 따른다면 아담의 의지를 따르지 않을 것이 무엇일까? 신체의 선과 시민 사회를 위해서 신이 죄인들의 운동의 전달을 막는데, 그가 정의로운 사람에게 좋도록 그의 영혼의 선과, 그가 자신과 맺는 사회와 결합을 보존하기 위해서 그 운동의 전달을 막지 못할 것이 무엇인가? 신은 인간을 오직 자신을 위해 만드셨으니 말이다.

신은 죄인들과 함께 사회를 이루고자 하지 않으므로 그들이 죄를 지은 후에 그가 신과 결합하기 위해 신체를 떠날 수 있었던 힘을 빼앗았다. 그러나 생명의 보존과 시민사회와 관련하여 운동 전달을 멈추거나 변화시킬 수 있는 힘은 그들에게 남겨 두었다. 신은 자신의 창조물을 파괴하고자 하지 않았고 사도 바울에 따르면24 심지어 신이 창조물을 형성하기 전에도 신은 예수 그리스도 안에서 창조물을 바로잡고 정비할 의도가 있었기 때문이다.

---

24 [옮긴이] "그의 십자가의 피로 화평을 이루사 만물, 곧 땅에 있는 것들이나 하늘에 있는 것들이 그로 말미암아 자기와 화목하게 되기를 기뻐하심이라."(〈골로새서〉 1장 20절)

일곱 번째 항목에 대한 반박

인간은 지금 자기 신체를 온갖 곳으로 옮긴다. 신체의 모든 부분들을 자기 뜻대로 움직이는 것이다. 그 부분들의 운동은 선을 구求하고 감각적 악을 피하기 위해 반드시 필요한 것이다. 또한 결과적으로 인간은 항상 운동의 자연적 전달을 멈추거나 변화시키는데, 이는 보잘것없는 일들을 위해서뿐 아니라 생명과 시민사회에 불필요한 일들, 심지어는 사회를 무너뜨리고, 생명을 단축하고 모든 방식으로 신을 욕보이는 범죄들을 막기 위한 것이다. 신이 질서를 원한다는 데 나는 동의한다. 그러나 질서는 운동 법칙이 악을 위해 위반되고, 선을 위해 불가항력적이 되기를 원하는가? 왜 인간은 감각대상이 자기 신체에 산출하는 운동을 멈출 수 없음이 틀림없는가? 이 운동으로 인해 그는 선을 행할 수 없고, 신에 가까이 다가갈 수 없고, 자기 의무를 다할 수 없으며, 그의 혀며, 팔이며, 의지에 따라 운동하게 되는 신체의 다른 부분들에 의해 세상에 여전히 많은 악을 행할 수 있는데도 말이다.

답 변

이 반박에 답변하려면 죄를 지은 인간은 무無로 돌아가야 한다는 점을 고려해야 한다.[25] 인간은 이제 질서를 아주 벗어나 버렸기에 다시 돌아갈 수 없으므로 더 이상 존재하기를 멈추게 되는 것임이 틀림없다. 신은 질서만을 사랑하신다. 죄인은 질서를 벗어나 있다. 그러므로 신

---

25 내가 이미 지시한 바 있던《기독교 대화》(*Conversations chrétiennes*)의 두 번째와 다섯 번째 대화를 참조.

은 죄인을 사랑하지 않으시고, 따라서 죄인들은 살아남을 수 없다. 피조물이 존재하는 것은 오직 신이 피조물이 존재하기를 바라기 때문이고, 신이 피조물을 사랑하지 않는다면 피조물이 존재하기를 바라지 않기 때문일 뿐이다. 또한 죄인은 자기 스스로 정상으로 돌아올 수 없다. 스스로 자신을 변호할 수 없고, 그가 겪을 수 있는 모든 고통으로도 그의 죄에 미치지 못하기 때문이다. 그러므로 그는 무로 돌아갈 것이다.

그러나 신이 자신의 창조물을 무로 돌리기 위해서나 무보다 더 나쁜 상태에 방치하기 위해 만들었다고 생각하는 것은 이치에 맞지 않으므로 신은 자신의 아들의 강생을 염두에 두지 않았다면 인간을 만들지도 않았을 것이며, 그가 이미 내다보았던 인간의 죄도 허용치 않았을 것임이 분명하다. 신의 아들이야말로 그 내부에 모든 것이 존속하고 그로 인해 세상은 조물주의 지혜와 역량에 값하는 아름다움, 완전성, 위대함을 얻게 되는 것이다.

그러므로 인간은 원죄 이후에 죄를 교정하는 자Réparateur가 없었고, 그 존재를 기다리고 있다고 생각할 수 있다. 교정자 없는 인간을 고려한다면 그는 신과 더불어 사회를 이룰 수 없고, 신에 다가가기 위한 최소한의 힘도 제 안에 가질 수 없음을 명백히 알게 된다. 말하자면 그가 신과 결합하기 위해 신체를 버리고자 할 때 신이 그를 밀어내는 것이 틀림없다. 즉 인간은 원죄 이후에 감각 자극과 꿈틀대는 사욕에서 벗어날 힘을 상실했음이 분명하다. 그는 내가 방금 말한 이유로 인해 무로 돌아갈 수도 있을 것이다. 그러나 그는 죄를 교정하는 자를 기다린다. 교정자를 기다리는 인간을 고려한다면 그와, 교정자로부터 태어나, 그의 교회를 축성하게 될 그의 후손이 존속할 것이며, 그렇게 원죄 이후의 인간은 신체의 어떤 부분들을 다양하게 움직여 생명 보존에 유용하게 쓰일 수 있는 힘을 간직할 것임에 틀림없으리라는 것을 알 수 있다.

사람들이 어떤 운동을 산출할 수 있는 힘을 항상 잘못 사용하고 있음이 사실이다. 예를 들어 혀를 이리저리 움직이는 힘이 수많은 악의 원인인 것이다. 그러나 이 점에 주의한다면 혀를 움직이는 힘이 사회를 유지하는 데 절대적으로 필요하다는 점을 알게 될 것이다. 현세의 삶의 필요를 서로 덜어주고, 세상이 존립하는 이유로서 구세주Libérateur가 오리라는 희망을 주는 종교에 대해 알게 된다. 우리가 산출할 수 있는 움직임이 어떤 것인지 세심하게 검토해 본다면 신은 생명을 보존하고 시민사회를 유지할 때 필요한 꼭 그만큼의 힘만 우리 신체에 남겨 주었음을 알게 될 것이다.

예를 들어 심장 박동, 횡격막의 팽창, 장기臟器의 연동성蠕動性 운동, 동물정기와 피의 순환 및 정념이 일어날 때 나타나는 신경의 다양한 운동은 우리 내부에서 영혼의 명령을 기다리지 않고 발생한다. 이런 운동은 동일한 상황에서 거의 동일하게 일어나는 것임에 틀림없으니, 신이 이런 운동들이 인간의 의지를 따르게끔 할 필요가 전혀 없다. 그러나 혀, 팔, 다리를 움직이는 데 쓰이는 근육 운동은 우리 주변의 좋거나 나쁜 대상들의 거의 무한한 다양성에 따라 매순간 변해야 하므로 이 운동들은 인간의 의지에 반드시 종속되어야 했다.

그런데 신은 항상 가장 단순한 길을 통해 활동하고, 자연 법칙은 보편적이어야 하고, 그렇게 우리가 팔과 혀를 움직일 수 있는 힘을 얻었으니 어떤 이를 부당하게 때리거나 중상하는 힘을 거두지 않은 것임에 유의해야 한다.[26] 우리가 가진 자연적 능력이 우리의 의도에 달렸다면 자연 법칙에는 통일성도 없고, 확실한 규칙도 없었을 것이다. 그러나 자연 법칙이 신의 지혜에 값하고 질서에 부합하기 위해서는 대단히 단순하고 대단히 일반적인 것임에 틀림없다. 그래서 이런 절대적 명령의 결과 신은 죄인들의 무질서를 멈추기 위해 자신의 의지를 바꾸는 것보다는 신학자들이 말하는 것처럼 죄의 내용le matériel[27]을 만들거나 한 예언자의 말대로[28] 불의에 봉사하는 것을 더 좋아한다. 그러나 신이 그런 방식을 허용하는 때는 죽음이 호색한의 신체를 부패하게 할 때로, 자신의 불변하는 명령을 거역하지 않는 경우이다. 그때 신은 호색한들에게 감정이며 그것과 관련된 사유를 전하는 데 반드시 요구되었던 필연성을 더 이상 갖지 않을 것이다.

열한 번째와 열두 번째 항목의 반박

원죄는 인간을 그저 신체의 노예로 삼고, 꿈틀거리는 사욕에 빠지게 할 뿐 아니라, 아주 정신적인 악으로 채운다. 세례를 받기 전의 아이의 신체는 타락했을 뿐 아니라, 아이의 영혼과 모든 능력도 죄악에 물들어 있다. 반역하는 신체는 탐식이나 도색桃色과 같은 몇몇 비천한 악의 원리이기는 하다. 그러나 그것은 교만과 시기심과 같은 순전히 정신적인 악의 원인은 아니다. 그래서 원죄는 우리가 태어나면서부터 갖는

---

26 나는 이미 참조한《형이상학에 대한 대화》에서 섭리를 길게 설명했다.

27 [옮긴이] 아카데미 사전에 따르면 이 단어는 형용사로 쓰이는데 '형식적'(formel)과 반대의 뜻으로 쓰일 경우 실사화해서 '물질적인 내용'이라는 뜻으로 사용된다.

28 "네 죄짐으로 나를 수고롭게 하며"(《이사야》, 43장 24절)

사욕과는 아주 다른 어떤 것으로, 그것은 필경 은총의 결여, 혹은 최초의 정의justice originelle의 결여이다.

답 변

나는 아이들이 최초의 정의를 결여했다는 점을 인정한다. 또한 나는 이 점을 아이들이 정의롭게 태어나는 것이 아니고 신이 아이들을 증오한다는 점을 보일 때 입증했다. 내가 보기에 신을 의지로 사랑할 때 의지가 올바르고, 방향을 신체로 돌릴 때 타락한다고 말할 때가 아니라면 정의와 정직에 대한 명확한 관념을 얻을 수 없다. 그런데 최초의 은총이나 정의를 통해 신이 최초의 인간의 영혼에 확산시켰다고 말한 것과 똑같이 영혼을 장식하고 신이 보기에 쾌적하게 보이도록 어떤 미지의 특질을 원한다면 이 정의의 결여가 원죄는 아님이 역시 명백하다. 엄밀하게 말하자면 정의의 이러한 결여가 전달되는 것은 아니니 말이다. 아이들이 이런 자질을 갖지 않는다면 그것은 신에게서 이를 받지 못했기 때문이다. 또한 신에게서 그 자질을 받지 못했다면 그들이 이를 받을 자격이 되기에 마땅치 않기 때문이다. 그래서 말 그대로 원죄란 이러한 무자격이다.

그런데 내가 이미 보여 주었듯이 이를 받을 자격이 마땅치 않다는 말은 아이들의 성향이 현재 타락했고 그들의 마음이 물체들 쪽으로 돌아서서 그것들을 사랑하게 되는 일이 실제로 아이들에게 존재하는 것이다. 이를 그들의 아버지의 죄가 전가된 것이라고 정당화할 수는 없다. 아이들은 실제로 무질서하게 존재한다. 아담의 모습을 한 예수 그리스도가 무죄를 입증한 이들이 죄를 전가받고 무죄 선고를 받은 것은 아니다. 그들은 예수 그리스도의 정의와는 다른 내적 정의를 통해 실제로 다시 질서를 회복한다. 물론 그들에게 그 정의를 받아 마땅하게 하신 분은 오직 예수 그리스도뿐이다.

영혼은 자연적이거나 본질적인 두 관계만을 갖는다. 하나는 신과의 관계이고, 다른 하나는 그의 신체와의 관계이다. 그런데 영혼은 신과 맺는 관계나 결합으로 타락하거나 방탕해지는 것이 아님이 명백하다. 그러므로 영혼은 신체와 맺는 관계로만 봤을 때 창조되었을 때의 모습 그대로이다. 그래서 교만이나 우리가 정신적이라고 부르는 다른 악덕들이 신체를 통해 전달될 수 있거나, 아이들은 태어난 순간 그런 것들에 쉽게 빠지지 않는다고 말할 필요가 있다. 나는 아이들이 태어난 순간이라고 말했는데 그들이 이런 나쁜 습관들을 쉽게 얻으리라는 것을 나는 부정할 수 없기 때문이다. 순수한 이해력이 오직 신과 관련되어 있고, 그 이해력이 창조된 순간 어떤 악덕에도 쉽게 빠지지 않기는 하나, 그래도 무질서에 빠지게 된다. 그런데 이는 이해력이 자유를 오용했기 때문일 뿐이다. 원죄는 자유롭지 않으므로 아이들은 이해력을 전혀 사용하지 못한다.

그런데 결국 나는 신체가 말을 듣지 않는 원인은 정신적이라고들 부르는 교만과 선망의 악이 아니라 방탕과 도색과 같은 저급한 악이라고 생각하는 사람들은 스스로 속고 있다고 믿는다. 내가 확신하는 바, 우리 두뇌의 배치와 영혼의 배치 사이에는 어떤 상응이 있으며, 신체에 원칙을 두지 않는 영혼의 그릇된 습관은 아마 없을 것이다.

사도 바울은 여러 곳에서 정신의 법과 반대되는 모든 것을 법, 지혜, 욕망, 육肉의 작업이라고 부른다.[29] 그는 정신적 악에 대해서는 말하지 않는다. 그는 육의 움직임에 우상 숭배며, 이단이며, 갈등이며, 정신적이라고들 부르는 여러 다른 악덕을 포함시킨다.30 그의 교의에 따르면 육의 운동을 추구한다는 것은 헛된 영광이며, 분노며, 선망에 휩쓸리는 것이다.31

결국 사도 바울의 표현에 따르면 죄악치고 육에서 나오지 않는 것이 없는 것 같다. 육이 죄를 범해서라거나 예수 그리스도의 은총이나 정신을 갖추지 못한 인간이 선을 행할 수 있다거나 해서가 아니라, 인간 정신은 육이 자극하지 않았던 악은 행하지 않는 그런 방식으로 작용하기 때문이다. 다음이 사도 바울이 〈로마서〉에서 한 말이다.

"내면 사람에 따르면 하나님의 법을 즐거워하되 내 지체 속에서 한

29 [옮긴이] "내가 이르노니 너희는 성령을 따라 행하라 그리하면 육체의 욕심을 이루지 아니하리라 / 육체의 소욕은 성령을 거스르고 성령은 육체를 거스르나니 이 둘이 서로 대적함으로 너희가 원하는 것을 하지 못하게 하려 함이니라 / 너희가 만일 성령의 인도하시는 바가 되면 율법 아래에 있지 아니하리라."(〈갈라디아서〉 5장 16~18절) "육신을 따르는 자는 육신의 일을, 영을 따르는 자는 영의 일을 생각하나니 / 육신의 생각은 사망이요 영의 생각은 생명과 평안이니라 / 육신의 생각은 하나님과 원수가 되나니 이는 하나님의 법에 굴복하지 아니할 뿐 아니라 할 수도 없음이라."(〈로마서〉, 8장 5~7절) "스스로 지혜 있다 하나 어리석게 되어."(〈로마서〉, 1장 22절)

30 〈갈라디아서〉 5장. "육체의 일은 분명하니 곧 음행과 더러운 것과 호색과 우상 숭배와 주술과 원수 맺는 것과 분쟁과 시기와 분노와 당 짓는 것과 분열함과 이단과 투기와 술 취함과 방탕함과 또 그와 같은 것들이라 전에 너희에게 경계한 것 같이 경계하노니 이런 일을 하는 자들은 하나님의 나라를 유업으로 받지 못할 것이요." (〈갈라디아서〉 5장 19절 — 옮긴이)

31 [옮긴이] "헛된 영광을 구하여 서로 노엽게 하거나 서로 투기하지 말지니라."(〈갈라디아서〉 5장 26절)

다른 법이 내 마음의 법과 싸워 내 지체 속에 있는 죄의 법으로 나를 사로잡는 것을 보는도다."[32]

그리고 조금 아래에는 이렇게 썼다.

"그런즉 내 자신이 마음으로는 하나님의 법을 육신으로는 죄의 법을 섬기노라."[33]

그는 서한들 여러 곳에서 동일한 방식으로 말한다. 그래서 사욕이나 말을 듣지 않는 신체는 우리가 육적이라거나 파렴치하다고 부르는 악덕뿐만 아니라 흔히 정신적이라고들 생각하는 악덕으로 이끈다. 나는 뚜렷한 방식으로 이 점을 증명해 보고자 한다.

한 사람이 다른 이들과 함께 있을 때 내가 보기에 그의 두뇌에 기계적으로 흔적들을 남기고, 자신의 영혼에 나쁜 생각과 성향들을 낳는 운동들을 동물정기에서 자극하는 것이 확실하다. 이런 경우에 우리 사유가 자연적으로 진리에 부합하는 것도, 우리의 성향이 질서에 부합하는 것도 아니다. 우리의 사유가 우리 내부에서 생기는 것은 신체의 선 및 현세의 선을 위한 것인데, 사유를 자극하는 것은 신체인 까닭이다. 그래서 우리는 사유로 인해 신의 현전을 잊고 우리 의무를 생각하지 않게 된다. 또한 우리는 다른 사람들을 통해 자신이 그들의 애정과 존경을 받아 마땅한 사람일지 생각해 보게 된다. 그러므로 이런 경우에 우리 내부에서 깨어나는 이 은밀한 교만은 정신적 악이며, 그것의 원리는 신체가 말을 듣지 않게 하는 것이다.

---

32 [옮긴이] 〈로마서〉, 7장 22~23절.

33 [옮긴이] 〈로마서〉, 7장 25절.

예를 들어 우리 앞에 있는 사람들이 고위직에 올라서면 그들의 위대함은 광채로 빛나 우리 눈을 부시게 하고 우리의 힘을 꺾는다. 그들의 현전이 우리 두뇌에 자극하는 흔적들이 간혹 대단히 크고, 그 운동이 대단히 강렬하므로 말하자면 그 흔적들은 우리 신체 전체로 번지고, 우리 얼굴에 역력히 나타나고, 존경과 두려움 및 가장 깊은 곳에 있었던 우리의 모든 감정이 뚜렷이 드러난다. 그다음에 이 흔적들은 우리를 바라보는 사람에게 내적 감정이 뚜렷이 드러나는 표현을 통해 자극된다. 우리의 존경스러운 태도나 두려워하는 태도가 두뇌에 기계적으로 산출하는 흔적들을 통해 다정하고 정직한 감정을 갖추게끔 한다. 그 흔적들은 얼굴에서 솟고 이전에 그 얼굴에 나타났던 당당함을 지워버리고는 신체의 나머지 부분에 다음에 우리의 동요를 자제시키고 우리를 확신케 하는 자세를 마련하게 된다. 그래서 이런 감각적 표현들이 여러 차례 만들어 내는 여파가 지나간 뒤, 우리의 태도나 방식은 결국 우리에게 군림하는 사람이 원하는 그런 상태에 고정된다.

그런데 동물정기가 일으키는 모든 운동에 영혼의 운동이 동반되고, 두뇌에 흔적들이 새겨진 다음에 정신의 사유가 뒤따르므로, 이제 이 흔적을 지우고 운동을 멈추게 하는 힘을 결여했으므로 우리에게 군림하는 사람이 눈앞에 있을 때 그의 영향을 받아 그의 모든 감정과 욕망에 동의하고 그 사람에게 완전히 열중하게 된다. 마찬가지로 그 사람은 방식은 다르지만 우리에게 열중하는 경향이 있다. 바로 이런 이유로 사교계의 대화가 교만의 사욕을 일깨우고 강화하는 것이다. 추접한 교류, 미식, 감각이 불러일으키는 즐거움의 향유는 육적 사욕을 증가시킨다. 도덕의 분야에서 주목할 필요가 있는 것이 바로 이 점이다.

인간을 제 자신에게 끊임없이 그려주는 흔적들을 두뇌에 가져 개인을 배려하도록 하고, 인간은 혼자 살도록 태어나지 않았으므로 사회를 형성하고 유지하는 데 사용되는 다른 흔적들이 있음은 대단히 유용한 일이다. 그런데 인간은 그가 원하고 시의적절할 때 이 흔적들을 지울 힘을 상실했으므로 그 흔적들이 끊임없이 그에게 악을 자극하게 된다. 그래도 그가 스스로 제 자신의 모습을 그려볼 수 없으므로 끊임없이 교만과 허영으로 굴곡진 마음을 자극하며, 다른 이들을 경멸하고, 모든 것을 자신과 연관시키게 된다. 자기를 다른 사람들과 함께 사회를 유지하도록 자극하는 흔적들을 마음대로 제어할 수 없으므로 그는 자기의 의사와는 상관없이 호의, 아첨, 질투 및 비슷한 성향들의 움직임에 자극을 받는다. 그래서 정신적이라고들 부르는 이 모든 악은 도색과 탐식만큼이나 육에서 온 것이다.

우리 두뇌는 종의 번식과 생명 보존과 관련해서 다양하게 배치되어 있어서 우리 내부에 감정과 운동을 자극할 뿐 아니라, 사회, 우리의 개별적 제도들, 친구들이 세운 모임들과 관련된 여러 배치도 있어서 우리 내부에 사유와 정념을 일깨우기도 한다. 우리는 본성상 우리 주변의 모든 물체들과 결합해 있고, 이들 물체를 통해 우리와 어떤 관계를 갖는 모든 물체들과 결합해 있다. 그런데 우리가 이들 물체들과 결합하게 되는 것은 우리 두뇌 속에 어떤 배치가 이루어져서일 뿐이다. 그래서 이 자연적 배치들에서 나온 행동을 막을 수 있는 힘을 갖지 못했으므로 우리의 정신과 신체의 결합의 양상은 종속으로 바뀌고, 우리 신체로 인해 우리의 결합은 모든 종류의 악에 쉽게 빠지게 된다.

우리는 순수한 지성을 갖추지 못했다. 우리 영혼의 모든 배치들로 인해 우리 신체에도 어떤 배치들이 생기는데, 이는 우리 신체의 배치들이 우리 영혼 속에 마련된 유사한 배치를 자극하는 것과 같다. 영혼이 절대적으로 신체를 통해서 혹은 아무것도 받아들일 수 없어서가 아니라, 영혼과 신체가 결합되어 있는 만큼 영혼은 신체가 스스로 이를 받아들이지 않고도 그의 변형들에서 변화를 받아들일 수 없다. 신체가 필연적으로 어느 부분에 속하지 않더라도 영혼에 빛이 비추어질 수 있고, 새로운 관념을 받아들일 수 있음은 사실이다. 그러나 이는 순수한 관념들이 영혼의 변형들이 아닌 까닭이다. 이는 내가 다른 곳에서 증명했다. 나는 지금 감각 관념에 대해서만 말하고 있는데 이 관념은 어떤 감정을 포함하고 어떤 감정이든 영혼을 움직이고 감동시키는 존재의 방식이니 말이다.

열한 번째와 열두 번째 항목에 대한 두 번째 반박

산모의 두뇌와 아이의 두뇌 사이에 전달 과정이 존재하여 이로써 원죄가 전해진다면 그 원죄의 원인은 산모에게 있지 남편에게 있지 않다. 그러나 사도 바울이 우리에게 가르치기를 "죄는 남자로 인해 세상에 들어왔다"34고 했다. 그는 단지 여성만을 말한 것이 아니다. 그러므로 운운.

---

34 "그러므로 한 사람으로 말미암아 죄가 세상에 들어오고 죄로 말미암아 사망이 들어왔나니 이와 같이 모든 사람이 죄를 지었으므로 사망이 모든 사람에게 이르렀느니라."(Rome., V, 12)

답 변

다윗은 어머니가 "부정하게 그를 잉태했다"고 확신한다. 〈전도서〉에는 "죄는 여성에서 나오고, 여성으로 인해 우리 모두는 죽음에 이르기 쉽다"[35]고 말한다. 어느 쪽이나 남성 이야기는 하지 않는다. 반대로 사도 바울은 죄악은 남자로 인해 세상에 들어온다고 말하면서 여자 이야기는 하지 않는다. 이런 상이한 증언들을 어떻게 맞출 수 있을 것이며, 남성이나 여성 둘 중에 무죄를 증명한다면 어느 쪽이 무죄일까?

앞의 이야기에서는 여성에 관계되지 않고 그저 남성에 관련된 것을 여성의 탓으로 돌리지 않고 있다. 그러나 종종 여성에 관련된 일을 남성의 탓으로 돌리기도 하는데 그것은 남편이 가장이자 주인인 탓이다. 우리는 복음서 저자들, 심지어는 성모가 아들에게 "네 아버지와 내가 너를 찾았노라"[36]라고 말했을 때 성 요셉을 예수의 아버지라고 불렀음을 알고 있다. 이런 식으로 성경에서 우리 모두가 죽음과 죄악에 쉽게 빠지는 것을 여성의 탓으로 확신하고 있으니 남성에게만 책임을 전가할 수 없는 것이다. 다른 몇몇 성경 대목에서 죄악이 세상에 들어온 것은 남성 때문임을 확인해 주고 있기는 하지만, 여성에 관련된 일을 남성의 탓으로 돌리고 있으므로 이를 곧이곧대로 반드시 믿을 필요는 없다. 또 신앙으로 남성이나 여성을 용서해야 했다면 여성보다 남성을 용서하는 것이 더 합리적인 일일 것이다.

---

35 In iniauitatibus conceptus sum et in peccatis concepit me mater mea (Ps., L, 7). A muliere initium factum est peccati, et per illam omnes mormur (Eccli., XXV, 24).

36 〈누가복음〉 2장 48절.

하지만 내가 방금 인용했던 대목을 문자 그대로 설명들을 하고 있다고 나는 생각한다. 나는 남성과 여성이 각자 자기 방식으로 원죄의 실질적 원인이라고 말했다. 여성은 원죄를 전달한다는 점에서, 남성이 여성을 통해 아이를 낳는다는 점에서 그렇고, 남성은 그의 원죄가 사욕의 원인이라는 점에서, 남성의 행동이 여성의 수태 및 여성과 태아의 전달 과정의 원인이라는 점에서 그렇다.

남성이 여성을 수태하게 만든다는 것은 확실하니, 어머니의 신체와 태아 사이에 이루어지는 전달 과정의 원인은 남성인 셈이다. 이 전달 과정이야말로 아이들의 생명의 원리이니 말이다. 그런데 이 전달 과정은 아이의 신체에 어머니 신체의 배치들은 물론 정신의 기질마저 갖추게 한다. 그러므로 사도 바울이 말하듯이 "죄악이 세상에 들어온 것은 남성에 의해서"라고 말할 수 있다. 그럼에도 성경의 다른 여러 곳에서 말하듯이 이 교류 때문에 "죄악은 여성에서 나왔"고, "우리의 어머니가 우리를 부정하게 잉태했으며, 이로 인해 우리가 죽음에 쉽게 이르게 되었다"고도 말해야 한다.

남성이 죄를 짓지 않았더라도 여성은 죄인인 아이를 갖게 되었으리라고 아마 말들을 할 것이다. 여성 스스로 죄를 지었으므로 신이 여성의 신체에 두었던 힘을 상실하고 만 까닭이다. 그래서 남성이 설령 정의로웠더라도 여성이 그의 두뇌를 타락시켰을 것이고, 산모와 태아의 전달 과정으로 인해 아이의 정신도 마찬가지였으리라는 것이다.

확실히 이 점은 사실임 직하게 보이지 않는다. 정의로운 인간은 그가 무슨 일을 행하는지 알 것이므로 여성에게 죄인인 아이를 낳게끔 하는 저 비참한 수태를 시킬 수 없을 테니 말이다. 그가 계속 정의롭다면 그는 오직 신을 위해서만 아이들을 갖고자 할 것이고 죄인인 아이들은 결코 신의 마음에 들지 않을 것이다. 나는 여기서 중재자médiateur를 가정하는 것이 아니다. 그럼에도 내 말은 이 경우에 결혼은 깨어질 수 없고, 남성은 여성에게 다가갔으리라는 것이다.

그런데 여성의 신체는 그의 남편의 것임이 확실하다. 즉 여성의 신체는 남편의 신체로부터 나왔고, 그저 "둘이 한 몸을 이루는duo in carne una"37 것일 뿐이니 말이다. 또한 아이들도 어머니만큼 아버지의 것임이 확실하다. 이러하므로 남편이 아내만큼 죄를 짓지 않았을지라도 원죄 이후의 여성이 자기 신체에 대한 힘을 상실했다고 확신할 수 없다. 여성에게 이 힘이 더 이상 존재하지 않았고, 남성이 순수한 상태에 머물렀대도 세상에는 정의로운 남성이라도 타락한 신체를 가질 수 있고 아이들이라도 죄인일 수 있는 그런 무질서가 있었을 것이다.

그런데 남성이 완벽히 순수한 상태에 있는데 정의로운 신이 남성을 처벌한다는 것은 질서에 반하고 더 정확히 말하자면 모순인 것이다. 바로 이런 이유로 이브는 죄를 지은 다음에도 즉각 불수의적이고 다루기 어려운 마음의 동요를 느끼지 않았다. 이브는 자신이 벌거벗고 있음을 보고서도 수치스러워하지 않았고, 몸을 가리지도 않았다. 오히려 이브는 자기처럼 벌거벗고 있었던 남편에게 다가갔다. 그녀는 아직 눈을 뜨지 않았다. 이브는 예전처럼 제 신체를 절대적으로 통제하고 있는 것이다.

질서는 원죄 이후에 즉시 영혼이 신체의 저항과, 자신과 남편이 벌

---

37 [옮긴이] 〈창세기〉 2장 24절.

거벗고 있음을 수치스럽게 여겨 당혹해하기를 바랐다. 그에게 유리하게 운동 전달의 법칙을 신이 더 오래 중단시켰으리라는 점은 올바르지 않은 것이니 말이다. 나는 이를 일곱 번째 항목에서 언급했다.

그런데 아내의 신체가 남편의 것이고, 남편은 아직 순수하므로 그녀에게는 신체의 처벌이 없었다. 이 처벌은 그녀가 남편에게 선악과를 제시하고 자기 스스로 이를 먹을 때까지 연기되었다. 그제야[38] 그들은 신체의 저항을 서로 느꼈고, 자기들이 벌거벗고 있음을 보았고, 수치심으로 인해 무화과나무 잎으로 몸을 가리지 않을 수 없었다. 그래서 아담이 원죄와 사욕의 진정한 원인이라고 말해야 한다. 자기만큼이나 아내 역시 가졌던 신체에 대한 힘을 빼앗아 버린 것은 바로 아담의 죄였으니 말이다.

또한 그 힘을 잃었으므로 아내는 아이의 두뇌에 영혼이 창조되었던 바로 그 순간부터 그 영혼을 타락시키는 흔적들을 만든 것이다. 그럼에도 세상에 죄를 도입한 자가 남성이냐 여성이냐는 점은 성 아우구스티누스에 따르면 마찬가지로 상관없는 것이다.

“여성이 죄악의 원인이라고 말하든, 아담이 그 원인이라고 말하든, 여성에 의해 우리 모두는 죽는다고 말하든 이는 최초의 인간과 관련된 것이다. 누구라도 다 알 듯, 여성은 남성에게서 나왔고, 남성과 여성은 모두 하나의 육체이기 때문이다”[39]

---

38 〈창세기〉 3장.

39 Aug., *De peccat. mer. et remiss.* (De la peine et la rémission des péchés, et du baptême des enfants, liv. I, chap. XVI).

열두 번째 항목의 반박

산모의 두뇌와 아기의 두뇌에서 이루어지는 전달이 태아가 형성하는 데 반드시 필요하고 유용하다고 말하는 것은 넘겨짚은 것이다. 암탉과 병아리들의 두뇌 사이에는 전혀 전달이 없지만 병아리들은 완벽하게 형성된다.

답 변

나는 제 2권 7장에서 괴물들의 발생 및 어떤 자연적 흔적들과 두려움을 설명하기 위해 사용한 방법으로 이 전달 과정을 충분히 증명했다고 답변한다. 어머니 뱃속에 있을 때 어머니가 뱀을 보고 놀랐기 때문에 뱀만 보면 기절하고 마는 사람이 이렇게 나약한 이유는 그의 두뇌에 뱀을 보면 열리는 흔적과 유사한 흔적이 과거에 형성되어서, 이 흔적이 어떤 유사한 사고와 연결되었기 때문이다. 그래서 이 전달 과정이 정확히 어떤 것인지 감히 결정해 보려는 것이 아니므로 나는 넘겨짚은 것이 아니다.

이 전달 과정이 이루어지는 길은 항상 더없이 능숙한 해부학자들의 솜씨를 뛰어넘는다고 나는 생각한다. 이 전달 과정은 태아가 산모의 뱃속에서 뻗는 뿌리들이며, 산모의 해당 부분을 필경 채우고 있는 신경들로 이루어진다고 말할 수 있을 것이다. 또 이런 점에서 사마리아인의 기계를 보지 못했으면서 바퀴와 펌프가 있어서 물을 끌어올리게 되는 것이라고 확신하는 사람 이상으로 넘겨짚은 것은 아닐 것이다. 그러나 사람들이 나를 예언자로 간주하지 않고 지나치게 확실하게 말하지 않는다는 조건으로 간혹 넘겨짚을 수 있으리라고 생각한다.

사람들이 절대 오류를 범하지 않는 것은 아니고, 단호한 방식이나 전혀 주의 깊지 않은 독자들에게 강한 인상을 줄 수 있는 몇몇 과학 용어를 사용하여 부당하게 군림하지 않는다면 자기 생각을 말할 수 있으리라고 생각하는 것이다. 올바로 이해되는 사물들만을 말한다면 이해되지 않고 편견에 반대되는 문제들에 대해서 말하는 것이 항상 넘겨짚는 것은 아닌 것이다. 그런 문제들은 사리를 올바로 따지고자 하는 사람들에게 쉽게 이해되기 마련이다.

그러므로 나는 운동 전달의 법칙을 실제 그대로 가정하면서 산모의 두뇌와 아이의 두뇌 사이에 특별한 전달 과정이 반드시 존재할 것 같다고 말하는 것이다. 그래야 아이의 신체가 존재해야 하는 그대로 형성되겠고, 적어도 그런 전달 과정이 필요한 것은 아이의 두뇌가 시대와 고장에 따라 변화되는 배치를 수용하기 위함이다. 나는 이 문제를 같은 장에서 그렇게 설명했다.

나는 암탉의 두뇌와, 계란 속에서 형성되는 병아리의 두뇌 간에 전달 과정이 전혀 없지만, 그럼에도 병아리의 몸이 완벽하게 형성된다는 점을 인정한다. 그러나 태아가 자궁으로 내려갈 때보다 암탉이 계란을 낳을 때 그 계란 속의 병아리가 훨씬 더 자랐다는 점에 주의해야 한다. 우리가 그렇게 판단해야 하는 것은 예를 들어 강아지들에게 필요한 시간보다 계란이 부화하는 데 시간이 더 적게 걸리기 때문이다. 암캐의 배가 훨씬 뜨겁고 피가 항상 순환하며 움직일지라도 개들은 부화된 달걀보다 더 일찍 형성되는 것임에 틀림없다. 병아리가 배아胚芽 속 강아지보다 계란 속에서 더 빨리 자란 것이 아닌가 말이다. 그런데 계란을 낳기 전에 계란 속에서 병아리가 이렇게 훨씬 더 앞서 형성되었다는 점은 내가 말하고 있는 전달 과정을 통해서 가능했거나 조정되었음이 틀림없는 것 같다.

둘째, 나는 아마 새들의 신체의 성장이 네발짐승들의 성장보다 운동의 일반 법칙에 더욱 부합하고, 그래서 어미의 두뇌와 새끼들의 두뇌의 전달 과정은 다른 동물들만큼 새들에게 반드시 필요하지 않다고 답변한다. 이 전달 과정을 반드시 필요하도록 만드는 이유는 필경 일반 법칙의 결함을 고치기 위해서인 것 같다. 일반 법칙만으로는 동물의 형성과 성장의 몇몇 특별한 경우들을 설명하는 데 충분하지 않으니 말이다.

마지막으로 나는 다른 동물들의 두뇌만큼 새들의 두뇌에 특별한 배치들이 같은 정도로 들어가는 것이 새들의 생명 보존을 위해서 반드시 필요한 것은 아니라고 답변한다. 새들은 불행을 피하고 먹이를 잡기 위해 날개가 있고, 몇몇 가축들의 재주나 양순함의 원리가 되는 저 특별한 태엽장치를 전부 필요로 하지 않는다. 그래서 새들의 어미는 아기 새들을 키우면서 많은 것을 가르치거나 양순함에 필요한 두뇌 배치를 통해 그 점들을 반드시 배울 수 있도록 할 필요가 없다.

어린 사냥개들을 훈련시키는 사람들은 새끼를 밴 채 종종 사냥에 나섰던 어미에게 물려받은 교육 때문에 천성적으로 멈춰 서는 개들을 간혹 보게 된다. 이들 동물의 흔적들 사이에는 거의 항상 차이가 있고, 동일종의 다른 동물들보다 더 유순하고 더 잘 배울 수 있는 동물들이 있음에 주목한다. 하지만 나는 새끼들에게 아무런 특별한 것도 가르치지 않는 새들이 있다거나, 암탉을 예를 들어 보면 병아리들이 천성적으로 행하는 것과 다른 것을 할 수 있는 병아리로 키울 수 있다고는 생각하지 않는다. 그러므로 새들은 다른 동물들만큼 순종적이거나 배울 능력이 없는 것이다.

새들의 뇌의 배치를 보면 흔히 많은 변화가 가능하지 않다. 몇몇 가축들만큼 모방을 통해 행동하지도 않는다. 암탉이 몰고 가는 오리 새끼들은 어미의 자맥질 시범을 기다리지 않는다. 반대로 오리 새끼들은 암컷 오리가 품고 끌고 끊임없이 수영을 해도 수영에 익숙해지지 않는다. 그러나 다른 동물들이 기이하게 움직이는 행동을 보고 쉽고 신속하게 모방하는 동물들이 있다. 그러나 나는 이런 마지막 성찰에 너무 오래 머물 생각이 없는데, 내 주장을 확립하는 데 반드시 필요한 것은 아니기 때문이다.

열두 번째 항목에 대한 두 번째 반박

원죄 이전의 어머니가 자기 아이와 계속 관계를 유지할 수 있으리라고 확신하는 것 또한 넘겨짚은 것이다. 우리 생각과 우리 두뇌에서 일어나는 움직임 사이에는 어떤 필연적 관계도 없으니 말이다. 그래서 이렇게 산모의 두뇌와 아이의 두뇌의 전달 과정이란 것은 불필요하다.

답 변

이러한 전달 과정이 없다면 아이가 어머니와, 어머니가 아이와 특별한 기적 없이 교류를 할 수 없으리라는 점이 명백하다. 그런데 원죄 이전에 질서는 어머니가 아이의 모든 신체적 필요들을 알고 아이는 부모에게 갚아야 할 의무를 모르지 않기를 바랐다. 그러므로 원죄 이전에는 만물이 질서 잡혀 있었고, 신은 항상 질서에 부합하는 방식으로 활동하므로, 어머니와 아이는 이 전달 과정을 통해 교류했다.

이 교류가 어떤 것일 수 있었을지 이해하려면 두뇌와, 영혼의 관념과의 관계는 여러 방식으로 일어질 수 있음을 기억해야 한다. 이는 내가 제 2권에서 이미 설명했다.40

정사각형이나 무슨 고통을 겪고 있는 사람의 태도를 바라보면 정신에는 정사각형 하나와 괴로워하는 한 사람의 관념이 생긴다. 이는 어느 국가에서나 일반적인 것이니, 이들 관념과 흔적 사이의 관계는 자연적이다. 한 프랑스 사람이 '정사각형'이라는 말을 발음하는 것을 듣고, 그 단어를 읽을 때 그 역시 정사각형의 관념을 갖게 된다. 그러나 이 단어의 소리나 철자와 그것의 관념 사이의 연관은 자연적이지 않으며, 이 연관은 모든 사람에게 보편적이지도 않다. 그러므로 내 말은 어머니와 아이가 자연적 연관들에 의해 정신에 제시될 수 있는 모든 사물에 대해 자연스럽게 교류할 수 있으리라는 것이다.

예를 들어 어머니가 어떤 정사각형을 보았다면, 아이 역시 그것을 볼 것이고, 아이가 어떤 도형을 상상했다면 그는 어머니의 상상력에서 동일한 도형의 흔적이 깨어나도록 할 수 있을 것이다. 그러나 어머니와 아이는 순전히 정신적 물질들은 물론, 신체적 사물들을 서로 교류하지는 않을 것이다. 두 사람이 감각이나 상상력을 사용하지 않고도 그런 사물들을 이해한다면 말이다. 아이가 어머니가 무슨 생각을 했는지 알 수 없다고 한다면 어머니는 신을 생각하고서도 '정사각형'이나 어떤 유사한 다른 것으로 이해하거나 읽을 수 있을 것이다. 어머니가

---

40 1부 5장.

유모들이 아이들에게 말을 가르쳐줄 때 하는 것과 거의 비슷하게 시간이 지남에 따라 아이와 지성적 관념들을 가지고 새로운 교류를 확립할 수도 있을 것이다. 나는 이 문제를 설명하고 증명하겠다.

내가 보기에 유전적 혐오 및 태어날 때 자국들의 원인이 무엇인가 설명함으로써 어머니의 흔적들이 아이들에게 전달된다는 것을 충분히 입증한 것 같다. 그런데 신체적 사물들의 흔적은 그것의 관념과 분리불가능하다. 그러므로 이런 관념들 역시 전달되고, 아이들은 어머니와 동일한 것을 보고 느끼고 상상하게 된다. 이제 그들의 의사와는 무관하게 아이들은 어머니가 느낀 것을 느끼게 된다. 그러나 아이들이 죄인이 아니었다면, 그들은 어머니와 가진 전달의 결과를 자기들이 원할 때 멈춰 세울 힘이 있었을 것이다. 아이들은 심지어 두뇌에서 어머니에게서 받았을 수도 있는 흔적을 일깨울 수도 있을 것이다. 이는 우리에게 지나치게 강렬한 감정이 없었을 때 우리를 즐겁게 하는 것을 상상하는 것과 같은 이유에서이다. 이렇게 가정해 보면 어머니가 아이에게 주의를 기울일 때 일종의 반향 같은 것으로써 어머니가 아이 내부에서 일으키는 자극을 아이가 수용하는 것인지 아닌지 알 수 있을 것이다.

또한 심지어 아이가 생각하는 다른 문제들도 마찬가지이다. 어머니가 두뇌 섬유를 진동시킬 때 아이들의 섬유 역시 이를 수용하는 것과 마찬가지로, 아이들이 이 진동을 멈추게 하거나, 그것과는 다른 어떤 것을 자극할 수 있으려면 이 점이 어머니에게 어떤 가벼운 자극을 통해 알려졌으리라는 것과 마찬가지이다. 이때 어머니는 아이가 자신에게 자극할 수 있는 것과는 아주 다른 어떤 소리를 중단하게 할 수 있을 힘을 기울여 완벽하게 주의를 집중해야 할 것이다. 그래서 원죄 이전에 어머니와 아이가 함께 어떤 교류를 나누었으리라는 데 동의하거나, 그렇지 않으면 한 사람의 두뇌에서 다른 사람의 두뇌의 관계, 또는 신체에 대한 영혼의 관계를 부정해야 할 것이다.

나는 앞에서 이 점을 이미 확립했다. 상상력이 이 사실에 겁을 집어먹고 편견이 이를 반대한다고 해도 이 점은 명백해 보인다. 이 교류가 우선은 감각과 상상력의 즉각적인 대상이 되는 사물들만을 위한 것이리라는 점은 사실이다. 아이들은 오직 신체를 통해서만 어머니와 결합해 있기에 그들이 어머니로부터 감각대상이 아닌 다른 관념들을 반드시 수용해야 할 필요는 없다. 아이들에게 죄가 없다고 생각한다면 그들의 영혼은 신과 밀접히 결합되어 있을 테니, 그들은 신으로부터 즉각적으로 신체와 전혀 관계가 없는 모든 관념들을 수용하게 된다. 그러나 시간이 지남에 따라 그보다 추상적일 수 없는 관념들을 그것과는 아무 관련도 없는 감각 사물들에 결부시킬 수 있으므로, 어머니들이 이들 주제를 놓고 아이들과 관계를 유지했다면 어머니와 아이의 교류는 필경 가장 정신적인 문제들에까지 확장되었을 것이다.

내가 여기서 말하는 내용은 대부분의 사람들에게 대단히 이성적으로 보이지 않을 것이고, 편견이며 감각 자극의 연속적 힘에 맞서 싸우는 사람들조차 이런 새로운 생각에 놀라고 말리라는 것을 나도 잘 알고 있다. 그러나 스승이 제자에게 가르치는 방식에 대해 진지하게 성찰해 보고, 스승이 학생에게 자기가 사물들에 대해 어떤 관념을 갖고 있는지, 그것들을 어떻게 비교하고 있는지, 어떤 판단을 내리고 있는지, 사물에 대해 스승의 정신이 갖추는 다른 배치를 발견하게끔 하도록 얼마나 많은 상이한 수단들을 이용하고 있는지 고려한다면, 원죄가 없었다면 스승이 제자들에게 발견하게끔 하는 것보다 어머니들이 아이들의 생각을 알고 아이들이 갖춘 내적 배치를 훨씬 더 쉽게 알게 되리라는 점을 우리도 알게 될 것이다. 이를 위해서는 어머니 두뇌의 흔적들이 아이들 두뇌에 새겨진다는 점만 가정하면 된다. 내게는 이 점이 내가 방금 언급한 모든 것을 통해 충분히 명백해 보인다.

결국 말이며 우리의 사유를 다른 사람들에게 표현하기 위해 사용하는 모든 외적 기호들은 우리의 말을 듣는 사람들의 두뇌에 동일한 흔적을 새기고, 그들의 관점에서 우리 관념과 우리의 내적 배치에 따라 정신이 똑같이 동요하게끔 자극하기에 오직 그 이유로 우리가 바라는 결과를 갖게 된다는 것이 분명하다.

열일곱 번째 항목과 그 이하의 항목들에 대한 반박

세례를 받는 아이들은 신을 향한 의지의 실재적인 움직임을 보여줌으로써 죄가 없음이 증명된다고 말하는 것은 지나치게 과감한 의견이다. 새로운 의견을 펼쳐서는 안 된다. 그런 일은 시끄러운 논쟁에나 적합할 뿐이다.

답 변

나는 아이들이 의지의 형식적 행위들을 통해서 죄 없음이 증명된다고 적극적으로 말해서는 안 된다는 데 동의한다. 나는 이 점에 대해 우리는 아무것도 모른다고 믿으며, 우리가 알고 있는 것만 적극적으로 확신해서는 안 된다. 나는 또한 익숙히 애덕을 베푸는 아이들에게는 신의 사랑의 행위가 전혀 선행되지 않았다고 믿는다. 그런데 아이들이 죄가 없다는 증명은 그저 표면적인 것이며 '귀책imputation'에 지나지 않다고 믿으려 드는 사람들이 지나치게 많다. 그런 이들은 아이들은 신을 사랑하는 어떤 행동도 할 수 없다고들 말한다.

이참에 그렇게 말하는 이들에게 그런 생각을 하는 것은 고작 그들의 편견 때문임을 보여 주어야 한다고 생각한다. 아이들에 대한 사람들의 편견은 아이들은 어머니 뱃속에 있을 때나 또 첫 몇 년 동안은 생각이란 것을 하지 않으며, 심지어 생각할 수 있는 능력이 아예 없다는 것이다. 아이들은 아직 사물에 대한 관념을 자기들 안에 갖지 못하며, 그래서 선생은 학생에게 말을 통해 관념을 불어넣어 주는 것이며, 아이들에게 어떤 성향이 있다면 그 성향은 우리 성인들의 성향과 본성이 같지 않아서 아이들을 지고의 선까지 이끌어 갈 수 없다고들 생각한다. 대부분의 사람들은 아이들의 영혼이 나이 많은 사람들의 영혼과 같아서 신체처럼 강화되는 것도 완전해지는 것이 아니고, 영혼이 잠시 신체로부터 받은 자극에서 벗어났다면 가장 위대한 성인들보다 더 환히 밝혀지고 더욱 순수하다는 점을 뚜렷이 이해하지 못한다. 그런 위대한 성인들도 항상 정신과 마음속에서 사욕에서 비롯된 결과들을 느끼는 것이다.

우리는 보통 사욕이 마치 자연적인 것이라도 하듯이 간주한다. 사욕이 죄악의 결과라고 항상 생각하지는 않는 것이다. 그래서 이 점은 생각하지도 않고 아이들이 우둔함은 그들 신체의 나약함이며, 그들의 초보단계의 나이며, 심지어는 그들의 무능한 정신 능력의 필연적 결과라고들 본다. 그런데 이런 판단, 다시 말하면 이런 편견이 정신에 끊임없이 제시되면서, 사태를 그 자체로 검토하지 못하게 만드는 방식으로 정신을 사로잡고 있는 것이다.

그래서 지난 과거의 세기에 세례의 효과에 대해 말했던 사람들은 아이들의 마음의 실질적 운동을 통해 아이들이 재생régénération한다는 점을 설명하지 않았는데, 그런 일은 가능하지 않다는 강력한 근거들을 통해 판단했던 것이 아니기 때문이다. 그들의 책에서 이 문제를 검토한 것으로 보이지도 않는다. 오히려 그러했던 이유는 (충분히 그렇게 보이는 것처럼) 그들이 그 점을 가정하고자 하고서는 이를 의심해 볼 생각도 거의 하지 않았기 때문이라고 하겠다. 어쩌면 그들은 편견과 충돌할 수도 있을 설명을 전혀 하고 싶지 않았을 수도 있다. 편견으로부터 해방되고자 노력하지 않았던 시대에 그러했고, 지금도 그렇게 하고들 있다.

그러나 예를 들어 성 아우구스티누스가 몇몇 대목에서 제시한 것보다 더 명확히 설명해야 할 필요성이 있다고 생각한다면, 그것으로 '귀책'을 긍정적으로 설명한다.[41] 그렇지만 성 아우구스티누스가 다른 곳에서는 이 '귀책'을 받지 못하리라[42]는 식으로 말하기는 했다. 이 '귀책'이 대단히 편리하며, 이 경우 대단히 교리를 충실히 따르는 어떤 고대 신학자들이 이를 수용[43]한 것으로 보이며, 이유는 없지만 영혼의

41 *De nupt. et concup.*, lib. I, cap. xxv~xxvii 및 *Contra Julianum*, lib. VI, cap. XIX 및 다른 곳.

42 Epist., XXIII, *De peccat. mer.*, cap. XIX 및 다른 곳.

43 Innoc. III, in 3 decret. De baptismo et ejus effectu, cap. Majores. Et in Concil. Viennensi generali XV, sous Clement V.

습관을 부정하는(동시에 아이들이 실제로 사랑할 가능성을 부정하는) 사람들에게 절대적으로 필요하다고 고려한다면 그들은 그렇게 할 수 있다면 그것으로 만족하는 것이 아마 좋을 것이다.

은밀한 의도를 비난하지 못하게 하는 자연적 공평성을 고려하고자 한다면 내가 말하는 것이 사실임 직하지 않다는 판단은 아마 할 수 있을 것이다. 하지만 원죄의 전달과 사면과 관련되어 그들의 난점들에 대해 가장 까다로운 사람일지라도 그들을 만족시킬 의도로 말한 것을 좋게 볼 수 없는 사람이 있으리라고는 믿지 않는다. 중재자가 필요하다는 것과 종교 전체가 원죄로 인해 우리 본성이 타락했음을 가정하는 까닭이다.

아홉 번째 주해

저자들의 상상력의 힘 및 특히 테르툴리아누스를 논한 제 2권 3부 3장에 대한 주해

학문 및 특히 도덕에서 마주치는 오류들 중 가장 일반적이고 가장 자주 범하게 되는 원리가 강렬한 상상력으로 인해 인간 정신에 가해지는 자극이라고 나는 확신한다. 그때 상상력은 이성보다는 기계를 통해 나아가는 것이다. 그와 같이 이런 관점에서 잠에 빠져 있는 정신을 깨울 수 있을 모든 방식을 써서 그들에게 이 진리를 깨닫게 해주어야 한다고 생각했다. 또한 전형적인 경우들은 무언가 거대하고 기이한 무언가가 있을 때 우리를 강렬하게 자극하므로 나는 테르툴리아누스, 세네카, 몽테뉴라는 저명한 이름들이 독자들의 주의를 자극하고 상상력이 이성에 군림함으로써 독자들을 설복시킬 수 있으리라고 생각했다. 더구나 이는 대단히 전염력이 강한 것이다.

결국 더 이상 쓰이지 않는 말들이며, 저 유명한 저자들의 풍채와 세심한 태도로도 생기를 얻지 못하는 말들이 어떤 이들의 이성에 더 큰 힘을 발휘한다면, 그러니까 뚜렷이 어떻게 행동해야 하는지에 대해서는 미미한 관념밖에 마련하지 못하지만, 그 저명한 인물들이 하는 말에 깊이 감동을 받은 이들의 얼굴과 신체의 다른 부위로 상상력이 그

표현법을 확산시키면서 수많은 사람들을 행동에 나서게 하고, 사람들의 마음을 파고들고, 설득할 수 있는 것이라면, 확실히 우리는 강하고 강렬한 상상력을 가진 사람들을 우러러 귀를 기울이는 것 이상으로 위험한 것이 없다는 점에 동의해야 한다. 그들의 풍채와 태도는 대단히 강력하고, 대단한 설득력을 가진 자연적 언어un langage naturel라 하겠으니 그들은 모든 문제들에 대단히 강력한 열의를 갖게 만듦으로 거의 항상 이성에 반하여 감각과 정념을 흥분시킬 줄 알고, 말하자면 그들을 바라보는 모든 사람들에게 확신과 확실성을 확산시키는 것이다.

나는 귀감이 되는 저 위대한 인물들을 내세우면서 저 세 명의 저자들의 책을 읽고 놀라움과 감탄에 사로잡히게 되리라 생각하는 모든 사람들을 치유할 수 없으리라는 점을 미리 예견했다. 두뇌에 난 상처들이 신체 다른 부분들보다 더 치료가 어렵다는 것을 아는 데 인간에 대한 지식이 많이 필요한 것은 아니다. 근거들이 더욱 뚜렷하므로 그만큼 더 사실임 직하게 보이는 근거들을 통해 항상 정당화되는 어떤 편견들을 완벽하게 치료하는 것 이상으로 다시 상처를 입힐 수 있을 어떤 물체의 작용에 노출되지 않는 상처를 봉하는 편이 더 쉬운 일이라는 점도 그렇다.

두뇌의 흔적들을 봉하는 일이 대단히 어려운 것은 그 흔적들이 동물정기의 흐름에 노출되어 있고, 우리가 부차적이라고 부를 수 있는 무한히 많은 흔적들로 인해 끊임없이 되살아날 수 있기 때문이다. 흔히 이런 종류의 상처들이 치유되거나 봉합될 수 있는 경우는 두뇌가 이와 대립하는 더 깊은 흔적을 받아들여서 정신에 일종의 강력하고 연속적인 혐오가 생길 때뿐이다. 어떤 편견이 실제로 충격을 받지도 않았는데 이를 상상하자마자 완전히 치료된다는 것을 믿을 수 없기 때문이다. 편견이 완전히 치유될 수 있는 경우는 흔적이 제대로 봉합되었을 때뿐이지 어떤 특별한 이유로 더 이상 흐르지 않게 될 때가 아니다.

그러므로 나는 테르툴리아누스의 힘과 기세에 눌려 충격을 받고 깜짝 놀라고, 세네카의 위대함과 아름다움에 마음이 사로잡히고 눈부셔하고, 몽테뉴의 자유롭고 자연스러운 방식에 무너지고 타락한 사람들이 내 책 몇 페이지를 읽고 생각을 바꾸지 않으리라는 점을 잘 알고 있다. 반대로 나는 그 사람들을 매혹시킨 마법을 내가 흩트려 놓으려고 했던 점에 슬픔을 느끼리라고 판단한다.

그러나 내가 방금 말한 이유로 이러한 사례들이 내 의도에 유용하게 쓰일 수 있기를 바라므로 나는 내가 무람없이 비판해야 했다고 판단했던 몇몇 사람들이 슬퍼하면 어쩌나 하는 것보다 선입견이 없는 몇몇 사람들에게 유용할지를 먼저 고려해야 한다고 생각했다. 그렇게 된다면 나는 이성을 회복하고자 하는 어떤 희망을 여전히 갖고 있는 사람들만큼이나 대단히 강한 존경심으로 이들 저자들을 옹호하는 마음을 갖게 될 사람은 거의 없다고 생각할 것이다. 마지막으로 나는 이 세 사람들의 상상력이 서로 너무 달라, 이 세 사람에게 동시에 몰두하는 사람은 아마 없을 것이므로 그보다 더 고집이 셀 수 없는 사람들이라도 많은 점에서 내 말이 옳다고 생각할 것이다.

나는 테르툴리아누스의 작품을 그가 다루는 주제만큼이나 그 주제들을 판단할 줄 앎에 틀림없는 여러 사람들이 이를 승인했으므로 존중의 마음을 보내야 한다는 것을 안다. 또한 내가 그 주제들에 대해 말했던 사항들이며, 그의 책 《외투에 대하여*de Pallio*》의 가치를 통해서 나 역시 그런 마음을 품지 않을 수 없었음을 이미 충분히 보여드렸다. 내 의도에 더 잘 부합하는 다른 책들도 있겠지만 나는 앞에 언급한 책에 대해서만 기탄없이 의견을 피력했다.

그러나 결국 나는 시간이 흐르면서 사물에 대한 관념들도 바뀌거나 과장된다고도, 모든 고대의 유물들이 유서 깊은 것이라고도, 우리 이전에 오랫동안 거짓 근거들이며 과장된 방식들이 존재했으므로 그것들이 존경에 값하는 것이라고도 생각하지 않는다. 나는 가식적 무지를 성스러운 비적秘跡들이라고, 솟구쳐 오르는 상상력의 비약을 화려한 광채라고, 자연스럽게 정신을 뜨겁게 가득 채워 자극하는 아프리카의 열기를 오직 숭고한 진리만을 고지할 수 있는 생동감 넘치는 예언자적 정신으로 받아들여야 한다고 생각하지 않는다.

나는 테르툴리아누스의 책들을 누구보다 존경하는 사람들조차 이 모든 점에 동의하고 있으며, 또 그들은 상상력이 이성에 반해 타락하는 것을 지지하기에는 너무도 공정한 이들임을 잘 알고 있다. 그러나 그들은 아마 극단적으로 진리를 사랑하는 분별 있는 사람들일 테지만 그래도 기법을 가벼이 넘기는 이들은 아니리라. 나는 종종 테르툴리아누스의 강건하고 강렬하고 위대하고 훌륭한 몇몇 표현들에 너무도 매혹된 나머지 이 저자가 분별력 없고 이성적이지 못하다는 것을 증명한 뒤에도 내 지지를 얻고 나를 깜짝 놀라게 할 작정으로 그 표현들을 계속 반복하는 이들을 보았으니 말이다.

나는 테르툴리아누스의 표현들 중에 극단적으로 정도가 세고 대담한 부분들이 있으며, 그런 표현들로 정신에는 대단히 강렬하고 대단히 활기 넘치는 이미지들이 만들어진다는 점을 인정한다. 정확히 바로 이런 이유로 나는 그를 강렬한 상상력이 자극을 통해 마음에 동요를 일으키고 설득하는 데 필요한 많은 힘을 가진 사례로 삼은 것이다. 그래서 내게 이런 유의 반박을 하는 사람들은 그들이 내 생각을 두고 싸울 때 나는 오히려 생각이 더 확고해진다. 그들이 테르툴리아누스에게 갖는 선입관과 존경심이 내 태도를 정당화해 준다. 그들이 끌어들이는 빈번한 인용들이며 거창한 말들이 내 말을 입증하는 것이다. 담화에서 이 저자의 추론 전체를 인용하는 법은 거의 없고 그저 정도가 세고 강렬한 표현들만을 인용하여 감각적 자극을 통해 눈을 부시게 하고, 마음을 동요시키고, 설득하려고 하니 말이다.

항시 설교단이든 다른 곳이든 테르툴리아누스를 인용하는 수많은 위인들의 비판자로 내가 자처하고자 한다고 생각해서는 안 된다. 내가 다루지 않은 검토들에서 그들은 옳으며, 나는 이 점을 검토하지 않는다. 그러나 테르툴리아누스에 대해 내가 한 말은 명백해 보인다. 각자는 내가 하지 않은 생각은 내가 한 것이 아니라고 두고 자신의 빛에 따라 결과를 받아들여야 한다. 타인의 의도를 간파하고자 하는 사람들은 종종 그저 자기 자신을 닮은 유령들을 만들어 내는데, 우리는 말하자면 다른 사람들에게 악의에 찬 우리 정념들을 퍼뜨리는 데 습관이 붙었으니 말이다. 우리는 만사를 우리와 관련해서 판단한다. 또 나를 비난하는 사람들도 정작 그렇게 생각은 하지 않을지라도 아마 자기 자신을 판단하는 것이다.

그러나 테르툴리아누스를 인용하는 것에 대해 어떻게 생각하느냐고 한다면 나는 여러 근거를 통해 그를 인용할 수 있으며, 심지어 간혹 테르툴리아누스의 인용문들이 소득은 거의 없고 부실하기 이를 데 없는 관례적 진리를 더욱 뚜렷하게 만드는 데 대단히 유용할 때가 있다는 데 동의한다. 이성의 가장 후미진 자리에 자리하여, 신체의 이득이 우리 내부에서 자극하는 것과는 반대되는 움직임을 마련하지 않는 한에서 말이다.

그러나 나는 저자들이 오류를 범하는 일이 없다거나, 이성이 관여하지 않거나 권위가 뒷받침되어야 하는 문제들을 제외한다면 누구의 이름도 거명해서는 안 된다고 믿는 사람들이 대단히 비이성적 생각을 하는 것이라고 보지 않는다. 이런 것이 과거 교부教父들의 관행이었다. 성 카프리아누스는 테르툴리아누스에게서 많은 것을 취했지만 그의 이름을 언급한 적이 없다.

또 소문으로 들리는 바에 의하면 성 히에로니무스가 저 대주교에 대해 보고한 바, 성 카프리아누스가 테르툴리아누스를 자기 스승으로 불렀던 것이 사실이라고 해도, 테르툴리아누스라는 이름은 대단한 권위도 없었고, 그의 표현들이 지금 사람들에게 갖는 힘도 없었던지, 성 카프리아누스가 정말 놀랄 만큼 엄정하게 자기 시대의 풍속을 따랐던 것임에 틀림없다. 그런 제자가 자기 책 어느 한 군데에서도 스승에 대해 말한 적이 없음은 정말 이상한 일이지 않은가.

흔히 성 히에로니무스의 이 이야기를 테르툴리아누스를 옹호하기 위해 들곤 한다. 간혹 듣는 말로는 성 카프리아누스가 내가 말했던 식으로 자기 스승이라고 부른 사람에 대해 내가 한 말이 틀렸다고들 한다. 그러나 나는 성 히에로니무스가 테르툴리아누스에게 영예를 돌린 사람을 지나치게 쉽게 믿지 않았던 것은 아닌지는 모르겠다. 로마 성직자가 그에게 질투를 품고 가혹한 처분을 받은 것을 그를 이단이라고

치부하면서 말하자면 그의 전락을 용서한 것이니, 좀 지나치게 그에게 끌렸던 성향이 있었던 것 같기는 하다.[1]

그렇지만 성 히에로니무스가 어떤 한 사람에게 들었던 바에 기초한 이 이야기가 사실이라면 나는 성 카프리아누스가 자기 글에서 왜 테르툴리아누스에 대해 침묵을 지켰는지 이해하지 못하겠다고 고백하는 것이다. 제자의 이런 침묵은 필경 스승에게 유리하지 않은 어떤 비밀을 감추고 있다. 테르툴리아누스 자신의 책만큼이나 이 이야기가 사실 많은 이들이 그를 우러러 볼 가치가 없다는 점을 충분히 알려주지 않았다면, 성 카프리아누스의 태도, 그의 침묵, 그의 문체, 그의 기법을 보면 그에 대한 존경심을 깎아내리고 이 저자의 명성이 심지어 아프리카에서도 지나치게 확고했던 것은 아마 아니었으리라고 생각할 수 있기에 충분한 것인지 잘 모르겠다. 아프리카는 프랑스만큼이나, 아니 그보다 더 그에게 호의적이었던 곳임에 틀림없었다.

프랑스와 아프리카 사람들은 정말 상이한 정신을 가졌다. 프랑스 사람들의 정수精髓란 자연적이고, 이성적이며, 무엇이 됐든 과장된 기법과 상극이므로, 자연을 연구하지 않고 자연을 따르지 않는 데다, 이성에게 묻는 대신 격앙하여 완전히 난해하고 흉측하고 기상천외한 표현들에 종종 사로잡히고 마는 저자를 열정적으로 따르는 사람이 있다는 것은 이상한 일이다.

그런데 상상력은 아마 이성을 약화시킬 만큼 대단한 힘이 있고 심지

---

1 "나중에 로마 교회 성직자의 질투와 능욕 때문에 몬타누스의 교의에 이끌려 그는 수많은 책에서 새로운 예언을 언급했다." (Hieron., in Catalogo de script. Eccl.)

어 본성까지 바꾸기도 하는 것 같다. 사실 열정적으로 따르는 사람을 보면 우리는 동요하게 되고 거의 항상 우리의 상상력의 국면을 바꾸어 그런 사람의 본성에 부합하게 만든다. 그럴 때 자연적인 것으로 보이지 않는 움직임은 없으며, 쾌적하게 느껴지지 않는 표현도 없으며, 횡설수설한대도 설득이 가능하다. 그 무엇도 진지하게 검토하지 않기 때문이다.

그런데 정념은 자신을 정당화하고, 지나친 상상력은 과도함을 좋아하므로 두뇌가 자기가 받아들인 강렬한 자극을 보존하는 만큼, 만사를 올바르게 판단할 수 없다. 열정을 따르는 사람들 가운데 자기를 부추기는 정념을 정당화하도록 끊임없이 끌리지 않는 이가 없으며, 동요에 사로잡힌 사람들 가운데 자신의 동요를 즐기지 않는 이가 없다.

자신이 수탉, 늑대, 소가 되었다고 상상하는 사람들이 이들 동물이 익숙하게 행하는 행동을 하면서 즐긴다고 하자. 그런 행동들이 인간의 본성과는 완전히 반대되는 것이더라도 말이다. 그러면 상상력은 전염되어 우리를 동물들과 똑같이 만들어 버리는 사람들의 방식을 비난해서는 안 된다는 점을 올바로 판단할 수 있는 것이니, 이는 그들을 비난할 때 결국 우리 스스로를 비난하는 것임을 느끼기 때문이다.

어떤 박식한 자들이 테르툴리아누스의 옹호자들의 이름을 높이도록 만들고, 이 저자에 놀랄 만한 존경심을 표시하게 만드는 대단히 특별한 이유가 있다. 그의 수사학의 주요 규칙 하나를 난해함에서 찾는 것이다.

지금은 의미가 없는 모든 표현들과, 난해하고 복잡한 방식으로 말하는 모든 방식들을 가리켜 횡설수설한다고 말한다. 그러나 난해함을 웅변의 가장 위대한 비법 가운데 하나로 간주했던 사람들이 있었다.[2] 그들의 설득의 기술은 부분적으로는 자기 생각을 이해하지 못하게 만드는 것이었다.

대중 앞에서 말하는 사람들이 설득하고자 하는 진리들의 명석판명한 관념들을 항상 갖고, 그 진리들을 이해하기에 충분한 주의를 기울일 수 있는 사람들에게만 말했다면 담화를 난해하게 만들고자 하는 규칙은 어떻건 기이하기 짝이 없는 것이다. 그런데 이 규칙이 완전히 이성에 반한다고 해도 대부분의 사람들에게 충분히 걸맞다고 말할 수 있다. 그것이 발언하는 이들의 무지를 덮어주기 때문일 뿐 아니라, 수수께끼 같은 난해함으로 인해 수많은 사람들은 이를 따르거나 설득당하게끔 만들어 주는 감정들을 자극하기 때문이기도 하다.

대부분의 사람들이 자기들이 이해하지 못하는 것을 높이 평가하고, 자기 능력을 넘어서는 모든 것을 불가사의한 것으로 숭배하고, 한 웅변가가 화려한 광채를 빛내는 방식으로 이성이 전혀 관여하지 않는 상상력의 언어를 통해 경이를 발현했다고 생각한다는 것은 경험으로 충분히 알고 있다.

위대함에 끌리는 성향이 진리에 끌리는 성향보다 더 강하다. 그래서 자극을 가하면서 설득하는 겉만 번드르르한 횡설수설이 명백성이 아니고서는 설득할 수 없는 순수한 논변보다 더 잘 받아들여진다. 명백성은 성찰을 행하는 이들에게 언제나 수고를 들이게 하는 성찰이 아니고서는 얻을 수 없으니 말이다. 그러나 영혼에 퍼지는 것은 감각적 확

---

2 Quintilien, *Instit. orat.*, lib. VIII, cap. II을 참조.

신이요, 그것은 대단히 쾌적한 방식으로 영혼에 침투하는 것이다.

우리를 만족시킬 수 있는 유일한 선은 무한한 동시에 접근이 불가능하다. 거창하고 난해한 표현들은 그런 성격을 갖는다. 그래서 난해함은 위대함이 우리의 찬탄과 존경을 자극하듯이 우리의 욕망을 자극하므로, 이런 표현들은 우리 내부에 움직임을 만들어 우리 마음을 사로잡게 된다.

모호하고 난해한 저자를 알거나 알고 있다고 믿을 때 그 저자를 모르는 사람들보다 더 자화자찬하게 되고, 간혹 후자를 무지한 자로 간주하게 된다. 우리가 그 저자를 이해하기 위해 수고를 들였으므로 그를 옹호하는 데서 흥미를 갖는 것이다. 그를 존경하고, 다른 사람들도 그를 존경하도록 만들 때 자기 연구는 정당성을 얻는다. 또한 기꺼이 자신을 정당화할 때 그를 열렬하고, 또 강렬하고 감각적 방식으로 찬양하고 옹호하게 된다.

내가 보기에는 이런 근거들, 그리고 그보다 굳건하기가 덜한 몇몇 다른 근거들만으로도 테르툴리아누스가 난해하다고 해도 어떤 사람들에게는 불리한 것이 아님을 이해할 수 있다. 그리고 만일 테르툴리아누스의 책 어디에서나 나타나는 진리들이 결국 그보다 더 단순할 수 없고 더 명확할 수도 없는 관념들로 축소되었다면 필경 그들은 그에 대해 대단한 존경심을 갖지는 않으리라는 점을 또한 충분히 이해할 수 있다.

수학의 관계와 진리들을 계속 그것의 지수exposants, 그러니까 그것들을 표현하는 가장 단순한 용어들로 환원하고는, 그 관계들과 진리들을 번잡하게 하고 난해하게 만들 수 있는 모든 것을 제거하고 있다. 기하학자들은 완전히 순수한 진리를 사랑하며, 자극을 통해서가 아니라 명백성과 빛을 통해서만 설득하려 들기 때문이다. 기하학자이면서 논리학자인 사람들의 규칙에 따라 테르툴리아누스의 사유를 지수로 환원하고, 눈을 부시게 하여 이성이 바로 보지 못하도록 하는 저 감각적 호화찬란함을 벗겨냈다면 그의 많은 생각들은 어떻게 되겠는가? 이 저자의 추론들을 공고하게 판단하고자 한다면 실제로 그렇게 해보아야 한다.

그러나 나는 테르툴리아누스가 기하학자로서 글을 써야 했다고 주장하는 것은 아니다. 우리가 다른 사람들에게 제시하는 진리들에 대해 우리의 생각과 우리 마음의 굴곡을 표현하는 형상들은 절대적으로 필요하다. 또 나는 특히 종교와 도덕을 다루는 담화에서 장식이며 기세를 반드시 사용해야 한다고 생각한다. 그 장식으로 그 진리에 마땅한 경의를 마련할 수 있을 것이며, 그 기세를 살려 영혼을 자극하여 덕성스러운 행동으로 인도할 수 있다. 그러나 신체도 실재도 없는 유령을 장식해서는 안 될 것이며, 불필요한 기세를 자극해서도 안 될 것이다. 또 우리의 말에 귀 기울이는 사람들에게 수고스럽게 확신과 신념을 새기고자 한다면 이 확신은 진실하고 견고한 어떤 것에 관련되어 있어야 한다. 우리가 설득하는 것이 무엇인지 우리를 설득시키는 것이 무엇인지 명백하게, 확실하게, 정확하게 알지도 못하면서 설득하고 설득되어서는 안 된다. 무슨 말을 하고 있는지 알아야 하고, 무엇을 믿고 있는지 알아야 한다. 진리와 빛만을 사랑해야 하고, 우리 스스로 그저 충격을 받고 나서 맹목적으로 다른 사람들에게 충격을 가해서는 안 된다.

열 번째 주해

관념들의 본성에 대하여. 신 안에서 어떻게 진리와 영원한 법칙과 같은 모든 것을 알게 되는가.

내가 관념들의 본성에 대해서 말한 내용들로 우리에게 빛을 비추는 분은 신이라는 점을 충분히 이해하셨기를 기대한다. 하지만 경험상 내가 이 원칙으로부터 제시한 근거들을 이해할 만큼 충분히 정신을 집중할 수 없는 사람들이 많다는 점을 깨달았다. 대부분의 사람들은 추상적인 것을 이해하지 못하지만, 그들을 깨어나게 하고 정신의 시선을 피하지 않고 고정시키는 것은 감각적인 것이다. 그들은 감각에도 상상력에도 빠지지 않는 이를 고려할 수 없고, 결과적으로 그 존재를 이해할 수도 없다. 나는 이 문제를 자주 언급했는데, 이 점은 아무리 반복해도 지나치지 않을 것이다.

물체들이 그 자체로 가시적이지 않으며, 우리 정신에 작용할 수 없고 정신에 그려지지도 않는다는 점은 명백하다. 이런 것에는 굳이 증거가 필요하지 않다. 추론할 필요도 없이 그저 바라보기만 하는 것으로 발견된다. 정신이 물질의 명확한 관념을 추론은커녕 아주 조금만 주의를 기울여 보는 것만으로도 충분히 발견할 수 있다. 이는 물체들이 서로 충돌할 때 각자의 운동을 서로 전달한다는 것보다 무한히 더 확실한 것이다. 그러나 이는 이성의 목소리에 귀를 기울이기 위해 감각을 침묵하게 하는 사람들에게나 확실하다. 그래서 모든 사람은 견고한 증거 없이도 물체들이 서로 밀고 있다고 생각하는데 감각이 이 점을 말해 주기 때문이다. 그런데 물체들은 그 자체로 완전히 비가시적이고 정신에 작용할 수 없음을 믿지 않는데, 이 점을 감각은 말해 주지 않는 데다, 반대로 말하는 것 같으니 그렇다.

그러나 단호하고 든든한 이성을 통해 그보다 더 추상적일 수 없는 진리들까지 올라간 몇몇 사람들도 있는데, 그들은 진리들을 주의 깊게 응시하고, 자신의 감각이며, 상상력의 자극에 저항한다. 하지만 신체는 조금씩 정신이 무게를 갖게 만들어 결국 둘 모두 추락하고 만다. 이들 관념은 사방으로 흩어져 버리고 더욱 강렬하고 더욱 감각적 물체들에 자극되므로 관념들은 이제 다들 믿지는 않지만 그 환영은 두려워하는 유령을 닮았을 뿐이다.

사람은 물론 사물도 우리에게 익숙하지 않고 그것으로부터 어떤 감각적 즐거움을 맛보지 않을 때 불신하게 된다. 마음을 사로잡는 것이 즐거움이요, 정신을 동요와 불안에서 벗어나게 만드는 것은 친숙함이니 말이다. 그래서 형이상학적이고 추상적인 진리에 익숙하지 않은 사람들은 자기들을 환히 밝혀 보려는 의도가 보일 때 유혹하는 데만 열심을 다한다고 절대적으로 믿어 버리는 경향이 있다. 쾌적하고 감각적인 것이라고는 전혀 없는 관념들이며, 휴식과 지복에 대한 그들의 사랑도 의심스럽고, 역겨워 혐오스러운 듯이 바라보게 되고, 이내 그들을 혼란에 빠뜨릴 뿐 만족시킬 수 없어 보이는 시선 밖으로 내보내는 것이다.

내가 검토하고 있는 문제가 중차대한 일은 아닐지라도 방금 언급한 근거들과 언급할 필요조차 없는 어떤 다른 근거들이 있으니 이 점에 대해 굳이 더 말하지 않아도 될 것이다. 본 주제에 대해 내가 할 수 있는 모든 말이 어떤 이들에게는 마이동풍馬耳東風일 것이니 말이다. 하지만 우리를 밝혀 주시는 이는 신뿐이며, 신은 불변하고 필연적 이성 혹은 지혜를 현시함으로써만 우리를 밝혀 주신다는 이 원칙이 내게는 종교에 대단히 부합해 보인다. 아니 무슨 말인가. 그것이 무슨 진리가 됐든 확실하고 결코 흔들림 없는 토대를 제공하는 데 절대적으로 필요한 것이다. 그래서 나는 내가 할 수 있는 만큼 그 원칙을 반드시 설명하고 옹호하지 않을 수 없다고 생각한다.

물체들이 내 정신을 비출 수 있다거나, 내 스스로가 내 주인이고 내 이성이고 내 빛이라거나, 만물을 견고하게 만들기 위해서는 내 자신에게나 내 귀에 귀가 먹먹할 정도로 떠들 수 있는 사람들에게 묻는 것으로 충분하다는 데 동의하느니, 나를 차라리 몽상가라고들 하고, 계시를 받은 자로 대하고, 온갖 격언들이나 들먹이는 사람이라고 보는 편이 낫다. 편협한 이들에게 언제나 조롱받는 상상력으로는 이해할 수 없거나 변호할 수 없는 근거들에 늘 그렇듯이 항상 대립시키는 그런 격언들 말이다. 그렇지만 그런 것들로는 확실히 내 정신에 빛을 환하게 밝혀줄 수 없다. 그러므로 아래에 내가 지금 쓰고 있는 장들에서 내가 확립한 몇 가지 근거를 다시 제시해 보겠다.

모든 사람들이 진리를 알 수 있다는 점을 인정하지 않는 사람은 없다. 그리고 가장 빛을 받지 못한 철학자들조차 그들이 규정하지 않은 어떤 '이성'에 분유分有한다는 점에 동의한다. 바로 이런 이유로 그들은 '동물도 이성을 가지고 있다animal RATIONIS particeps'고 정의하는 것이다. 적어도 인간의 본질적 차이는 그가 보편 이성과 필연적으로 통합되어 있다는 점을 모호하게나마 알 수 없는 사람은 없으니 말이다. 그렇지만 우리는 흔히 이 이성을 포함하는 존재가 누구인지 모르고, 그 존재를 발견하는 데 수고를 전혀 들이지 않는다.[1]

예를 들어 나는 2 곱하기 2는 4이며, 자기 개보다는 친구를 더 사랑해야 한다는 것을 안다. 나는 이 점을 나만큼 잘 알 수 있는 사람은 세상에 없다고 확신한다. 그런데 나는 이 진리들을 다른 이들의 정신에서 보지 못한다. 이는 다른 사람들이 내 정신에서 진리들을 보지 못하는 것과 같다. 그러므로 나를 비추는 보편 이성과, 지성적인 모든 것이 존재함이 필연적이다. 내가 묻는 이성이 중국인들에게 답하는 이성과 같은 것이 아니었다면, 지금 나만큼 중국인들이 내가 보는 것과 동일한 진리를 알고 있다고 나만큼이나 확신할 수 없으리라는 점이 분명하다. 그래서 우리 자신 안으로 들어갈 때 묻는 이성은 보편적인 이성인 것이다. 나는 우리 자신 안으로 들어갈 때라고 말했는데, 열정에 빠진 사람이 따르는 이성에 대해서는 이 자리에서 말하지 않기 때문이다.

어떤 사람이 자기 마부의 목숨보다 자기 말의 목숨을 선호할 때 그에게도 근거가 있겠지만, 이성적인 사람이라면 누구나 끔찍해할 근거

---

1 "그대가 하는 말이 진실임을 우리 둘 다 알고 내가 하는 말이 진실임을 우리 둘 다 안다면, 우리는 어디서 보고서 아는가? 내가 그대 안에 들어가서 보는 것도 아니고 그대가 내 안에 들어와서 보는 것도 아니니까 우리 지성들 위에 있는 불변하는 진리 그 자체 안에서 보는 것이다." (Aug., *Confes.*, lib. XII, cap. xxv)

임에 틀림없다. 결국 그것은 근본적으로 이성적이지 못한 근거라 할 텐데 지고한 이성, 혹은 모든 사람들이 묻는 보편 이성에 부합하지 않는 까닭이다.

나는 사물의 관념은 불변하며,[2] 진리와 영원한 법칙들이 반드시 필요하다고 확신한다. 그것들이 지금 그대로의 모습이 아니리라는 것은 불가능하다. 그런데 나는 내 안에서 불변하는 것도 필연적인 것도 전혀 보지 못한다. 즉 나는 존재하지 않거나, 지금 그대로의 나로 존재하지 않을 수 있다. 그러나 내가 지금 보고 있는 것과는 다른 진리며 법칙을 볼 수 있는 정신은 존재할 수 없음을 내가 확신하니 말이다. 나를 닮지 않은 정신들이 있을 수는 있겠지만, 내가 지금 보는 것과 다른 진리들과 법칙들을 보는 정신은 없다고 나는 확신한다. 그러므로 모든 정신은 필연적으로 2 곱하기 2는 4이고, 자기 개보다 자기 친구를 선호해야 한다는 것을 알게 된다. 그러므로 모든 사람이 묻는 이성은 불변하고 필연적인 이성이라고 결론 내려야 한다.

더욱이 바로 이 이성이 무한하다는 것은 명백하다. 인간 정신은 관념적인 무한히 많은 삼각형, 사각형, 오각형 및 다른 유사한 도형들이 존재하거나 존재할 수 있음을 명확히 이해한다. 그가 도형의 관념을 분명히 갖추고 있을 것이고, 영원히 이런 유의 관념들에만 전념을 다했을 뿐일지라도 계속해서 새로운 도형의 관념을 발견하리라고 생각할 뿐인 것은 아니다. 그는 연장에서 무한을 알아보기까지 하는데 공

---

2 성 아우구스티누스의 《자유의지론》(*De libero arbitrio*), liv. II, chap. VIII과 이후의 장을 참조.

간에 대해 가진 관념이 무궁무진하다는 점을 의심할 수 없기 때문이다. 정신은 같은 수를 제곱했을 때 5가 만들어지지 않으면, 4와 9, 9와 16, 16과 25 등의 숫자들 중 어떤 숫자가 만들어진다는 점을 명확히 알고 있다. 이 숫자는 그 항이 이 세상 끝에서 다른 끝까지 존재할 수 있는 것 이상의 크기, 관계, 부분과 같은 것이다.

정신은 이를 이해할 수 있는 존재는 오직 신뿐이고, 이를 표현하기 위해서는 두 항의 무한한 부분이 필요하므로 이를 정확히 표현하기란 불가능한 그런 관계임을 명확히 알고 있다. 나는 유사한 사례들을 많이 댈 수 있으며, 이로부터 인간 정신이 제한되어 있을 뿐 아니라 그 정신이 묻는 이성은 무한하다는 결론을 내릴 수 있다. 결국 정신은 이 점을 이해하지는 못하더라도 이 지고한 이성에서 무한을 뚜렷이 보게 된다. 한마디로 말해서 인간이 묻는 이성은 이를 모두 소진할 수 없고, 우리가 무엇을 물을지라도 항상 무언가 답변할 것을 갖는다는 점에서 무한한 것임이 틀림없다.

그러나 모든 사람이 분유하는 이성이 보편적이라는 것이 사실이고, 그 이성이 무한하고, 불변하고, 필연적이라는 점이 사실이라면 그것이 신의 이성과 전혀 다른 것이 아니라는 점이 확실하다. 그 자체로 보편적이고 무한한 이성을 포함하는 존재는 보편적이고 무한한 존재뿐이니 말이다. 모든 피조물은 개별 존재들이다. 그러므로 보편 이성은 창조된 것이 아니다. 모든 피조물은 무한하지 않다. 그러므로 무한한 이성은 피조물이 아니다. 그렇지만 우리가 묻는 이성은 보편적이고 무한할 뿐 아니라, 필연적이고 독립적이기도 하며, 어떤 의미로 이를 신 자체보다 더 독립적이라고 이해하는데, 신은 이 이성에 따라서만 작용할 뿐이므로, 어떤 의미로 그 이성에 의존한다고 하겠다. 그 이성에 묻고 그 이성을 따라야 한다. 그런데 신은 오직 제 자신에게만 묻고 그 무엇에도 의존하지 않는다. 그러므로 이 이성은 신 자신과 구분되지 않으며, 이 둘은 영원히 함께 공존하고 불가분하다.

우리는 신이 죄 없는 이를 벌할 수 없으며, 정신을 신체에 종속시킬 수 없고, 질서를 따르지 않을 수 없음을 분명히 알고 있다. 그러므로 우리는 신의 규칙, 질서, 이성을 보게 되는 것이다. 두려워하지 않고 말한다면 신의 지혜와는 다른 어떤 지혜가 신이 그 지혜를 따르지 않을 수 없음을 우리에게 보여 줄 수 있겠는가?

그렇지만 결국 우리는 신의 지혜가 아닌 지혜를 생각할 수 있는가? 지혜를 대단히 훌륭히 설명한 솔로몬은 두 가지 종류의 지혜를 구분하지 않던가? 그는 신과 함께 공존하고 우리가 그의 창조물에서 보는 질서를 확립한 지혜가 모든 사람을 주재하는 지혜이고, 정의롭고 합리적인 법률을 세우기 위해 입법가들이 물었던 지혜라는 점을 우리에게 가르치지 않던가? 이 진리를 확신하려면 〈잠언〉 8장을 읽어보기만 하면 된다. 나는 성경이 그 시대의 지혜로 거명하고 인간의 지혜라고 거명하는 어떤 지혜에 대해 말하고 있음을 잘 알고 있다.

그런데 성경이 만물을 말하는 방식은 외관을 따라서거나 일상적인 생각을 따라서이다. 성경은 다른 곳에서 이 지혜는 신 앞에서는 물론이고 이성에 묻는 모든 사람 앞에서 그저 광기일 뿐이며, 혐오에 불과하다는 점을 가르치기 때문이다.

확실히 진리와 영원한 법칙이 신에게 달린 것이고, 창조자의 자유로운 의지에 따라 확립된 것이라면, 한마디로 말해서 우리가 묻는 이성이 필연적이지 않고 독립적이지 않았다면 진정한 학문은 더 이상 존재할 수 없으며, 중국인들의 산술학이나 기하학이 우리의 산술학과 기하학과 동일하다고 확신했다면 우리는 한참 잘못 생각한 것이라는 점이 내게 명백해 보인다. 결국 2 곱하기 4가 8이거나 삼각형의 세 각은 두 직각과 동일하다는 점이 절대적으로 필연적이지 않았던 것이라면 이런 유의 진리는 몇몇 대학에서만 수용될 뿐인 진리와, 얼마간만 지속될 뿐인 진리와 유사하지 않다는 증거를 어디에서 찾을 수 있을까?

신이 완전히 자유롭고 사심 없는 의지로 의지했던 것을 계속 의지할 수 있음을 명확히 알고 있지 않은가? 더 정확히 말하자면 우리는 신이 얼마간만, 어떤 장소에서, 어떤 사람들 혹은 어떤 유의 존재들을 위해서 무언가를 의지할 수 없었음을 명확히 알고 있지 않는가? 신은 자신의 의지에서 전적으로 자유롭고 사심 없었다고 가정한다고 말할 수 있다면 말이다. 나는 사심 없다는 말에서 필연성을 생각할 수 없는데 나로서는 완전히 대립된 두 사물을 하나로 일치시킬 수 없기 때문이다.

그러나 나는 신이 모든 시간과 모든 공간에서 사심이라고는 전혀 없이 영원한 진리와 법칙들을 확립했으며, 현재 이들 진리와 법칙들은 신의 명령으로써 불변한 것이라고 가정하고 싶다. 그런데 사람들은 이 명령을 어디에서 보는 것일까? 신은 이 명령을 대표하는 어떤 존재를 창조했던 걸까? 이 명령은 사람들의 영혼이 변형된 것이라고 말해야 할까? 사람들이 명확하게 이 명령을 본다면 그것은 그들이 불변성은 영원한 진리와 법칙으로 보증된다는 점을 배웠기 때문이다. 그런데 사람들은 그 명령을 어디에서 보고 있는 것일까? 확실히 그 명령은 신 안에서가 아니라면 보이지 않는다. 그 명령은 신 내부에만 존재할 수 있고, 사람들이 볼 수 있는 것이라고는 그 명령이 어디에 존재하는가뿐이기 때문이다. 그러므로 철학자들은 신에게 묻지 않고, 신이 그들에게 답변하지 않는 한 어떤 것도 확신할 수 없다. 그들이 이 점을 두고 격렬히 항의하더라도 그들이 할 수 있는 일이라고는 굴복이 아니면 침묵뿐이다.

그러나 결국 이 명령은 사실무근의 상상력이다. 질서, 법, 영원한 진리를 생각할 때 그 원인을 자연적으로 찾지 않는 것이 원인을 갖지 않는 것들이니 말이다. 이 명령이 필연적이라는 점을 명확히 보지들 못하는데 처음에 그 생각을 하는 법이 없는 것이다. 반대로 그저 보기만 해도 명백히 수數와 지성적인 관념의 본성은 불변하고 필연적이고 독립적이라는 것을 알아차린다. 2 곱하기 4가 8이며, 정사각형의 대각선의 제곱은 한 면의 제곱의 두 배임이 틀림없음을 명확히 알고 있다. 이 진리들의 절대적 필연성을 의심한다면 진리의 빛에서 시선을 돌리고 거짓 원리에 따라 추론하고 이 진리들의 본성이며, 불변성이며, 독립성이 무엇인지를 그 진리와는 다른 곳에서 찾기 때문이다. 그래서 이 진리들이 불변한다는 명령은 정신의 허구이다. 신의 지혜 속에서 정신이 알아차리는 것을 보지 않는다고 가정하고 신이 만물의 원인임을 알면서도 어떤 명령을 내려서 불변함을 인정하지 않을 수 없는 진리에 불변성을 확보해야 한다고 믿는 것이다. 하지만 가정은 잘못 되었으니 이 점을 유념해야 한다.

신의 지혜에서는 영원하고 불변하고 필연적인 진리밖에 볼 수 없다. 내가 방금 말한 대로 이 지혜가 아닌 곳에서는 신조차 따르지 않을 수 없는 질서만을 볼 수 있을 뿐이다. 정신이 만들어진 것은 오직 이 지혜를 위한 것이고, 어떤 의미에서 정신은 그 지혜밖에는 볼 수 없다. 피조물을 볼 수 있다면 이번 생에서는 대단히 불완전한 방식이기는 해도 정신이 보는 자는 무한한 자기 존재 안에서 정신에 상응하는 지성적 방식으로 피조물들을 포함하기 때문이다. 나는 다른 곳에서 이 점에 대해 이미 말한 바 있다.

우리가 우리 내부에 무한의 관념을 갖지 않았고, 우리 정신이 보편적이고 무한한 이성과 자연스럽게 결합하면서 만물을 보았던 것이 아니었다면 우리는 만물을 사유할 자유를 갖지 못했을 것임이 명백하다. 정신은 관념을 가진 사물에만 열정을 기울이고자 할 수 있고, 정신이 열정을 기울이고자 할 수 있는 사물만을 실제로 강력하게 사유할 수 있으니 말이다. 더욱이 정신이 우리가 보는 것만을 사랑할 수 있을 뿐이라면, 신이 그저 개별 관념만을 부여했더라면 틀림없이 개별 존재들만을 사랑할 수밖에 없는 방식으로 우리 의지의 모든 움직임을 결정할 것임이 명백하다. 결국 우리에게 무한의 관념이 없었다면, 무한을 사랑할 수 없었을 것이며, 신의 관념을 갖지 않았음을 확실히 단언하는 사람들이 사물을 있는 그대로 말했던 것이라면, 나는 전혀 주저하지 않고 그들은 신을 사랑한 적이 없다고 말할 것이다. 내가 보기에는 자기가 보는 것만을 사랑할 수 있음이 대단히 확실하기 때문이다.

결국 질서와 영원한 법칙들이 그 필연적 본성에 따라 불변하는 것이 아니었다면, 종교의 가장 명확하고 가장 강력한 증거는 내가 보기에 자유며 그보다 더 명확할 수 없는 학문들만큼이나 그 원칙으로부터 무너져 버릴 것이다. 중재자로서, 속죄자로서 예수 그리스도를 우리에게 지명한 기독교 종교는 원죄를 통해서 본성의 타락을 가정하고 있음이 명백하기 때문이다.

그런데 이렇게 타락했다는 증거는 어떤 것인가? 육은 정신에 맞서 싸워, 정신을 자신에게 복종시키고, 정신을 마음대로 다룬다고들 할 것이다. 나도 그 점에 동의한다. 그러나 리베르탱은 그것은 타락이 아니라고 답할 것이다. 그것이 신의 마음에 드는 일이고, 신은 그렇게 명령하셨고, 신은 스스로 명령을 내린 자이고, 피조물들에게 신이 보기에 좋은 질서를 부여하셨다고 할 것이다. 질서에 대한, 질서의 필연성에 대한 명확한 관념이 없다면, 신 자신이 제 자신에 품는 필연적 사랑을 통해서 그 질서를 따르지 않을 수 없음을 알지 못한다면, 정신이 신체에 종속되는 것이 타락임을 어떻게 그 자에게 증명할 수 있을 것인가? 더욱이 이 질서가 신의 자유로운 명령을 따르는 것이라면, 이 사실을 알기 위해서는 언제나 신의 도움이 필요할 것이며, 어떤 학자들이 신에게 도움을 구하는 일을 혐오할지라도 신에게 물을 수밖에 없을 것이고, 가르침을 받기 위해서는 신을 필요로 한다는 이 진리를 인정해야 할 것이다. 그런데 질서의 원인이 되었던 이 명령이라는 것은 내가 이미 말했던 근거들을 통해 보자면, 정신이 만들어 낸 허구인 것이다.

인간이 태어난 것은 조물주를 위해서가 아니고 우리의 의지는 신의 의지라는 본질적이고 필연적인 규칙에 부합하리라는 것이 필연적 질서가 아니라면, 행동이란 불변하고 필연적인 질서에 부합하거나 부합하지 않으며, 바로 이 질서가 최초의 행동은 보상받고 다른 나머지 행동은 처벌받기를 요청하기 때문에 선하거나 악하다는 것이 사실이 아니라면, 모든 사람들은 천성적으로 그 질서에 대한 명확한 관념을 가진 것이 아니라 신은 타락을 의지할 수 없으므로 그 명령이 규정하는 바와 상반되는 것을 의지할 수 없는 것이라면, 확실히 나는 어디에서나 혼돈밖에 보지 못하게 된다.

신이 율법을 내리지 않았던 이교도들이 저지르는 그보다 더 비열할 수 없고 그보다 더 정의롭지 않을 수 없는 행동에서 도대체 무엇을 비난할 수 있을 것인가? 그들을 단죄하는 지고한 이성이 없다면, 우리의 판단 기준이 되는 불변하는 질서와 없어서는 안 되는 율법이 없다면, 저 이교도들을 감히 비난할 근거가 어디에 있겠는가?

한 시인이 말하기를 의로운 것과 의롭지 않은 것을 구분하기란 불가능하다고 했다.[3] 한 철학자가 말하기를 비열한 행동을 수치스럽게 여기고 부끄러워하는 것은 나약한 일이라고 했다.[4] 격한 상상력이나 격정에 넘치는 정념에 사로잡혔을 때 흔히들 비슷한 역설을 말하곤 한다. 하지만 질서가 없다면, 규칙이 없다면, 항상 자기 내면으로 들어갈 수 있는 사람들에게 나타나는 보편적이고 필연적인 근거가 없다면, 그런 생각들을 왜 비난해야 할까? 우리는 정말 많은 경우에 두려워하지 않고 타인들을 판단하거나 우리 자신을 판단한다. 그러나 우리가 우리 자신이며 타인들에게 심판을 내리는 것처럼 보일 때, 우리 내부에서 판단을 내리는 이성이 우리며 모든 사람들의 지고한 이성이 아니라면, 우리는 어떤 권위를 통해 판단을 내릴 것인가?

그런데 이 이성이 자기 내부로 들어가는 사람들에게 제시되지 않았고, 이교도들조차 천성적으로 우리가 말하고 있는 불변하는 질서와 결

---

3 Nec natura potest justo secerner iniquum (Lucrèce).

4 Diogène.

합되지 않았다면 그들은 어떤 죄며 어떤 불복종을 저지를 수 있을 것이며, 신은 어떤 정의에 따라 그들을 벌할 수 있을 것인가? 내가 이 이야기를 하는 것은 한 예언자가 신은 자신과 자신의 민족의 분쟁을 판단하기 위해 인간을 심판자로 쓰고자 한다는 점을 가르쳐 주었기 때문이다.[5] 물론 사람들이 불변하고 필연적인 정의의 질서에 따라 이 점을 판단한다는 한에서이다.

네로는 자신의 어머니를 죽였다. 이는 사실이다. 그러나 그가 잘못한 것은 무엇인가? 그는 증오의 자연적 운동을 따랐던 것이다. 신은 이 점에 대해서 그에게 아무것도 명하지 않았다. 유대인의 율법은 그를 위한 것이 아니다. 아마 자연법은 이런 행동을 금지할 것이고 네로 역시 자연법을 알았다고들 할 것이다. 하지만 어떤 증거가 있는가? 내가 이 점에 동의하는 것은 사실 이 점이 불변하고 필연적인 질서가 존재하며, 어떤 정신이든 보편 이성에 더욱 결합되고 감각과 정념의 자극에 덜 민감할수록, 한마디로 말해서 정신이 더욱 합리적일수록 그만큼 더 명확하게 이 질서를 안다는 것이 반박할 수 없는 증거가 되기 때문이다.

그러나 나는 가능한 가장 명확하게 내가 질서 및 신의 율법 혹은 자연법에 대해 가진 생각을 설명해야 한다. 내가 하는 말에 승복하는 데 어려움을 느낀다면 그것은 아마 내 생각을 명확하게 이해하지 못했기 때문일 것이다.

---

5 "예루살렘 거민과 유다 사람들아 구하노니 이제 나와 내 포도원 사이에 판단하라." (Is., V, 3)

신은 자기 내부에 자신이 창조했거나 창조할 수 있는 모든 존재들의 완전성을 뚜렷한 방식으로 포함하고 있으며, 신이 만물의 존재를 아는 것은 바로 자기 자신의 의지에 의한 것이므로 신이 만물의 본질을 이해하는 것은 바로 이러한 지성적 완전성에 의한 것이라는 점이 확실하다. 그런데 내가 제시한 근거들에 따르면 이러한 완전성 역시 인간 정신의 즉각적인 대상이다. 그러므로 신 외부에 존재하는 것을 우리에게 재현해 주는 지성적인 관념 혹은 신 내부에 존재하는 완전성은 절대적으로 필연적이고 불변하는 것이다.

그런데 진리란 지성적 존재들 사이에 존재하는 등가 관계나 부등가 관계일 뿐이다. 2 곱하기 2가 4이고, 2 곱하기 2가 5가 아니라는 점이 사실인 것은 2 곱하기 2와 4 사이에는 등가 관계가, 2 곱하기 2와 5 사이에는 부등가 관계가 존재하기 때문임이 사실이니 말이다. 그러므로 진리는 관념만큼이나 불변하고 필연적이다. 2 곱하기 2가 4임은 언제나 사실이었고, 이것이 거짓이 되기란 불가능하다. 데카르트가 《성찰》의 '여섯 번째 반박에 대한 답변'에서 말했듯이 "지고한 입법자로서의 신이 이 진리를 확립했다"[6]는 점이 필연적이지 않아도 이는 명백한 것이다.

그러므로 진리가 무엇인지는 대단히 쉽게들 이해한다. 하지만 불변하고 필연적인 질서가 무엇인지, 신이 필연적으로 의지하는 것이 무엇인지, 또한 정의로운 사람들이 의지하는 것이 무엇인지 이해하기란 다소 힘들다. 어떤 이를 정의롭게 만들어 주는 것은 그가 질서를 사랑하

---

6 Art. 6과 8.

고 그가 모든 일들에서 자신의 의지를 질서에 부합시키기 때문이다. 이와 마찬가지로 죄인이란 모든 일들에서 질서를 싫어하고, 자기가 원하는 것에 질서가 부합되기를 바라는 사람일 뿐이다. 그러나 내가 보기에 우리가 생각하는 것만큼 불가사의한 것 같지는 않다. 우리가 이 점을 그렇게 어렵게 생각하는 이유는 정신이 추상적이고 형이상학적인 생각들에 이르는 일이 어려워서인 것이라고 나는 생각한다. 그러므로 내가 생각하는 질서의 한 측면을 아래에 제시하겠다.

신 안에 존재하는 완전성은 창조되었거나 가능한 존재들을 재현하는 것이니 이들 존재를 재현한다는 점에서 등가 관계가 아니고, 그 완전성은 예를 들면 신체를 재현하는 완전성이 정신을 재현하는 완전성만큼 고상하지 않고, 신체나 정신만을 재현하는 완전성들 가운데에서조차 한쪽이 다른 쪽보다 무한히 완전하다는 점에서 차이가 있다. 신 존재의 단순성과 신의 지혜에 포함된 다양한 지성적 관념들을 일치시키는 일이 대단히 어렵기는 하지만 이 점은 명확하고 어렵지 않게 이해된다.

마지막으로 신의 모든 관념들이 모든 점에서 등가 관계에 있다면 창조물들 간에 차이를 두지 않았으리라는 점이 명백하다. 신은 피조물을 그의 안에서 그것을 재현하는 존재에서만 볼 수 있기 때문이다. 시간을 가리키는 것 외에도 행성들의 서로 다른 운동을 가리키는 시계의 관념이 시간만을 가리키는 시계의 관념보다, 또는 정사각형이나 원의 관념보다 더 정확한 것은 아니다. 시계는 원보다 더 완전할 수 없을 것이다. 창조물이 완전한가의 판단은 오직 우리가 그것에 대해 가진 관념들의 완전성을 통해서만 이루어질 수 있다. 원보다 시계에 더 많은 정신이며 더 많은 지혜의 흔적이 없었을지라도 정사각형이나 원을 이해하는 것 이상으로 그보다 더 복잡할 수 없는 기계들을 이해하는 것이 더 어려운 것은 아니다.

그러므로 보편 존재로서의 신이 자기 자신 안에 지성적 방식으로 모든 존재를 포함하고, 또 신 안에 필연적으로 존재하는 이 지성적 존재들 전체가 모든 점에서 완벽한 것은 아니라는 점이 사실이라면, 이들 존재 사이에 불변하고 필연적인 질서가 존재한다는 점이 명백하다. 지성적 존재들 사이에 크기의 관계들이 존재하므로 영원하고 필연적 진리가 존재하는 것과 마찬가지로, 동일한 존재들 사이에는 완전성의 관계들이 존재하므로 불변하고 필연적인 질서 역시 존재하지 않으면 안 된다. 그러므로 2 곱하기 2가 4이거나 2 곱하기 2가 5가 아니라는 것이 필연적 진리이듯이, 정신이 신체보다 더욱 고상하다는 것은 불변의 질서이다.

그런데 지금까지는 불변하는 질서는 필연적 법칙이라기보다는 아직 사변적 진리로 보인다. 방금 수행했던 것처럼 질서를 고려한다면 예를 들어 정신이 신체보다 더 고상하다는 진리를 제대로 이해하는 것이기는 하되, 이 진리가 법칙의 힘을 가진 질서이며, 신체보다 정신을 선호하지 않으면 안 된다고 이해하는 것은 아니다. 그러므로 신은 필연적 사랑으로 자신을 사랑하고, 그런 식으로 완전성을 덜 포함한 것보다 자기 안에 더 많은 완전성을 재현하거나 담고 있는 것을 더욱 사랑한다는 점에 주목해야 한다. 그래서 지성적 정신이 지성적 신체보다 천 배 더 완전하다고 가정하고자 했다면, 신이 자신을 사랑하도록 하는 사랑은 필연적으로 지성적 신체보다 정신에 천 배 더 클 것이다.

신은 자신의 완전성을 사랑한다는 것이 반박불가한 일이므로 신의 사랑은 그가 포함하는 지성적 존재들 사이의 질서에 틀림없이 비례하게 된다. 그래서 순전히 사변적 질서는 신에 대해서 법과 같은 효력이 있다. 신이 필연적으로 자신을 사랑한다는 점이 확실하며 스스로 모순될 수 없다고 가정한다면 말이다. 또 신이 정신보다 창조된 신체들을 더욱 사랑할 수 있더라도 지성적 정신보다 지성적 신체를 더 사랑할 수 없다. 나는 이 점에 대해 곧 언급할 것이다.

그런데 신 자신에 대해서 법과 같은 효력을 가지는 이 불변의 질서는 우리에 대해서도 명백히 법과 같은 효력을 갖는다. 신은 우리를 자신의 이미지에 따라 그를 닮게 창조했으므로 사랑받을 가치가 가장 적은 이를 우리가 더욱 사랑하기를 바라지 않으신다. 신은 우리의 의지가 그의 의지에 부합하고, 지상에서 우리가 자유롭고, 그리하여 가상하게도 필연적으로 그가 우리에게 내리는 심판을 우리가 내리기를 바란다. 신의 율법, 신의 완전성의 불변하는 질서는 또한 우리의 그것이며, 우리는 이 질서를 모르지 않으며, 심지어 우리의 자연적 사랑으로 인해 우리 자신 속에 들어가고, 우리의 감각과 정념이 우리를 자유로운 상태로 놓아 둘 때 역시 그 질서를 따르도록 자극하기까지 한다. 한마디로 말해서 우리의 이기심으로는 우리의 자연적 사랑이 전혀 부패되지 않는다.

신을 위해 지어져 신과 완전히 분리될 수 없는 우리는 신 안에서 이 질서를 보며, 자연스럽게 신을 사랑하도록 끌린다. 우리의 감각과 정념이 신이 비추는 빛을 어둠으로 가리고, 질서를 따라 사랑하도록 자극을 질서의 방향을 거스르게 만든다고 해도 우리를 비추는 것은 결국 신의 빛이요, 우리를 활기에 넘치게 만드는 것은 신의 사랑이다. 그러나 우리에게 질서를 감추고, 그것을 따르지 못하도록 막는 사욕에도 불구하고, 질서는 항상 우리의 관점에서는 본질적이고 필요불가결한 법칙이다. 우리의 관점뿐만 아니라, 창조된 모든 지성, 심지어는 지옥에 떨어진 사람들의 관점에서도 그렇다. 나는 그들이 신에게서 멀리 떨어져 있어서 질서의 어떤 사소한 관념도 갖지 않았다거나 그 질서에서 여전히 어떤 아름다움을 찾고, 심지어는 그들의 이기심에 상처를 주지 않는 어떤 개별적인 경우에 아마 그 질서에 바로 부합할 준비가 되어 있지 않다고는 생각하지 않는다.

타락한 마음은 질서와 대립하는 것이다. 그래서 악의나 타락은 영벌永罰에 처해진 사람들 사이에서조차 동등하지 않으므로, 그들이 똑같이 질서에 대립하는 것이 아니고, 그들이 신에 대해 증오를 품었기 때문이 아니라면 매사에 신을 증오하지 않는 것이 명백하다. 단순히 그런 식으로 고려된 선을 증오할 수 없는 것과 마찬가지로, 질서를 증오할 수 있는 경우는 그것이 우리의 성향과 모순되어 보일 때뿐이다. 그러나 질서가 우리의 성향과 모순되어 보이더라도 그것은 우리에게는 우리를 비난하고 심지어 영원히 죽지 않는 벌레7로 우리를 벌하는 율법인 것이다.

그러므로 아마 지금 정의의 불변하는 질서가 무엇인지, 이 질서가 신이 그 자신에게 필연적으로 갖는 사랑에 의해 어떻게 법의 힘을 갖

---

7 [옮긴이] "게헨나에서는 구더기도 죽지 않고 불도 꺼지지 않습니다."(〈마가복음〉 9장 48절)

는지 알고들 있을 것이다. 이 법이 우리 모든 사람들은 물론 신에게 조차 어떻게 보편적인지, 왜 이 법이 필연적이며 절대적으로 필수불가결한 것인지 이해들을 하고 있다.

내가 방금 말했던 점을 깊이 성찰한다면 영원하고, 불변하고, 모든 지성이 공통적으로 갖는 관념들이 그저 지각일 뿐이거나 정신에 일어난 일시적이고 개별적 변화에 불과하다고 주장하는 것은 피론주의를 세우고, 정의와 불의는 필연적으로 그러한 것이 아니라는 점을 믿게 해주는 것이다. 이것이 모든 오류들 중에서도 가장 위험한 오류이다. 마지막으로 이 법이요, 불변하는 질서가 신과 인간의 모든 율법의 원리이며, 이 율법에 따라 모든 지성들이 심판받고 모든 피조물들이 각자 자기 자리에 맞게 배치된다는 것을 보편적으로 쉽게 이해하고 또 이해할 수 있다.

나는 이 모든 일을 개별적으로 설명하기가 쉽지 않음을 인정한다. 또한 나는 위험하게도 이를 시도해 보려고 하지도 않는다. 어떤 개별 법칙과 일반 법칙이 갖는 관계며, 어떤 행동 방식과 질서가 맺는 관계를 알고자 했다면 나는 아마 내가 해결할 수 없고 내 주제와는 완전히 반대 방향으로 멀리 나를 이끌어가게 될 난점에 빠지지 않을 수 없을 것이다.

그러나 신이 자신의 지혜 및 지혜에 대한 필연적 사랑과는 다른 법을 갖지 않는다는 점을 고려한다면, 신의 모든 법칙들이 그의 지혜에 속한다는 점이 틀림없음을 어렵지 않게 판단하게 된다. 신은 그 자신을 위해서만 작용할 뿐이므로 그가 세상을 창조한 것은 오직 이 지혜와 이 사랑과의 관련하에서일 뿐이다. 그래서 모든 자연 법칙이 필수

불가결한 질서를 따르고 필연적 사랑과의 이 세상의 보존과 완전성을 지향하는 것이 틀림없음을 의심할 수 없다. 신의 지혜와 의지가 모든 것을 조정하는 까닭이다.

내가 이 자리에서 이 원칙을 더 길게 설명할 필요는 없다. 자연의 최초의 설정 단계에서 정신이 신체에 종속했음이 불가능한 일이라는 결론을 끌어내려면 내가 이미 말한 것으로 충분하다. 신은 지식 없이, 자신의 뜻에 반해 활동할 수 없으므로 자신의 지혜와 꿈틀거리는 사랑으로 세상을 창조했기 때문이다. 그는 자신의 아들에 의해서, 또 성령 안에서 모든 일을 해냈다. 이는 성경이 우리에게 가르쳐 주는 바이다. 그런데 신의 지혜는 정신이 신체보다 더 완전하고, 신이 제 자신에 갖는 필연적 사랑을 통해 가장 덜 완전한 것보다 가장 완전한 것을 선호하신다. 그러므로 자연의 최초의 설정에서 정신이 신체에 종속되었다는 것은 불가능한 일이다. 다른 식으로 말하자면 신은 세계를 창조하면서 자신의 영원한 지혜도, 자연적이고 필연적인 사랑의 움직임의 규칙도 따르지 않았으리라고 말해야 할 것이지만, 그렇게 생각할 수 없으며, 그런 생각은 명백한 모순을 내포하고 있다.

창조된 정신이 이제 신체에 매여 있다는 점은 사실이다. 그러나 이는 필연적 법으로 고려된 질서가 이를 원하는 까닭이다. 항상 자신의 불가침의 법인 필연적 사랑으로 자신을 사랑하는 신은 자신에게 맞서는 정신들을 사랑할 수 없으며, 그 결과 정신보다는 그 안에 악을 갖지 않은 신체를, 신이 증오하는 그 무엇도 갖지 않은 신체를 더 선호하게 된다.

신은 죄인들을 사랑하지 않는다. 죄인들은 예수 그리스도를 통해서만 세상에 존속할 수 있을 뿐이다. 신이 죄인들을 살려두고 사랑하는 것은 그들이 예수 그리스도의 은총을 통해 더 이상 죄인이지 않게끔 하도록 한 것이다. 그들이 영원히 죄인으로 남는다면 그들은 영원히 불변하고 필연적인 질서에 의해 영원히 단죄된다. 예수 그리스도가 없었다면 그들은 죽어 없어지고 말 것이다. 지나가면서 하는 말이지만 내가 이 말을 하는 것은 다른 곳에서 원죄 혹은 자연의 전반적 타락에 대해 했던 말 중에 아직 남아 있는 몇몇 난점을 제거하기 위해서이다.

내가 보기에 정신이 대상을 알게 된다면 빛과 감정이라는 두 가지 방식만을 통해 고려하는 것이 대단히 유용해 보인다. 정신은 사물에 대한 '명확한 관념'이 있을 때, 이 관념을 물으면서 사물이 가질 수 있는 모든 속성들을 발견할 수 있을 때 오직 '빛'을 통해서만 사물을 보는 것이며, 정신 속에 이들 사물의 명확한 관념을 찾지 못해서 그 관념을 묻지 못할 때, 그래서 그 사물의 속성을 명확히 찾지 못할 때, 그저 빛이 없고 명백하지 않는 모호한 감정을 통해서만 그 사물들을 알 뿐일 때 '감정'을 통해서 사물을 보는 것이다. 정신이 사물들의 본질과 수와 연장을 보는 것은 바로 빛과 명확한 관념에 의해서이고, 피조물의 존재에 대해 판단하거나 자기 자신의 존재를 알게 되는 것은 모호한 관념이나 감정에 의해서이다.

정신이 빛이나 명확한 관념을 통해 사물들을 지각할 때 정신은 대단히 완벽한 방식으로 그 사물들을 지각하는 것이다. 또한 정신은 지식에 모호하거나 불완전한 점이 있다면 무력無力이나 한계 때문임을 명확하게 알고 있다. 그렇지 않으면 정신이 열의를 기울이지 않았던 것이지, 그가 지각한 관념이 불완전해서인 것은 아니다. 하지만 감정을 통해 정신이 지각한 것은 뚜렷이 알려져 있지 않다. 우리는 항상 감각에 대단히 열중하고 있으니 이는 정신이 열의를 기울이지 않아서가 아니다. 그것은 극단적으로 모호하고 난해한 관념의 결함 때문이다.

이로부터 빛이나 뚜렷한 관념을 통해 알게 된 모든 것은 신 안에서거나 불변하는 본성에서 보는 것이라고 판단할 수 있다. 수, 연장 및 내가 이미 말했듯이 신의 자유로운 행위에 속하지 않는 존재들의 본질은 빛을 통해 보는 것이 아니기 때문일 뿐 아니라, 이런 것들을 우리는 대단히 완전한 방식으로 알고 있으며, 사유의 능력이 무한하다면 이런 것들을 재현하는 관념이 결여되어 있을 수 없으므로 무한히 완전한 방식으로 알게 될 것이다. 또 감정을 통해 알게 된 모든 것을 보는 것은 자기 내부에서라고 결론 내려야 한다. 그럼에도 어떤 새로운 변화를 스스로 산출해서라거나, 감각작용이나 우리 영혼의 변화가 신이 어떤 대상을 우리에게 자극하는 경우 그 대상을 재현할 수 있어서가 아니라, 우리와 우리의 감각작용은 구분되지 않고, 그 결과 우리들과 구분되는 것은 무엇도 재현할 수 없으므로 존재의 존재 방식을 재현할 수 있으며, 더 정확히 말하자면 그 존재들이 존재한다는 것을 판단하게 할 수 있기 때문이다.

신은 우리 내부에서 전혀 감각적이지 않고, 우리가 지각하지 못하는 행위를 통해 대상들 앞에서 우리를 자극하므로 우리는 대상의 본질을 재현하는 관념뿐 아니라 그 존재의 존재 방식을 판단하도록 하는 감정 또한 대상으로부터 수용한다고 상상하는 것이다.

우리가 존재의 존재 방식에 대해 가진 지식에는 항상 '순수 관념과 모호한 감정'이 공존한다. 다만 신의 존재 방식과 우리 영혼의 존재 방식은 여기서 제외한다. 신의 존재 방식을 제외한 것을 우리는 순수 관념을 통해서나 감정 없이 깨닫게 되기 때문이다. 신의 존재는 어떤 원인에 의존하는 것도 아니고, 필연적이고 무한한 존재에 대한 관념에 내포되어 있으니 말이다. 내가 다른 곳에서 이 점을 증명했듯이[8] 신을 생각한다면 반드시 신은 존재해야 한다. 또 나는 우리 영혼의 존재도 제외하는데, 우리는 내적 감각을 통해서 우리가 생각하고 의지하고 감각하는 것은 알지만 우리 영혼의 명확한 관념은 갖지 않기 때문이다. 이 점에 대해서는 제 3권 2부 7장 및 다른 곳에서 충분히 설명했다.

이상이 우리에게 빛을 비추는 존재는 오직 신뿐이며, 우리의 명석판명한 지식의 즉각적이고 직접적인 대상은 불변하고 필연적임을 증명하기 위해 이미 들었던 근거들에 추가할 수 있는 근거들의 일부이다. 흔히 이 의견에 몇 가지 반박들을 하는데 이제 그 반박에 답변해 보도록 하겠다.

---

8 제 4권 9장.

우리에게 빛을 비추는 존재는 신뿐이고, 신에게서만 모든 것을 보게 된다는 언급에 대한 반박들

첫 번째 반박

우리 영혼이 사유하는 것은 그것이 영혼의 '본성'이기 때문이다. 신은 영혼을 창조하면서 사유 '능력'을 부여했는데 그 이상은 필요로 하지 않았다. 만일 어떤 다른 것이 또 필요하다면 우리가 경험으로 우리 감각을 통해 알게 되는 것을 집중적으로 다루는 것이다. 우리는 감각이 우리 관념의 원인임을 경험으로 잘 알고 있다. 경험에 반하는 추론은 철학을 잘못하는 것이다.

답 변

데카르트주의를 주장하시는 분들이 '본성'과 '능력'이라는 일반명사를 그토록 혐오하시면서 이런 경우에는 또 기꺼이 그 용어를 쓰시는 것이 나는 놀랍다. 그들은 불이 '본성'으로써 태우고 자연적 '능력'으로써 어떤 물체를 유리화琉璃化한다는 것을 잘못된 것이라고 생각한다. 그들 중 몇 분은 인간 정신이 자기 '본성'으로써 자기 안에 만물의 관념을 만들어 낸다고 주저 없이 말한다. 정신에는 사유의 '능력'이 있다는 것이다. 그러나 그분들에게 실례가 되겠지만 이 용어들이 아리스토텔레스주의자들보다 그들에게서 더 의미를 갖는 것은 아니다.

우리 영혼이 본성상 자기를 자극해 변화를 일으키는 것을 틀림없이 지각하는 것은 사실이다. 그러나 영혼에서 작용할 수 있는 유일한 분은 신이다. 신만이 관념의 실효성을 통해 영혼을 밝히고 자극하고 변형시킬 수 있다.

나는 영혼이 사유할 수 있다는 점을 잘 알고 있다. 그런데 나는 연장이 형상을 만들 수 있음도 알고 있다. 영혼은 물질이 운동하듯 의지를 가질 수 있다. 그러나 형상과 운동이 가능할지라도 물질이 자기 내부에서 '힘', '능력', '본성'을 갖는다는 것은 거짓이다. 그 본성에 의해서 물질은 스스로 움직이고 때로는 둥글고 때로는 정사각형의 형상을 마련할 수 있는 것이다. 그래서 영혼이 자연적으로 또 본질적으로 지식과 의지를 가질 수 있다고 하더라도 위와 마찬가지로 물질이 자기 내부에서 관념 혹은 이득을 향한 움직임9을 산출할 수 있는 능력을 갖는다는 것도 거짓이다. 영혼은 불굴의 힘을 다해 행복하기를 바라기 때문이다. 운동할 수 있다는 것과 스스로 움직인다는 것 사이에는 대단한 차이가 있으니 말이다. 자기 본성을 갖춘 물질은 운동할 수 있고 여러 형상을 가질 수 있다. 물질은 형상이 없이는 존속할 수조차 없다. 그러나 물질은 움직이지 않으며, 형상을 갖지 못하고, 이를 위한 능력도 갖지 않았다. 정신은 본성상 운동과 관념을 가질 수 있으며, 나는 이 점에 동의한다. 그러나 정신은 스스로 움직이지 않으며 스스로 빛을 발하지 않는다.

신체만큼이나 정신에서 자연에 존재하는 모든 것을 만드는 이는 신이다. 신이 물질에 변화를 일으킬 수 있지만 정신에는 변화를 일으킬 수 없다고 말할 수 있을까? 가장 하찮은 존재들에게 자신의 배치를 남겨 두는 것은 신에게 속한 것을 신에게 돌리는 일인가? 신은 공히 만물

---

9 이런 선을 향한다고 말하는 것이 아니다. 첫 번째 주해를 참조.

의 주인이지 않는가? 신은 창조주이자 보존자이자 신체처럼 정신의 진정한 동인이지 않은가?

그러나 피조물들이 우리가 흔히 생각하는 그런 능력을 가졌으면 한다면10 아리스토텔레스와 그의 분파에서 말하듯 자연적 물체들은 운동과 정지의 원리라는 '본성'을 가져야 한다. 이렇게 되면 내 생각은 완전히 무너져 버린다. 그렇지만 나는 정신이 스스로 빛을 비춘다고 말하는 것보다는 그 점에 동의한다. 영혼이 신체의 사지들을 다양한 방식으로 움직이고, 그곳에 생명과 감정을 전달하는 힘이 있다고 말해야 한다. 이렇게 말할 수 있다면 피에 열을 가하고, 정기를 운동하게 하고, 신체의 나머지 부분에 크기, 배치, 형상을 전달하는 것은 영혼이라고 말해야 하지만, 정신이 스스로에게 운동과 빛을 마련한다고 말해서는 안 된다. 신이 모든 것을 만든 것이 아니라고 해도, 적어도 신은 세상에 더 크고 더 완전한 것을 만들어야 했다. 피조물들이 무언가를 만든다면 그것은 물체를 움직이고 바라는 대로 배치해야 하지만 피조물은 정신에 작용하지는 않는다.

말하자면 물체들이 그들 상호간에 움직여진 뒤에 차례로 운동한다고 하자. 더 정확히 말하자면 물질의 이들 상이한 배치의 원인을 모른다고 하자. 이는 우리와는 상관없는 일이다. 하지만 물체들을 비추는 빛이 어디에서 오는지, 물체들과 본질적 관계를 가진 저 '이성', 우리가 그렇게 많이 말하면서도 정작 아는 것이 거의 없는 우리 정신이란 것이 무엇인지 모른다고 하자. 정신은 자신을 더욱 행복하고 더욱 완

---

10 이차 원인의 유효성에 대해서는 마지막 주해를 참조.

전해지도록 만들어 줄 수 있는 것을 어디에서 수용할 수 있는지 알아야 한다. 우리 정신은 그 온 영역을 따라서 종속되어 있음을 알아야 하고 정신이 실제로 갖춘 모든 것을 신은 매순간 부여한다는 점을 깨달아야 한다. 다른 주제에 대해서 한 위대한 성인이 말했듯이 "사물들이 우리에게 자연스럽기라도 하듯이 신이 우리에게 마련하신 사물들을 사용하는 것은 대단한 죄가 되는 교만이다."[11] 무엇보다 우리는 감각이 이성을 가르치고, 신체가 정신에 빛을 비추고, 영혼이 정신이 스스로 갖지 않은 것을 신체로부터 수용한다고 상상하지 않는다. 진정으로 신체에 종속되었다고 믿느니 스스로 독립적이라고 생각하는 것이 더 낫다. 우리에게 아무런 가치가 없는 피조물들 중에서 주인을 찾느니 제 스스로 자기 주인이 되는 편이 나은 것이다.

그러나 우리가 복음서에서 확신하는 것처럼 오직 우리의 주인이 될 수 있는 영원한 진리[12]에 순응하는 편이 더 낫다. 자신의 감각이나 우리의 주인이라도 되듯 우리에게 감히 말하는 몇몇 사람들의 관계를 믿는 것보다는 말이다. 누가 무슨 말을 하더라도 경험은 편견에 전혀 도움이 되지 않는다. 우리의 감각은 우리 내부의 신의 작용의 기회원인에 불과하기 때문이다. 또한 그것은 우리 이성의 가장 후미진 곳에서 영원한 지혜가 전하는 가르침의 기회원인에 불과한 것이다.

하지만 이 지혜는 감각적인 것이라고는 아무것도 갖지 않은 작용에

---

11 "사실 교만과 가장 큰 죄악은 마치 우리가 갖고 태어나기라도 했듯이 우리에게 주어진 것들을 사용하는 것이다."(S. Bern., De Deo diligendo)

12 Matt., XXIII. 성 아우구스티누스의 《교사론》(*De magistro*)을 참조.

우리에게 빛을 비추므로 우리는 이 빛을 산출하거나 우리 내부에서 가르치는 지성적인 저 목소리를 말하거나 이 빛을 산출하는 것이 우리의 눈이거나 우리 귀에서 공기를 자극하는 말이라고 상상하는 것이다. 내가 다른 곳에서 이미 말했듯이 예수 그리스도가 지성적 방식으로 자신이 신임을 가르치는 것으로 만족하지 않았던 것이 바로 이런 이유에서이다.

예수 그리스도는 자신이 인간임을 감각적 방식으로 우리에게 가르치고자 했다. 그는 모든 방식으로 우리의 주인임을 우리에게 가르치기를 원했던 것이다. 우리가 영원한 진리, 불변하는 질서, 지성의 빛으로 그에게 묻기 위해 우리 자신 속에 들어가는 일은 어려운 일이므로 예수 그리스도는 자신의 말을 통해 진리를 분명하게 했고, 자신의 모범을 통해 질서를 사랑스럽게 했고, 인간 신체의 유약함을 통해 빛을 가시적으로 만든다. 그러나 우리는 아직도 배은망덕하고 불의로 가득 차고 우둔하고 무분별하여 엄격하게 금지되었음에도 다른 사람들뿐 아니라 그보다 더 비열할 수 없고 그보다 더 천할 수 없는 물체들조차 우리의 주인이거나 우리 지식으로 간주하는 것이다.

두 번째 반박

영혼은 신체보다 더 완벽한데 왜 신체를 재현하는 것이 영혼 내부에 포함될 수 없는 것일까? 연장의 관념은 왜 그 한 가지 변형이 될 수 없는 것일까? 영혼 속에서 작용하고 영혼을 변화시키는 이는 신뿐이며, 우리는 이 점에 동의한다. 그러나 영혼이 자기 자신의 실체 내부에서 신체를 볼 수 있는데 왜 신에게서 이를 보게 되는 것일까? 영혼은 물질이 아니며, 이는 사실이다. 그러나 신은 순수 정신임에도 자기 내부에서 신체들을 본다. 그런데 왜 영혼은 정신적임에도 자기 자신을 바라보면서 신체들을 보지 못할까?

답 변

신과 인간의 영혼은 이런 차이가 있으며, 신은 무제한적 존재이자, 보편적 존재이자, 무한한 존재인 반면, 영혼은 일종의 개별적 존재라는 것을 모르시겠는가? 이는 하나임과 동시에 전부인 존재의 무한한 속성이다. 말하자면 무한한 완전성으로 구성되었으나 대단히 단순하여 신이 소유한 하나하나의 완전성에는 어떤 실재적 구분 없이 다른 것들을 모두 내포한다. 신의 각각의 완전성은 무한하므로 신 존재 전체를 이루는 것이다. 그러나 영혼은 개별적 존재이자, 제한된 존재이므로 그 내부에 연장을 갖기 위해서는 물질이 되지 않을 수 없고, 두 개의 실체로 구성되지 않을 수 없다. 그러므로 신은 자신 안에 지성적 방식으로 신체들을 포함한다. 신은 자신의 지혜로 신체들의 본질이나 관념을 알고, 자신의 사랑과 의지로 그것들의 의지를 안다. 신이 신체들을 만들었고, 모든 것이 만들어지기 전부터 이미 자신이 행한 바를 알기 때문에 그렇게 말할 필요가 있다. 그러나 영혼은 자기에게 포함되지 않은 것을 그 내부에서 볼 수 없고, 자기에게 포함된 것을 명확하게 볼 수 없으니 그저 모호하게만 느낄 수 있을 뿐이다. 이 점을 설명하겠다.

영혼은 자신의 존재 방식의 하나로서 지성적 연장을 내포하지 않는다. 이 연장은 영혼의 한 가지 존재 방식이 아니라 한 존재로 지각된다. 우리는 이 연장을 이해할 때 다른 것은 생각하지 않는다. 존재 방식을 이해할 때 존재나 주체가 어떻게 존재하는지 그 방식을 지각해야 한다. 이러한 연장의 한계를 이해할 때 거기서 어떤 형상을 보게 되는데, 정신의 한계에서는 그런 형상이 생기지 않는다. 이 연장은 부분들을 가지므로, 그것이 연장으로 이해되는 한에서 지성적 부분들로 나누어질 수 있다. 그러나 연장에는 실제로 가분적인 것이 전혀 없으므로 우리에게 보이는 연장은 정신의 존재 방식이 아니며, 바로 그 때문에 그것은 정신의 내부에서 볼 수 없는 것이다.

그런데 흔히들 말하기를 신은 같은 이유로 자기 자신 속에서 그의 피조물들을 볼 수 없을 것이라고 한다. 피조물들의 관념이 신의 실체의 변형이었다면 이는 사실이다. 그렇지만 무한한 존재는 변형될 수 없다.[13] 신이 피조물에게 갖는 관념은 성 토마스 아퀴나스가 말하듯이 분유될 수 있거나 불완전하게 모방될 수 있는 한에서 신의 본질이다. 신은 피조물들이 가진 완전한 모든 것을 포함하지만 신처럼 완벽하게, 무한하게 포함한다. 신은 하나이자 전체이다. 그래서 그는 자기 안에서 피조물들을 볼 수 있으며, 오직 자기 안에서만 볼 수 있다. 그것은 그가 지식을 오직 자기 자신에게서만 끌어내기 때문이다. 그러나 영혼은 자기 자신도, 자기 자신의 변화도 느끼지 않고 알지 못한다. 영혼은 그러한 존재, 대단히 제한되고 대단히 불완전한 존재일 뿐이다. 이런 유의 존재에서 모든 유의 존재들을 어떻게 볼 수 있을 것이며, 개별적이고 유한한 삼각형에서 삼각형 일반을, 무한한 삼각형들을 볼 수 있을 것인가? 영혼이 변화 일반을 가질 수 있다는 것이 모순이기는 하나,

---

13 아르노 씨의 유고 세 번째 편지의 '답변' 부분 참조.

결국 영혼은 삼각형 일반이나 원 일반을 지각하게 된다. 영혼이 형상들에 결부하는 색의 감각작용이 그 형상들을 개별적인 것으로 만든다. 어떤 한 개별 존재의 변형은 전혀 일반적인 것이 아니기 때문이다.

확실히 우리는 명확히 이해하는 것을 확신할 수 있다. 그런데 우리가 보는 연장이 자기 자신과는 구분되는 어떤 것이라는 점을 명확히 생각하게 된다. 그러므로 이 연장은 자기 존재의 변형이 아니고, 사실상 자기와 구분되는 어떤 것이라고 말할 수 있다. 예를 들어 우리가 보는 태양은 바라보고 있는 태양이 아니라는 점에 주의해야 한다. 태양과, 물질 세상에 존재하는 모든 것은 그 자체로 가시적이지 않다. 나는 이 점을 다른 곳에서 증명한 바 있다. 영혼처럼 어떤 장소도 점하지 않는 태양 말고는 영혼과 직접 결합된 태양만을 볼 수 있을 뿐이다. 그런데 우리는 이 태양이 우리와는 구분되는 어떤 것임을 명확하게 보며 뚜렷이 느낀다. 그러므로 우리가 영혼이 그 자신의 변화에서 그것이 지각하는 모든 대상을 본다고 말할 때 우리는 빛이며 우리의 의식에 반하여 말하는 것이다.

쾌락, 고통, 맛, 열, 색, 우리의 모든 감각작용과 우리의 모든 정념들은 우리 영혼의 변화들이다. 그런데 그것이 무엇이건 우리는 그것들을 명확하게 아는가? 열과 맛을, 냄새와 색깔을 비교할 수 있는가? 붉은색과 초록색의 관계는 물론 심지어 초록색과 초록색의 관계를 인지할 수 있는가? 그러나 형상들은 사정이 같지 않아서 이들을 비교할 수 있고, 그 관계를 정확히 알 수 있고, 정사각형의 대각선의 제곱은 변의 길이의 두 배임을 분명하게 안다. 대단히 명확한 관념들과, 모호한 감정에 불과한 우리 영혼의 변화와 결부해 본다면 이들 지성적 형상들 사이의 관계는 무엇인가? 그러므로 이 지성적 형상들이 그것의 변화가 아니라면 영혼은 이 형상들을 지각할 수 없다는 주장은 어떤 이유에서인가? 영혼은 자기에게 어떤 일이 일어날 때 명확한 관념을 통해서가 아니라, 의식 혹은 내적 감정에 의해서 알게 되니 말이다. 이는 내가 다른 곳에서 증명한 것이고, 이어지는 주해에서 다시 증명할 것이다.

우리가 우리 자신의 내부에서만 물체의 형상을 볼 수 있을 뿐이라면 그 형상들은 반대로 우리에게 '이해불능inintelligible'일 것인데, 우리는 우리 자신을 모르기 때문이다. 우리는 우리가 알 수 없는 존재일 뿐이다. 우리를 바라보려면 우리 외부에서 우리 자신을 바라보아야 한다. 우리의 빛이자, 그 안에서 만물이 빛이 되는 자의 내부에서 우리를 고려하기까지 우리가 누구인지 알 수 없을 것이다. 가장 물질적인 존재들이 완벽하게 지성적으로 될 수 있는 곳은 오직 신 안에서뿐이다. 그러나 지성에 영향을 주어 변화시킬 수 있는 자가 아닌 누구도 지성적이지 못하다.

성 아우구스티누스가 말했듯이 우리 정신을 자극하고 영향을 주고 빛을 비추고 양식이 될 수 있는 자는 그 실체가 항상 유효한 신뿐이다. 내 말은 우리를 느낄 수 없다는 말이 아니라, 우리가 우리 자신 안에서만 우리를 느낄 수 있으니까 그렇다는 것이다. 우리의 영원하고 신성한 모델이 아닌 곳, 다시 말하면 항상 신의 빛이 비치는 실체와는 다른 곳에서 우리 영혼의 본성과 속성을 명확히 알고 발견할 수 있다. 영혼이 정신적 피조물에 의해 분유할 수 있거나 그것을 재현할 수 있는 신에게서 말이다. 우리는 물질의 본성과 속성을 명확히 알고 있는데 이는 우리가 신 안에서 보는 연장의 관념이 대단히 명확한 까닭이다. 그러나 우리 영혼의 관념을 신에서 보지 못하는 것처럼 우리는 우리가 존재하며, 실제로 우리 내부에서 무슨 일이 일어나는지 정확히 느낀다. 그러나 우리가 누구인지, 우리가 어떤 변화를 겪을 수 없는지 명확하게 깨닫는 것은 불가능하다.

세 번째 반박

신 안에는 동인이라는 것이 전혀 없으며, 형상이라는 것도 전혀 없다. 지성적 세계에 태양이 있다면 그 태양은 항상 동일하다. 가시적 태양은 지평선에 접근할 때 지평선에서 대단히 멀리 떨어졌을 때보다 더 크게 보인다. 그러므로 보이는 것은 저 지성적 태양이 아니다. 다른 피조물들도 사정은 같다. 그러므로 우리는 신 안에서 신의 창조물을 보지 못한다.

답 변

신 안에는 실제로 형상을 갖고, 운동을 가능하게 하는 것이 전혀 없고, 신 안에는 지성적 형상들, 그 결과 지성적으로 운동을 가능하게 하는 것이 존재한다고 답변하는 것으로 충분하다. 확실한 것은 신은 자신이 창조했고 자신이 끊임없이 운동케 하는 물체들의 관념을 갖고, 신의 실체 내부에서만 그 관념을 찾을 수 있고, 적어도 우리는 신의 일부라는 점이다. 그러나 이 주제를 명확히 하려면 신은 자기 자신 안에 이상적이거나 무한히 지성적인 연장을 포함한다고 고려해야 한다, 신은 자신이 연장을 만들었기 때문에 연장이 무엇인지 알고, 자기 자신 안에서만 연장을 알 수 있을 뿐이다. 그래서 정신은 신에 포함된 이 지성적 연장의 일부를 알고, 신 안에서 모든 형상들을 지각할 수 있음이 확실하다. 유한한 모든 지성적 연장은 그 형상이 그저 연장의 끝일 뿐이라 필연적으로 지성적 형상인 까닭이다. 더욱이 어떤 물체의 관념, 즉 지성적이고 일반적인 연장의 어떤 형상이 색으로나, 어떤 다른 감각 지각을 통해 뚜렷이 구분되고 개별화되었을 때 그런 물체를 보거나 느끼게 된다. 이때 색이나 지각으로 인한 그의 관념이 영혼을 자극해 변화시키고 영혼은 이에 결부시킨다. 영혼은 생생하게 자극하는 관념에 거의 항상 감각작용을 확산시키니 말이다.

그래서 신 안에 감각적 대상들이나, 지성적 연장에서 실재적이거나 현실적인 형상이 반드시 존재하여 우리가 신 안에서 그것을 보거나 신 자신에게서 그것을 볼 수 있게끔 할 필요는 없는 것이다. 신의 실체는 유형의 피조물에 의해 분유할 수 있는 실체가 다양한 방식으로 지각될 수 있다는 점이면 충분하다.

말하자면 지성적 연장을 가진 어떤 형상이 색을 통해 뚜렷해졌다고 하자. 그 형상이 이 무한한 연장의 다양한 부분들로부터 연속적으로 취해진다고 생각해 보거나, 지성적 연장을 가진 어떤 형상이 원을 이루며 회전하거나 연속적으로 다른 형상에 접근하는 것이 지각될 수 있다고 생각해 본다면, 지성적 연장에 실제적 운동이 존재하지 않는다고 해도 감각적이거나 지성적 형상의 운동이 지각된다. 신이 물체들의 실제적 운동을 보는 곳은 자신의 실체 속이나, 제 자신 속에 가진 관념에서가 아니라, 단지 그 물체들에 대해 자신이 갖는 지식을 통해서이기 때문이다.

신은 물체들의 존재를 오직 이 길을 통해서만 보는 것인데 만물이 존재하도록 하는 것은 오직 그의 의지뿐이기에 그렇다. 신의 의지는 신의 실체에서 아무것도 바꾸지 않고, 그의 실체를 움직이지도 않는다. 이런 의미로 지성적 연장은 심지어 지성적으로도 부동이다. 그러나 연장이라는 관념을 이루는 지성적 부분들이 항상 그 부분들 사이에서 지성적 거리의 동일한 관계를 유지하고 그런 식으로 그 관념이 지성적으로조차 부동하다고 가정할지라도, 그것의 관념에서처럼 이 연장의 어떤 부분에 대응하는 어떤 창조된 연장을 생각해 본다면, 비록 지성적으로 부동할지라도 공간의 관념 자체를 통해 이렇게 창조된 연장의 부분들이 움직이게 된다는 점을 발견할 수 있을 것이다. 공간의 관념이 지성적으로는 부동하다고 가정되고 필연적으로 모든 종류의 거리의 관계를 재현하므로, 한 물체의 부분들은 그들 사이에 동일한 위치를 유지할 수 없으니 말이다.

게다가 우리가 물체를 그 물체 내부에서 보지 않고 그저 지성적 연장(이 연장은 부동하거나 지성적이지 않다고 가정되었지만)만을 볼 때 우리는 그 연장을 통해 실제로 운동하는 물체들을 보거나 상상할 수 있다. 연장은 색의 감정이나 감정이 지나간 후에 남은 모호한 이미지 때문에 우리에게는 움직이는 것처럼 보이기 때문이다. 그 이미지로 인해 우리는 어떤 물체의 운동을 보거나 상상할 때 우리가 관념으로 쓰는 지성적 연장의 다양한 부분들에 연속적으로 결부된다. 이 점을 모호하지 않게 설명하는 일보다 이 모든 것을 이해하는 일이 더 쉽다.

내가 방금 말한 문제들을 통해서 태양은 신이 보기에 항상 동일함에도 왜 우리는 지성적 태양을 때로는 크게 때로는 작게 볼 수 있는지 이해할 수 있다. 이를 위해서는 때로는 지성적 연장의 보다 큰 부분을, 때로는 보다 작은 부분을 본다는 점으로 충분하니 말이다. 지성적 연장을 이루는 부분들 모두가 동일한 본성을 가지므로 그 부분들은 모두 그것이 어떤 물체가 되었든 그 물체를 재현할 수 있는 것이다.

지성적 세계가 물질적이고 감각적 세계와 어떤 관계를 가져서, 예를 들면 우리에게 태양이며, 말馬이며, 나무를 재현해 내는 지성적 태양이며, 말이며, 나무가 있고, 태양을 보는 모든 사람들이 필연적으로 저 이른바 지성적 태양을 본다고 상상해서는 안 된다. 지성적 연장 전체는 순환적으로 간주될 수 있거나 말 한 마리나 나무 한 그루의 지성적 형상을 가질 수 있으므로, 지성적 연장 전체는 태양, 말, 나무를 재현하는 데 쓰일 수 있고, 결과적으로 지성 세계의 태양, 말, 나무일 수 있고, 영혼이 이들 관념에 어떤 물체들을 결부시키는 경우에 어떤 감정을 갖게 된다면, 그러니까 이들 관념이 감각 지각으로 영혼에 영향을 미쳐 변화시킨다면 가시적이고 감각적 태양, 말, 나무가 될 수도 있다.

그래서 다양한 물체들을 재현하는 신의 완전성에 대해 갖는 지식에 따라 그 다양한 물체들을 본다고 내가 말했을 때 나는 정확히 말해서 신 내부에 어떤 개별적 관념들이 존재하고, 그 관념들이 각각의 물체를 개별적으로 재현할 수 있고, 우리가 이런 물체를 볼 때 저런 관념을 볼 수 있다고 주장했던 것이 아니다. 항상 동일한 관념일 어떤 개별적 관념에 의해 그 물체를 보았다면, 그 물체를 때로는 크고 때로는 작고, 때로는 둥글고 때로는 각지게 볼 수 없으리라는 점이 확실하니 말이다. 그러나 나는 우리가 만물을 신 안에서 신의 실체의 유효성을 통해 보는 것이며, 특히 신이 수많은 다양한 방식으로 지성적 연장을 우리 정신에 적용했으므로 감각대상들을 보는 것이고, 그렇게 지성적 연장은 그 내부에 완전성 전체를, 더 정확히 말하면 영혼이 같은 물체들과 마주치게 되었을 때 자신에게 변화를 일으키는 관념들에 다양한 감각 작용을 전파하는 까닭에 물체들의 상이성 전체를 내포한다고 말하는 것이다. 내가 다른 방식으로 말하기는 했으나 이는 내가 내세우는 증거들 중 몇몇을 더 강력하고 더 뚜렷하게 만들기 위한 것일 뿐이었다고 판단하셔야 한다. 나는 이 자리에서 필요했다면 내가 상이한 방식으로 설명했던 근거들을 말할 수도 있을 것이다.

나는 이 주제를 깊이 파고들어 연구하겠다고 감히 말하지 않겠다.[14] 지나치게 추상적이거나 지나치게 기이한 문제를 말하게 될까 봐 두렵기 때문이다. 이렇게 말할 수 있다면 내가 모르고, 발견할 수 없는 문제들을 위험하게 말하지 않기 위한 것이다. 아래에 내가 방금 세웠던 것과 반대되는 것 같은 성경의 몇몇 문단을 제시한다. 나는 이들을 설명하고자 노력할 것이다.

네 번째 반박

사도 요한은 복음서 및 첫 번째 서한에서 "아무도 신을 본 적이 없다"[15]고 말했다. "일찍이 하나님을 본 사람이 없으나, 아버지의 품속에

---

14 내 책《진실하고 거짓된 관념들에 대한 답변》(*Réponse aux vrais et fausses idées*),《옹호》(*Défense*)에 대한 세 번째 편지 및 특히 아르노 씨의 세 번째 유고 편지, 그리고 가장 주의 깊은 독자들과 가장 의심이 많은 독자들이 품을 수 있을 모든 난점들을 제거할 수 있는 다른 여러 부분들을 참조.

15 I Jean, IV, 12. ("어느 때나 하나님을 본 사람이 없으되 우리가 서로 사랑하면 하나님이 우리 안에 거하시고 그의 사랑이 우리 안에 온전히 이루느니라." — 옮긴이)

계시는 독생자이신 하나님이 그분을 나타내 보이셨다.16

답 변

나는 신 안에서 피조물을 보는 것은 말 그대로 신을 보는 것이 아니라고 답변한다. 거울에 비치는 대상들만을 보는 것이 거울을 보는 것이 아니듯, 신의 실체에서 피조물의 본질을 보는 것은 그것의 본질을 보는 것이 아니다. 신의 본질을 그의 절대적 존재를 따라서가 아니라 피조물과의 관계에 따라서나 그 본질을 피조물의 재현으로서 보는 것은 그 본질을 보는 것이 아니다.

사도 바울, 성 아우구스티누스, 성 그레고리우스 및 여러 다른 교부들의 말들에 따라 비록 대단히 불완전한 방식이라고 하더라도 이 생애에서부터 신을 본다고 말할 수 있는 것은 아니다. 다음이 성 그레고리우스가 욥의 교훈에 대해 한 말이다.

"부패하기 쉬운 우리 본성의 어둠이 부패할 수 없는 빛의 시선을 온통 가렸기에 어떤 자취가 발견되더라도 그 자체로 있는 그대로의 빛을 볼 수 없음이 확실하다. 영혼이 조금도 신을 보지 않았다면 신이 너무 멀리 떨어져 있음을 알지 못하기 때문이다. 또한 영혼이 신을 뚜렷하게 보았다면 그는 대단히 어둡게 보이지 않을 것이다. 그러므로 한편으로는 우리가 신을 완전히 보지 않았고, 다른 한편으로 신이 우리에게 완전히 숨지 않았음이 사실인 것이니, 성경에서 신을 멀리서 본다고 기록하는 것도 대단한 무리가 아닌 이유이다."17

---

16 〈요한복음〉 1장 18절.

성 그레고리우스가 "그 눈이 멀리 봄이며"[18]라는 욥의 단락을 설명하고자 이 생애에서 신을 멀리서밖에 볼 수 없다고 말할지라도 그것은 신이 우리 앞에 존재하지 않아서가 아니라, 우리의 사욕의 구름이 우리에게 신을 감추기 때문이다. 다른 대목에서 그는 성 아우구스티누스에 이어 신 자신이라고 할 수 있는 신의 빛과, 우리를 둘러싸고 있는 태양의 빛을 비교한다. 우리가 맹인일 때 보지 못하거나, 그 광채가 우리 눈을 부시게 하므로 눈을 감고 마는 것이다.

성 아우구스티누스는 그의 충실한 제자 성 그레고리우스보다 훨씬 더 앞서갔다. 우리가 신을 대단히 불완전한 방식으로밖에 알지 못한다는 점에 동의하고는 있지만 여러 대목에서, 그는 신이 우리가 가장 잘 안다고 상상하는 사물들보다 더 잘 알려져 있다는 점을 확신한다.

"만물을 지은 자는 그가 지은 사물들 자체보다 우리와 더 가까운데, 우리의 생명과 운동과 존재는 그의 안에 있기 때문이다. 그가 지은 대부분의 창조물들은 우리 정신에 적합하지 않으니, 그것은 유형의 존재들이며 신과 구분되는 유類인 까닭이다."

그리고 좀 뒤에서는 이렇게 썼다.

"잠언에서 자연의 비밀을 알았던 이들은 정당히 처벌받았다. 그들이 인간에게 가장 감추어진 것을 꿰뚫어 볼 수 있었다면 조물주와 지고한 자를 얼마나 쉽게 발견할 수 있을 것인가? 대지의 기반은 감추어져 우리 눈으로 보이지 않는다. 하지만 이 기반을 놓은 자는 우리 정신

---

17 Liv. XXXI, chap. xx.

18 [옮긴이] 〈욥기〉, 39장 29절.

과 아주 가까이 있다."

이 존귀한 학자가 애덕을 가진 이가 자기 형제를 모르는 자보다 신을 더 잘 알 수 있다고 믿었던 것이 이런 이유에서이다. 그는 이렇게 말했다.

"이제, 신을 형제보다 더 잘 안다고 간주할 수 있다. 의심할 나위 없이 더 잘 안다는 것은 더욱 눈앞에 있기 때문이며, 더 잘 안다는 것은 더욱 정신적이기 때문이며, 더 잘 안다는 것은 더욱 확실하기 때문이다"[19]라고 말했다.

성 아우구스티누스의 생각을 드러내 보이는 다른 증거들은 들지 않겠다. 그래도 증거를 원한다면 암브로시우스 빅토르가 그의 《기독교 철학*Philosophie chrétienne*》 2권에서 박식하게 수집했던 내용에서 온갖 종류의 증거를 찾을 수 있을 것이다.

그런데 사도 요한의 "아무도 신을 본 적이 없다Deum nemo vidit unquam"라는 구절로 다시 돌아오면 나는 이 복음서 저자가 우리는 결코 신을 본 적이 없음을 확신할 때 그의 의도는 구약과 신약의 차이며, 예수 그리스도와, 자기가 신을 보았다고 썼던 원로들이며 예언자들의 차이에 주목하려는 데 있다고 생각한다. 야곱, 모세, 이사야 및 다른 이들은 신을 신체의 눈으로만, 낯선 모습으로만 보았지, 그들 스스로 신을 본 적은 없는 것이다Deum nemo vidit unquam. 그러나 주님의 품에 안긴 그의 독생

---

19 성 아우구스티누스, 《삼위일체론》(*De Trinitate*), 8권 8장. 《형이상학에 대한 대화》의 머리말이나 《진실하고 거짓인 관념들에 대한 답변》 7장과 21장을 참조. 그곳에서 나는 성 아우구스티누스의 교의를 통해 내 생각을 증명하고 있다.

자가 자신이 보았던 것을 우리에게 알려준 것이다Unigenitus qui est un sinu Patris: ipse enarravait.

반 박

사도 바울은 디모테오에게 쓴 편지[20]에서 신은 닿을 수 없는 빛에 거하여 누구도 그를 본 적이 없고, 심지어는 누구도 그를 볼 수 없다고 말했다. 신의 빛에 닿을 수 없다면 그 빛 속에서 만물을 볼 수 없다.

답 변

사도 바울과, 예수 그리스도는 이 세상에 온 모든 이들을 비추는 진정한 빛임을 우리에게 확신시켜 주었던 사도 요한[21]이 모순될 수 없다. 여러 교부들은 인간의 정신을 계시받고 '밝혀진 빛lumen illuminatum'으로 부르는데 그때 정신은 영원한 지혜의 빛으로 밝혀진 것으로, 역시 교부들은 이를 가리켜 '밝히는 빛lumen illuminans'이라고 불렀다.[22] 다윗은 신의 빛을 받기 위해서는 가까이 다가가야 함을 권고했다.

"빛을 받고 싶거든 그에게 다가가거라Accedite ad eum, et illuminamini.[23]

그런데 우리를 밝혀 주어야 할 빛을 우리가 볼 수 없다면 우리는 어

---

20 [옮긴이] "오직 그에게만 죽지 아니함이 있고 가까이 가지 못할 빛에 거하시고 어떤 사람도 보지 못하였고 또 볼 수 없는 이시니."(《디모데전서》, 6장 16절)

21 Chap. I. 9.

22 Saint Cyrille d'Alexandrie sur ces paroles de saint Jean, Erat lux vera. Saint Augustin, Tract. in Joan., 14. Saint Grégoire, chap. XXVII, sur le chapitre de Job.

23 [옮긴이] Psaumes, 34. 6.

떻게 빛으로 비춰질 수 있을까? 그래서 사도 바울은 이 빛은 닿을 수 없는 것이고, 그 빛을 응시하기 위해 자기 자신 속에 들어가지 않는 육적肉的 인간24에 귀를 기울인다. 사도 바울이 모든 사람들에 대해 말한다면 그것은 진리에의 완전한 응시에 등을 돌릴 수 있는 사람이 없기 때문이다. 우리의 신체는 끊임없이 우리 정신의 주의를 분산시키니 말이다.

반 박

신은 자신을 보고 싶어 했던 모세에게 이렇게 답했다.

"너는 정면에서 나를 볼 수 없으니, 인간은 나를 보고 살 수 없기 때문이다Non videbit me homo et vivet."25

답 변

이 대목의 문자 그대로의 의미가 지금까지 내가 한 말과 모순되지 않는다는 것이 명백하다. 나는 모세가 신을 보고 싶어 했던 방식으로 우리가 이 생애에서 신을 볼 수 있다고 주장하는 것이 아니다. 그렇지만 내 답변은 신을 만나려면 죽어야 한다는 것이다. 영혼은 신체에서 벗어나는 정도에 비례해서 진리와 결합한다. 이는 우리가 충분히 생각하지 않은 진리이다.

---

24 Inaccessibilem dixit sed omni homini humana sapienti. Scriptura quippe sacra omnes carnalium sectatores humanitatis nomine notare solet. (saint Grégoire, chap. XXVIII sur le chap. XXVIII de Job)

25 [옮긴이] 〈출애굽기〉, 33장 20절.

정념의 움직임을 따르는 사람들, 쾌락의 향유로 더럽혀진 상상력을 가진 사람들,[26] 정신과 신체의 결합과 일치의 정도를 높였던 사람들, 한마디로 말해서 '산' 사람들은 신을 볼 수 없다. 그들은 진리를 묻기 위해 자기 내부로 들어갈 수 없기 때문이다. 그래서 순수한 마음, 막힘 없는 정신, 선명한 상상력의 소유자들, 세상이며, 자기 신체에 거의 집착하지 않는 사람들은 행복하여라. 한마디로 말해서 '죽은' 사람들은 행복하여라. 그들이 신을 보게 될 것이다. 지혜의 예수님은 산 위에서 모두에게 그 말을 했지만,[27] 자기 안에 들어가면서 진리를 묻는 사람들에게는 소리 없이secrètement 말한다.

끊임없이 자기 내부에서 교만의 사욕을 깨우고, 언제나 수만 가지 야심찬 계획들을 짜고, 영혼을 자기 신체뿐 아니라 자기를 둘러싼 모든 이들에게 묶고 강요하는 사람들, 한마디로 말해서 신체의 삶을 살 뿐 아니라 사교계의 삶을 사는 사람들은 신을 볼 수 없다. 지혜가 거하는 곳은 이성의 가장 후미진 곳인데 그들은 끊임없이 밖으로 퍼지는 것이다.

그러나 감각 활동을 끊임없이 금욕하고 순수한 상상력을 세심히 보존하고 정념의 물결에 용기 있게 저항하는 사람들, 한마디로 말해서 다른 이들을 신체와 감각적 거창함의 노예로 만드는 모든 관계를 끊는 사람들이야말로 무한히 많은 진리들을 발견할 수 있고, 감춰져 '모든 산 자들의 눈에' 보이지 않는[28] 이 지혜를 볼 수 있다. 그들이 자기 내

---

26 Sapientia non invenitur in terra suaviter viventium. (Job, XXVIII, 13)

27 Matt., v, 8.

부로 들어갈 때 그들은 어떤 방식으로든 '사는' 것을 멈추는 것이다. 그들은 진리에 가까이 가면서 신체를 떠난다. 인간의 정신의 자리는 바로 신과 신체들 사이에 있어서 신체를 떠나지 않고는 신에게 더 가까이 다가갈 수 없다. 이는 자기로부터 멀어지지 않고 신체들의 뒤를 따를 수 없는 것과 같은 것이다. 그러나 죽음 이전에 신체를 완전히 떠날 수는 없는 일이므로 나는 그 죽음의 시간 전에는 신과 완전히 합일할 수 없음을 인정한다.

이제 사도 바울의 말을 따라 신을 거울로 보는 것같이 희미하지 않고 얼굴과 얼굴을 대하여 볼 것이다. 신을 모호하게, 거울로 보듯 볼 수 있지만 직접 대면하여 신을 볼 수는 없는 것이다.29

"어떤 이도 나를 보지 못하고 살지 못할 것이다." 그러나 지금은 '부분적으로, 그러니까 지금은 모호하고 불완전하게 볼 수 있다.30

'생명'이 모든 '산' 사람들에게 동일하다고도, 나뉠 수 없는 한 점點이라고도 상상해서는 안 된다. 정신에 대한 신체의 지배는 진리를 깨달음으로써 우리가 신과 합일할 수 없도록 하는데 그것은 크고 작고의 문제이다. 모든 사람들에게서 영혼이 자기의 감정을 통해 생명을 불어넣는 신체와도, 정념에 이끌리는 사람들과도 똑같이 결합해 있는 것은

---

28 Abscondita est ab oculis omnium viventium. (Job, XXVIII, 21)

29 "Videmus nunc per speculum in aenigmate, tunc autem facie ad faciem. Nunc cognosso ex parte. (I Cor., XIII)

30 [옮긴이] "우리가 지금은 거울로 보는 것 같이 희미하나 그때에는 얼굴과 얼굴을 대하여 볼 것이요 지금은 내가 부분적으로 아나 그때에는 주께서 나를 아신 것 같이 내가 온전히 알리라."(〈고린도전서〉 13장 12절)

아니다. 자기들 내부에서 쾌락의 사욕과 교만의 사욕을 대단히 금욕하여 자기들의 신체에도 세상에도 거의 더 이상 묶이지 않는 사람들이 있다. 그래서 그들은 '죽은 자들' 같다.

사도 바울은 이 점에 대해 우리에게 위대한 모범을 보여 주었다. 그는 자기 신체에 고통을 주고 신체를 노예 상태로 만들었으며, 신 앞에서 대단히 겸손해지고 신 앞에 겸허해져 더 이상 세상에 묶이지 않았고 세상도 더 이상 그를 생각하지 않았다. 세상이 나를 대하여 죽고 십자가에 못 박히고 내가 또한 세상을 대하여 그러했다.[31] 또한 성 그레고리우스가 말하기를 사도 바울이 진리를 민감하게 느끼고 그의 서한들에[32] 내포된 저 신의 빛을 받을 준비가 되어 있었던 것도 이 때문이었다. 그 빛이 아무리 눈부시게 화려한들 그처럼 감각과 정념을 금욕하는 사람들만을 자극할 뿐이다. 바울 자신이 말했듯이 육적이고 감각적 인간은 정신적 문제들을 이해할 수 없는 것이, 세상의 학문, 그 세기의 취향, 재기, 섬세함, 활력 및 우리를 세상 사람들을 위해 살아가게끔 하고 세상 사람들이 우리를 위해 살아가게끔 하는 아름다운 상상력이 우리 정신을 우둔하게 하고 모든 진리에 끔찍이도 무감각하게 만든

---

31 Gal., VI, 14. ("그러나 내게는 우리 주 예수 그리스도의 십자가 외에 결코 자랑할 것이 없으니 그리스도로 말미암아 세상이 나를 대하여 십자가에 못 박히고 내가 또한 세상을 대하여 그러하니라."(〈갈라디아서〉 6장 14절) — 옮긴이)

32 "육에 속한 사람은 하나님의 성령의 일을 받지 아니하나니 저희에게는 미련하게 보임이요." (I Cor., II, 14) "이것이 신이 예전에 모세에게 인간은 나를 보고 살아갈 수 없다고 한 이유이다. 즉 육적이고 세속적인 삶을 살아가는 누구도 정신의 눈으로 신을 볼 수 없다." (saint Grégoire, sur le chap. XXVIII de Job, chap. XXVIII)

다. 그리하여 우리는 감각과 정념의 침묵에서가 아니라면 그 진리를 완벽하게 이해할 수 없는 것이다.

그러므로 우리를 신과 결합하게 해주는 죽음을 바라야 하거나, 적어도 이 죽음의 이미지를 바라야 한다. 그때 우리의 모든 외적 감각이 잠들어 그동안 우리가 내적인 진리의 목소리를 들을 수 있다. 암흑으로 인해 우리가 감각대상을 보지 못하게 하고 세상이 우리에게 죽은 것 같을 때 밤의 침묵 속에서만 그 내적인 목소리를 듣게 된다. 성 그레고리우스는 "바로 이런 의미로 성모 마리아가 '자는 동안 마음은 깨어 있었다'고 말했을 때 성 요셉의 목소리를 성가聖歌에서 들었던 것이다. 내 외적 감각이 이 생의 모든 근심을 완전히 끊고 잠들었을 때 이런 외적인 태만으로 인해 나는 마음속 일들에 더 잘 들어갈 수 있었다. 그렇지만 외부에서 일어나는 일에 무관심해졌다. 나는 무한히 환히 밝혀졌기에 가장 내적이고 가장 정신적인 모든 것을 발견하게 되었다. 그러므로 엘리후가 신은 잠을 통해 우리에게 말한다고 여기서 말했던 것은 대단히 옳다."(성 그레고리우스의 《욥기의 교훈》 33장)[33]

---

33 [옮긴이] 원문에 프랑스어로 번역한 뒤 라틴어 원문을 뒤에 썼다.

열한 번째 주해

제 3권 2부 7장에서 우리는 자연에 대한 명확한 관념도 우리 영혼의 변형도 갖지 못했다는 증명에 대하여

나는 몇몇 대목에서 이미 우리 영혼의 '명확한 관념'도 없고, 그저 '의식'이나 내적 감정만을 가지며, 그런 식으로 그 관념을 연장에 대해 아는 것보다 훨씬 불완전하게 안다는 점을 말했고, 《진리의 탐구》 제 3권에서 이를 충분히 증명했다고 믿는다. 그래서 이 점은 내게 대단히 명백해 보여서 이를 더 상세하게 증명할 필요가 있다고 믿지 않는다. 그러나 "정신의 본성은 다른 모든 것의 본성보다 더 잘 알려져 있다"[1]고 확실히 말한 데카르트의 권위는 그를 따르는 제자들 중 몇몇을 대단히 사로잡아 그들 정신에서는 내가 이 점에 대해 썼던 내용을 나를 나약한 사람으로 보도록 이용했던 것이다. 그 나약한 사람은 추상적 진리를 찾고자 하고 이를 든든히 따를 수 없으며, 이 진리를 고려하는 사람들의 노력을 덜어주고 주의를 집중하게 할 수도 없다는 것이다.

내가 극단적으로 나약하고, 민감하고, 섬세하지 못한 사람이며, 내

1 두 번째 성찰의 다섯 번째 반박의 답변 마지막 부분.

정신은 내가 표현할 수 없는 방식으로 내 신체에 의존하고 있음을 나도 인정한다. 그 점은 나도 알고 있고 느끼고 있다. 그래서 나는 내 자신의 지식을 증진시키려고 끊임없이 노력을 기울이고 있다. 내가 비참해지지 않을 수 없어도 적어도 그 사실을 알고 느껴야 한다. 적어도 자신의 내적 비참을 바라보고 수치스러워해야 하고, 영혼의 모든 능력을 혼란과 동요에 빠뜨릴 것이 틀림없는, 이 죽은 신체를 해방시켜야 할 필요를 인정해야 하는 것이다.

그러나 지금 이 문제는 정말이지 정신에 합당한 것이므로 나는 이 문제를 해결하기 위해 엄청난 노력이 필요하다고는 생각하지 않는다. 이런 이유로 나는 이 문제를 그대로 지나쳐 버렸던 것이다. 대부분의 사람들이 자신들의 영혼, 영혼과 신체와의 구분, 정신성, 불멸성 및 다른 속성들에 대해 무지한 상태에 있다는 점에 대한 명석판명한 관념을 명백히 증명하는 것으로 충분하다고 나는 말할 수 있다고 생각한다.

우리는 물체에 대해 명백한 관념을 가졌다고 말할 수 있는데, 물체에 이루어질 수 있는 변화를 알기 위해서는 그것을 재현하는 관념에 묻는 것으로 충분하기 때문이다. 우리는 그 물체가 둥글 수도 있고, 각질 수도 있고, 정지해 있을 수도 있고, 운동하고 있을 수도 있음을 명백히 알고 있다. 정사각형이 두 개의 삼각형, 두 개의 평행사변형, 두 개의 사다리꼴로 분할될 수 있음을 어렵지 않게 생각한다. 어떤 것이 연장에 속하는지 속하지 않는지 질문을 받는다면 우리는 어떤 대답을 해야 하는지 주저하지 않는다. 연장의 관념은 명확하므로 그것이 무엇을 포함하고 무엇을 배제하는지 어렵지 않게 한눈에 알기 때문이다.

그러나 우리는 확실히 정신의 관념은 갖지 않았다. 정신의 관념에 물으면서 정신에 일어날 수 있는 모든 변화들을 발견할 수 있는 그런 관념 말이다. 우리가 즐거움도 고통도 느끼지 않았다면 영혼이 그 감정을 느낄 수 있는지 없는지 우리는 알 수 없을 것이다. 어떤 이가 멜론을 먹어 본 적이 없고 붉은색이나 푸른색을 본 적도 없다면 이른바 자기 영혼의 관념에 아무리 물을지라도 그는 그런 감정이나 그런 변화를 가질 수 있을지 없을지 결코 뚜렷이 발견할 수 없을 것이다. 더 자세히 말해서 현재 고통의 감정을 느끼거나 색을 본다고 해도 한눈에 이 특질들이 영혼에 속하는지 발견할 수는 없는 것이다. 고통이 느껴지는 경우에 신체에 고통이 있으며, 대상들이 영혼과 구분될지라도 색은 대상들의 표면에 칠해져 있다고 상상한다.

감각자질들이 정신의 존재 방식을 따르느냐 따르지 않느냐를 확신하기 위해 이른바 영혼의 관념에 묻지 않는다. 반대로 데카르트주의자들조차 연장의 관념에 묻고, 그런 방식으로 추론한다. 열, 고통, 색깔은 연장의 변형일 수 없다. 연장은 상이한 형상과 상이한 운동만 가능하기 때문이다. 그런데 존재는 정신과 신체의 두 종류뿐이다. 그러므로 고통, 열, 색 및 모든 다른 감각자질들은 정신에 속한다.

감각자질들이 자기 영혼의 존재 방식에 속하는지 알기 위해서 연장에 대해 가진 관념에 묻지 않을 수 없으므로 우리가 영혼에 대한 명확한 관념을 갖지 않았다는 점이 명백하지 않은가? 다른 식으로 우회해 볼 수는 없을까? 한 철학자가 둥긂이 연장에 속하는 것인지 발견하고자 할 때 그는 영혼의 관념에 묻는 것인가, 아니면 연장의 관념과는 다른 어떤 관념에 묻는 것인가? 그는 연장의 관념 자체에서 둥긂이 연장의 변형임을 명백히 보지 않는가? 이 점을 명확히 할 목적으로 그런 식으로 추론했다면 그것은 참으로 터무니없는 일이 아니겠는가? 존재란 정신과 물체라는 두 가지뿐이다. 둥긂은 정신의 존재 방식이 아닌 것이니 그것은 물체의 존재 방식이다.

그러므로 추론하지 않고 단순한 시각으로 연장의 관념에 정신을 그저 적용함으로써 둥긂과 다른 모든 형상은 물체에 속한 변형이며, 즐거움, 고통, 열 및 다른 모든 감각자질은 물체의 변형이 아님을 발견했다. 무엇이 연장에 속하고, 무엇이 연장에 속하지 않은지 물을 수 없다. 그 질문에는 그것을 재현하는 관념만을 고려함으로써 쉽고 신속하고 과감하게 대답할 수 없을 것이다. 모든 사람은 이 주제에 대해 무엇을 믿어야 하는지에 대해 결정한다. 물질이 사유할 수 있다고 말하는 사람들은 물질은 연장이므로 이 능력을 갖는다고 생각하지 않는다. 그들은 정확히 그 자체로의 연장은 사유할 수 없다는 점에 동의한다.

그런데 영혼과 영혼의 변형에 대해 무엇을 믿어야 하는지에 대해서는 인정들을 하지 않는다. 고통과 열, 혹은 적어도 색이 영혼에 속한다고 생각하는 사람들이 몇몇 있다. 어떤 데카르트주의자들 가운데 영혼이 실제로 푸르고, 붉고, 노랗게 되지만, 이를 고려할 때 무지개 색을 띤다고 말한다면 스스로 우스꽝스러워지는 꼴이다. 썩은 시체 냄새가 날 때 악취는 명백히 영혼에서 나고, 설탕, 후추, 소금의 맛은 그것에 속한 어떤 무엇임을 믿지 않는 사람들이 더 많다. 영혼의 명백한 관념이 어디 있기에 데카르트주의자들은 영혼에 묻는 것이며, 색, 맛, 냄새가 어디에서 만나는지의 주제에 합의를 하는 것일까?

그러나 데카르트주의자들이 이 난점들에 동의할지라도, 그들의 동의로부터 그들이 영혼에 대한 명확한 관념을 갖게 되리라는 결론을 내릴 수는 없을 것이다. 초록색과 붉은색을 볼 때 실제로는 그 관념이 초록색이나 붉은색이라는 점에 동의한다면 오직 대단한 추론을 통해서만 그들은 이런 결론을 내리게 될 것이다. 그들은 단순한 시각으로 이 점을 보게 되는 것이 아닐 것이다. 그들은 이른바 영혼의 관념에 물으면서가 아니라 오히려 신체의 관념에 물으면서 이를 발견하게 될 것이다. 감각자질이 그들이 명확한 관념을 갖고 있는 연장에 속하지 않기 때문에 영혼에 속한다고 확신하게 될 것이다.

그들은 이 점에 대해서 편협한 정신을 가졌으므로 복합 지각을 갖지 못하거나 추론을 할 수 없는 사람들을, 더 정확히 말하자면 신체의 명확한 관념을 계속해서 고려하면서 모든 것을 혼동해 버리는 사람들을 결코 설득하지 못할 것이다. 항상 이 점을 의심하는 농민들이며, 여성들이며, 아마 학자들과 박사들이 있을 것이다. 그러나 여성과 아이들, 학자와 무지한 자, 가장 양식 있는 사람들과 가장 우둔한 자들은 자기들이 연장에 대해 가진 관념을 통해서 그것이 모든 유의 형상들을 가능케 한다고 어렵지 않게 이해할 것이다. 그들은 연장을 재현하는 관념만을 성실하고 열심히 물을 때 연장이란 고통, 맛, 냄새를 낼 수 없음을 명확하게 이해하게 될 텐데, 연장을 재현하는 관념에 내포된 감각자질이란 전혀 없기 때문이다.

그들이 물체가 감정을 가질 수 있는지 없는지, 혹은 어떤 감각자질을 수용할 수 있는지 의심할 수 있다는 점은 사실이다. 그러나 그들은 물체를 연장과는 다른 어떤 것으로 이해하고, 그런 의미를 갖는 물체의 관념을 전혀 갖지 않았다. 그렇지만 데카르트나 내가 상대하고 있는 데카르트주의자들이 사람들이 신체보다 영혼을 더 잘 안다고 확신할 때, 그들은 물체라는 말을 연장이라고만 이해하는 것이다. 그들은 물체의 본성보다 영혼의 본성을 더 명확히 안다는 주장을 어떻게 뒷받침할 것인가? 물체 혹은 연장의 관념이 대단히 명확하므로 모든 사람은 그 관념이 포함하고 또 그 관념이 배제하는 점에 사람들이 동의하고, 영혼의 관념은 대단히 모호해서 데카르트주의들조차 색色의 변형이 영혼에 달린 일인지 하루가 멀다 하고 논쟁하고 있으니 말이다.

데카르트를 이어 이들 철학자들은 이렇게 말한다.

"우리는 어떤 실체에 대해 더 많은 속성을 알고 있으니 그만큼 더 뚜렷하게 그 실체의 본성을 알고 있는 것이다. 그런데 우리의 정신만큼 많은 속성이 알려진 것은 전혀 없다. 다른 사물들이 속성을 가졌다는 것을 앎으로 우리는 정신에서도 자기가 그만큼 속성을 알고 있다는 점을 셀 수 있으니 말이다. 그러므로 정신의 본성은 다른 모든 사물의 본성보다 잘 알려져 있다."

그런데 명확한 관념을 통해서 아는 것과 '의식conscience'을 통해서 아는 것에는 큰 차이가 있음을 모르는 사람이 어디에 있는가? 내가 2 곱하기 2가 4임을 알 때 나는 그것을 대단히 명확하게 아는 것이다. 그러나 나는 그것을 아는 내 속에 존재하는 것을 명확히 모른다. 나는 실제로 그것이 사실이라고 느낀다. 의식이나 내적 감정을 통해 이를 아는 것이다. 그러나 내가 명확하게 그 관계를 발견할 수 있는 수에 대해 관념을 가진 것처럼 나는 그 점에 대한 명확한 관념은 갖고 있지 않다. 나는 내 정신에 세 가지 속성이 있음을 '셀compter' 수 있다. 2 곱하기 2가 4임을 아는 속성이 하나고, 3 곱하기 3이 9임을 아는 속성이 하나고, 4 곱하기 4는 16임을 아는 속성이 하나이다. 이렇게 말할 수 있다면 이 세 속성은 서로 상이할 것이며, 나는 내 안에서 무한히 많은 속성들을 그런 식으로 셀 수 있을 것이다. 그러나 나는 우리가 '셀' 수 있는 사물들의 본성을 '명확히' 알 수 있다는 점을 반박한다. 셀 수 있으려면 느끼는 것으로 충분하다.

우리는 어떤 존재의 명확한 관념을 가졌으며, 그 존재를 우리가 마찬가지로 명확한 관념을 가진 다른 존재들과 비교할 수 있을 때나, 최소한 이 존재가 수용할 수 있는 변형들을 서로 비교할 수 있을 때 그 존재의 본성을 안다고 말할 수 있다. 우리는 연장의 수와 부분들에 대한 명확한 관념을 가졌다. 이 사물들을 서로 비교할 수 있으니 말이다. 2와 4를, 4와 16을 비교할 수 있고, 각각의 수를 다른 모든 수와 비교할 수 있다. 정사각형과 삼각형을, 원과 타원을, 사각형과 삼각형을 다른 모든 사각형과 다른 모든 삼각형과 비교할 수 있다. 또한 그런 식으로 이들 도형과 이들 수 사이의 관계를 명확히 발견할 수 있다.

그렇지만 자신의 정신과 다른 사람들의 정신은 비교할 수 없다. 자기 정신의 방식과 그것에 고유한 지각들을 비교할 수조차 없는 것이다. 고통과 즐거움, 열과 색 사이의 관계를 명확히 발견할 수 없다. 혹은 동류同類의 존재 방식에 대해서만 말하자면 초록색과 붉은색, 노란색과 보라색, 심지어는 보라색과 보라색의 관계를 정확하게 확정할 수 없다. 하나와 다른 하나 중에 더 가려져 어둡거나 더 광채로 빛나는 것이 무엇인지는 느낄 수 있지만, 얼마만큼 그러한지 명백히 알지 못한다. 그러므로 영혼도, 영혼의 변형에 대한 명확한 관념도 갖지 못한 것이다. 내가 색, 맛, 냄새를 보고 느낄지라도 이미 말한 것처럼 그 관계를 명확하게 발견할 수 없으니 나는 명확한 관념을 통해 그것들을 아는 것은 아니라고 말할 수 있다.

내가 음들 사이의 정확한 관계를 발견할 수 있고, 예를 들어 옥타브는 2 대 1, 5도는 3 대 2, 4도는 4 대 3임의 관계에 있다는 점은 사실이다. 그러나 나는 음들에 대한 감정을 통해서 이러한 관계를 알 수는 없다. 내가 옥타브가 2 대 1의 관계라는 것을 안다면, 같은 현을 온전히 퉁겼을 때 옥타브 음이 난다는 것을 경험으로 안 것이다. 그다음에 현을 동일한 두 부분으로 나누고 퉁겼을 때 나는 진동수가 같은 시간에 두 배이거나 그와 비슷하다는 것을 아는 것이다. 공기의 진동, 현의 떨림, 현 자체를 명확한 여러 관념을 통해 비교할 수 있고, 현과 현을 이루는 부분들 가운데 존재할 수 있는 관계들을 상이한 진동 속도처럼 뚜렷하게 알기 때문이다. 그러나 음들을 그 자체로, 혹은 감각자질이며 영혼의 변형으로 비교할 수는 없다. 이런 방식으로는 음들의 관계를 알 수 없다.

연주자들이 상이한 협화음들을 대단히 정확하게 구분하기는 하지만 명확한 관념을 통해서 음들의 관계를 구분하는 것은 아니다. 연주자들은 오직 귀를 통해 음들의 차이를 판단한다. 이성은 이때 아무것도 알지 못한다. 그러나 우리는 귀가 명확한 관념으로써, 혹은 감정과는 다른 방식으로 판단한다고 말할 수는 없다. 그러므로 연주자들조차 감정이나 영혼의 변형으로서 음들에 대한 명확한 관념을 갖지 못하는 것이다. 또한 그 결과 우리가 영혼과 영혼의 변형을 알게 되는 것은 명확한 관념을 통해서가 아니라 그저 의식이나 내적 감각을 통해서일 뿐이다.

더욱이 우리는 영혼이 더 신속하게 작용하고 대상을 재현하게 하는 배치를 이루는 것이 무엇인지 모른다. 심지어는 그런 배치를 무엇으로 이룰 수 있는지도 이해할 수 없다. 더 말하자면 신체와 분리되었거나 신체와 관계없이 고려된 영혼만으로 습관과 기억을 갖출 수 있는지 이성을 통해서는 정말이지 확신할 수 없다. 그런데 영혼의 본성이 신체의 본성보다 더 잘 알려졌다면 이런 일들을 어떻게 모를 수가 있는가? 동물정기가 벌써 여러 번 흘러들었던 신경 속에 확산되는 일이 얼마나 쉬운지의 문제, 적어도 신경의 도관導管이 넓혀지고 섬유가 어떤 방식으로 기울어져 정기가 쉽게 그리로 들어갈 수 있는지의 문제는 어렵지 않게 알고 있다.

그러나 영혼이 행동하거나 사유하기 위한 수월성을 증대시키는 것이 무엇인지 어떻게 이해하는가? 나는 내가 이 점에 대해 전혀 모른다는 점을 인정한다. 내가 설령 이 배치들을 이해해 보기 위해 숙고할지라도 나는 아무 대답도 할 수 없다. 내게 일어난 어떤 대단히 격렬한 감정이 내 안에서 너무도 쉽게 어떤 생각들을 자극하더라도 이 점에 대해서는 명확히 밝힐 수 없다. 내가 실제로 그러한 배치를 갖췄다고 믿게끔 하는 올바른 근거들을 갖지 못했다면 내 안에 그 배치가 갖춰졌는지 내가 모를지라도 오직 내적 감정에 물으면서 내 영혼에는 습관도 정신의 기억도 없다고 판단할 것이다. 그러나 이 점에 대해 주저하고 들 있으므로 이것이야말로 그렇다고 말할 만큼 정신이 밝혀진 것은 아니라는 확실한 증거이다. 의심과, 명백성과 명확한 관념들은 화해가 불가능하다.

현자가 말하듯이[2] 그 누구보다 양식 있는 인간이라도 자신이 사랑을 받아 마땅한지 증오를 받아 마땅한지 명백하게 알지 못한다는 점이 확실하다. 제 자신에 대한 내적 감정으로도 이 점에 대해 아무것도 확신시켜 줄 수 없다. 사도 바울의 말에 따르면[3] 그가 의식의 비난을 받지 않을지라도 이 점을 통해 그가 무죄라는 점을 확신할 수는 없다. 반대로 그는 이 점으로 무죄성립이 되지 않고 감히 스스로를 심판해서는 안 된다고 확신한다. 그를 심판하는 이는 주님인 까닭이다. 그러나 우리에게는 질서에 대한 명확한 관념이 있으므로 제 자신에 대한 내적 감정을 통해 영혼의 명확한 관념을 가졌다면 그것이 명백히 질서에 부합할 것인지를, 우리가 정의로운지 그렇지 않은지를 알게 될 것이고, 우리가 그런 내적 감정을 갖게 되었을 때라면 선과 악의 모든 내적 배치들을 정확히 알 수 있게 될 것이다. 하지만 우리가 지금 모습 그대로의 자신을 알 수 있었다면 그렇게 쉽게 오만에 빠질 일도 없었을 것이다. 또 성 베드로가 예수에게 자기가 곧 부정하게 되리라는 말도 하지 못했을 것임이 틀림없어 보인다.

"내가 지금은 어찌하여 따라갈 수 없나이까. 주를 위하여 내 목숨을 버리겠나이다Animam meam pro te ponam."[4]

자신의 힘과 선한 의지에 대한 내적 감정을 가졌으므로 그는 자기가 죽음을 극복할 힘이나 용기를 갖게 될지, 하녀와 몇몇 하인들의 모욕을 받을 것인지 명확히 알 수 있었을지 모른다.

영혼의 본성이 다른 모든 것의 본성보다 더 잘 알려져 있다면, 우리

---

2 Eccl., IX, I.

3 Sed neque meipsum judico. Nihil enim mihi conscius ssum: sed non in hoc justficatus sum: qui antem judicat me Dominus est. (I Cor., IV, 4)

4 Jean, XIII, 37.

가 영혼에 대해 가진 관념이 신체에 대해 가진 관념만큼 명확하다면, 그저 나는 영혼과 자신을 혼동하는 수많은 사람이 도대체 어디에서 나오는 것인지 묻는 것이다. 두 명확한 관념들이 완전히 상이한데 이들을 혼동하는 일이 가능한가? 모든 사람을 정당하게 인정하도록 하자. 우리와 같은 생각을 갖지 않은 이들도 우리만큼 이성적이다. 그들도 사물에 대한 동일한 관념을 가진 것이다. 그들도 동일한 이성을 분유한다. 그런데 왜 우리가 구분하는 것을 그들은 혼동하는 것일까? 명확한 관념을 가진 사물들인데도 경우가 다르다고 혼동했던 것일까?

서로 다른 두 수를 혼동한 적이 있는가? 원을 정사각형으로 간주했던 적이 있는가? 그럼에도 영혼은 정사각형이 원과 다른 이상으로 신체와 다르다. 이 둘은 전혀 어울리지 않는 실체인데도 이들을 혼동하는 것이다. 이 차이를 인정하는 일이 어려운 까닭이다. 이 차이는 한눈에 들어오지 않고, 전자가 후자가 아니라는 결론을 내리기 위해서는 추론을 해야 한다. 부지런히 연장의 관념에 물어야 하고, 연장이 물체들의 존재 방식이 아니라, 존속하는 사물처럼, 사물에서 명확히 이해하는 모든 것의 원리처럼 우리에게 재현되므로 물체 자체인 것이며, 그렇게 물체에게 가능한 방식들이 감각자질과는 어떤 관계도 없으므로 이 특질들의 주체, 더 정확히 말하자면 이 자질들이 방식이 되는 존재는 물체와 아주 다른 것임을 깨달아야 한다. 영혼과 신체를 혼동하지 않기 위해서도 유사한 추론이 반드시 필요하다. 그런데 신체에 대해 명확한 관념을 갖고 있듯이 영혼에 대한 명확한 관념이 있었다면 이 둘을 구분하기 위해 굳이 이렇게 우회하지 않아도 되었을 것이다. 그것은 그저 한눈으로 보기만 해도, 정사각형은 원이 아니라는 점을 쉽게 인정하는 만큼 알게 될 것이다.

나는 명확한 관념을 통해서는 영혼도, 영혼의 변형도 알지 못한다는 점을 더 상세히 증명하도록 하겠다.5 제 자신을 어떤 측면을 통해 바라본대도 충분히 이 점을 깨달을 수 있다. 내가 이 자리에서《진리의 탐구》에서 이미 했던 말을 추가한 것은 몇몇 데카르트주의자들이 이 점을 비난했기 때문이다. 이렇게 해도 그들이 만족하지 않는다면 나는 그들이 내 안에서 내가 명확한 관념을 발견하기 위해 온갖 노력을 기울였지만 결국 찾을 수 없었던 저 명확한 관념을 내게 깨닫게 해주도록 기다릴 것이다.

5 《기독교 성찰》(*Méditations chrétiennes*)의 아홉 번째 성찰을 참조.

열두 번째 주해

제 3권 2부 8장에서 특별한 것을 전혀 의미하지 않는 모호하고 일반적인 용어들을 어떻게 다른 용어들과 구분하는가에 대한 주해

나는 몇몇 대목에서 논리학 용어들과 일반 관념들을 통해서 문제들의 생각을 밝힐 때 그것들을 설명하지 못한다고 말했는데 이를 이해하기 위해서는 존재하는 모든 것은 존재나 존재 방식으로 귀결하므로, 이들 문제를 전혀 의미하지 않는 모든 용어는 아무것도 의미하지 않으며, 이 문제들의 어떤 것도 뚜렷하고 개별적으로 분명한 것을 전혀 의미하지 않는 모든 용어는 판명한 것을 전혀 의미하지 않는다는 점을 깊이 생각해 보는 것으로 충분하다. 이 점은 내게 대단히 명백해 보이지만, 그 자체로 명백하다고 모든 사람에게도 그런 것은 아니다. 우리는 스스로 단어를 제공하고 그것을 다른 것으로 보상받는 데 익숙하다. 귀를 거스르지 않는 모든 용어들이 사람들 가운데에서 통용되지만 진리는 사교계의 교제에 조금 들어가지도 못하므로 말하거나 듣는 사람들은 보통 이를 전혀 고려하지 않기 십상이다. 말을 잘하게 만들어 준 선물은 가장 위대한 재능이고, 상상력의 언어는 가장 확실한 수단이고, 이해할 수 없는 용어들로 가득 찬 기억은 데카르트주의자들이 그렇게

말하더라도 항상 눈부시게 보일 것이다.

사람들이 오직 진리만을 사랑하게 되는 날, 그들은 말할 때 조심해서 말하고, 들은 말을 세심히 검토하고, 의미가 없이 텅 빈 말은 경멸하여 저버리고, 오직 명확한 관념에만 몰두할 것이다. 그렇지만 언제쯤 사람들이 진리만을 사랑하게 될까? 그때는 사람들이 더 이상 자기 신체에 의지하지 않고, 더 이상 감각대상들과 필연적 관계를 갖지 않게 되고, 더 이상 서로 타락시키지 않게 되고, 이성 가장 후미진 곳에서 그를 밝히는 주님에게 성실하게 물을 것이다. 하지만 그런 일은 이 생에서는 결코 일어나지 않으리라.

그러나 모든 사람이 똑같이 진리에 무심한 것은 아니다. 깊이 생각하지 않고 말을 하고, 분별없이 그 말을 수용하고, 자극적인 것에만 주의를 기울이는 사람들이 있다면, 진리를 익혀 그것으로 다른 사람들을 설득하기 위해 진지하게 연구하는 사람들 또한 있는 것이다. 그리고 내가 말 상대로 삼는 이들이 주로 이들인 것이니, 내가 이 주해를 쓰겠다는 결심을 한 것도 그분들의 요청을 따른 것이다.

그러므로 나는 존재하는 모든 것은 실제로 존재하든 존재하지 않든 존재하고, 그 결과 지성적인 모든 것은 존재와 존재 방식으로 귀결한다고 말하는 것이다. 나는 존재라는 말을 절대적인 것, 혹은 다른 것과 아무런 관련을 갖지 않고 그 스스로 이해될 수 있는 것으로 본다. 또 나는 존재 방식이라는 말을 상대적인 것, 혹은 그 스스로 이해될 수 없는 것으로 본다. 그런데 존재 방식에는 두 종류가 있으니, 하나는 한 전체의 부분들과 동일한 전체의 어떤 부분의 관계이고, 다른 하나는 동일한 전체를 이루지 않는 어떤 다른 것의 관계이다. 밀랍의 둥긂은 첫 번째 종류의 존재 방식인데 밀랍의 둥긂은 중심 부분과 표면의 모든 부분들이 거리가 모두 동일하기 때문이다. 밀랍의 운동이나 위치는 두 번째 종류의 존재 방식인데, 그것은 밀랍 주변의 물체들과 맺는 관계이기 때문이다. 나는 동력force mouvante으로 간주된 운동에 대해 말하는 것이 아니다. 물체들을 어떤 방식으로든 변형시킨다고 해도 그 물체들 속에 동력이 존재하는 것처럼 이해할 수 없으므로 이 힘이 물체의 한 가지 존재 방식이 아니고 그럴 수도 없음이 명백하기 때문이다.

지성적인 모든 것이 존재나 존재 방식으로 환원된다는 것이 확실하다면 이 사물들의 어떤 것도 의미하지 않는 모든 용어는 아무 의미가 없으며, 그런 존재나 그런 존재 방식을 의미하지 않는 모든 용어는 모호하고 난해한 용어임이 명백하다. 또한 그 결과 우리가 다른 사람들이 사용하거나, 우리 스스로 사용하는 용어들 각각에 대응하는 존재나 존재 방식의 뚜렷한 관념들을 갖지 않는다면, 우리는 다른 사람들이 우리에게 말하는 것도, 우리가 우리 자신에게 말하는 것도 명백하게 이해할 수 없는 것이다.

그럼에도 나는 뚜렷한 관념들을 직접적으로 일깨우지 않는 용어들을 간혹 사용하지 않을 수 없다는 데 동의한다. 우리가 그렇게 할 수 있는 것은 정의를 정의된 것의 자리에 항상 둘 필요가 없으며, 그 자체로 아무리 난해하더라도 단축된 표현을 유용하게 사용하기 때문이다. 또 우리가 명확한 관념을 갖지 못해서, 영혼과 영혼의 변형에 대해서 말할 때처럼 자기 자신에 갖는 내적 감정에 의해서만 우리가 알게 되는 사물들에 대해 말하지 않을 수 없을 때는 그렇게 하지 않을 수 없다. 우리가 명확한 용어를 갖거나, 우리가 하는 말을 듣는 사람들이 거짓 관념으로 간주할 수 있을 때 난해하고 모호한 용어를 사용하지 않도록 조심해야 한다. 이런 일들은 예를 통해서 더 잘 이해될 것이다.

신이 그의 '역량'으로 세상을 창조했다고 말하는 것보다 그의 의지로써 세상을 창조했다고 말하는 것이 더 분명하다. 역량이라는 말은 논리학의 용어이다. 그 말을 들어도 정신에는 뚜렷하고 개별적 관념이 떠오르지 않는다. 신의 역량이 그의 의지의 유효성과 다른 것일 수 있다고 생각하게 된다. 신이 예수 그리스도 안에서 죄인들을 용서한다고 들 할 때 신이 죄인들을 '너그러움'과 '긍휼'로써 용서하는 것이라고 말한다면 더욱 명확하게 말한 것이다. 이런 용어들은 모호해서 어떤 주체는 신의 너그러움이 신의 정의로움과 모순되고, 죄를 짓는대도 처벌받지 않을 수 있고, 예수 그리스도의 속죄satisfaction란 필요 없는 것이고, 다른 것들도 마찬가지라는 생각이 들 수 있다.

신의 완전성에 대해 말할 때 의미가 정확하지 않은 이런 모호한 용어들을 종종 사용하고들 한다. 물론 이는 단죄되어야 할 일은 아닌 것이, 철학적인 정확성이 언제나 필요한 것은 아닌 까닭이다. 그러나 우둔함과 큰 죄가 되는 태만 때문에 이런 일반적인 표현들을 그렇게 남용하게 되고, 이 때문에 그토록 많은 그릇된 결론을 내리게 된다. 모든 사람이 신에 대한 동일한 관념을 갖고 있으며, 신을 무한히 완전한 존재로 고려하지만, 우상 숭배의 시대에 신에게 불완전성을 부여할 수 있었고, 심지어 신에 대해 종종 대단히 합당치 않게 말했던 것이다. 이 모든 것은 신에 대해 말하는 것들을 신을 재현하는 관념, 즉 더 정확히 말하자면 신 자신과 진지하게 비교하지 않았기 때문이다.

머릿속에 떠오른 중요한 한 가지 예를 또 하나 들겠다.

이들은 선행적 희열이나 예수 그리스도의 은총은 의지의 동의와 관련해서, 그 자체로 그것의 본성상 유효하다고 주장한다. 분명 이는 의지와 관련해서 그 자체로 유효하다.[1] 그것의 결과 항상 의지를 움직이게 하고 선을 맛보도록, 또 항상 우리가 절대적으로 행복하도록 선을 향해 이끈다. 내가 말하는 의지의 동의와 관련해서 구세주의 은총이 그 자체로 유효하다는 입장을 지지하는 이들은 이 감정이 자유를 무너뜨리고, 은총이 이끈 자유의지가 원할 때는 이에 저항할 수 있거나 동의하지 않을 수 있다는 판정을 내렸던 트렌트 공의회의 결정에 반한다.[2]

내 말은 그들의 감정이 자유와 모순되지 않고 우리는 예수 그리스도의 은총을 거역할 힘이 있다지만, 결국 우리는 은총을 거역하지 못하거나 은총에 동의하지 않을 이 힘이 전혀 먹혀들지 않는다고 답변한다는 것이다. 그들은 여러분이 원한다면 창문으로 몸을 던지고 코를 자르고 눈을 뽑아낼 수 있지 않느냐고 말한다. 여러분은 이런 힘은 물론 다른 여러 힘을 갖고 있다. 그러나 여러분이든 누구든 이 힘을 사용하지 못하리라는 것이 확실하다. 그러므로 전혀 먹혀들지 않는 힘들이 있는 것이다. 그들의 말로는 예수 그리스도의 은총이 자유의지에 남긴 힘이 그러하다. 원한다면 동의하지 않을 수 있지만 동의하기를 원치

---

1 내가 내놓은 답변집 2권에 실은 아르노 씨의 편지들과 관련된 네 번째 편지 중 첫 번째 편지를 참조. 그 편지에서 나는 문제의 용어에 정확하고 뚜렷한 관념들을 결부시키면서 예수 그리스도의 은총이 어떤 의미로 그 자체로 유효한지 설명하고자 했다.

2 Sess. 6, can. 4.

않을 것이라고 말한다.

이 답변의 결함을 발견하려면 이 '힘'이라는 말을 해명하고 그 말에서 모호함을 제거하기만 하면 된다.

창문으로 몸을 던지고자 원한다고 가정한다면 우리에게 그럴 수 있는 힘이 있음은 명백하다. 그런데 우리는 행복하고자 하는 자연적이고 거스를 수 없는 욕망을 불러일으키는 어떤 동기가 없이 그 무엇도 의지할 수 없다. 무엇인가를 의지한다는 것은 우리가 그것을 의지하게끔 이끄는 동기에 동의한다는 것일 뿐이니 말이다. 그래서 동의하기 전에 알아야 하거나 느껴야 한다. 그러므로 우리가 행복해지고자 하는 욕망과 일치하는 동기 없이 아무것도 의지하지 않을 힘이 없다면 우리가 불구가 되거나 죽을 위험이 있는데도 창문으로 몸을 던지는 힘을 전혀 가질 수 없다. 그런 일은 크나큰 악으로 간주된다. 그래서 어떤 이가 자기가 원하기만 한다면 몸을 던질 힘이 있다고 말할 때 이 '힘'이라는 말은 그가 자신의 욕망에 따라 자기 몸을 움직일 힘이 있다는 것만을 의미하고, 그는 정말 그럴 힘이 있다.

또한 그가 주저하지 않고 자신은 창문으로 몸을 던지지 않을 것이라고 확신할 때 그가 자진해서, 그때 예상치 못했던 강력하고 긴급한 동기 없이 그렇게 하지는 않으리라는 것을 의미한다. 그런 동기란 자기 방에 갇혀 산 채로 불에 타죽거나 적들의 칼에 맞으면 어쩌나 하는 두려움 같은 것이다. 성 베드로가 전혀 통하지도 않고 통하지도 않을 힘이 있다는 결론을 끌어내기 위해 자기가 원한다면 주님을 부정할 수 있다고 말할 수 있을 것인가? 그가 원한다면 그럴 수 있다. 그러나 그는 이를 의지할 수도 없고 의지하지 않고자 망설일 수도 없다. 그에게는 이를 위한 동기가 없고, 자신을 사랑하는 주님과 신에 집착하도록 하는 저항할 수 없는 동기도 없기 때문이다.

그러나 은총에 들 만큼 공덕을 얻어야 할 시간이므로 영혼이 신체에서 시험에 들고 인간의 삶이 끊임없는 투쟁을 지속할 수밖에 없는 지금, 영혼이 우리로 하여금 무슨 선행을 하도록 이끌 때 사욕이 적어도 동의를 유보할 힘이며, 생각할 자유며, 검토할 시간을 영혼에게 남겨 줄 만한 충분한 동기를 제공한다고 말할 수 없다. 특히 습관적으로 행하지 않았던 선행이라면 말이다. 그런데 은총의 희열이 지속되는 15분을, 더 많은 시간을 유보한다고 가정한다면 그 은총은 동의와 관련해 볼 때 그 자체로 유효하지 않으리라는 것이 명백하지 않은가? 바로 그 은총이 끌었던 그의 마음의 움직임을 신속하게 따랐더라면 마음껏 그 희열을 느끼게 할 수 있었을 테지만 말이다. 어떤 사람에게 몸을 던지고 눈을 파낼 것을 제안한다면, 그렇게 해야 할지 검토하기 위해 동의를 유보할 동기란 무엇일까? 그러나 은총이 어떤 이에게 속세를 떠나 종교에 귀의하게끔 하는 마음을 갖게 할 때 확실히 유보하고 검토해 보기 위한 동기는 적지 않다. 그러므로 은총으로 마음이 움직였더라도 그는 실제적 힘을 갖는다. 그리고 그 힘은 지나치게 자주 효력을 갖게 된다. 다른 힘이라면 상상에 불과한 효력을 갖겠지만 말이다. 내가 방금 말한 방식으로 공의회가 판단 내린 명석판명한 결정에 답하는 것은 힘이라는 모호한 말을 그릇되게 사용하는 것이고 자기가 잘못 생각하거나 다른 이들을 속이고자 하려는 것이다.

내가 트렌트 공의회의 결정이 명석판명하다고 말한 것은 공의회가 결정한 힘은 은총의 실제적 움직임을, 실제로 의지를 움직이는 선행적 희열을 거역하거나 동의하지 않는 힘은 그 힘 속에 이미 강조된 행위를 행하는 힘인 까닭이다. 나는 대단히 분명하게 강조되었다고 말했다. 거역하고 동의하지 않는 일은 은총이 의지에서 산출하는 실제적 움직임과 관련된 용어들이다. 확실히 분할된 의미에서 은총이나 시험에 저항할 수는 없다. 다시 말하면 은총이나 시험은 실제로 의지를 움직이지는 않는다. 그것은 무無에 거역하지 않는 것이고 무에 동의하지 않는 것일 테니 말이다.

의지가 실제로 은총의 움직임에 저항할 수 있으려면 은총이 실제로 의지를 움직여야 한다. 그래서 공의회가 내린 결정은 명확하고 모호하지 않으며 설명을 필요로 하지 않는다. 실행될 수 없거나 행동으로 옮길 수 없는 힘은 아무것도 할 수 없는 힘이며, 결과적으로 존재하지 않는 힘이다. 은총이 자유의지를 움직였는데 자유의지가 이에 동의하지 않을 수 있다니! 그때 자유의지가 자신의 힘을 실행하는 것은 모순임에 틀림없다. 그것은 공의회의 결정에 반하는 것이요, 스스로 모순에 빠지는 일이다.

공의회에서 은총의 운동에 동의하는 자는 그것에 동의하지 않는 힘 역시 가진 것이라고 말했다면 그때 그자가 구분하여 이 힘을 가졌다고 말하는 것이 어느 정도 옳을 것이다. 그러나 이 힘이 은총을 거역하는 행위를 이룬다는 것은 모순이다. 의지가 동의할 수 없는 동시에 동의할 수 있겠는가. 신이 내게 동시에 어떤 은총을 내리고 또 내리지 않는다는 것은 모순이다. 내가 그 은총에 동의하는 동시에 동의하지 않는 것 역시 모순이다. 그런데 내가 동의를 거부할 아무런 이유가 없다고 가정하지 않는다거나 내 동의의 행위가 자유롭지 않았거나 내 의사에 달린 것이 아니라면 한편으로 신이 내게 은총을 내리는 동시에 내가 이에 동의하지 않는 데는 어떤 모순도 없다.

그러나 모호하고 일반적인 용어들을 남용하는 곳은 무엇보다 자연학 분야들이다. 그 용어를 듣는대도 존재나 존재 방식의 뚜렷한 관념들이 떠오르지 않는다. 예를 들어 물체들이 '중심'을 향하고, '무게'로 인해 아래로 떨어지고, '가벼움'으로 인해 위로 올라가고, '본성'상 운동하고, 그 자체로 고체거나 유체이고, 연속적으로 '형상'을 바꾸고, '힘vertus', '특질', '기능' 등에 따라 활동한다고 말할 때 아무 의미도 없는 말을 사용하는 것이며, 이 모든 명제들은 대부분의 철학자들이 부여한 의미에서 완전히 거짓이다. '무게', '형상', '본성' 및 비슷한 다른 용어들을 들어도 어떤 존재의 관념도, 어떤 존재 방식의 관념도 떠오르지 않는다. 이들은 의미가 없는 공허한 용어들이고, 현명한 사람들이라면 이 용어들을 피해야 한다.

성서에서는 "광인의 학문은 잘 소화되지 못한 말들의 혼돈Scientia insensati inenarrabilia verba"[3]이라고 했다. 이 용어들은 엉터리 학자들의 무지를 숨기고, 우둔한 자들과 리베르탱들로 하여금 만물의 진정한 원인은 신만이 아니라고 믿게 한다.

내가 보기에 이 점은 쉽고 확실하게 생각해 볼 수 있다. 그러나 대부분의 사람들은 자기가 쓰는 용어들이 명확하고 정확한 의미를 갖는다는 점을 수고스럽게 검토하는 대신 모든 용어들을 자유롭게 말한다. 여러 권의 책을 쓴 저자들도 사정은 같다. 우리 생각 이상으로 자기들

---

3 Eccli., XXI, 21.

이 쓴 것을 정말 이해하고 썼던 부분을 찾기가 어려운 것이다. 다독하고, 엉터리 학자들의 모호하고 어렴풋한 담화를 존중하는 마음으로 귀 기울여 듣는 사람들은 대단히 조잡한 무지에 처해 있고, 나는 그들이 그런 무지에서 벗어날 수 있으리라 생각하지 않는다. 누구의 말도 믿지 않을 결심을 하고 이를 끊임없이 일신한 뒤에야 다른 사람들이 쓰는 그야말로 보통의 언어들에 뚜렷한 관념들을 결부시키지 않는다면 말이다. 이들 용어는 흔히 생각하듯이 그렇게 명확하지 않다. 명확해 보인다면 그 용어들을 우리가 계속 사용하고 있기 때문이다. 수백 번도 더 듣거나 말한 것들은 검토하지 않았다고 해도 무슨 말을 하는 것인지, 그 말이 의미하는 바가 무엇인지 쉽게 이해한다고 상상하게 되니 말이다.

열세 번째 주해

첫 세 권의 결론에서 의사와 영적 지도자가 반드시 필요하지만 여러 경우에 그들의 의견을 따르는 것은 위험하다는 점에 대하여

원죄 이전에 인간은 자기 정신과 신체를 완벽한 상태로 유지하는 데 필요한 것을 모두 갖추고 있었으니 의사도 영적 지도자도 필요로 하지 않았다. 자기 의무를 다하는 절대로 틀릴 수 없는 규칙처럼 내면의 진리에 물었던 것이다. 그의 감각은 대단히 충실했으니, 자기 신체를 보존하는 데 자기 주변의 사물들을 사용할 때 틀리는 법이 없었다.

그러나 원죄 이후 모든 것이 완전히 바뀌었다. 진리나 영원한 법칙 훨씬 이상으로 정념들에 묻고, 감각은 대단히 타락했으니 그 감각을 따르다가 간혹 건강을 잃고 생명도 잃는다. 의사와 영적 지도자는 절대적으로 필요하다. 어떤 경우라도 익숙해서 처신이 바르다고 주장하는 사람들이 흔히 어리석기 짝이 없는 과오들을 범한다. 사람들은 시간이 좀 흐른 뒤에나 자기들이 지나치게 현명하지 않았던 스승을 따랐다는 점을 알게 된다.

그러나 원죄가 영혼의 모든 기능을 대단히 타락시킨 것은 아니어서 여러 경우에 제 자신에게 물을 수 있을 것이며, 반대로 의술에 전혀 숙

련되지 못하고 체질에 대한 지식이 충분하지 않은 의사들이나, 종교와 도덕에 무지하고 그들에게 의견을 묻는 사람들의 격려와 자질을 발견하기 위해 양심 깊은 곳을 조사하지 못하는 영적 지도자들에게 도움을 구하기 때문에 영혼이나 신체의 생명을 종종 잃는 일이 벌어진다고 말할 수 있다고 나는 믿는다.

《진리의 탐구》의 첫 세 권의 결론에 대해서 내가 말한 내용 때문에 몇몇 사람들은 내가 건강과 생명을 보존하기 위해서는 모든 일에 있어서 감각과 정념을 따라야 하며, 우리 이성의 가장 깊은 곳에서 명확하게 우리에게 말하는 영원한 지혜를 주님으로 가지므로 자신의 의무가 무엇인지 알기 위해서 다른 사람들에게 물을 필요가 없다고 주장하고 있다고 생각했다.

내가 의사와 영적 지도자가 필요 없다고 말한 적이 없고 그렇게 생각한 적도 없었지만 판단과 결론을 성급히 내리는 어떤 사람들은 그것이 충분히 내 생각이라고 확신했는데, 아마 그것이 그들의 생각이었기 때문일 것이다. 또한 그들은 사람을 지금 그대로나 원죄 이전처럼 고려하지 않기 때문이다. 그러므로 이 문제에 대한 내 생각은 대략 아래와 같다.

인간을 건강한 상태와 질병의 상태로 구분할 수 있다. 인간을 완벽히 건강한 상태에서 고려할 때 내가 보기에 건강을 보존하려면 이성보다는 감각이며 그보다 더 유능할 수 없는 의사들이 더 유용할 것임이 분명한 것 같다. 사람이 얼마나 무게를 질 수 있는지, 나무를 먹어야 하는지 돌을 먹어야 하는지, 벼랑에서 몸을 던질 수 있는지 알기 위해 의사를 찾으러 보낼 필요는 없다. 그는 감각으로 가장 예사로운 유사한 경우에 무엇을 해야 할지 재빠르고 정확히 알게 된다. 내가 첫 세 권의 결론으로 말한 것을 증명하는 데 이것으로 충분해 보인다.

그러나 이것으로는 내가 생각했던 것과, 심지어 내가 다른 곳에서 "우리 감각은 의무를 훌륭하게 이행하고, 그것의 목적으로 대단히 정의롭고 진실한 방식으로 우리를 인도하는 것이니 감각을 타락이며 방탕이라고 비난하는 것은 틀린 것 같다"[1]라고 한 말을 증명하기에 충분하지 않다. 나는 항상 정의며, 정확함이며, 생명의 보존과 관련하여 우리의 감각에서 마주치게 되는 감탄스러운 질서가 원죄의 결과가 아니라 자연의 최초의 설정이라는 점을 항상 믿었다.

이제 이 질서가 대단히 타락했고, 우리가 감각을 따랐다면 종종 독毒을 먹는 것일 뿐 아니라 소화할 수 있는 것보다 훨씬 더 많은 양식을 취하게 될 것이라고 반박한다.

그러나 독에 관해서 본다면 우리 감각으로 인해 그것을 먹게 되리라고는 생각하지 않는다. 우연히 우리 눈이 우리를 자극하여 그것을 맛보게 한다고 해도 그 독이 적어도 자연 상태의 것이라면 그것을 삼킬 수 있게끔 해주는 풍미를 느끼지는 못할 것이라고 믿는다. 자연적으로 발생한 그런 독과 독이 들어간 고기 사이에는 큰 차이가 있기 때문이다. 날 후추와 후추를 뿌린 고기 사이의 차이처럼 말이다. 우리의 감각으로 인해 우리는 독이 들어간 고기를 먹게 된다는 점에 나는 동의한다. 그러나 감각으로 인해 우리가 독을 먹게 되는 것은 아니다. 이 독이 신이 이를 만든 상태 그대로라면 감각이 그 독을 맛보게 하는 것인지

1 제 1권 5장.

는 모르겠다. 나는 우리의 감각을 신이 확립한 바의 사물의 자연적 질서 이상으로 확장하지는 않기 때문이다.

나는 우리 감각으로 인해 어떤 양식을 과도하게 먹게 된다는 점에도 역시 동의한다. 그러나 그 양식은 더 이상 자연 상태의 것이 아니다. 치아는 밀을 빵을 목적으로 만들어졌지만 아마 그렇게는 지나치게 밀을 먹지 못할 것이다. 그런데 밀을 빻고 체로 치고, 심지어 간혹 우유, 버터, 설탕을 넣기도 한다. 식욕을 돋우는 여러 종류의 잼과 스튜를 곁들여 먹는 것이다. 그래서 이성과 경험이 함께 결합하여 감각을 악용하고 타락시킬 때 우리의 감각이 우리를 과잉으로 이끈다는 데 놀라서는 안 된다.

고기肉도 마찬가지이다. 동물이 죽고 나서 그것을 볼 때 날것에다 피가 뚝뚝 떨어지면 감각은 끔찍한 공포를 일으킨다. 그러나 짐승을 죽일 생각을 하고 피를 빼내고 고기를 굽고 양념을 칠 생각들을 한다. 그런 다음에 사람들은 감각이 타락했다는 둥, 방탕하다는 둥 비난하는 것이다. 사람들은 자연이 마련해 주는 것과는 다른 양식을 얻기 위해 이성을 사용하므로 똑같은 이성을 사용해서 나는 식사를 절제해야 한다는 점을 인정한다. 요리사들이 걸레짝이 된 신발로 스튜를 만들어 먹게 하는 기술을 발견했다면 이성을 사용해서 신이 지은 것과는 다른 섞음질을 한 고기가 아닐까 의심해야 한다. 신이 우리에게 오직 사물들의 자연적 질서와 관련해서 감각을 마련해 준 까닭이다.

통상 섭취하는 것이 아닌 양분을 먹을 때 우리는 상상력과 감각이 불신한다는 점 또한 관찰해야 한다. 누군가 어떤 과일을 먹은 적도 없고 먹는 것을 본 적도 없는데 그 과일과 마주하게 되었다면 우선 그것을 맛보면서 반감을 갖고 두려움도 느낄 것이다. 그는 상상력과 감각을 통해 자신이 느끼게 될 맛에 자연스럽게 주의를 기울이게 될 것이다. 그가 아무리 배가 고파도 그것을 처음으로 먹는 일은 거의 없을 것이다. 그 과일에 어떤 위험한 특성이 있다면 그것 때문에 그는 마음속에 틀림없이 두려움이 일어날 것이다. 그런 식으로 다음번에는 그 과일을 먹지 않는 식으로 그의 기계가 배치될 것이다. 그가 갖게 될 공포심이 얼굴 표정에 뚜렷하게 나타날 것이고 다른 사람들은 그 모습을 보고 그 과일을 먹지 않게 될 것이다. 이 모든 것이 이성이 전혀 관여하지 않고도 일어나거나 그의 내부에서 일어날 것이다. 여기서 나는 이성과 교육으로 얻을 수 있는 도움에 대해서는 말하지 않는다.

그러나 우리의 친구들이 적어도 우리의 체질과 관련해서 좋지 않은 음식을 먹을 때 우리도 그들처럼 행동하게 된다. 우리는 의견을 듣고 살아가고 모범이 있으면 확신이 생긴다. 이 양식이 우리 내부에서 어떤 결과를 초래할지 검토하지 않고 과도하게 먹으면 어쩌나 걱정하지도 않는다. 그러나 우리의 감각은 우리가 생각하는 것만큼 과식에 크게 관여하지 않는다.

세상에는 미각에 관한 한 그보다 더 민감할 수 없는 사람들을 속일 수 있는 과일들도 있을 수 있음이 사실이다. 그러나 이런 경우는 확실히 대단히 드물다. 그러므로 이 개별 사례를 갖고 우리의 감각이 완전히 타락했고, 신체의 이득과 관련된 사물들 자체도 흔히 우리를 속이기 마련이라는 절대적 결론을 내려서는 안 된다. 아마 이 과일들이 우리의 입맛을 속였다면 자연적이지 않은 양식을 섭취하면서 우리가 종종 사용하는 미각기관이 변질되었기 때문일 것이다. 우리가 섭취하는 아주 맛있는 고기는 지나치게 강렬한 부위를 통해 혀의 섬유에 상처를 입힌다. 그렇게 되면 혀는 더 이상 민감하지 않게 되고 분별력도 없어질 것이다. 스튜 말고는 맛을 느끼지 못하는 사람들은 내가 한 말의 한 가지 증거이다. 우리가 밀에서 맛을 못 느끼고, 날고기에서 맛을 못 느낀다면 혀의 운동이 약한 부위가 무감각해졌기 때문이다.

그러나 미각에 관해서 그보다 더 예민할 수 없고 여전히 완벽하게 자연 상태에 놓여 있는 사람들을 속일 수 있는 과일이 있다고 가정한다면, 그것이 원죄로부터 비롯된 것이 아니라 자연의 대단히 단순한 법칙 덕분에 한 감각이 모든 종류의 고기를 충분히 구분하기란 불가능하다는 것에서 온 것이다. 더욱이 미각의 결함은 고칠 방법이 없지 않다. 산모가 위험한 과일을 혐오할 때 이는 아이가 산모의 뱃속에 있을 때는 물론 분만 후에도 훨씬 더 많이 전해진다. 아이들은 어머니가 준 음식만 먹으며, 어머니는 기계적으로든 얼굴 표정에 의해서든 먹기 좋은 것이 아닌 과일에 품은 혐오감을 아이에게 새기게 된다. 신은 감각을 통해 우리 생명 보존을 충분히 대비했던 것이고 그 이상 더 잘 할 수 없었던 것이다.

질서에 따라 영혼과 신체의 결합의 법칙은 대단히 단순해야 하므로 그 법칙들은 대단히 보편적이어야 한다. 신은 거의 일어나지 않는 경우를 대비하여 개별 법칙들을 확립하지 않은 것이 틀림없다. 이들 경우에 이성은 감각을 도우러 오게 되는데 우리는 어떤 경우에서든 이성을 사용할 수 있기 때문이다. 그러나 감각은 우리가 생각할 수 있는 가장 유용한 어떤 자연적 판단을 내리기로 정해져 있다. 나는 이를 제 1 권에서 이미 증명했다. 그럼에도 이 판단도 간혹 우리를 속이는데 그것은 영혼과 신체를 결합하는 가장 단순한 법칙들을 늘리지 않고는 다른 방식으로 이루어지기가 불가능한 까닭이다.

이제 인간을 질병의 상태에서 고려한다면 생명의 보존과 관계된 인간을 지금 질병의 상태에서 그의 생명의 보존과 관계된 것에서조차 감각에 속는다는 점을 인정해야 한다. 인간 신체의 구조l'économie가 흐트러지면 그렇게 흐트러진 정도에 비례하여 두뇌에 많은 불규칙한 움직임들이 자극되지 않기란 불가능한 일이다. 그러나 사람의 감각은 아직 흔히 생각하는 만큼 그렇게 타락한 것은 아니고, 신은 정말 현명하게도 영혼과 신체의 결합의 법칙을 통해 생명의 보존에 대비했다. 그래서 이 법칙이 단순하기는 하나 종종 충분히 건강을 회복시켜 주는 것이다.

이성을 사용하거나 환자들의 상태를 세심히 진찰하지 않는 몇몇 의사들을 따르는 것보다 이 법칙을 따르는 것이 더욱 확실하다. 상처가 났을 때 깨끗한 상태로 유지하고 꿰매고 붕대를 감으며 돌볼 때 상처가 저절로 아물고 회복되는 것과 마찬가지이다. 동물들도 상처를 입었을 때 환부를 핥으며 돌보지 않는가. 보통의 질병들은 그런 상태로 두고, 마치 본능처럼 또 감각처럼 질병이 일러 주는 생활방식을 정확히 지킬 때 금세 사라진다.

예를 들어 열이 있는 사람은 포도주 맛이 쓰다고 느낀다. 그런 식으로 그때 포도주가 해가 되는 것이다. 똑같은 사람이 건강한 상태일 때는 입맛에 맞는다. 그때 그에게 포도주는 즐거움을 마련해 준다. 종종 포도주가 이를 달게 마시는 환자들에게 대단히 유용한 때도 있는데, 물론 그때 포도주 맛이 마시는 것이 습관이 되어 그런 것은 아니라는 한에서이다. 환자들을 자극하는 욕망의 원인은 지금 신체가 어떻게 배치되었냐는 데 있다. 그래서 질병에서 벗어나 건강한 상태를 회복하는 법을 찾으려면 감각에 물어야 한다는 점이 확실하다. 나는 아래의 일들이 수행되어야 한다고 생각한다.

환자들은 지금 신체가 배치된 상태에 따라 간혹 그들 내부에서 어떤 은밀한 욕망이 자극되는지 대단히 민감해야 한다. 특히 이 욕망이 이전의 습관에서 나온 결과가 아닌지 주의해야 한다. 이를 위해서 환자들은 상상력을 무사태평하게 방치해 두는 것이 필요하다. 말하자면 상상력을 확정짓는 것은 전혀 생각도 말고 그들의 지금 건강상태가 어디까지 갔는지 관찰하지도 말고, 지금 환자들이 갖는 성향이 현재 배치의 상태가 원인이 되어 그들을 자극하는 것인지도 검토하지 말아야 한다. 사정이 이러할 때 환자들은 성향을 따르되, 대단히 신중히 따라야 한다. 이 은밀한 성향이 신체의 배치에서 온 것인지 확신하기란 정말 어려운 까닭이다.

간혹 경험자에게 물어보는 것이 유용할 때가 있다. 내가 방금 말한 대로 환자가 상상력을 방치하면 머리에는 아무것도 떠오르지 않으니 휴식을 취하고 절식을 한다. 필경 절식을 하게 되면 어떤 욕망이 자극되거나 병이 되었던 체액들이 해소된다.

그러나 절식을 하고 휴식을 취하는데도 질병이 커지면 반드시 경험의 도움을 받거나 의사를 찾아야 한다. 그러니까 체질인 것일 수 있는지 알 수 있는 숙련된 의사에게 정확하게 전부 보여 주어야 한다. 의사에게 질환의 시작과 그 영향이며, 질병에 걸리기 전의 몸 상태를 명확하게 설명해야 한다. 그래야 의사는 그에게 치료를 원하는 사람에 대해 자신의 경험과 이성에 물을 수 있으니 말이다. 비록 의사가 쓰디쓴 데다 정말 일종의 독이기도 한 약을 쓴다고 해도 그 약을 먹어야 한다. 보통 경험상 이 독이 신체에 머무는 것이 아니라 질병의 원인이 된 나쁜 체액을 배출하기 때문이다. 그때 이성, 더 정확히 말해서 경험이 감각보다 우세함이 틀림없다. 물론 우리에게 제시된 약에 대한 공포가 새로운 것이 아니라는 한에서 그렇다. 우리에게 질병이 닥친 동시에 이러한 혐오감이 자극되었다면 그것은 이런 유의 약이 그 질병의 원인이 되었던 나쁜 체액과 동일한 본성을 가졌고, 약을 먹으면 아마 질병이 계속 커지게 되리라는 증거일 것이다.

그럼에도 나는 위험하게도 강하거나 사람들이 대단히 두려워하는 약을 복용하기 전에 더 달콤하고 더 자연적인 약으로 시작하는 것이 적합하리라고 믿는다. 식욕을 잃었지만 지나치게 구토가 어렵지 않다면 물을 많이 마시거나 가벼운 구토제를 복용하는 것처럼 말이다. 물을 과도하게 마시는 것은 발열로 인해 지나치게 진해진 체액을 유동적으로 만들고 신체의 모든 부분에서 혈액순환을 용이하게 하고 질병의 원인이 되는 요인들ferments을 묽게 만들고 피와 체액에서 소금기를 빼거나 신맛을 없앨 수 있다. 또한 구토제는 위장을 비우므로 섭취한 음식이 위장에서 더 이상 부패하지 않게 하고 더 이상의 간헐열을 막는다. 내가 여기서 이들 약재가 우수하다는 점을 계속 입증할 필요는 없을 것이다. 나는 지나치게 경솔하게 처신하지 않고 처방전을 너무 쉽게 남발하지 않는 현명한 의사들의 충고를 따라야 한다고 믿는다.

질병에 걸렸을 때 좋은 효과를 내는 약에 항상 대부분의 환자들은 괴로워하기 때문이다. 고통스러워하는 사람들은 인내심이 없으니 환자들에게 아무 처방도 하지 않는다면 의사들이 명예를 얻고 약제사들이 이득을 얻는 데 유리하지 않다. 의사들은 왕진도 충분히 하지 않으면서 처방은 지나치게 많이 한다. 그래서 병이 들었다면 의사에게 위험한 처방은 하지 말고 본성을 따르고 가능하면 본성을 강화해 달라고 간청해야 한다. 왕진을 와서 고통을 덜어 주지 않아도 나쁘게 생각하지 않을 만큼 이성과 인내심을 가져야 한다. 이런 경우에 간혹 나빠지게 하지 않는 것이 대단한 일일 때도 있다.

그러므로 나는 생명을 보존하고 싶다면 의사들의 도움을 구하고 그들의 말을 들어야 한다고 생각한다. 의사들이 건강하게 만들어 주겠다는 확신은 주지 못한대도 간혹 많은 공헌을 할 수 있으니 그들이 다양한 질병에서 계속해서 많은 경험을 쌓았기 때문이다. 그들은 정확하게는 거의 모르지만 항상 우리보다는 더 많이 알고 있다. 그들이 심혈을 기울여 우리 기질을 알고자 하고 질병의 모든 돌발적 증상들을 세심히 관찰하고 우리 자신이 가진 내적 감각을 신중히 고려할 때 우리는 사람들로부터 합리적으로 기대할 수 있는 모든 도움을 희망할 수 있을 것임이 틀림없다.

방금 의사들에 대해 했던 말을 거의 그대로 영성지도자들에게도 말할 수 있다. 그들에게 묻는 일이 절대적으로 필요한 어떤 경우들이 있으며, 보통 그런 일이 유용하다. 하지만 간혹 그들에게 의견을 묻는 일이 불필요하고 심지어 대단히 위험한 일이 종종 있다. 나는 이 문제들을 설명하고 증명하겠다.

흔히 인간의 이성은 오류에 빠지기 쉽다고들 말한다. 그러나 이 점에서 어떤 오해가 있는데 이 점에 충분히 주의를 기울이지 않는다. 인간이 이성에 충실하게 물을 때는 그가 묻는 이성이 타락했다고도, 인간을 속인다고도 생각해서는 안 되기 때문이다. 나는 이 점을 이미 말했고 다시 말하고 있는데 우리를 이성적으로 만들어 주는 것은 오직 지고한 이성뿐이다. 우리를 밝혀 주는 지고한 진리만이 있을 뿐인 것이다. 우리에게 분명하게 말하고 우리를 가르칠 수 있는 이는 신뿐이다. 우리가 가진 것이라고는 진정한 주님 예수 그리스도, 영원한 지혜, 성부의 말씀뿐이며, 그 안에 지혜며 신의 학문의 모든 보물이 존재한다. 모든 사람이 분유하고, 오직 그것으로만 우리가 이성적 존재가 될 수 있는 이 보편 이성이 오류에 빠지기 쉽다거나 우리를 속일 수 있다고 말하는 것은 불경한 일이다.

그를 유혹하는 것은 사람의 이성이 아니라 그의 마음이다. 그가 앞을 볼 수 없게 만드는 것은 그의 빛이 아니라 그의 어둠이다. 그가 신과 합일할 때 그는 속을 수가 없다. 어떤 관점에서 보자면 그가 신체와 합일하기 때문도 아니다. 그가 신체에 종속되었기 때문이며 더 정확히 말하자면 스스로 잘못 생각하고자 하는 까닭이다. 수고를 들여 검토하기 이전에 판단의 즐거움을 즐기고자 하고, 진리가 머무는 자리에 이르기에 앞서 휴식하고자 하니 말이다. 나는 우리가 범하는 오류의 원인들을 이 책의 여러 곳에서 보다 정확히 설명했고, 이 자리에서는 내가 했던 말이 필요조건이 된다.

사정이 이러하므로 진리가 우리에게 말하는 것이 확실하고 우리의 질문이나 우리 정신이 집중할 때 듣게 되는 답변이 명백하다면 영적 지도자들에게 묻는 일은 불필요하다고 나는 말하는 것이다. 나는 명백하다고 말했는데 이 말에 주의를 기울여야 한다. 그것은 빛이 산출하는 명백성이지, 우리 내부에서 상상력이나 정념이 산출하는 저 거짓 명백성이 아니다. 그래서 우리 안에 들어가면서 감각과 정념이 침묵할 때 우리는 너무 명확하고 너무 명료하여 의심할 수 없는 말을 듣게 된다. 사람들이 무슨 생각을 하는지 개의치 말고 그 말에 복종해야 한다. 관습을 고려해서는 안 되고, 은밀한 성향에 귀 기울여서는 안 되고, 학자라고 불리는 사람들이 내놓는 해결책을 지나치게 존중해서도 안 된다. 거짓 신앙의 외관에 홀려서도 안 되고, 그들을 고무하는 정신이라고는 모르는 사람들의 반박에 무너져서도 안 된다. 다만 그들의 의도를 단죄하지 않고 그들의 인격을 경멸하지 않고 인내심으로써 그들의 모욕을 견뎌야 한다. 우리를 밝히는 진리의 빛에 소박하게 기뻐해야 한다. 그것을 정념을 합리화하기 위해 상상력이 고안한 저 기교만 가득한 모든 구분들보다 선호해야 한다.

예를 들어 누구든지 자기 안에 들어갈 수 있고 감각과 정념이 자극하는 소음을 중지시키고 신이 우리 내부에 마련한 사랑의 운동 전체가 자기에게서 끝나야 하며, 신조차 모든 점에서 그를 사랑해야 하는 우리의 의무로부터 자유롭게 해 줄 수 없음을 명확히 알게 된다. 신이 끊임없이 자신을 위해 행동하고, 자신과는 다른 것을 의지하거나 자기 스스로 의지하는 것과는 다른 것을 의지하기 위해 우리의 의지를 창조하거나 보존할 수 없음이 명백하다. 나는 어떻게 가장 사랑스럽지 않은 것을 가장 사랑하고, 지고하게 혹은 목적으로 삼아 사랑하기를 의지할 수 있는지 상상할 수 있는지 모르겠다.

질서에 묻는 대신 자기 정념에 묻는 사람들은 신은 자신의 의지 자체만을 의지의 규칙으로 삼으며, 신이 질서를 따른다면 그것은 신이 그 질서를 의지했고, 모든 경우에 자유롭고 공평무사한 의지로써 바로 그 질서를 만들었다는 점을 쉽게 이해할 수 있음을 나는 잘 알고 있다. 본성상 불변하고 필연적인 질서는 존재하지 않으며, 피조물 가운데에 첫 번째가 그 존재가 반드시 필요로 하여 그의 실체에서 나온 것이 아니라 신의 자유의지에 의해 만들어졌더라도 만물이 따라 지어진 질서 혹은 지혜란 존재하지 않는다고 생각하는 사람들이 있다. 그러나 이런 생각은 도덕을 지탱하는 질서와 이 질서를 따르는 영원한 법칙에서 불변성을 제외해 버리면서 도덕의 근본을 뒤흔들고, 예수 그리스도와 신의 말씀에서 신성神性을 제거하면서 기독교 도덕의 전 체계를 뒤집어 버리는 것이다.

그래서 신의 의지로 질서가 섰든, 신의 의지가 질서를 전제하든, 자기 내부로 들어갈 때 우리가 숭배하는 신이 정작 우리에게는 질서와 명백히 모순되어 보이는 것을 만들 수 없으리라는 것을 명확히 알게 된다. 그래서 우리의 시간 혹은 우리 존재의 지속 기간이 우리를 보존하는 자를 위한 것이기를 바라고, 우리 심장의 운동 전체가 우리 내부에 끊임없이 질서를 새기는 자를 향하기를 바라고, 우리 영혼의 능력 전체는 오직 그 능력이 작용하게 해주는 힘을 가진 자를 위해서만 작용하므로 신은 모세를 통해 우리를 위해 지으셨고, "네 마음을 다하고 네 뜻을 다하여, 네 혼 힘을 다하여 주 너의 하느님을 사랑해야 한다"[2]는 복음서의 말씀에서 독생자를 통해 우리에게 다시 반복하셨던 계명

2 Diliges Dominum Deum tuum ex toto corde tuo, et ex tota anima tua, et ex tota mente tua, et ex tota virtute tua.(Marc, XII, 30)

에 예외를 둘 수 없다.

그러나 질서는 정의로운 모든 이가 행복하고 죄 지은 모든 이가 불행하기를 바라고, 모든 행동이 질서에 부합하거나 신을 향한 사랑의 운동 전체가 보상받고, 질서에 어긋나는 모든 운동이나 신을 향하지 않은 사랑의 움직임 전체가 처벌받기를 바라므로 행복하고자 하는 모든 이라면 끊임없이 신을 향해야 한다는 점이 명백하고, 신을 향해 나아가는 행로를 막아 세우는 모든 것을 끔찍하게 생각하여 거부해야 한다는 점이 명백하다. 그러니 그런 사람이 영적 지도자에게 물을 필요가 없다. 신이 말씀하실 때 사람들은 침묵해야 하고, 우리 이성의 가장 후미진 곳에서 우리가 듣는 대답에 우리 감각과 정념이 관여하지 않는다는 것이 절대적으로 확실할 때 우리는 이 대답을 공경한 마음으로 듣고 그 대답에 따라야 한다.

무도회와 코미디 극장에 가야 할지, 양심의 거리낌 없이 도박이며 불필요한 대화로 하루 대부분을 보낼 수 있는지, 어떤 교제와 어떤 연구와 어떤 직무가 우리의 의무에 부합하는지 알고 싶으신가. 우리 내부로 들어가 보고, 감각과 정념을 침묵하게 하고, 신의 빛을 통해 우리가 신을 위해 그런 행동을 할 수 있는지 알아보도록 하자. 우리가 따르는 길이 우리를 죽음으로 이끄는 길인지 아닌지 알려면 길이요, 진리요, 생명인 자에게 묻도록 하자. 신은 절대적으로 정의롭고 질서에 부합하지 않는 모든 것을 필연적으로 처벌하고 질서에 부합하는 모든 것은 보상하지 않을 수 없으므로, 우리가 하고자 하는 행동으로써 우리의 지복이 커지거나 확고해진다고 믿을 만한 충분한 이유가 있다.

무도회에 가고자 하는 마음으로 이끄는 것이 신의 사랑이라면 그곳에 가도록 하자. 천국에 이르기 위해 도박을 해야 한다면 밤이고 낮이고 도박을 하자. 우리가 수행하는 직무가 신을 영광스럽게 하는 목적이라면 그 일을 하도록 하자. 이 모든 일들을 기쁘게 하도록 하자. 우리는 천국에서 큰 보상을 받게 되리라.

그러나 우리의 본질적 의무들을 세심히 검토한 다음에 우리의 존재며 우리 존재의 지속도 우리의 것이 아니며, 우리의 일이 그저 즐겁게 시간을 보내려는 것에 불과할 때 신의 처벌을 피할 수 없는 불의를 행하고 있음을 명확히 인정하며, 우리는 육肉과 속俗을 따라 살아가고, 무기력하고 관능적인 삶을 영위하고, 의견과 관습을 따르기에 주님과, 자신의 피로써 우리를 구하셨던 구세주 예수 그리스도가 대단히 명확하고 대단히 명료하게 우리가 충실하지 못했고 배은背恩을 저질렀음을 꾸짖는다면 그분의 말씀에 복종하도록 하고, 마음이 냉혹해지도록 하지 말며, 그런 위협으로부터 우리를 안심시키고 우리에게 상처를 주고 우리 마음에 파고드는 저 빛을 근사한 구름으로 가리는 영적 지도자들을 찾지 말도록 하자.

복음서에서는 한 맹인이 다른 맹인을 인도할 때 이 둘 모두 허방에 빠진다고 했다.[3] 인도를 받는 맹인이 인도하는 자와 함께 가다가 허방에 빠졌고, 인도했던 맹인을 신이 용서하지 않으신다면 신께서는 눈이 잘 보이지만 맹인의 인도를 받은 자를 용서하실까? 그 맹인이 그를 쾌적하게 이끌었고 자기 성향에 따라 길을 벗어나지 않도록 했다고? 이 들 자발적 맹인들은 결코 속이는 일이 없는 신께서는 유혹자들을 찾는

---

3 [옮긴이] 〈마태복음〉 15장 14절.

타락한 마음을 벌하기 위해 이들 유혹자들을 존재케 하셨고, 눈멂은 그것이 종종 죄악의 원인이 될지라도 사실은 그 죄악에 대한 처벌이며, 오직 듣는 자의 선을 위해서 말씀하시는 영원한 지혜의 목소리를 듣고자 하지 않았던 자가 자신을 속이는 몇몇 이들로 인해 결국 타락에 빠지게 되었음을 반드시 알아야 한다. 그들로 인해 그의 마음이 더 쾌적해졌으므로 이는 그만큼 더 위험한 것이다.

자기 안으로 들어가서 감각과 정념을 침묵하게 하고 언제 신이 우리에게 말하고 언제 신체가 우리에게 말하는지 분별하는 일이 어렵다는 점은 사실이다. 대단히 자주 감정의 증거를 명백한 근거로 간주하기 때문이다. 영적 지도자에게 묻는 일이 필요하다면 바로 이런 이유에서이다. 그러나 선호해야 할 자는 조언자들moniteurs보다는 주님인 것이다. 언제나 신께 묻는 것으로 시작해야 하고, 영적 지도자들에게 묻는 일이 언제나 필수적이지는 않다. 우리는 많은 경우에 해야 할 일을 그보다 명백할 수 없도록 전적으로 확실하게 알기 때문이다. 그때는 전적으로 성심을 다하고 겸허와 복종의 정신으로 조언을 하지 않는 이상 영적 지도자들에게 묻는 일은 심지어 위험하기까지 하다. 이런 경향들이 있으니 신은 우리가 속게끔 하지 않거나 우리에게 해가 되는 방식으로 속게끔 하지 않도록 하신다.

영적 지도자에게 마침 물어야 할 때는 종교를 알고 복음서의 말씀을 지키고 인간을 아는 사람을 선택해야 한다. 사교계의 공기로 타락하지 않도록, 우정 때문에 무기력해지거나 지나치게 관대하게 대하지 않도록, 신이 우리를 걱정하는 일도 바라는 일도 없도록 조심해야 한다. 성녀 테레사는 수많은 사람들 가운데 한 명을 선택해야 한다고 말했다.

그녀 자신이 언급한 대로 그녀는 무지한 영적 지도자의 과오로 인해 길을 잃었다고 생각했다.

세상에는 속이는 자들로 가득하다. 나는 다른 이들만큼이나 선의를 갖고 속이는 사람들에 대해 말하는 것이다. 우리를 사랑하는 사람들은 친절을 가장하여 유혹하고 우리 아래에 있는 사람들은 존경이나 경외심을 가장하여 아첨하고, 우리 위에 있는 사람들은 경멸하고 무시함으로써 우리의 필요에 귀 기울이지 않는다. 더욱이 우리에게 조언하는 사람들은 우리 내부에서 일어난 일에 대해 그들에게 해준 말을 따라서 하는 것이다. 틀림없이 우리는 우쭐해지게 된다.

상처가 수치스러울 때 우리는 깨닫지도 못하는 사이에 손을 상처에 가져간다. 우리 스스로를 속이기 위해 우리를 지도하는 이들을 종종 속이곤 한다. 우리가 그들의 말을 따를 때 안전을 도모하기 때문이다. 그들은 우리가 가고자 하는 곳으로 우리를 이끈다. 우리를 비추는 빛과 이성의 내밀한 비난에도 불구하고 그것이 우리가 해야 할 복종임을 확신하고자 하는 것이다. 우리는 잘못 생각하고 신은 이를 허용한다. 그러나 우리는 마음속을 파고드는 이를 속이지 않는다. 우리가 최대한 내적 진리의 목소리에 귀를 막을지라도 우리가 힘을 놓고 말 때 저 지고한 진리가 퍼붓는 비난을 받고 그 목소리가 우리의 어둠을 밝혀 주고 우리 이기심이 얼마나 교묘한지 고스란히 느끼는 것이다.

그러므로 신체의 건강을 위해 감각에 물어야 하듯 영혼의 건강을 위해서는 이성에 물어야 하고, 가능한 만큼 주의를 기울여 이성에 묻고 난 다음에도 이성의 답변이 명확하지 않을 때에는 영적 지도자들에게 반드시 도움을 구해야 한다. 우리 감각의 기능이 제대로 구실하지 않을 때 의사들의 도움을 구해야 하는 것처럼 말이다. 그런데 이 일은 분별 있게 이루어져야 한다. 숙련되지 않은 의사들이 우리 신체를 죽음으로 몰고 가듯, 양식 없는 영적 지도자들은 간혹 우리 영혼을 죽음에 이르게 만들 수도 있다.

나는 영적 지도자들과 의사들을 이용하고 선택할 때 지켜야 할 규칙들을 깊이 설명하지 않는데 사람들이 내 생각을 공정하게 판단하고 내 생각에서 끌어낼 수 있는 도움을 다른 사람들에게서 끌어내는 것을 내가 막으려 한다고 생각하지 말아 달라고 부탁드리는 것이다. 나는 자기 생각을 현명하고 양식 있는 사람들의 뜻에 복종하는 특별한 축복이 있음을 알며, 건강하게 죽어야 한다는 저 보편 규칙이 생명 보존에 대해 내가 확립할 수 있는 규칙들보다 대부분의 사람들에게 더욱 확실하다고 믿고 싶기까지 하다. 그런데 자기 자신 내부로 들어가고, 복음서에 묻고, 예수 그리스도가 즉각적으로 우리의 정신이나 마음에 말하든지 신앙을 통해 우리의 귀나 눈에 말하든지 그의 말씀에 귀 기울이는 일이 항상 유용하므로 내가 말했던 것을 말할 수 있었다고 믿었다. 우리의 영적 지도자들조차 이성과 신앙이 우리에게 가르치는 것과 모순되는 것을 말할 때 우리를 속이기 때문이다.

또한 신의 창조물이 자신을 보존하기 위해 필요한 것을 갖추었다고 생각하는 것이 신을 영예롭게 하는 일이므로 나는 사람들에게 그들의 신체라는 기계가 대단히 감탄스럽게 지어졌으므로 가장 능숙한 의사들의 학문과 경험을 통해서보다 훨씬 더 수월하고 종종 더 확실하게 자기 보존을 위해 필요한 것을 찾게 된다는 점을 인식시켜 줄 수 있다고 믿었던 것이다.

열네 번째 주해

제 5권 3장의 사랑은 즐거움이나 기쁨과 다르다는 점에 대하여

정신은 사물들이 동시에 발생하고 서로 모순되지 않을 때 아주 다른 사물들을 대단히 자주 혼동하곤 한다. 나는 이 책에서 여러 사례들을 제시했는데 우리 내부에서 일어나는 일에 대해서 볼 때 우리의 오류는 대부분 이 점에서 나오는 것이다. 우리 정신의 본성이나 본질을 이루는 것이 무엇인지, 정신이 어떻게 변형할 수 있는지에 대한 명확한 관념을 갖고 있지 않으므로, 완전히 상이한 일들이 우리 내부에 동시에 일어나기만 해도 종종 그것들을 충분히 혼동하게 된다. 이는 명석판명한 관념을 통해 알지 못하는 것은 쉽게 혼동되는 까닭이다.

우리 내부에서 동시에 일어나는 일들이 어떤 점에서 상이한지 명확히 알기가 불가능할 뿐 아니라 심지어 그렇게 발생하는 일들 사이에 차이가 있음을 아는 일도 어렵기는 마찬가지이다. 이를 위해서는 자기 자신을 돌아보고 자기 자신 안에 들어가야 하기 때문이다. 이는 보통 일어나는 일을 선이나 악의 관점에서 고려하기 위해서가 아니라 그저 지나치게 부주의하고 수고를 많이 들인 탓에 일어날 뿐인 일을 추상적

이고 소득이 적은 관점에서 고려하기 위해서이다.

어떤 물체의 둥긂이 그것의 운동과 다르다는 것은 어렵지 않게 이해된다. 공이 한 평면 위에 있을 때 그 공을 움직여야 밀 수 있으며, 그런 방식으로 운동과 둥긂이 함께 결합된다는 점을 경험으로 알지라도 이 둘을 혼동하는 일이 없는 것은 우리가 운동과 형상을 대단히 명석판명한 관념들로써 알기 때문이다. 그러나 즐거움과 사랑은 이와 같지 않지만 흔히 이 둘을 항상 혼동한다. 공이 둥글기 때문에 움직이듯 우리 정신은 말하자면 즐거움에 의해 움직이게 된다. 정신은 자극을 받지 않는 이상 선을 향하지 않으므로 이 즐거움의 원인이 되거나 원인으로 보이는 대상을 향해 즉시 운동하게 된다. 그래서 이 사랑의 운동은 영혼이 그런 즐거움을 느끼는 동시에 영혼에 일어나게 되므로 그것만으로도 영혼이 즐거움과 사랑을 충분히 혼동하게 된다. 영혼은 형상과 운동에 대해 명확한 관념을 갖지만 사랑과 즐거움에 대해서는 그런 관념을 갖지 않기 때문이다. 바로 이런 이유로 어떤 사람들은 즐거움과 사랑이 다른 것이 아니며, 내가 우리의 정념 하나하나마다 지나치게 많은 것을 구분한다고들 믿는 것이다.

그런데 즐거움과 사랑이 아주 다른 두 가지 것임을 충분히 이해시키기 위해 나는 두 가지 종류의 즐거움을 구분한다. 쾌적한 감정처럼 이성을 미리 예견하는 즐거움이 있고 이를 흔히 신체의 즐거움이라고 부른다. 한편, 감각도 이성도 미리 예견하지 않는 즐거움이 있고 이를 영혼의 즐거움이라고 부른다. 우리에게 어떤 선이 일어났거나 일어날 때 갖게 되는 명확한 지식이나 모호한 감정을 우리 내부에서 자극하는 기쁨이 그런 것이다.

예를 들어 한 번도 먹어보지 않은 과일을 맛보는 사람은 그 과일을 자신의 양식으로 삼아도 좋다면 그것을 먹으면서 즐거움을 느끼게 된다. 이 즐거움은 선행적인 것으로, 그 과일이 그에게 좋은지 알기 전에 이를 느끼기 때문이다. 이 즐거움이 이성을 미리 예견한다는 것이 명백하다. 굶주린 사냥꾼이 먹을 것을 찾으리라고 예상하거나 이미 그것을 발견했을 때 그는 기쁨을 느낀다. 그런데 이 기쁨은 그의 현재 혹은 미래의 이득을 알면서 갖게 되는 즐거움이다.

이성을 따르는 즐거움과 이성을 미리 예견하는 즐거움이 이렇게 다르다는 점 때문에 어떤 즐거움도 사랑과 다르지 않다는 점이 명백한 것 같다. 이성에 앞서는 즐거움은 모든 지식에 앞서고, 사랑은 그중 어떤 지식을 가정하므로 확실히 사랑에 앞서기 때문이다. 반대로 지식을 전제하는 기쁨이나 즐거움 역시 사랑을 전제한다. 기쁨은 우리가 사랑하는 것을 소유하거나 소유하리라는 모호한 감정이나 명확한 지식을 전제하기 때문이다. 전혀 사랑하지 않는 대상을 소유했다면 어떤 기쁨도 얻지 못했을 테니 말이다. 그래서 즐거움과 사랑이 아주 다른 것은 이성을 미리 예견하는 즐거움은 사랑을 미리 예견하고 사랑의 원인이 되며, 이성을 뒤따르는 즐거움은 결과가 원인을 전제로 하듯 필연적으로 사랑을 전제한다는 점이다.

영혼에 대해서도 영혼의 변형에 대해서도 명확한 관념을 갖지 못하므로 선행적인 즐거움이 무엇인지 명확히 알 수 없더라도 우리 마음속의 내적 감정에 주의를 기울인다면, 이런 종류의 즐거움은 그저 어떤 대상의 쾌적한 지각, 영혼을 변화시키는 관념이 영혼 속에 산출하는 지각일 뿐임을 잘 알게 될 것이다. 그런데 영혼의 지각들과, 영혼의 운동과 사랑 사이에는 큰 차이가 있다. 뜨거운 숯에 손을 대는 사람은 손가락이 뜨거울 때 손가락의 관념이 쾌적하지 않은 지각으로 영혼을 변형시키기 때문에 고통을 느끼게 된다. 그러나 이 지각이 자극하는 혐오의 감정은 자연적으로 이 지각을 따름에도 불구하고 항상 그것과 아주 다르다. 그래서 자연적 사랑에는 선행적 쾌락이 항상 동반되지만 그것과 매우 다른 것이다.

자유로운 사랑의 관점에서 본다면 이 점은 훨씬 더 명백하다. 선행적 즐거움이 사랑과 동일한 것이었다면 사랑 없이는 즐거움이 없었을 것이고, 즐거움 없이는 사랑이 없었을 것이다. 어떤 사물이 자기 자신을 결여한 채 존재할 수는 없으니 말이다. 그러나 기독교인은 자기의 적을 자유롭게 사랑하고, 교육을 제대로 받은 아이는 아버지가 세상 분별없고 짜증스러운 사람이어도 그를 사랑한다. 의무를 생각하고 신을 경외하고 질서와 정의를 사랑하기 때문에 그들은 즐거움 없이도 사랑할 뿐 아니라 그들에게 유쾌하지 않은 사람들이라도 심지어 두려워하면서도 사랑한다. 나는 그들이 의무를 다한다고 생각할 때 혹은 그들이 받아 마땅한 보상을 받고자 희망할 때 간혹 어느 정도 즐거움이나 기쁨을 느낀다는 점을 인정한다. 그러나 이 즐거움은 그것이 동기가 되더라도 아버지에 대한 사랑과는 명백히 다른 것이다.

일상적 사랑에 관한 문제에서도 그것이 즐거움과 다르다는 점 또한 확실하다. 이 사랑은 여흥을 즐길 때나 잠을 자는 동안 우리 내부에 존재하지만 확실히 즐거움이 영혼에 느껴지는 만큼은 영혼에 존속한다. 그래서 습관적 애덕이 즐거움 없이 희열도 없이 우리 내부에 머무를 때 즐거움이나 사랑이나 서로 동일한 하나임을 주장할 수 없다.

즐거움과 고통이 서로 반대말인 것처럼 즐거움과 사랑이 동일한 것이었다면 고통은 증오와 다른 것이 아닐 것이다. 그런데 고통이 증오와 다르다는 점이 명백한 것이 증오가 없어도 고통은 존속하기 때문이다. 예를 들어 부주의했던 탓에 부상을 당한 사람은 대단히 구체적이고 쓰라린 고통을 느끼지만 그렇다고 그가 증오하는 것은 아니다. 그가 자기 고통의 원인이나 자기 증오의 대상조차 모르거나 고통의 원인이 증오할 만한 것까지는 아니어서 증오심을 자극하지 않기 때문이다. 그래서 자기가 느끼는 고통으로 인해 증오에 이끌리고 증오의 성향을 갖기도 하지만 고통의 원인을 증오하는 것은 아니다. 고통이 증오해야 마땅한 것이니 자신의 고통을 증오한다는 것은 사실이다. 그러나 고통의 증오는 고통이 아니고, 고통을 전제하는 것이다.

반대로 고통의 증오는 대단히 쾌적한데 고통을 받는 것이 싫은 것처럼 고통을 증오하는 것은 좋아하는 까닭이다. 그러므로 고통은 증오가 아니고 고통의 반대인 즐거움은 증오의 반대인 사랑이 아니다. 또한 그 결과 이성을 미리 예견하는 즐거움과 사랑이 동일한 것이 아니다. 마찬가지로 나는 기쁨이나 이성에 따르는 즐거움은 사랑과 다르다는 점을 입증한다.

기쁨과 슬픔이 서로 반대되는 두 가지인 것이니, 기쁨이 사랑과 동일한 것이었다면 슬픔은 증오와 다르지 않았을 것이다. 그런데 슬픔과 증오는 다르다는 것이 명백하다. 슬픔은 간혹 증오 없이 존속되기 때문이다. 예를 들어 어떤 사람이 우연히 자기에게 필요한 것을 갖추지 못했을 때 그것만으로 충분히 슬픔이 일어날 수 있다. 하지만 그렇다고 그의 내부에서 증오심이 불러일으켜지는 것은 아니다. 자기에게 필요한 것을 갖지 못하게 하는 원인이 없기 때문이든, 그 원인이 마땅히 증오해야 할 것은 아니어서 자극을 일으킬 수 없기 때문이든 말이다. 그 사람은 자기가 사랑하는 이득이 박탈되는 것을 증오하지만 그것은 그가 그 이득을 사랑하기 때문일 뿐이다. 이득이 박탈되는 것을 피한다는 것은 이득을 향한 것이니 말이다. 그가 가진 증오의 움직임이 사랑의 움직임과 다른 것이 아님이 명백하다.

그래서 그가 증오를 한다면 그것은 그의 사랑에 대립하는 것이 아니고, 슬픔은 항상 기쁨과 대립하므로 그의 슬픔이 그가 느끼는 증오가 아니며, 그 결과 기쁨과 사랑은 다르다는 것이 분명하다. 결국 우리가 슬픔에 젖게 될 때 그것은 우리가 증오하는 어떤 것이 현전하기 때문이거나 더 정확히 말하면 사랑하는 어떤 것의 부재 때문이다. 그래서 슬픔은 증오를, 더 정확히 말하면 사랑을 전제하지만 슬픔은 증오와도, 사랑과도 아주 다르다.

나는 성 아우구스티누스가 신체의 배치가 영혼이 바라는 대로 이루어지지 않았을 때 영혼은 혐오감을 느끼게 된다고 확신했음을 잘 알고 있다. 또한 그가 희열을 애덕과, 즐거움을 기쁨과, 고통을 슬픔과, 즐거움과 기쁨을 사랑과, 고통과 슬픔을 혐오감이나 증오와 혼동하곤 한다는 점도 잘 알고 있다. 저 박학한 학자는 대부분의 인간이 쓰는 일상적 언어에 따라 이 모든 점을 정말 잘 설명했던 것 같다. 그러나 사람들은 그들에게 동시에 일어나는 대부분의 일들을 혼동하거나, 아마 대단히 정확하거나 대단히 철학적 방식으로 이 문제를 검토하지 않았다.

그렇지만 내가 이 점들을 정확히 구분할 필요가 있어 보인다고 말할 수 있고 또 말해야 한다고 믿는다. 그래야 성 아우구스티누스가 다뤘던 많은 문제들이 모호하지 않고 명확하게 설명된다. 서로 완전히 반대되는 생각을 가진 사람들조차 저 위인의 권위에 기대고는 하는데, 이는 성 아우구스티누스의 표현들이 다양한 의미를 갖기 때문이다. 그의 표현들은 합의보다는 아마 논쟁을 더 갈망하는 여러 사람들의 합의를 도출할 정도로 항상 충분히 정확하지는 않았다.

열다섯 번째 주해

제 6권 2부 3장에서 이차 원인에 부여된 유효성에 대하여

최초의 인간의 원죄 이후에 정신은 끊임없이 외부로 흩어지고 자기 스스로를 잊었고 그를 밝혀 주고 그의 안으로 파고드는 자도 잊었다. 정신은 신체며, 자기를 둘러싼 존재들의 유혹에 그저 빠져 완전성과 행복을 자기 안에서 찾을 수 있다고 상상한다. 우리 내부에서 작용할 수 있는 유일한 분인 신은 지금 숨어서 우리 눈에 보이지 않으며, 신이 수행하는 작용들에는 감각적인 데가 전혀 없다. 신이 모든 존재를 만들고 보존한다고 하나 정신은 만물의 원인을 대단한 열정을 기울여 찾으면서도 그를 알아보는 데 애를 먹는다. 매 순간 신을 만나고 있는데도 말이다.

몇몇 철학자들은 신의 역량이 응당 받아야 할 영예를 신에게 돌리는 것보다 '본성'과 어떤 '능력들'을 자연적이라고 부르는 결과들의 원인으로 상상하는 것을 더 좋아한다. 내가 밝히고 싶은 것처럼 그들에게는 그 본성도, 저 능력들에 대한 증거도, 명확한 관념도 없지만 그들은 자기들이 무슨 말을 하는지 모르면서 말을 하고, 만물 속에서 모든 것

을 만드는 자의 손을 알아보기 위해 얼마간의 정신의 노력을 기울이는 것보다 순전히 상상의 힘을 소중히 여기는 편을 더 좋아한다.

나는 원죄에서 비롯한 가장 비통한 결과들 중 하나는 신에 대한 취향도 생각도 더 이상 갖지 못하는 점이나 일종의 공포나 두려움으로만 신을 좋아하고 인정할 뿐이라는 것을 믿지 않을 수 없다. 만물에서 신을 보아야 하고, 모든 자연적 결과에서 신의 힘과 역량을 느끼고, 모든 자연적 결과들에서 신의 지혜를 감탄해야 할 것이다. 한마디로 말해서 신만을 숭배하고 창조물에서만 신을 사랑해야 할 것이다.

그런데 현재 신과 인간 사이에는 은밀한 대립이 존재한다. 인간은 스스로 죄인이라고 느껴 몸을 감추고 빛을 피하고 신과 마주치면 어쩌나 걱정한다. 모든 것을 아시고 모든 것을 행하시는 성스럽고 정의로운 신의 가공할 역량과 마주치기보다는, 자기 주변 대상들에서 친숙해질 수 있고, 기이하고 타락한 의도에 후회 없이 봉사하게 해줄 수 있는 맹목적 자연이나 역량을 상상하는 것을 더 좋아한다.

나는 이교도 철학자들이 주장하는 원칙과는 다른 원칙을 통해 '자연'과 이차 원인들에 대한 생각을 따르는 사람이 많다는 점을 인정한다. 그런데 나는 이 글의 결론을 통해 사람들이 그 철학자들은 항상 충분히 알려지지 않았던 철학 원리들에서 끌어오는 도움이 없이는 벗어나기가 불가능에 가까운 편견을 통해서만 이런 의견에 접근하게 된다는 점을 깨닫기를 바라는 것이다. 필경 그 때문에 그들은 내가 주장해야 한다고 믿는 의견에 찬성을 표명하지 못했던 것이다.

무엇이 됐든 산출하기 위한 힘, 역량, 효력을 '이차적'이거나 '자연적' 원인에 돌리지 못하게 만드는 많은 근거들이 있다. 그러나 가장 중요한 근거는 나로서는 이 의견이 상상할 수 없게 보인다는 데 있다. 그 의견을 이해하기 위해 아무리 노력한다고 해도 피조물이 가졌다고 보는 힘이나 역량이 아니라면, 존재할 수 있는 것을 내 머릿속에 그려주는 관념을 내 안에서 발견할 수 없는 것이다. 그리고 나는 피조물이 자기 내부에 힘과 역량을 갖는다고 주장하는 사람들은 그들 스스로 명확히 이해하지 못하는 것을 제기하고 있는 것이라고 단언하는 일이 무모한 판단이라고 믿지 않는다. 결국 철학자들은 이차 원인들에 그들처럼 인간이며 그들처럼 지고한 이성에 분유하는 그들과 닮은 사람들을 행동하게 하고 만들어 내는 실제적 힘이 있다고 명확히 생각했다면 필경 나는 그들에게 이 힘을 재현해 보이는 관념을 발견할 수 있을 것이다. 그러나 내가 아무리 노력해도 나는 무한히 완전한 존재의 의지에서가 아니라면 힘도, 효력도, 역량도 발견할 수 없다.

더욱이 이 주제에 대한 철학자들의 다양한 의견을 생각해 볼 때 내가 제시하는 내용을 확신할 수 있다. 철학자들이 피조물의 역량과 피조물 내부에 존재하는 진정으로 강력한 무엇을 명확히 알았더라면 그들은 이 점에 대해 의견의 일치를 보았을 것이다. 사람들이 의견의 일치를 보지 못하도록 하는 이해관계가 문제가 되지 않는데도 그들이 합의를 보지 못한다면 그것은 그들이 하고 있는 말에 대한 명확한 관념이 없으며 그들이 서로 이해하지 못하고 있다는 확실한 증거이다. 무엇보다 논의 중인 문제처럼 복잡하거나 까다롭지 않은 논제를 놓고 논의할 때 그렇다.

사람들이 창조된 힘이나 역량에 대해 어떤 명확한 관념을 가졌다면 이 문제를 해결하는 데 아무런 어려움이 없을 것이다. 그러므로 그들의 몇 가지 생각을 아래에 제시하여 얼마나 그들의 의견이 일치하지 못하는지 보이겠다.

이차 원인들이 물질, 형상, 운동을 통해 작용한다고 확신하는 철학자들이 있는데,[1] 이들은 어떤 점에서 옳다. 다른 철학자들은 '실체 형상forme substantielle'을 통해 작용한다고 본다. 몇몇 철학자들은 '우연'이나 '특질'을 통해 작용한다고 본다. 어떤 이들은 '물질'과 '형상'을 통해 작용한다고 본다. 전자는 '형상'과 '우연'을 통해 작용한다고 보고, 후자는 이 모든 것과 구분되는 어떤 '힘vertus'이나 '능력들'을 통해 작용한다고 본다. 실체 형상은 형상을, 우발적 형상은 우연을 산출한다고 주장하는 사람들이 있고, 형상이 다른 형상들이며 우연을 산출한다고 주장하는 사람들이 있고, 우연만이 우연과 형상을 산출할 수 있다고 주장하는 사람들이 있다.

그러나 예를 들어 우연이 그것과 결합된 형상으로부터 받은 힘을 통해 형상을 산출한다고 말하는 사람들이 이 점을 동일한 방식으로 이해하고 있다고 생각해서는 안 된다. 전자는 이 우연이 힘이나 실체 형상의 힘에 불과할 뿐이기를 바라고, 후자는 우연은 그 자체에 형상의 영향력을 수용하고 그 힘을 통해서만 작용하는 것이기를 바란다. 마지막

---

1 이 의견들 중에서 가장 기상천외한 의견들에 대해서는 수아레스, 《형이상학》(*Métaphysique*) disp. XVIII, sect, II와 III, 스코투스의 In IV Sentent., dist. XII, quaest. I; dist. XXXVII, quaest. II; dist. XVII; 팔루다누스 In IV sentent., dist. XII, quaest. I, art. &; 페레리우스, 《자연학》(*Physique*), liv. VIII, chap. III; les Conimbres, 《아리스토텔레스의 자연학에 대하여》(*Sur la physique d'Aristote*) 및 수아레스가 인용한 여러 다른 문헌들을 참조.

으로 우연을 도구적 원인causes instrumentales일 뿐이라고 보는 사람들도 있다. 그러나 이 마지막 의견은 우선 도구적 원인이 무엇인지도, 제일 원인에서 받은 힘이 무엇인지도 아직 서로 합의를 보지 못했다. 철학자들은 이차 원인으로 결과를 산출하게끔 하는 작용에 동의하지 않는다.2

어떤 사람들은 인과성la causalité은 산출하는 것이므로 산출될 수 없다고 주장한다. 다른 사람들은 이차 원인들이 '작용action'을 통해 영향을 가하는 것이기를 바라지만, 이 작용이 정확히 무엇인지 설명하는 데 대단히 어려워한다. 이 점에 대해 내가 언급할 수 없는 수많은 다양한 의견들이 있다.

내가 고대 철학자들이나 아주 멀리 떨어진 나라 출신 철학자들의 생각들은 언급하지도 않았지만 이렇게 생각이 다양하다. 그러나 내가 방금 언급한 이들과 마찬가지로 그들 사이에도 이차 원인의 주제로 완전히 동의가 이루어지지 않았음을 충분히 판단할 수 있다. 예를 들어 이븐 시나는 유형의 실체들les substances corporelles이 우연과는 다른 것을 산출할 수 있다고 믿지 않는다.

다음이 루비오에 대해서 이븐 시나가 자신의 체계를 제시하는 내용이다.3 루비오는 신이 대단히 완벽한 정기적 실체精氣的 實體, substance spirituelle를 만들어 내고, 이 실체는 그보다 완벽함이 덜한 다른 실체를

---

2 폰세카(Fonseca)의 《형이상학》(*Métaphysique*) quest. XIII, sec., III, 동일한 문제에 대한 Soncinus와 Javelle의 질문을 참조.

3 루비오(Ruvio), 《자연학》(*Physique*), liv. II, traité IV, quest. II.

만들어 내고, 이렇게 만들어진 실체가 세 번째 실체를 만들어 내고, 이런 식으로 가장 마지막 실체까지 만들어 내는데, 모든 유형적 실체들은 이 마지막 실체가 만들어지는 바로 여기서 우연이 만들어진다고 주장한다. 그런데 이븐 가비롤Avicebron은 어떻게 상호 침투가 불가능한 유형적 실체들이 변질될 수 있는지 이해할 수 없었으므로 신체들 속으로 침투가 가능하고 그 내부에서 작용할 수 있을 정기들만 존재하기를 바라는 것이다. 이들은 진공의 문제도, 데모크리토스의 원자 이론도, 그들에게는 충분히 알려지지 않은 데카르트의 미세한 물질의 이론도 받아들이지 않았으니 말이다. 그들은 가상디주의자들과 데카르트주의자들처럼 가장 단단하고 가장 견고해 보이는 물체들의 구멍으로 들어갈 정도로 작은 물체가 존재할 수 있으리라고 생각하지 않았다.

내가 보기에 이렇게 생각이 다양하다는 것으로 우리는, 사람들이 종종 자기가 모르는 일들에 대해 말하고, 피조물의 역량은 우리가 자연적으로 그 관념을 갖지 못한 정기라는 허구이므로 각자 자기 마음대로 그 역량을 상상했던 것이라고 생각해도 될 것 같다.

모든 세기에 걸쳐 대부분의 사람들이 이 역량을 실질적인 것으로 인정했다는 점은 사실이다. 그러나 증거가 없었음은 확실하다. 내 말은 설득력 있는 증거가 없었다는 말이 아니라 주의 깊은 정신을 가진 사람들에게 어떤 자극이 될 수 있는 증거가 없었다는 것이다. 우리를 자주 속이는 감각과 상상력이 마련하는 증언들에만 기댈 뿐인 모호한 증거들을 이성을 사용하는 사람들은 받아들여서는 안 된다.

아리스토텔레스는 '자연'이라고들 부르는 것에 대해 언급하면서, 자연적 물체들이 운동과 정지의 내적 원리를 갖는다는 것을 증명하고

자 하는 것은 우스꽝스러운 일이라고 말한다.[4] 그의 말로는 그것은 그 자체로 알려진 일이라는 것이다. 그는 다른 공에 충격을 가하는 공에 그 공을 움직이게 만드는 힘이 들어 있다는 것이 확실하다는 것을 의심하지 않았다. 이 점은 눈에나 그렇게 보이는 것이고, 이 철학자로서는 그것으로 충분한 것이, 그는 거의 항상 감각의 증거들을 따르지 이성의 증거를 따르는 일은 매우 드물기 때문이다. 그것이 이해될 수 있든 아니든 그 점을 걱정하는 법이 없다.

이차 원인을 반박하는 글을 썼던 몇몇 신학자들의 생각을 공격하는 사람들은 아리스토텔레스처럼 감각은 효력을 갖고 우리를 설득한다고 말한다. 이것이 그들이 내놓는 첫 번째이자 핵심인 증거이다. 그들의 말에 따르면 불은 불타고 태양은 빛나고 물은 식히는 것이 명백하다고 한다.[5] 이 점을 의심한다면 미친 것임이 틀림없다. 위대한 이븐시나가 말하기를, 이와 반대되는 의견을 내놓는 저자들은 두뇌가 거꾸로 된 사람들이라고 했다. 거의 모든 아리스토텔레스주의자들은 감각적 증거들로 감각의 효력을 부정하는 사람들을 설득하고 그들로 하여금 그렇게 감각들 속에서 작용해서 그 감각을 거스를 수 있음을 인정하도록 만들어야 한다고 말한다. 이는 아리스토텔레스가 그들에 반대하여 내린 판단으로,[6] 우리는 그렇게 판단해야 할 것이다.

그러나 이런 증명이라고 하는 것은 궁색하기만 하다. 이로써 인간

---

4 Chap. I du Liv. II de sa *Physique*.

5 Fonseca, Ruvio, Suarez와 이미 인용한 다른 저자들을 참조.

6 Liv. I des *Topiques*, chap. IX.

정신이 유약하며, 철학자들조차 이성적이기보다 무한히 감각적이며, 진리를 연구한다는 평판을 가진 사람들이라도 새로운 진리를 배우려면 누구에게 물어야 하는지도 모른다는 것을 깨닫게 된다. 지고한 이성은 속이는 법이 없으며 항상 사물을 그 자체 그대로 말하는 것이고, 신체는 이득에 따라서, 또 자기 보존과 생명의 편의에 따라서만 말하는 것이라면 말이다. 우리가 거의 항상 모든 편견을 일으키는 감각을 준거로 삼는다면 증명 못할 편견이 어디 있겠는가? 이 점은 내가 이 책에서 보여 준 바 있다.

어떤 공이 다른 공에 충격을 가하는 것을 볼 때, 나는 내 눈이 그 공이 다른 공에게 새기는 운동의 실질적 원인이라는 것을 말해 주는 것처럼 느낀다. 그런데 내가 내 이성에게 물을 때 나는 두 물체들은 스스로 움직일 수 없고, 그들의 동력動力, force mouvante은 그것을 다양한 장소에서 연속적으로 보존하는 신의 의지일 뿐임을 명백히 알게 되므로[7] 그 물체들은 그들이 갖지 않은 역량을 전달할 수 없고, 그 역량이 실행될 수 있게끔 준비되었을지라도 역시 전달할 수 없을 것이다. 정신은 순전히 수동적 실체인 물체가 그것이 어떤 것일지라도 그 물체를 이동시킬 수 있는 역량을 다른 물체에 전달할 수 있다는 것을 이해하지 못할 것이기 때문이다.

내가 눈을 뜨니 태양이 빛으로 환히 빛나고, 태양은 그 자체로 가시적일 뿐 아니라 그 주변의 모든 물체들을 가시적으로 만들고, 대지를

---

7 나는 이 진리를《형이상학에 대한 대화》의 일곱 번째 대화 및 다른 곳에서 더욱 자세히 증명했다. 또한《기독교 성찰》의 5장과 6장을 참조.

꽃과 열매로 덮고 동물들에게 생명을 주고 그 열로써 지구 깊은 곳까지 파고들어 가면서 돌이며, 대리석이며, 금속을 만들어 낸다는 것이 내게 명백해 보인다. 그러나 내가 이성에 물었을 때 나는 이 모든 것을 전혀 알지 못했다. 그러나 내가 이성에 성실하게 물었을 때 내 감각이 나를 유혹하고 있으며, 만물에 모든 것을 깃들게 한 분이 신이라는 점을 명확하게 깨닫게 되었다. 물체에 일어나는 모든 변화의 원칙은 오직 가시적이거나 비가시적인 물체에서 이루어지는 운동의 다양한 전달에 있다는 것을 앎으로 나는 신이 만물을 지으셨음을 알게 된 것이다. 그의 의지가 원인이 되고 그의 지혜가 이 모든 전달 과정을 바르게 조절하는 것이다.

나는 국소적 운동이 발생, 부패, 변질 및 일반적으로 물체에서 일어나는 모든 변화들의 원리라고 가정한다. 이는 현재 학자들 사이에서 널리 받아들여진 의견이다. 그러나 이 점에 대해 우리가 어떻게 생각하더라도 이는 중요하지 않다. 한 물체가 다른 물체와 만났을 때 그 다른 물체를 밀어낸다는 것을 이해하는 편이, 불이 열과 빛을 만들어 내고 물질의 역량에서 이전에는 없었던 어떤 실체를 끌어낸다는 것 이상으로 훨씬 더 쉽게 이해할 수 있는 것 같으니 말이다. 운동이 상이하게 전달되는 실질적 원인은 신뿐임을 틀림없이 깨닫게 된다면 실질적 특질들이며, 실체 형상들을 창조하고 소멸시킬 수 있는 것도 신뿐이라고 판단해야 한다는 것은 말할 것도 없다.

나는 창조하고 소멸시킨다고 말했는데 물질로부터 예전에는 존재하지 않았던 실체를 끌어내거나, 실체가 존재하지 않고도 물질을 그 내부로 들이는 것이 적어도 창조하고 소멸시키는 것만큼 어려운 일로 보이는 까닭이다. 그러나 나는 용어들의 문제는 그냥 지나가겠다. 내가 이들 용어를 사용하는 것은 내가 아는 한 철학자들이 매 순간 이차 원인의 힘을 통해 일어난다고 가정하는 변화들을 명확하고 분명하게 표현할 수 있는 다른 용어들이 없기 때문이다.

나는 이제 자연적 원인들에 힘과 효력이 있다고 보는 사람들이 흔히 제시하는 다른 증거들을 언급해 보겠다. 그 증거들은 편견에 저항하고, 감각보다 이성을 선호하는 사람들에게는 대단히 허약해 보이므로 이성적 사람들을 설득할 수 있으리라는 것은 사실임 직하게 보이지 않는다. 하지만 나는 이 증거들을 언급하고 그 증거들을 사용하는 철학자들이 많으므로 그것에 답변해 보겠다.

이차 원인들의 효력에 대한 첫 번째 증거

수아레스, 폰세카 및 다른 저자들은 이차 원인들이 아무것도 만들지 않았다면 살아 있는 것과 살아 있지 않은 것들을 구분할 수 없으리라고 말했다.[8] 살아 있는 것도 살아 있지 않는 것도 작용의 내적 원리를 갖지 못할 것이기 때문이다.

답 변

나는 사람들이 살아 있는 것들과 살아 있지 않은 것들이 구분된다는 점을 그들에게 납득시켰던 명백한 동일한 증거들을 언제나 갖게 되리라고 답변한다. 사람들은 항상 동물이 먹는다거나 성장한다거나 소리

8 《형이상학》, disp. XVIII, sect. I, assert. 2. In *Métaph. Aristot.*, quaest. VII, sect. II.

를 지른다거나 달린다거나 뛰어오르는 등의 어떤 행동들을 하는 것을 봐왔지만, 그들은 돌에도 유사한 행동이 있으리라는 점에 전혀 주목하지 않았을 것인데, 그것이 보통 철학자들이 짐승이 살아가고 돌은 살아가지 않는다는 점을 이해시키는 유일한 방법이다. 그들이 명석판명한 시각을 통해 개의 생명이 무엇인지 알 수 있으리라고는 상상할 수 없으니 말이다. 그들의 감각은 이 문제에 대한 그들의 결정을 올바르게 조정한다.

필요했다면 나는 이 자리에서 개의 생명 원리는 시계의 운동 원리와 아주 다른 것이 아니라는 점을 증명했을 것이다. 그것이 무엇일지라도 신체의 생명은 그것을 이루는 부분들의 운동에 불과할 수밖에 없으니 말이다. 개에게 피와 동물정기의 발효를 일으키면서 생명의 원리가 되는 동일한 미세 물질이 시계태엽에 가해지는 운동이나 시계추가 갖는 무게의 원인이 되는 운동보다 더 완벽한 것은 아니라는 점을 판단하기란 어렵지 않다. 이 미세물질이 시계의 생명 원리이고, 다른 사람들처럼 말하자면 그들의 운동 원리이다.

아리스토텔레스주의자들이야말로 자기들이 데카르트주의자들이라고 부르는 사람들에게 자기들 말로 '짐승의 생명', '유형적 영혼', '지각하고 욕망하고 보고 느끼고 의지하는 신체'라고 부르는 것의 명확한 관념을 마련해 주며, 그다음에도 난점들을 계속 해결해 나간다면 명확하게 그들의 난점들이 해결될 것이다.

두 번째 증거

원소들의 차이도, 힘vertus도 인정받을 수 없을 것이다. 물이 그러하듯 불이 차갑게 만들 수 있을 것이다. 각각의 사물의 본성은 확고하거나 고정된 것이 아닐 것이다.

답 변

나는 자연은 지금 그대로, 즉 항상 동일하게 존속하는 운동의 교환 법칙으로 남아 있으므로 불이 타지 않거나 어떤 물체들의 부분들을 분리하지 않는 것은 모순이라고 답변한다. 불이 물이 되지 않는다면 물처럼 차갑게 만들 수 없다는 것이, 불은 나무로만 되어 있고, 그 부분들은 그들 주변의 비가시적 물질에 의해 강렬한 운동으로 자극되었기 때문이다. 이 점을 증명하기란 쉬운 일이다.[9] 이 부분들이, 마주치는 물체들에 운동을 전달하지 않기란 불가능하다. 그런데 이 법칙들은 항구적이므로 불의 본성, 불의 힘, 불의 특질들은 변하지 않는다. 그러나 이 본성과 이 힘은 만물 속에서 모든 것을 만드는 신의 일반적이고 유효한 의지의 결과일 뿐이다. 그래서 자연을 연구할 때 전능한 자의 의지와 다르고, 끊임없이 지키면서 작용하는 일반 법칙들과는 다른 실질적 원인을 찾을 때 모든 면에서 그 연구는 거짓에다 불필요한 것이다.

특수한 결과들이 일어나는 이유를 물어 올 때 신이나 보편 원인을 끌어들여서는 안 된다는 점을 인정한다. 예를 들어 누군가 길을 마르게 하거나 강물을 얼리는 존재가 신이라고 말했다면 그는 그만 우스꽝

9 이어지는 주해를 참조.

스러워지는 것이다. 그 대신 공기가 땅을 적신 물과 작용하여 이를 함께 날려 버리므로 흙을 마르게 하는 것이고, 겨울철에는 물을 유체로 만들기 위해 물을 구성하는 부분들에 충분한 운동을 더 이상 전달하지 않으므로 그 계절이면 공기와 미세한 물질이 강물을 얼게 한다고 말해야 한다. 한마디로 말해서 이렇게 말할 수 있다면 문제가 되고 있는 결과들의 자연적이고 개별적 원인을 부여해야 한다.

그러나 이 원인들의 작용은 결과들을 자극하는 동력일 뿐이고, 이 동력은 신의 의지일 뿐이니 그 원인들이 그 자체로 어떤 결과들을 산출하기 위한 힘과 역량을 가졌다고 말해서는 안 된다. 추론을 통해서 그 원인을 찾고 있는 한 일반적인 결과에 이른다면 그것 또한 철학을 엉터리로 하는 것이다. 어떤 '본성', 어떤 '일차 동인premier mobile' '보편적 영혼âme universelle', 혹은 명석판명한 관념을 갖지 않는 어떤 유사한 몽상을 상상해서는 안 된다. 그것은 이교도 철학자처럼 추론하는 일일 것이다.

예를 들어 왜 운동하고 있는 물체들이 존재하는지, 혹은 왜 물체들이 서로 밀어내는지 물을 때, 기독교 철학자로서 말하는 것이 아니라 그저 철학자로서 운동과 그것의 전달 과정은 모든 물체들이 따르는 보편 결과이므로 틀림없이 보편원인인 신의 도움을 받지 않을 수 없다고 답변하는 것이다. 신의 의지가 바로 물체들의 동력이고 물체들의 운동 전달을 가능하게 하는 까닭이다.

신이 세상에서 새로운 것을 전혀 만들지 않겠다는 의지를 가졌다고 해도 그는 물체들을 구성하는 부분들을 더 이상 움직이지 않게 할 수는 없을 것이다. 또한 어느 날 신이 자기가 지은 존재들 중 몇몇이 부패하지 않게 만들기를 바란다면, 예를 들어 우리 신체는 소생한 뒤, 그 존재들의 관점에서 어떤 운동들이 전달되는 것을 더 이상 원하지 않게 될 것이다.

세 번째 증거

물체들이 어떻게 되기를 바라는 바에 맞추기 위해 밭을 갈고,10 물을 주고, 어떤 식으로 배치를 하는 일은 불필요한 일일 것이다. 신은 자신의 작용의 대상이 되는 주체들을 준비시킬 필요가 없기 때문이다.

답 변

나는 신은 자신의 작용의 대상이 되는 주체들에서 몇몇 배치를 찾지 않고도 자기에게 좋은 모든 것을 절대적으로 행할 수 있다고 답변한다. 그런데 신은 기적 없이는, 혹은 자연적 길을 따라서는, 다시 말하면 그가 확립하고 거의 항상 맞추어 작용하는 운동 전달의 일반 법칙에 따라서는 그런 존재를 만들 수 없다. 신은 이유 없이 자신의 의지의 수를 불리지增 않는다. 신은 항상 가장 단순한 길을 통해 작용한다. 바로 이런 이유로 신은 물체들을 운동시키기 위해 만나게 하는 것이다. 우리 감각의 말처럼 물체들의 충돌이 운동에 절대적으로 필요해서가 아니라 충돌은 운동 전달의 계기이므로 우리가 보는 모든 감탄스러운 결과들을 산출하는 데에는 극소수의 자연법칙만이 필요할 뿐이다.

　식물이 자라려면 반드시 물을 주어야 한다. 운동 전달 법칙에 따른

---

10 수아레스, 같은 곳.

다면 운동과 형태에 따라 식물 섬유 사이로 들어가 위로 오르고, 움직이지 않고 다양한 방식으로 서로 달라붙어 있는 염분과 다른 작은 물체들을 함께 씻어낼 수 있고, 영양섭취에 반드시 필요한 형태를 잡아줄 수 있는 것은 물을 구성하는 부분들밖에 없으니 말이다. 태양이 끊임없이 방출하는 미세물질은 물을 자극해서 그 물질을 식물 속에서 위로 올릴 수 있기는 하지만 흙의 거친 부분들을 위로 올릴 만큼의 힘은 없다. 그러나 흙이며 공기도 식물의 성장에 반드시 필요하다. 흙은 뿌리에 물을 보존하기 위해서 필요하고 공기는 동일한 물속에서 과하지 않은 발효를 일으키기 위해서 필요한 것이다. 그러나 태양, 공기, 물의 작용은 그것들을 이루는 부분들의 운동일 뿐이므로 엄밀하게 말하자면 작용하는 존재는 신뿐이다.

내가 방금 말한 대로 오직 신만이 자기 의지의 효력과 무한히 넓은 지식의 폭을 통해 무한대로 무한한 운동의 전달 과정을 만들고 바로잡을 수 있으며, 이 전달이 매 순간 이루어지면서 우리가 세상에서 보는 모든 아름다움이 보존되는 것이다.

네 번째 증거

우리는 자기 자신과 싸우지 않고 자기 자신에 저항하지 않는다. 그러나 물체들은 서로 마주치고 충돌하고 저항한다. 그러므로 신은 물체들에 자신이 일치concours하지 않는다면 그들 속에서 작용하지 않는다. 신이 물체들 속에서 운동만을 만들고 보존했다면 충격을 받기 전에 물체들의 방향을 바꾸었을 것이다. 신은 물체들이 침투불가하다는 점을 잘 알기 때문이다. 왜 물체들을 밀어서 튀어 오르게 하고 물체들을 앞으로 추진시켜 뒤로 물러나게 하고 불필요한 운동을 산출하고 보존하는 것인가? 신이 자기 자신과 싸우고, 황소가 사자와 싸우고 늑대가 암양을 잡아먹고 암양이 신이 자라게 한 풀을 뜯어 먹을 때 신이 자기 창조물을 파괴하는 것이라고 말하는 것은 괴상한 일이 아닌가? 그러므로 이차 원인들이 존재한다.

답 변

그러니까 이차 원인들은 모든 것을 만들고 신은 어떤 것도 만들지 않는다는 것이다. 신이 자기 자신과 싸울 수 없고 '일치한다concourir'는 것은 곧 작용한다는 것이니 말이다. 상반된 작용들에 '일치하'는 것은 상반된 '일치'를 부여하는 것이고 그 결과 상반된 작용을 한다는 것이다. 저항하는 피조물의 활동과 일치한다는 것은 자기 자신에 반해서 작용한다는 것이고, 불필요한 운동과 일치한다는 것은 불필요하게 작용한다는 것이다. 그런데 신은 불필요한 것은 어떤 것도 만들지 않으며, 상반된 작용을 행하는 일도 없다. 그는 자기 자신과 싸우는 법이 없다. 그러므로 신은 종종 서로 죽이고 불필요한 행동이나 운동을 하곤 하는 피조물의 행동에 일치하지 않는다. 이상이 이런 이차 원인들의 증거가 이르는 내용이다. 그러나 이성이 우리에게 가르쳐 주는 내용을 아래에 적는다.

신은 만물 안에서 모든 것을 만들고 그 무엇도 신에게 저항하지 않는다. 신이 만물 안에서 모든 것을 만든다는 것은 신의 의지가 모든 운동을 만들고 바로잡는다는 것이다. 그 무엇도 신에게 저항하지 않는다는 것은 신이 자기가 의지하는 모든 것을 행한다는 것이다.

그러나 다음에서 이 점을 어떻게 이해해야 하는지 살펴보겠다. 가장 단순한 길을 통해서, 그러니까 신의 속성들의 불변하는 질서에 더욱 부합하는 방식으로 우리가 찬미하는 피조물들의 이 무한한 다양성을 만들어 내고자 결심했으므로 신은 물체들이 직선 운동을 하게 되기를 원했는데 그것은 직선이 가장 단순하기 때문이다. 그런데 물체들은 상호 침투불가하니, 물체들은 반대되거나 교차하는 선들에 따라 운동하게 되므로 그들은 틀림없이 서로 충돌하게 되고 그 결과 동일한 방식으로 더 이상 움직이지 않게 된다. 신은 이를 미리 예견하셨다. 그러나 신은 물체들이 마주치거나 충돌하기를 적극적으로 바라셨다. 자기 자신과 싸우기를 바라서가 아니라 물체들의 이러한 충돌을 이용할 의도가 있었기 때문이다. 운동 전달의 일반 법칙을 확립하기 위한 계기로 삼으시는 것처럼 말이다. 그 법칙을 통해 신은 무한히 감탄스러운 결과들이 산출될 수 있으리라는 점을 예견하셨던 것이다.

모든 법칙 가운데 가장 단순한 이 두 자연 법칙, 즉 모든 운동은 직선 운동을 하거나 그렇게 운동하려는 경향이 있다는 법칙과, 충돌 시 운동은 같은 비율로 압력이 이루어지는 선을 따라 전달된다는 법칙이면 최초의 운동이 현명하게 배분되었을 때 우리가 지금 보고 있는 그대로의 세상이 충분히 만들어지게 된다. 나는 하늘, 별, 행성, 혜성, 대지와 물, 공기와 불, 한마디로 말해서 원소들 및 유기적이지도 않고 생명을 갖추지도 않은 모든 물체들을 말하는 것이다. 유기체는 부모의 유기체의 최초의 구성에 의존하며, 유기체들은 이 세상이 창조된 순간부터 형성되었던 것이 분명해 보이기 때문이다. 지금 우리 눈에 보이는 대로, 시간이 흘러야 가시적이 되는데 필요한 성장만을 수용하기 때문인 것은 아니다. 그럼에도 그 유기체들이 모든 다른 물체들을 형성할 때 따르게 되는 자연의 일반법칙들에 의해서만 이 성장을 수용한다는 것이 확실하다. 모든 다른 물체들은 그 법칙들에 따라 형성되고, 그 때문에 그들의 성장은 항상 규칙적이지 않고, 이로 인해 괴물이 태어나게 된다.

그러므로 나는 신이 자연의 제일 법칙에 따라 물체들의 충돌을 실제로 원하고 그 결과 이를 만드는 것이며, 그다음에 물체들은 침투 불가하므로 운동 전달을 바로잡는 자연의 이차 법칙을 확립하기 위한 경우처럼 이 충돌을 사용하여 물체의 작용을 다양하게 만들게 되고, 그래서 실제 충돌은 신이 태도를 바꾸지 않고도 감탄스러운 무한한 창조물들을 만들 수 있게 해주는 자연적 원인이거나 '기회원인cause occasionnelle'이라고 말하는 것이다.

이 점을 올바로 고려한다면 신의 창조가 그 이상 더 잘될 수가 없었음을 분명히 알게 된다. 그러나 신이 그런 방식으로 명하지 않을 수 있었고 그 물체들을 수용할 수 있기 위해 진공이 있기라도 했던 것처럼 막 서로 충돌하게 될 물체들의 방향을 돌렸다고 가정한다면 첫째, 물체들은 세상을 아름답게 만드는 이러한 연속적 변화vicissitude를 따르는 경향을 갖지 않을 것인데 그것은 어떤 물체들의 발생이 어떤 다른 물체들의 부패를 통해서만 이루어지는 까닭에 운동들이 방해를 받는 것이 다양성을 만들어주는 것이며, 둘째, 신은 가장 단순한 길을 통해서만 작용하지 않게 될 것이다. 막 충돌하게 될 물체들이 충돌하지 않고 운동을 계속하기 위해서는 운동은 무한히 다양한 방식의 곡선을 그려야 할 것이기 때문이다. 그 결과 신에게서 물체들의 운동의 방향을 결정하기 위해서는 다양한 의지를 받아들여야 할 것이다. 마지막으로 자연적 물질의 작용에 통일성이 없었고, 물체들의 운동이 직선 운동을 하지 않았다면 자연학에서 추론을 하고 생명의 여러 작용들을 이끌어갈 확실한 원칙이란 존재하지 않았을 것이다.

사자들이 늑대를 먹고 늑대가 암양들을 먹고, 암양이 풀을 먹는 것은 무질서가 아니다. 신은 대단히 공을 들여 풀의 보존을 위해 필요한 모든 것과, 심지어 종의 보존을 위해 종자 역시 마련해 주었다. 이는 마니교도들이 이 결과들을 설명하기 위해 상상했던 원인들의 복수성과 선과 악의 원리들의 대립보다 이차 원인들의 효력을 더 잘 증명해 주지는 않는다. 그러나 이는 신의 위대함, 지혜, 장엄함의 확실한 증거이다.11

신은 무한한 지혜에 마땅한 창조물들만을, 그것도 풍부하게 지어 자신의 역량과 위대함을 충분히 드러냈으니 말이다. 소멸되는 모든 것은 그것을 소멸시키는 동일한 법칙에 의해 복원된다. 그 지혜며 역량이며 이 법칙의 풍요로움이 얼마나 대단한가. 신은 새로운 의지를 내세워 존재들의 소멸을 막지 않으신다. 첫 번째 의지로 충분히 존재들을 복원할 수 있을 뿐 아니라 무엇보다 신의 의지는 이들 존재의 복원 이상의 가치가 있기 때문이다. 신이 이 세상을 가시적으로 만들었다면 그것이 이 세상을 만든 행위에 마땅하지 않더라도 그가 철학자들은 모르는 시각을 갖췄고, 피조물이 드릴 수 없는 영예로 예수 그리스도 안에서 스스로 영예를 높일 수 있기 때문이다.

---

11 내가 신의 섭리를 설명한《형이상학에 대한 대화》를 참조.

집이 무너져 선인善人이 그 밑에 깔렸을 때 짐승이 다른 짐승을 잡아 먹는 것 이상으로, 물체가 마주친 것과 충돌하여 튀어 오르지 않을 수 없는 것 이상으로 엄청난 악이 일어났다고 볼 수 있다. 그러나 신은 실재든 가상이든 자연 법칙의 필연적 결과들인 무질서를 복구할 목적으로 자신의 의지의 수를 늘리지 않는다. 신은 이 법칙이 간혹 괴물을 만든대도 이를 고치거나 변화시키지 않는 것이 틀림없고, 방법의 단순성과 행동의 단일성을 흔들지 않는 것임이 틀림없고, 사소한 문제들은 무시하는 것이 틀림없다.

내 말은 그럴 가치가 없고, 그런 일들을 만들어 내는 자의 행동에 마땅하지 않은 결과들을 산출하는 데 불필요한 개별의지를 갖지 않는 것이 틀림없다는 것이다. 신은 자신이 항상 따르는 질서, 그러니까 내 말은 자기 속성으로 갖고자 하는 정의라는 불변하는 질서에 필요할 때가 아니라면 기적을 행하지 않는다. 또한 이 질서는 가장 단순한 길을 통해 작용되고 신의 의도에 절대적으로 필요할 때가 아니라면, 신의 행동의 단순성과 단일성이 그의 불변성이며 예지의 영예를 심각하게 훼손하지 않을 때가 아니라면, 기적의 행위가 그의 지혜, 정의, 선善 혹은 신의 어떤 다른 속성을 영예롭게 할 때가 아니라면, 한마디로 말해서 우리로서는 완전히 무지한 어떤 경우가 아니라면 예외가 없는 의지인 것이다.12

우리 모두가 신의 질서나 지혜와 하나 되어 있지만 우리가 그 규칙들을 모두 아는 것은 아니다. 그 속에서 우리가 해야 할 일을 보지만 신

---

12 《기독교 성찰》의 일곱 번째 성찰을 참조.

이 의지하는 것이 무엇인지 고스란히 이해하지는 못하므로, 우리는 이를 이해하려고 지나치게 큰 노력을 기울일 필요가 없다.

오류의 세기들에 신이 그저 죽게 내버려 두었던 무한히 많은 수의 사람들이 받은 영벌을 생각해 본다면 내가 방금 한 말에 대단히 위대한 사례가 있다. 신은 무한히 선하고, 자신의 창조물들을 사랑하고, 모든 사람들이 구원받고 진리를 알게 되기를 원하신다. 신이 인간을 지으신 것은 그 자신이 기쁘기 위해서였다. 그러나 대부분의 사람들은 지옥에 떨어지고, 맹목 속에서 살다 죽으며, 영원히 그 맹목 속에 머무른다. 이는 신이 가장 단순한 방식으로 행동하고[13] 질서를 따르기 때문이 아니던가.

신이 질서에 따라 경솔한 즐거움des plaisirs indélibérés[14]을 통해서 최초의 인간의 의지를 미리 내다볼 수 없었으리라는 점을 증명해 보였다. 최초의 인간의 타락이 자연의 무질서의 원인이었다. 모든 인간은 그 길의 단순성뿐 아니라 여기서 추론하기에는 지나치게 신학적이고 추상적인 이유로 단 한 사람에게서 단 한 분에게서 나왔음이 사실이다. 결국 이 점에서 신이 따르는 질서와 그가 자신의 의도를 품고 실행할 때 항상 묻는 지혜에 부합한다고 믿어야 했다. 최초의 인간의 원죄가 무한한 악을 낳았다는 것이고 이는 사실이다. 그러나 확실히 질서는 신으로 하여금 이를 허용하게 했으며, 인간을 죄를 저지를 수 있는 상태로 만들었다. 이 점은 내가 다른 곳에서 증명한 바 있다.[15]

---

13 방법의 2부 4장에 대한 주해를 참조.

14 5장에 관련한 두 번째 주해를 참조.

신은 자신의 창조물을 복원하고자 하지만 대역죄인들의 악의를 극복하는 저 성공적 은총들을 제공하는 일은 거의 없다. 신은 종종 은총을 받는 사람들의 회심에 불필요한 은총을 부여할 때가 있다. 그렇지만 그 역시 은총을 받는 사람들의 관점에서 불필요하다는 것을 미리 내다보고 있다. 또 반면 간혹 우리의 구원과 관련해서 대단히 적은 효과만을 마련할 뿐인 많은 수의 은총을 내릴 때도 있다. 이런 우회적 방식 혹은 간접적 길들을 취하는 까닭은 무엇인가? 효과적인 불굴의 방식으로 죄인들을 회심하도록 하려면 적극적으로 이를 의지하기만 하면 되지 않는가? 그것은 신이 가장 단순한 길을 통해서만 작용하기 때문이고, 이를 우리가 항상 보지는 않더라도 질서가 원한다는 것은 명백하다. 신은 그의 질서와 지혜가 종종 인간 정신에게는 헤아릴 수 없는 심연일지라도 질서 있고 지혜롭게 활동할 뿐이다.

은총의 질서에는 대단히 단순한 어떤 법칙들이 있고 신은 이 법칙에 따라 행동한다.[16] 우리가 규칙을 모른다고 해도 이 질서는 운동 전달의 법칙에서 보듯 자연의 질서와 마찬가지로 자신의 규칙을 갖는다. 복음서에서 받은 충고들이며, 은총의 법칙들을 완전무결하게 아는 자만을 따르도록 하자.

내가 이 말을 하는 것은 예수 그리스도의 충고를 무시하고 자기들의 악의와 방탕의 감정을 신에 전가하는 죄인들의 부당한 불평을 들어주기 위한 것이다. 죄인들은 자기들을 위해 신이 기적을 행해주고, 은총

---

15 1702년 파리 판《기독교 대화》의 두 번째 대화 60쪽 및 이하를 참조.

16 《자연과 은총에 대한 논고》의 두 번째 담화를 참조.

의 통상의 법칙들을 따르지 않기를 바란다. 그들은 쾌락을 즐기며 살아가고 명예를 구한다. 항상 감각대상들이 두뇌에 만들어 낸 상처를 다시 헤치고 종종 새로운 상처를 받는 것이다. 그들은 신이 기적을 행해 치유해 주기를 바란다. 그들은 고통이 극에 달하면 붕대를 찢어 내고 다시 상처를 재발시키고서는, 죽음이 가까워 오는 것을 보고 자기에게 잔인하게도 붕대를 감아 주었다고 불평하는 부상자들과 같다. 그들은 신이 구원해 주기를 바란다. 그들의 말을 들어보면 신은 선하고 지혜롭고 강력하기 때문이란다.

우리의 행복은 오직 신에게 달렸으며 우리를 저버리기 위해 우리를 지어서는 안 되었다고들 말한다. 그들은 신이 그들을 구원하고자 한다는 점을 알아야 하고, 이를 위해 자신의 속성으로 갖는 정의의 질서에 따라 이루어져야 했던 모든 것을 이를 위해 만들었음을 알아야 한다. 신이 우리의 중개자이자 우리를 위한 희생자로서 그의 독생자를 보냈으니 우리를 저버려서는 안 된다고 생각해서는 안 된다.

그렇다. 신은 우리를 구원하기를 바라고 우리 모두를 구원하기를 바란다. 그러나 구원이 가능하기 위해서는 우리는 세심히 연구하고 정확히 따라야 하는 길을 걸어야 한다. 신은 이런 의도를 실행하는 데 우리 정념에 묻지 않음이 틀림없다. 신은 오직 자신의 지혜에만 묻고 질서만을 따르는 것이 틀림없다. 또한 질서는 우리가 예수 그리스도를 모방하고, 우리를 지키고 구원하기 위해 그의 충고를 따르기를 바란다.

신이 모든 사람들에게 선택된 자들의 모범이자 모델로서 자신의 독생자의 이미지에 부합하게끔 미리 정해두지 않았다면 그것은 이 점에서 신은 모든 사람을 자신의 영광으로 이끌고자 하는 의도와 관련해서 가장 단순한 길을 통해 활동하고 있으며, 신은 보편적 원인으로서, 개별 원인처럼 활동해서는 안 되기 때문이다. 개별 원인으로 생기는 모든 것에 대해 개별 의지를 갖게 되니 말이다. 이 점에서 우리에게는 단지 심연일 뿐인 그의 지혜가 이를 그런 방식으로 원하기 때문이며, 마지막으로 이러한 행동 방식이 신에게 버림받은 사람들에게 더욱 유리할 다른 행동 방식보다 신에게 더욱 합당한 것이기 때문이다.

신에게 버림받은 사람들은 신에게 선택된 자들을 지키고 구원하는 질서만큼이나 우리의 숭배에 값하는 질서에 의해 단죄되었던 까닭이다. 또한 천사들과 성인들이 영원히 숭배하게 될 행동을 비난하는 것이라고는 질서에 대한 무지와 이기심밖에는 없다. 나는 신의 섭리에 반하는 난점들에 대해 다른 곳에서17 더 상세하게 답변했다. 다시 이차 원인들이 갖는 효력의 증거의 문제로 돌아가 보도록 하자.

다섯 번째 증거

물체가 행동하기 위한 어떤 '본성'이나 '힘'을 갖추지 않았고, 신이 만물을 지으셨다면 가장 일상적인 결과들 자체에는 초자연적인 것뿐이었을 일이다. 세상 사람들은 자연적인 것과 초자연적인 것의 구분을 대단히 잘 받아들이며 그 구분은 학자들이 모두 동의하여 확립된 것으로, 터무니없는 망상일 뿐이다.

---

17 《형이상학에 대한 담화》, 《자연과 은총의 논고》, 《아르노 씨에게 보내는 답변》, 특히 구약의 기적에 대한 그의 논고에 대한 답변을 참조.

답 변

나는 아리스토텔레스가 직접 이렇게 구분한다고 말했을 때 이는 터무니없는 것이라고 답변한다. 이 철학자가 확립한 '자연'은 순전한 몽상이니 말이다. 나는 대부분의 사람들이 이렇게 구분한다고 말할 때 그들이 자기 감각에 근거한 자극에 의해서 사물들을 판단하는 것이니 이는 명확하지 않다고 말하는 것이다. 그들이 불은 자기 '본성'에 따라 불탄다고 확신할 때 무슨 말을 하려고 하는지 정확히 알지 못했으니 말이다.

나는 신학자들이 '자연적' 결과들을 신이 만물을 만들고 보존하기 위해 확립한 보편 법칙의 결과로 이해하고 그렇게 말한다면 이런 구분도 참을 수 있고, 또 '초자연적' 결과들은 이들 법칙을 따르지 않는 결과들이라고 말한다. 이런 의미에서 이 구분은 실질적이다. 그러나 아리스토텔레스의 철학이 감각 자극과 결합되었을 때 내가 보기에는 위험해진다. 저 불쌍하고 가련한 철학자의 의견을 지나치게 높이 평가하고, 진리에 묻기 위해 자기 자신에게 들어가는 대신 그들의 감각에 묻는 사람들의 방향을 신에게서 돌려 버릴 수 있기 때문이다. 그러니 이를 설명하지 않고 이 구분을 사용해서는 안 될 것이다.

성 아우구스티누스는 '운수fortune'라는 용어를 사용하면서 이를 잘못 생각할 수 있는 사람이 거의 없을지라도 앞에 했던 말을 철회했다.[18] 사도 바울은 제물로 바친 고기에 대해 말하면서 우상이라는 것은 아무것도 아니라는 점을 알렸다.[19] 이교도 철학에서 말하는 '자연'이 몽상

---

18 Liv. I des *Retractationes*.

인 데다가 그 자연이 아무것도 아니라면 그 점을 알려야 하는데, 그 까닭은 이를 잘못 생각하는 사람들이 많은 까닭이다. 그것을 경솔하게도 신의 창조물로 보고 그 우상 혹은 인간정신의 이러한 허구에 몰두하고, 오직 신에게만 바쳐야 하는 영예를 우상에게 돌리는 사람들이 생각보다 많다. 그들은 신이 기적과 어떤 이득을 만들어 주기를 바라는 것이다. 어떤 의미에서 이런 기적이며 이득은 신의 위대함과 지혜에 전혀 어울리지 않는 것인데도 말이다.

그들은 자기들이 말하는 상상의 '자연'의 역량을, 살아 있는 모든 신체가 자신을 보존하고 그와 닮은 존재를 태어나게 하도록 가진 오직 현자들만이 감탄할 수 있는 항구적이고 바로잡혀진 결과와 관련짓고 있다. 그들의 주장은 모든 살아 있는 신체들이 자기 보존과 자기를 닮은 존재를 잉태하기 위해 갖는 이런 대단히 경이로운 배치가 그들이 말하는 '자연'의 산물이라고 주장하기까지 한다. 이들 철학자에 따르면 인간을 낳는 것은 태양과 인간이다.

우리는 또한 초자연적 질서와 자연적 질서를 여러 가지 방식으로 구분할 수 있다. 초자연적인 것은 미래에 갖게 될 이득과 관련이 있고, 예수 그리스도의 목적을 위해 확립된 것이고, 그것이 신의 의도의 제일이자 가장 중요한 것이고, 다른 것들은 아마도 아무 이유도 없이 소멸한다는 점을 이해하는 구분을 보존하기에 충분한 것들이다.

---

19 I Cor., X. 19.

여섯 번째 증거

철학자들이 이차 원인들의 효력을 보여 주기 위해 드는 가장 중요한 증거는 인간의 의지와 자유에서 끌어낸 것이다. 인간은 바라고 스스로 결정하고 의지하고 결정하는데 이는 인간이 행동한다는 것이다. 죄악을 범한 것은 인간임이 확실하다. 신은 사욕과 오류를 창조하지 않은 것처럼 죄악의 창조자도 아니다. 그러므로 인간은 자기 자신의 효력을 통해 행동하는 것이다.

답 변

나는 이 책의 여러 곳에서 인간의 의지란 무엇이고 자유란 무엇인지 충분히 설명했다. 특히 제 1권 1장과 그 장에 붙인 주해에서 자세히 설명했으니 이를 다시 반복할 필요가 없다. 나는 인간이 원하고 스스로 결정을 내린다는 데 동의한다. 그러나 그것은 신이 인간을 끊임없이 선으로 이끌면서 이를 원하게 했기 때문이다. 그는 스스로 결정을 내리지만 그것은 신이 인간에게 결정을 내리게 만드는 동기들인 모든 관념들과 감정들을 제공하기 때문이다. 나는 인간만이 죄를 저지른다는 점을 인정한다. 그러나 나는 이 점에서 무언가를 할 수 있다는 점은 부정한다. 죄악, 오류, 심지어 사욕까지 아무것도 아닌 까닭이다. 그것들은 그저 결함에 불과하다. 이 문제에 대해서는 첫 번째 주해에서 충분히 설명했다.

인간은 바라지만 인간의 의지는 그 자체로 무능하고 아무것도 만들어 내지 않고,20 신에게 모든 것을 맡겨둔다. 우리 내부에서 보편선으로 우리를 이끄는 자극을 통해 우리의 의지를 형성하는 자는 신 자체이니 말이다. 이 자극이 없다면 우리는 아무것도 의욕할 수 없을 것이다. 인간이 스스로 갖는 것은 오류와 죄악뿐인데 이는 아무것도 아닌 것이다.

우리 정신과 우리 주변의 물체들 사이에는 많은 차이가 있다. 우리 정신은 의지하고 행동하고 결정을 내린다. 나는 이 점을 둘도 없이 확신한다. 우리가 스스로 가진 내적 감정을 통해 이 점을 확신하게 된다. 우리에게 자유가 없었다면 미래의 고통도, 미래의 보상도 없을 것이다. 자유 없이는 올바른 행동도 없고 그릇된 행동도 없다. 그래서 종교는 환상이자 환영幻影이 되고 말 것이다. 그러나 물체가 활동하기 위한 힘을 갖는다는 것을 우리는 명확하게 보지 못한다. 그것은 이해할 수 없는 것으로 보이고, 이차 원인들의 효력을 부정할 때 역시 부정되는 것이 이것이다.

정신 자체는 상상만큼 작용하지 않는다. 나는 내가 원한다는 것을 알고 그것도 자유롭게 원한다는 것을 안다. 내 스스로 가진 내적 감정보다 더 강할 수 있다는 점을 의심하는 것은 전혀 옳지 않다. 나는 이 점 역시 부정하지 않는다. 그러나 나는 내 의지가 내 팔의 운동, 내 정신의 관념, 내 의지와 동반하는 다른 것들의 실질적 원인이라는 점은 부정한다.[21] 나는 대단히 다른 사물들 사이에서 어떤 관계도 보지 못한다. 내가 팔을 움직이려는 의지와, 동물정기의 자극, 즉 내가 그것의

---

20 Nemo habet de suo nisi mendacium et peccatum. [Concil. Araus(icanum), sess. II, can XXII]

21 내가 이 주해를 마련한 장에서 설명한 의미를 따랐다.

운동도 형상도 모르는 어떤 작은 물질의 자극 사이에 관계가 있을 수 있는지에 대해서는 대단히 잘 알고 있다. 동물정기는 내가 모르는 수백만 개의 다른 신경들 가운데에서 신경의 어떤 도관을 선택하게 된다. 그래야 내가 바라지 않는 무한히 많은 운동들에 의해 내 안에서 내가 바라는 운동이 일어나는 원인이 된다.

나는 내 의지가 내 안에서 관념을 산출한다는 점을 부정한다. 의지가 내 관념들을 어떻게 만들어 낼 수 있는지 내가 알지 못하는 까닭이다. 내 의지는 지식 없이 행동하거나 의지할 수 없으므로 내 관념을 전제는 하지만 관념을 만들지는 않는다. 심지어 나는 관념이 무엇인지에 대해서도 정확히 모른다. 나는 관념이 무에서 산출되는지, 관념들을 더 이상 보지 않게 되자마자 무로 돌아가는 것인지도 모른다. 나는 몇몇 사람들의 생각에 따라 말하는 것이다.

흔히들 신이 내게 사유하도록 준 능력을 통해서 내 관념을 만들어 낸다고 할 것이다. 나는 신이 내 정신과 신체를 '결합'해 놓았기 때문에 내 팔을 움직인다. '능력', '결합'이라는 말들은 논리학의 용어이고 모호한 데다 확정되지 않은 용어이기도 하다. 개별적 존재란 없으며 '능력'이나 '결합'인 존재 방식도 없다. 그래서 이 용어들을 설명해야 한다. 정신과 신체의 결합은 신이 원하는 것이고, 내 팔이 움직이기를 바랄 때 동물정기가 팔을 구성하는 근육들 속에 확산되어 내가 원하는 방식으로 팔이 움직이는 것이라고 말한다면 나는 이 설명을 명확하게 이해하고 이를 받아들인다. 그런데 이것은 정확히 내 주장을 말하는 것이다. 내 의지는 신의 실천적 의지를 확정하면서, 그 자체로 무능한 내 의지가 아니라 틀림없이 그 결과를 갖게 해줄 수 있는 신의 의지에 의해서 움직일 것임이 명백하다.

그런데 정신과 신체의 결합으로 인해 신이 내가 팔을 움직일 수 있는 '힘'[22]을 준 것이라고 말해 보자. 이는 신이 내가 신체에 열중하고 자기 보존에서 이득을 구하도록 내 신체에 즐거움과 고통을 느낄 수 있는 힘을 주었던 것과 같다. 그렇게 되면 확실히 문제가 되고 있는 것을 가정하는 것이고, 순환논법에 빠지게 된다. 신체에 대해 영혼이 가진 저 힘이 무엇인지, 영혼에 대해 신체가 가진 저 힘이 무엇인지에 대해 우리는 명확한 관념을 갖지 못했다. 이 점을 적극적으로 확신한다면 사람들이 하는 말을 지나치게 잘 알지 못하게 된다. 편견을 통해 이런 생각을 갖게 되었던 것이고, 아이였을 때 감각할 수 있게 되자마자 그런 식으로 믿었던 것이다. 그러나 정신, 이성, 성찰은 여기에 관여하지 않는다. 이 점은 내가 이 책에서 말한 것들로 충분해 보인다.

그러나 흔히들 내가 내 행동의 내적 감각을 통해 이 힘을 실질적으로 가졌음을 아는 것이라고 할 것이다. 그렇게 믿는 것은 잘못 생각한 것이 아니다. 내 답변은 자기 팔을 움직일 때 팔을 움직이게 만든 실제 의지의 내적 감정을 갖는다는 것이고, 그래서 이 의지를 가졌다고 믿는 것은 잘못 생각한 것이 아니다. 더욱이 이 의지에 동반하는 어떤 노력의 내적 감정을 갖는 것이고 그런 노력을 기울였다고 믿어야 하는 것임이 틀림없다.

결국 내 말은 이 노력이 이루어지는 순간 팔이 움직였다는 내적 감각을 가진다는 것이다.[23] 또 그렇게 가정하면 팔의 운동은 이 노력을

---

22 나는 이 말을 항상 실질적이고 유효한 힘으로 이해한다.

느끼는 순간에 이루어지거나, 팔을 움직이는 '실천적' 의지를 가질 때 이루어진다고 말하는 데 나는 동의한다. 이 노력이란 영혼의 변형이나 감정일 뿐이고, 우리가 나약하다는 점을 납득시키고, 우리 힘에 대한 모호하고 혼란스러운 감정을 마련하기 위해 우리에게 주어진 것일 수 있는 것이다.

그러나 나는 이 노력이 스스로 동물정기에 운동을 부여할 수 있다거나 동물정기의 방향을 결정한다는 점은 부정한다. 나는 우리 사유와 물질의 운동 사이에 관계가 있다는 점을 부정하며, 영혼은 동물정기의 최소한의 지식을 갖고 있어서 영혼이 자극하는 신체를 움직이기 위해 이를 사용한다는 점을 부정한다. 마지막으로 영혼이 동물정기를 정확히 알고 있고, 동물정기를 움직이거나 운동의 방향을 결정할 수 있을지라도 이 모든 점을 통해 영혼이 신경의 도관을 선택할 수 있으리라는 점을 부정한다. 영혼은 신경의 도관에 대한 아무런 지식도 갖고 있지 않다. 그래서 도관 속에 정기를 밀어 넣고 그런 식으로 신체 구조를 정말 잘 모르는 사람들조차 신속하고 정확하고 힘차게 움직인다는 점에 주목할 수 있게 된다.

---

23 정신이 내적 감정이나 '의식'을 통해서 움직여진 팔의 운동을 알지 못한다는 점이 내게는 명백해 보인다. 정신은 감정을 의식을 통해서만 알게 되는데, 이는 영혼이 자기 생각만을 '의식'할 뿐인 까닭이다. 우리가 팔이 운동하고 있다는 생각을 알게 되는 것은 내적 감정이나 의식에 의해서이다. 그러나 의식을 통해서는 자기 팔이 운동하고, 팔에서 고통을 느낀다는 것이 알려지지 않는다. 대상들의 색깔도 마찬가지이다. 이 점에 동의하지 않는다면 나는 내적 감정이 언제나 오류를 범하지 않는 것은 아니라고 말하는 것인데, 오류는 감정이 복합적일 때 거의 항상 이 감정에 존재하기 때문이다. 나는 《진리의 탐구》 제 1권에서 이를 충분히 증명했다.

우리 의지가 진정 신체의 동력이라고 전제한다면 이 점이 이해할 수 없어 보이기는 하지만 어떻게 영혼이 신체를 움직인다는 점을 이해할 수 있을까? 예를 들어 팔은 동물정기가 팔을 구성하는 근육들 중 몇몇을 부풀리기 때문에 비로소 움직이는 것이다. 그런데 영혼이 두뇌 속에 있는 정기에 새긴 운동이 신경 속에 있는 정기로 전달되고, 신경 속에 있는 정기가 팔 근육에 있는 다른 정기로 전달되기 위해서는 영혼의 의지가 증가하거나 정기를 구성하는 작은 물체들 속에서 일어나는 거의 무한한 충돌이나 마주침에 비례하여 변하지 않으면 안 된다.

물체 그 자체로는 마주치는 물체들을 움직일 수 없으며 이 점에 대해서는 내가 충분히 증명했다고 생각한다. 신체가 조금이라도 움직이는 데 영혼이 무한한 수의 의지를 가져야 한다는 점을 받아들인다면 이 점은 이해할 수 없는 일이다. 신체를 움직이기 위해서는 무한한 수의 운동의 전달 과정이 이루어지지 않으면 안 되기 때문이다. 결국 영혼은 한 개별 원인이며, 상호 충돌하는 무한히 많은 수의 작은 물체들의 굵기나 동요를 정확히 알지 못하므로 정기들이 근육 속에 확산될 때 이 정기들의 운동이 전달되는 일반 법칙을 확립할 수 없고, 확립했다고 해도 이 법칙을 정확히 따를 수 없을 것이다. 그래서 영혼이 두뇌 속의 동물정기의 운동의 방향을 결정할 힘을 갖추었다고 해도 영혼이 팔을 움직일 수 없으리라는 것이 명백하다. 이 문제는 충분히 명백한 것으로 더 길게 다룰 필요가 없다.

우리의 사유 능력도 마찬가지이다. 우리는 내적 감정을 통해 어떤 것을 생각하고자 하고, 이를 위해 노력을 기울이고, 우리가 욕망하고 노력하는 순간 그 사물의 관념이 우리 정신에 떠오른다는 것을 알고 있지만, 우리 의지나 노력이 우리의 관념을 산출한다는 것은 내적 관념을 통해 전혀 알고 있지 못하다. 우리는 이성을 통해서 그것이 이루어질 수 있음을 알지 못하는 것이다. 우리가 주의를 기울이거나 욕망할 때 이것이 우리 관념의 원인이라고 믿는다면 그것은 편견 때문이다. 우리는 하루에도 백 번씩 관념들이 이를 따르거나 동반한다는 점을 경험하고 있으니 말이다.

신과 신의 작용에는 감각적인 것이 전혀 없으며 욕망이 아니고서는 관념들의 현전에 앞서는 다른 어떤 것을 느끼지 못하므로, 우리는 욕망이 아닌 다른 것이 이 관념들의 원인으로 존재할 수 있으리라고 생각하지 않는다. 하지만 주의하도록 하자. 우리 내부에 관념들을 만들어 낼 힘을 전혀 찾지 못하는 것이다. 우리 스스로 가진 이성도 내적 감정도 이 점에 대해서는 우리에게 아무런 말도 하지 않는다.

나는 이차 원인의 효력을 옹호하는 자들이 사용하는 모든 증거들을 언급해야 한다고는 생각하지 않는데, 그 증거들은 내게 대단히 미약해 보여서, 사람들은 내가 그 증거들을 우스꽝스럽게 보이게 할 의도였으리라고 생각할 수 있을 것이니, 이 점에 대해 진지하게 답변한다면 공연히 내 자신이 우스꽝스러워지고 말 것이다. 예를 들어 한 저자는 자기 의견을 옹호하기 위해 대단히 진지한 태도로 이렇게 말했다.

"창조된 존재들은 실질적인 물질적, 형식적, 최종적 원인들에서 나온다. 그 존재들이 왜 유효하고 효과적 원인이지 않을 수 있겠는가."

이 저자의 질문에 만족스러운 대답을 내놓기 위해서 내가 오랫동안 정말 거칠고 모호한 문제를 해명하고 유효원인과 철학자들이 '물질적'이라고 즐겨 불렀던 원인의 차이를 이해시키고자 했대도 내 생각에 나는 모든 사람을 만족시킬 수 없을 것 같다. 그래서 나는 비슷한 증거들은 버리고 성경에서 가져온 증거들을 살펴보겠다.

일곱 번째 증거

이차 원인들의 효력을 주장하는 사람들은 흔히 다음의 대목을 내세워 자기들의 생각을 뒷받침한다. "땅은 풀을 내고 물은 기거나 나는 동물을 내고, 땅은 살아 있는 동물을 내라."24 그러므로 땅과 물은 신의 말씀을 통해 식물과 동물을 만들 '역량puissance'을 받았다. 다음으로 신은 새와 물고기들에게 번성하라고 명령했다. "생육하고 번성하여 여러 바닷물에 충만하라. 새들도 땅에 번성하라."25 그러므로 신은 그들에게 그들을 닮은 것을 낳을 역량을 주었다.

〈마가복음〉 4장에서 예수 그리스도는 좋은 땅에 떨어진 종자는 백 배까지 소출을 내고, 땅은 "처음에는 풀이요, 다음에는 이삭이요, 그다음에는 이삭 속의 밀을 낸다"26고 말했다. 마지막으로 〈잠언〉에도 "또한 불은 그것이 불태우는 '힘'을 신의 민족을 위해 잊었다"27고 말했다. 그러므로 구약과 신약을 통해 이차 원인들이 작용하는 데 진정한 힘을 갖고 작용하고 있음이 확실하다.

---

24 Gen. I. (11절 및 20~21절)

25 같은 곳.

26 Ultro enim terra fructificat primum herbam; deinde spicam, deinde plenum frumentum in spica.

27 Etiam suae virtutis oblitus est, chap. XVI.

답 변

나는 성경에 이른바 이차 원인들의 효력을 신에게 마련하는 대목 또한 여럿 있다고 답변한다. 아래에 그중 몇 가지 대목을 옮긴다.

"나는 만물을 지은 여호와라 홀로 하늘을 폈으며 나와 함께 한 자 없이 땅을 펼쳤고(〈이사야〉 44장 24절)." "주의 손으로 나를 빚으셨으며 만드셨는데 이제 나를 멸하시나이다(〈욥기〉 10장 8절)." "너희들이 어떻게 내 뱃속에 생기게 되었는지 나도 모른다. (…) 너희 몸의 각 부분을 제자리에 붙여 준 것도 내가 아니라 만물이 생겨날 때 그것을 마련해 내신 온 세상의 창조주이다(〈마카베오기〉 2서 7장 22~23절)." "만민에게 생명과 호흡과 만물을 친히 주시는 이심이라(〈사도행전〉 17장 25절)." "그가 가축을 위한 풀과 사람을 위한 채소를 자라게 하시며 땅에서 먹을 것이 나게 하셔서(〈시편〉 104장 14절)." 이와 유사한 대목은 무한히 많지만 이것이면 충분하다.

저자가 자기모순에 빠진 듯하지만 자연의 공정성이나 더욱 강한 이성으로 우리가 그 저자에게 동의하지 않을 수 없을 때 그가 실제로 어떤 생각을 했는지 발견하기 위한 확실한 규칙이 있는 것 같다. 이 저자가 자신의 빛에 따라 말하는지 통념에 따라 말하는지 관찰하기만 하면 되니 말이다. 어떤 사람이 다른 사람들처럼 말할 때 그것이 그 사람들의 생각을 항상 따른다는 것을 의미하는 것은 아니다. 그러나 습관적으로 하는 말과 확실히 반대로 말할 때 그가 그 말을 단 한 번만 했을지라도 그가 진지하게 말했고 깊이 생각한 뒤에 말했다는 것을 안다면 그것이 그의 생각이라고 판단하는 것이 옳다.

예를 들어 어떤 저자가 동물의 특성에 대해 말하면서 짐승들은 감각을 느끼고, 개는 주인을 알아보고 주인을 사랑하고 또 두려워한다고 백여 군데에서 말하면서, 짐승은 감각을 느끼지 않고, 개는 주인을 못 알아보고, 그 무엇도 두려워하지도 사랑하지도 않는다고 두어 군데에서 말한다고 하자. 그가 모순되는 말을 하는 것처럼 보이니, 어떻게 그 저자가 자기 생각을 일관적으로 이야기한다고 하겠는가? 찬성과 반대인 모든 대목을 모아서 숫자가 많은 것을 그의 의견으로 판단하겠는가? 만일 그렇다면 나는 동물들은 영혼이 없다는 생각을 하는 것인가? 그가 모순되는 말을 하는 것 같아서인가?

찬성과 반대인 모든 대목을 모아 보자. 그리고 가장 많은 수의 사람을 시켜 그의 생각을 판단하도록 해보자. 만일 그렇대도 예를 들어 나는 동물들은 영혼을 갖지 않는다고 간주하는 사람이 있으리라고 믿지 않는다. 데카르트주의자들조차 개는 맞을 때 항상 감각을 느낀다고 말하고 개는 감각을 느끼지 않는다고 말하게 되는 경우는 극히 드문 일이니 말이다.

내가 이 책에서 무수히 많은 편견들을 비판하고 있지만 사람들은 여러 대목들을 끌어내고는 그 대목을 통해서 내가 설명한 규칙을 수용하지 않는다면 그 대목들을 모두 내가 세워서 내가 지금 반박하고 있는 이차 원인의 유효성의 의견을 따른다고까지 증명들을 할 것이다. 아마 이 점으로부터 이 책이 조잡하고 뚜렷한 모순으로 가득 찬 책이라는 결론을 낼 것이다. 아마 타인의 책들의 심판자임을 자처할 정도로 충분한 공정성과 통찰력을 갖지는 못한 몇몇 사람들이 그렇듯 말이다.

성경, 교부, 귀인들은 종종 명백한 이득, 부, 영예에 대해 말할 때 자기들이 실제로 가진 생각보다 통념에 따라 더 자주 말한다. 예수 그리스도는 아브라함을 통해 악독한 부자가 이렇게 말하게 했다.

"너희들은 살아가는 동안 많은 '선'을 받았다."

즉 부와 영예를 말하는 것이다. 우리가 편견에 따라 '선'이라고 부르는 것, 우리의 이득, 즉 우리의 금이며, 우리의 은은 성경 백여 군데에서 우리의 '도움soutien'이나, 우리의 '양식substance', 심지어는 우리의 정직honnêteté, 혹은 우리를 영예롭게 하는 것이라고 나왔다. 가난과 부는 신에서 왔다Paupertas et honestas à Deo sunt.28 성경과 그보다 더 덕성스러울 수 없는 사람들이 말하는 방식이 이러하니 우리는 그들이 모순되는 말을 하고 있다거나, 부며, 영예며 하는 것은 우리의 관점에서 정말 선인 것이고, 우리는 그 선을 사랑하고 구求해야 한다고 믿게 될까? 분명히 그렇지 않다.

이러한 말하는 방식이 편견과 하나가 되면 아무것도 의미하지 않거니와, 예수 그리스도가 부를 가시針와 비교했고, 또 부에 애착을 가져서는 안 되고, 부는 허상이고, 세상에서 대단하고 빛나는 모든 것은 신 앞에서 미움을 받는다고 말했음을 우리가 알고 있기 때문이다. 그러므로 그보다 더 사리에 어긋날 수 없는 편견들을 매 순간 성경이나 교부의 탓으로 돌리고 싶지 않다면 이들 대목을 최대한 많이 모아 이로써 그들의 생각을 판단해서는 안 된다.

이렇게 가정하고 성경에서 들판의 풀까지 만물을 지은 이가 신이고, 예수 그리스도가 솔로몬의 모든 영광으로 입은 장식보다 더 좋아했던 이런 장식으로 백합을 꾸민 이가 신임을 우리는 아는 것이다.29 이른

---

28 Eccli., XI, 14.

바 이차 원인들의 효력이 신에 있고, 아리스토텔레스주의자들의 '자연'을 무너뜨리는 대목은 한두 개가 아니라 무한히 많다.

더욱이 자연스러운 편견으로 인해 우리는 일상적 결과들에서는 신을 생각하지 않고 이차 원인에 힘과 효력이 있다고 보는 경향이 있다. 흔히 신을 떠올리게 하는 것은 기적뿐이다. 이런 감각적 자극으로 인해 이차 원인들이 의견으로 들어서고 철학자들은 그들 말로는 감각으로 확실하기 때문에 이 의견을 취하게 된다. 결국 이 의견을 감각의 판단을 따르는 모든 사람들이 받아들인다. 그런데 이 편견에 따라 언어가 형성되었다. 그래서 금과 은을 재산이라고 하는 것처럼 불은 태우는 힘을 가졌다고 흔히들 말한다. 그러므로 이차 원인들의 효력에 대해 성경과 교부들에게서 끌어낸 대목들은 야심가나 수전노가 자기 행실을 합리화하기 위해 선택하는 대목들 이상으로 입증하는 것이 없다. 그러나 신이 모든 것을 지었음을 증명하기 위해 제시할 수 있는 대목들은 이와 같지 않다. 만물을 신이 지었다는 생각은 편견과 반대되므로 이런 대목들은 엄밀하게 이해해야 한다.

데카르트주의자는 두세 번밖에 말하지 않았고, 또 그가 허물없이 이야기할 때는 동물도 느끼고 보고 듣는다고 늘상 말했을지라도, 짐승은 감각을 느끼지 않는다고 생각한다고 믿어야 하는 것과 마찬가지 이유에서이다.

〈창세기〉 1장에서 신은, 땅은 풀과 동물을 내고, 물은 물고기를 내라고 명령했다. 아리스토텔레스주의자들은 그 결과, 물과 땅이 이런

29 Matt. VI, 28~30.

산물을 산출할 수 있는 '힘vertu'을 받았다고 말한다.

나는 이 결론이 확실하다고 보지 않는다. 또 이 장을 성경의 다른 대목들에 의지하는 일 없이 그 자체로 설명해야 할 때라도 그런 결과를 반드시 수용해야 할 필요는 없을 것이다. 창조를 이런 식으로 설명하는 것은 사물들의 산출에 대해 우리가 말하는 방식을 적용한 것이다. 그래서 그 결과를 문자 그대로 받아들일 필요는 없고, 그 결과를 편견을 강화하기 위해 써서는 안 된다. 동물과 식물이 땅에 있고, 새는 공중에서 살고, 물고기는 물속에 있듯이 신은 이들이 그 장소에 있는 것은 자신의 명령에 의해서였음을 우리가 이해하도록 이들을 그곳에서 만들어 낸 것이다.

신은 동물과 식물을 흙으로 지었는데 흙이 아무것도 낳을 수 없어서가 아니고 이를 위해 신이 지금도 여전히 존속하는 힘을 부여해서도 아니라, 이들 동물의 몸을 흙으로 지었기 때문이다. 땅이 말도 소도 낳지 않지만 말과 소는 흙으로 지었다는 데 다들 동의한다. 다음 장에 나오는 "하나님이 흙으로 각종 들짐승과 공중의 각종 새를 지으시고"30 라는 언급처럼 말이다.

동물들은 흙으로 만들어진 것formatis de humo이지 땅이 만든 것이 아니다. 또한 모세는 동물과 물고기가 신이 땅과 물에 만들도록 명령했으므로 만들어졌다고 언급한 뒤에 "이들을 만든 것은 신 자신"이라고 덧붙이면서 이들을 땅과 물이 만들었다고 생각하지 못하도록 했다. "큰

---

30 [옮긴이] 70인역 그리스어 번역 성격을 성 히에로니무스가 5세기 초에 라틴어로 번역한 것.

바다 짐승들과 물에서 번성하여 움직이는 모든 생물을 그 종류대로, 날개 있는 모든 새를 그 종류대로 창조하시니" 그리고 조금 더 내려가서 동물들의 형성에 대해 말한 뒤에 "땅의 짐승을 그 종류대로, 가축을 그 종류대로, 땅에 기는 모든 것을 그 종류대로 만드셨다"고 덧붙인다.

지나가면서 하는 말이지만 우리의 불가타 역*The Vulgate*31에서 "땅은 풀을 내고 (…) 물은 기거나 나는 동물을 내고, 땅은 살아 있는 동물을 내라"를 보면 땅과 물이 동물과 식물을 만들 수 있는 어떤 실질적 역량을 받았다고 믿게끔 할 수 있는 표현인데, 원래 용어는 이런 생각과 거리가 있다. 그 용어들은 단지 땅은 풀로 덮이고 물은 물고기로 차고 새는 공중을 난다는 것을 의미한다. 이 대목에서 동사와 명사들은 어근이 같은데 이는 다른 언어로 번역될 수 없는 것이다. 그것은 땅은 푸른색으로 푸르고, 물은 물고기로 가득하고, 날짐승은 난다는 것과 같다. 불가타 역은 또 '날다'라는 단어를 빠뜨렸기 때문에 어떤 사람들은 새가 물에서 나왔다고 믿었다. 그러나 히브리어에서는 '또한 날짐승은 난다'로 되어 있다. 불가타 역에서 빠진 이 마지막 단어를 보면 날짐승이 물에 있는 힘으로 만들어진 것이 아님을 알 수 있다. 그러므로 모세의 의도는 여기서 물이 물고기와 새를 생산할 수 있는 실질적인 '역량'을 받았음을 증명하는 것이 아니라 각자 신의 명령에 의해 살아가기 위해서든 생산되기 위해서든 각자의 자리가 정해졌음을 지적하는 것이다.

"날짐승은 땅 위를 난다et volatile volitet super terram." 흔히 땅이 나무들과 식물들을 생산한다고 말할 때 그 말은 그저 종자를 맺고 자라게 하는

---

31 Eccli., XI, 14.

데 필요한 물과 소금을 땅이 제공한다는 알려 주고자 하는 것이다. 나는 문자 그대로 해석했을 때 이차 원인을 옹호하고 있는 성경의 다른 대목들은 그냥 건너뛰겠다. 그럴 필요가 없으며, 일상적 판단에 근거한 표현들을 문자 그대로 해석하는 일은 대단히 위험하기까지 하다. 그 표현에 따라 언어가 형성되는 것이다. 보통 사람들은 사물에 대해 감각 자극과 유년기의 편견에 따라 말하므로 더욱 양식 있는 사람들만큼 단순한 사람들을 가르쳐야 할 때 신의 정수가 종종 이들의 결함에 맞추어졌던 것이다. 성 아우구스티누스는 "신은 성경을 아이들과 젖먹이까지 이해할 수 있게 했다"[32]고 말했다.

편견에 직접적으로 저항하는 성경 대목들을 문자 그대로 취하는 이유도 똑같은데 이로써 교부들이 이차 원인의 '효력'도, 아리스토텔레스의 '자연'도 주장할 의도가 없었음을 쉽게 생각할 수 있다. 그들이 종종 편견偏見들과 감각의 판단들을 옹호하는 방식으로 말할 때가 있지만 그들은 간혹 정신과 마음의 성향을 충분히 보여 주는 방식으로 설명한다. 예를 들어 성 아우구스티누스는 다음과 같이 말할 때 신의 의지가 각각의 사물의 '힘'이나 '본성'이라고 생각한다는 것을 깨닫게 해준다.

"우리는 경이와 자연이 맞선다고 말하는 데 습관이 들었다. 그런데 이는 사실이 아니다. 창조주의 의지가 피조물 각각의 본성인데 어떻게 신의 의지로 지어진 것이 자연과 모순될 수 있겠는가? 그러므로 기적 혹은 경이는 자연에 반反하는 것이 아니라 우리가 알고 있는 자연에 반

---

32 In *psalm.*, VIII.

하는 것이다."33

성 아우구스티누스가 여러 대목에서 편견들을 갖고 말한 것은 사실이다. 그러나 나는 이 점이 증명하는 것은 아무것도 없다고 주장한다. 편견에 맞서는 대목들만 문자 그대로 설명하고 있음이 틀림없으니 말이다. 그 이유는 방금 내가 말했다.

만일 성 아우구스티누스가 자신의 모든 책에서 이차 원인들의 효력에 반대하는 말을 한 번도 하지 않았고, 항상 이 의견을 옹호했다면 아마 그의 권위를 들어 이를 확립할 수도 있을 것이다. 그런데 그가 이 문제를 진지하게 검토했던 것처럼 보이지 않는다면, 그가 이 주제에 대해 고정된 확고한 생각을 갖지 않았을 수도 있으며, 감각의 자극을 통해 깊은 생각 없이, 세심한 검토가 이루어지기 전까지는 확실해 보이는 문제를 그만 믿어버리게 되었을지 모르겠다고 항상 생각할 수 있을 것이다.

예를 들어 성 아우구스티누스는 항상 짐승들에게 영혼이 있기라도 한 것처럼 말했다는 점이 확실하다. 나는 유형적 영혼âme corporelle을 말하는 것이 아닌데 이 거룩한 학자는 유형적 영혼이 존재할 수 있다고 생각하기에는 신체와 영혼을 대단히 잘 구분할 줄 알았기 때문이다.

---

33 Omnia quippe portenta contra naturam dicimus esse, sed non sunt. Quomodo enim est contra naturam quod Dei fit voluntate: cum voluntas tanit utique conditoris conditae rei cujusque natura sit? Portemtum ergo fit non contra naturam, sed contra quam est nota natura (Aug., 《신국론》(*De civitate Dei*), lib. XXI, cap. VIII). 또한 같은 책의 Liv. V, chap. XI과 콘센티우스에게 보내는 편지 205 17번을 참조.

즉, 나는 정신적 영혼âme spirituelle을 말하는 것인데 물질은 감각을 가질 수 없는 까닭이다. 그러나 나는 짐승이 영혼을 가졌음을 증명하는 것보다는 갖지 않았음을 증명하기 위해 성 아우구스티누스의 권위를 사용하는 것이 더 이성적이라고 생각한다. 그가 세심하게 검토했고, 강력하게 확립했던 원리들에서 그는 명백히 짐승에는 영혼이 없다는 주장을 따르기 때문이다.34 앙브루아즈 빅토르는 자신의 《기독교 철학 *Philosophie chrétienne*》 6권에서 이 점을 보여 주었다.

그런데 짐승이 영혼을 가졌거나 맞으면 고통을 느낀다는 생각은 그렇게 믿는 아이가 없으니 편견에 부합하는 것이다. 즉 성 아우구스티누스는 이 점에 대해 통념에 따라 말했고, 이 문제를 진지하게 검토하지 않았고, 그가 이 문제를 의심하기 시작하여 깊게 생각했더라도 자신의 원칙과 대단히 상반되는 말은 하지 않았을 것이다.

그래서 교부들이 계속해서 이차 원인들의 효력을 옹호할지라도, 그들이 이 문제를 세심하게 검토한 것처럼 보이지 않는다면 그들의 생각

34 성 아우구스티누스의 이 원리들 중 몇몇은 다음과 같다. 죄를 짓지 않은 자는 악의 고통을 받을 수 없다. 그런데 그에 따르면 고통은 가장 커다란 악이고, 짐승들은 그 고통을 겪는다. 가장 고상한 사람은 자신의 목적을 위해 가장 덜 고상한 것을 가질 수 없다. 그런데 그에 따르면 짐승의 영혼은 정신적이고, 신체보다 더 고상하다. 그럼에도 짐승들은 신체와는 다른 목적을 갖지 않는다. 정신적이고 불멸의 존재, 그리고 짐승들의 영혼은 비록 정신적일지라도 죽음에 이르게 된다. 성 아우구스티누스의 작품 속에서 비슷한 다른 원리들이 대단히 많으며, 이로부터 짐승들은 그가 짐승들 속에서 가정한 정신적인 영혼을 갖지 않는다는 결론을 내릴 수 있다. 성 아우구스티누스, 《정신과 그 기원》(*De anima et ejus origine*), chap. XXII, XXIII 참조.

을 참작하지 않아도 될 것이고, 그들이 그 문제에 대해 할 수 있었을 말이 편견에 따라 형성되고 확립된 언어의 결과가 아닐 수도 있을 것이다. 하지만 이와는 반대이다. 교부들과 가장 거룩하고 종교에 관한 한 가장 밝은 분들은 자기 책의 어떤 대목을 들어 우리가 언급하고 있는 문제에 대해 그들의 정신과 마음의 의향은 어떤 것인지 흔히 알게 해주었기 때문이다.

종교에 가장 밝은 분들과 심지어 대부분의 신학자들은 한편으로는 성경이 이차 원인들의 효력에 반하여 쓰였음을 알고, 다른 한편으로는 감각의 자극, 여론, 그리고 특히 학자들의 숭배를 받고 있는 아리스토텔레스의 철학이 이를 확립해 왔다고 본다. 아리스토텔레스는 달이 비치는 하늘의 우묵한 부분le concave 아래에서 일어나는 일들을 세부적으로 신경 쓰지 않으며, 그렇게 열중하는 일은 그의 위대함에 걸맞지 않는 것이며, 그가 모든 물체에 있다고 전제하는 '본성nature'으로 이곳 지상에서 일어나는 모든 일을 산출하기에 충분하다고 믿는 까닭이다.

내 말은 신학자들이 이교도 철학과 신앙, 감각과 이성의 합일을 위해 이런 타협책tempérament을 찾았다는 것이다. 신이 자신을 '일치concours' 시키지 않는 한 이차 원인들은 어떤 일도 하지 않을 것이다. 그러나 신과 이차 원인들을 함께 작용시키는 이 즉각적 일치에 많은 난점들이 포함되어 있으므로, 어떤 철학자들은 이차 원인이 작동하기 위해서는 신이 창조하면서 마련했던 '힘vertu'으로써 이를 보존하는 것으로 충분하다고 주장하면서 이를 기각했다.

이차 원인에서 신의 작용에 감각적인 것이 전혀 없기 때문에 이 의견은 편견들에 완벽히 부합하므로 대부분의 사람들은 물론, 신학과 진리의 성찰보다 고대인들의 의학과 자연학에 더 열중했던 사람들이 이 의견을 받아들인다. 대부분의 사람들은 우선 신이 만물을 창조했고 만물의 보존에 필요한 모든 특질이나 능력을 마련했다고 생각한다. 예를 들어 신은 물질에 최초의 운동을 부여했고 그다음으로는 운동의 전달 과정을 통해 우리가 감탄해 마지않는 저 다양한 형상을 스스로 산출할 수 있게 했다고 생각하는 것이다.

흔히 물체들은 상호 운동할 수 있다고 가정하면서 이런 의견은 데카르트가 주장한 것이라고까지 생각한다. 그는《철학의 원리》2부 36절과 37절에서 명백히 반대되는 언급을 하고 있는데도 말이다. 사람들은 피조물들은 신에 종속되어 있음을 인정할 수 있으므로 그들의 능력 한도만큼 신을 은밀히 혐오하든, 신의 작용에 무지하고 이를 끔찍하게 무시하든지 해서 이 종속관계를 감소시킨다. 그러나 이런 생각은 흔히 종교를 열심히 연구하지 않았고, 그들의 이성과 성경의 권위보다는 고작 감각과 아리스토텔레스의 권위를 따르는 사람들로부터 나온 것이므로, 진리와 종교를 사랑하는 사람들의 정신에 지나치게 확립되면 어쩌나 쉽게 걱정하지 않는다. 조금이라도 이 생각을 열의를 갖고 검토한다면 그것이 거짓임을 쉽게 알 수 있다. 그런데 이차 원인들의 모든 작용 하나하나에 신이 '즉각적 일치concours immédiat'를 한다는 의견은 성경 대목들에 바로 고스란히 적용된다. 성경은 종종 신과 피조물에 동일한 결과를 부여하는 것 같다.

나는 마지막 주해에서 영혼이 대상을 지각할 수 있도록 하는 존재는 신뿐이며, 아무리 큰 역량을 갖추었다고 해도 어떤 피조물이며 어떤 유한한 지성도 이런 경우에 신의 일치를 작동시키고 요구할 준비가 되어 있지 않다는 점을 증명할 것이다.

그러므로 성경에서 신만이 활동한다고 언급한 여러 대목이 있음을 고려해야 한다. 이사야는 "나는 만물을 지은 주이고, 홀로 하늘을 폈으며 나 홀로 땅을 펼쳤다"[35]고 했다. 신의 성령으로 잉태한 어머니는 아이들에게 너희들을 만든 것은 자신이 아니라고 말했다.

"너희가 어떻게 내 뱃속에 생기게 되었는지 나는 모른다. 너희에게 목숨과 생명을 준 것은 내가 아니라 온 세상의 창조주이다 운운."[36]

그녀는 아리스토텔레스와 아리스토텔레스주의 학파처럼 아이들이 태어난 것은 그녀와 태양에 의해서가 아니라 온 세상의 창조자에 의한 것이라고 말한다. 그런데 어머니 뱃속에서 작용하고 아이들을 형성한 자는 신뿐[37]이라는 이런 생각은 통념이나 편견에 부합하지 않는다. 그러므로 내가 앞에서 확립한 원칙에 따라 이 대목을 문자 그대로 설명해야 한다.[38] 그런데 반대로 이차 원인의 효력에 대한 생각은 통념과 감각적 자극에 부합하므로 이차 원인만이 작용하는 것이라고 명백히 말하는 대목이 있다고 하더라도 그 대목들은 이것들과 비교되었을 때

---

35 44장 24절.

36 II Macc., VII, 22, 23.

37 Sol et homo genrant hominem.(Artis., *Phy*. ascu, lib. II, cap. II. 이 텍스트에 대한 성 토마스 아퀴나스의 주석을 참조.

38 Nec qui concumbit, nec qui seminat est aliquid, sed qui format Deus (…) Ipse namque operatione qua nunc usaue operatur, facit ut numero suos explicent semina et a quibusdam latentibus atque invisibilibus in volucris in formas visibiles hujus quod aspicimus decoris evolvant.(Aug., *De civitate Dei*, lib. XXII, cap. XXIV, n. 2)

전혀 힘을 쓰지 못할 것이다. 그러므로 이런 일치가 성경에 등장하는 상이한 대목들을 일치시키는 데 충분하지 않으므로 힘 전체, 역량, 효력을 신 쪽에 두어야 한다.

하지만 신과 이차 원인들의 즉각적인 '일치'가 성경의 여러 대목을 일치시키는 데 적절할지라도 어쨌든 이를 수용해야만 하는지는 모르겠다. 성경은 그 시대 신학자들을 위해서만이 아니라 유대민족을 위해 쓴 것이니 말이다. 그래서 과거 유대인들이 우리가 스콜라 신학에서 받아들이는 대로 '일치'를 상상하고, 가장 뛰어난 신학자들도 설명하는 데 상당한 곤란을 겪는 문제에 동의할 정도로 이치에 밝고 섬세하지 않았다면 내가 보기에 그렇기 때문에 만물을 만들고 보존한 자를 신이며, 심지어 오직 한 분 신이라고 말하는 성경으로 인해 유대인들을 오류에 빠뜨리고 성경의 저자들은 사람들에게 미지의 언어일 뿐 아니라 기만의 언어를 말했을 것이다.

그들은 신이 모든 것을 만들었다고 말하면서 신이 자신을 만물에 일치시켰다고 주장했을 뿐인 것은 아니기 때문이다. 대단한 철학자들이 아닌 유대인들은 신이 만물을 만들었지 신이 모든 것과 일치한 것은 아니라고 믿었을 테니 말이다.

하지만 일치를 더욱 확실하게 판단하도록 하려면 스콜라 철학자들이 구상했던 상이한 체계를 세심히 설명하는 것이 적합할 것이다. 모호하고 확정되지 않은 용어들을 통해서만 설명하고 주장할 수 있을 뿐인 모든 의견들이 공통적으로 갖는 이해불능의 모호함은 별개로 치더라도 이 주제에 대해 생각이 대단히 다양하므로 굳이 그 원인을 발견하려 들지 않을 것이다.

하지만 나는 나를 위해서는 물론 이 책을 읽는 대부분의 사람들을 위해서 지나치게 지루한 논의에 들어가고 싶지 않다. 반대로 나는 그보다는 스콜라 신학자들의 언어가 대단히 모호하고 막연해 보인다는 점을 감춰서는 안 되겠지만 그들 대부분의 생각과 어떤 점에서 일치될 수 있는지 깨닫게 해주고 싶다. 이를 설명해 보겠다.

내가 다른 곳에서 이미 말했듯이 예를 들어 물체들은 스스로 움직일 힘을 갖지 않으니 물체들의 '동력'은 오로지 신의 작용뿐이라고 나는 믿는다. 뚜렷한 의미를 전혀 갖지 않는 용어를 사용하지 않으려 한다면, 물체들의 동력은 항상 필연적으로 유효한 신의 의지뿐이고, 신의 의지는 여러 상이한 장소에서 물체들을 보존하는 것이다. 나는 신이 의지로 물체들의 동력을 만들기 위해 몇몇 존재를 창조했다고는 믿지 않는다. 내가 이런 유의 존재에 대한 관념을 갖고 있지 않고, 그 존재들이 물체들을 움직일 수 있으리라고 생각하지 않을 뿐 아니라, 이 존재들 자체가 자신들을 움직일 수 있게 하는 어떤 다른 것들을 필요로 하여 이런 식으로 무한히 계속되기 때문이다. 실질적으로 부동하면서 전체의 동인일 수 있는 존재는 신뿐이니 말이다.

사정이 이러하므로 한 물체가 그것과는 다른 물체에 충격을 가해서 그것을 움직일 때 나는 그 물체가 신의 '일치'를 통해 작용하는 것이며, 이 일치는 신 자신에 고유한 작용과 구분되지 않는다고 말할 수 있다. 어떤 물체가 결국 자기가 마주치는 물체를 움직이는 것은 오직 신의 의지에 다름 아닌 그것의 작용이나 동력을 통해서뿐이니 말이다. 신의 의지는 이 물체가 연속적으로 여러 장소에서 이 물체를 보존하며, 한 물체의 이동은 그것의 작용이나 동력이 아니라 그 동력의 결과이다.

거의 모든 신학자들이 이차 원인의 작용은 신과 이차 원인들을 일치하게 해주는 작용과 다른 것이 아니라고 말한다. 그들이 이 문제를 다양하게 이해하기는 해도 신은 피조물들과 동일한 작용을 통해 피조물 안에서 작용한다고 주장한다. 또 내가 보기에 그들은 그렇게 말할 수밖에 없다. 피조물이 신이 그들 속에서 행하지 않은 작용을 통해 작용했다면, 유효한 행위로서의 피조물들의 행위는 당연히 그러한 것처럼 피조물은 자기 존재뿐 아니라 자기 작용에 대해서 자기들이 신에 즉각적으로 종속된다고 믿는다.

마찬가지로 자유로운 원인들의 관점에서 나는 신이 끊임없이 정신이 보편선을 향하도록 자극을 주며, 신은 이 자극을 그가 우리 내부에 둔 관념들이나 감정들을 통해 개별적 선을 향하게끔 한다고 믿는다. 나는 첫 번째 주해에서 이 점을 그렇게 설명했다. 또 이것이 신이 우리의 의지를 움직이고, 미리 내다본다고 확신하는 신학자들이 믿는 바이다. 그래서 우리의 정신을 움직이게 하는 힘은 우리를 움직이고 우리를 선을 향해 이끄는 신의 의지인 것이니, 신은 그것으로 정기들이 움직일 수 있는 동력을 만들기 위해 존재들을 창조한 것이 아니기 때문이며, 이는 그가 물체들을 움직일 수 있는 동력을 만들기 위해 몇몇 존재를 창조하지 않은 것과 같은 이유이다. 신의 의지는 그 자체로 유효하므로 신은 행동하려면 의지하는 것으로 충분하고, 존재들의 수를 늘리는 것은 불필요하다. 더욱이 우리 운동이 자연적으로 결정될 때 우리 내부에 실재하는 모든 것은 오로지 우리 내부의 신의 행위에서만 오는 것이다. 이것이 내가 여기서 이 결정에 대한 우리의 동의를 말하지 않는 이유이다. 이 점은 첫 번째 주해를 통해 분명해졌다.

그런데 우리는 우리의 의지, 그러니까 내 말은 우리의 동력인 신의 의지의 자극에 의해서가 아니라면 행동하지 않고 아무것도 만들어 내지 않는다. 물체들이 움직여서 다른 물체들을 밀어내는 것은 그것이 그 물체들을 이동시키는 동력을 갖고 있기 때문인 것과 마찬가지이다. 그러므로 우리는 신의 일치[39]를 통해서만 작용할 뿐이고, 어떤 결과를 산출할 수 있는 유효한 것으로 고려된 우리 행동은 신의 행동과 다른 것이 아니다. 대부분의 신학자들이 말하듯 모두 동일한 활동이다.

그런데 세상에서 일어나는 모든 변화들은 물체들의 운동과 정신들의 의지라는 자연적 원인밖에 갖지 않는다. 운동 전달의 일반 법칙에 따라 가시적 물체들을 둘러싼 비가시적 물체들은 다양한 운동을 통해서 우리 눈으로는 보이지 않는 다양성을 고스란히 만들어 낸다. 또 영혼과 신체의 결합 법칙에 따라 우리를 둘러싼 물체들이 신체에 작용할 때 그 물체들은 우리의 영혼 속에 무한히 많은 감정, 관념, 정념들을 산출한다. 마찬가지로 동일한 법칙들의 결과 우리 정신은 의지를 통해 자신 속에서 무한히 상이한 지각을 갖도록 자극한다. 우리 정신을 자연적 원인처럼 적용하고 변형하는 것은 우리의 의지이니 말이다.

그렇지만 자연적 원인의 효력은 신이 확립한 법칙에서 나온다. 우리 정신이 신체에 작용할 때는 항상 정신과 신체의 결합 법칙으로 인해 여러 가지 변화들이 산출된다. 우리 신체의 방식을 통해 정신은 우리를 둘러싼 신체들에서 운동 전달의 법칙으로 인해 대단히 많은 변화를 산출한다. 그래서 모든 자연적 결과들은 신체들의 운동과 정신들의 의

39 수아레스, liv. I, *De concur su Dei cum voluntate*, cap. IV 참조.

지가 아닌 자연적이거나 기회원인적인 다른 원인을 갖지 않는다. 이는 우리가 조금이라도 노력해 본다면 쉽게 동의할 수 있는 것이다. 나는 무슨 말을 하는지 모르면서 말하고, 명확한 관념들을 갖지 않은 존재들을 항상 상상하고, 그들이 이해하지 못하는 것들을 절대적으로 이해할 수 없는 것들을 통해 설명한다고 주장하는 사람들이 알려 주지 않는다고 가정한다.

그래서 신이 자신의 일치, 더 정확히 말하자면 그의 유효한 의지에 의해 신체의 운동과 정신의 의지로 자연적인 원인이거나 기회원인으로 산출하는 모든 것을 실행한다는 점을 보여 주었으니, 신이 자기 피조물의 행동과 같은 행동으로 행하지 않는 것은 아무것도 없는 것이다. 그것은 피조물들이 그 자체로 어떤 유효한 행위를 갖지 못해서가 아니라, 어떤 의미로는 신의 역량이 피조물들에게 신이 그들을 위해 확립한 자연법칙들을 통해 전해지기 때문이다.

이상이 내 생각과, 즉각적 일치의 필요성을 주장하는 신학자들의 생각을 일치시키게끔 하기 위해 내가 할 수 있는 전부이다. 신학자들의 주장은 피조물들과 동일한 작용을 통해 만물 속에서 모든 것을 만든다는 것이다. 나는 다른 신학자들의 의견은 어떤 방식으로든 받아들일 수 없다고 생각한다. 특히 뒤랑40의 의견과, 성 아우구스티누스가 반박한41 몇몇 고대인들의 의견이 그렇다. 이 고대인들은 일치가 필요함을 절대적으로 부정했고, 이차 원인들이 신이 만물을 창조할 때 만물

---

40 Durand, *In II (sentent)*, dist. I, quaest. V와 dist. XXXVII을 참조.

41 *De gen. ad litt.*, lib. V, cap. XX.

과 뒤섞이는 일 없이 이 이차 원인들에게 부여했을 수 있는 역량을 통해서 만물을 만들었기를 바라는 것이다.

이 의견이 다른 신학자들의 의견보다 덜 난처한 것이더라도 내가 보기에 이는 성경과 대단히 모순되고, 편견들에 대단히 부합되는 것이어서 더 이상 아무것도 더 말할 것이 없으므로 나는 그 의견이 뒷받침될 수 있다고 믿지 않는다.

신의 즉각적 일치가 피조물의 것과 같은 행동이라고 말하는 스콜라 신학자들은 내가 설명하고 있듯이 이 점을 완전히 이해하고 있지 않으며, 아마 비엘과 엘리 추기경을 제외한다면 내가 읽은 모든 책의 저자들은 결과들을 산출하는 효력이 일차 원인만큼이나 이차 원인에서 온다고 생각한다는 점을 인정한다. 그런데 나는 이 법칙을 지키고, 내가 명백하게 이해하는 것만을 말하고, 종교와 가장 잘 부합하는 입장을 취하려고 노력하므로, 많은 사람들이 이 점을 이해하려 할수록 그만큼 더 이해할 수 없는 것으로 보이는 생각을 버리는 것을 잘못이라고 생각하지 않을 것이며, 이성뿐 아니라 종교와 기독교 도덕의 신성함까지 완벽하게 일치하는 다른 생각을 확립할 수 있으리라고 믿는다.

내가 이 점을 지적했던 장에서 이미 증명한 진리가 바로 이것이다. 그러나 이제는 내가 현재 논의하는 문제에 대해 했던 모든 것을 전적으로 증명하기 위해 무언가를 더 말해야 할 때이다.

우리는 신이 피조물들에게 사랑받고 존경받기를 바란다는 점을 이성과 종교를 통해 확신하게 된다. 선으로서 사랑받고 역량으로 경외받고 존경받는 것이다. 이 진리를 의심한다면 불경과 광기에 사로잡힌 것이다. 신의 바람처럼, 신이 사랑받아 마땅한 것처럼 신을 사랑하려면 내가 이미 다른 곳에서 주목케 했듯이[42] 율법과 복음서의 첫 번째 계명에 따라, 온 힘을 다해, 그리고 사랑할 수 있는 온 능력을 따라 신을 사랑해야 한다. 다른 식으로 말하면 우리의 사랑은 반드시 그래야 하는 것만큼 완벽한 것은 아니다.

우리는 신이 자기를 위해서만 활동할 뿐이므로 그가 우리 내부에 새기고, 오로지 그를 위해서만 우리 내부에 새기는 사랑을 고스란히 신에 돌려주지 못한다. 신이 받아 마땅한 존경을 고스란히 그에게 돌리기 위해서 지고한 역량으로서 숭배하고, 피조물 이상으로 신을 두려워하는 것으로는 충분하지 않다. 우리의 모든 존경의 마음이 신을 향해야 한다. 영예와 영광은 오직 그만이 받아야 하는 것이니 말이다. 다음이 신이 우리에게 명령한 것이다.

"너는 마음과 뜻, 그리고 힘을 다하여 네 신을 사랑하라."[43] 더불어 다음의 명령도 있다. "네 주님인 신을 경외하여 그를 섬겨야 하느니라."[44]

그래서 이차 원인들의 효력은 정신의 허구이고, 아리스토텔레스와 몇몇 다른 철학자들이 말하는 '자연'은 몽상이고, 우리 영혼 속에서 작용할 뿐 아니라 물질에 최소한의 운동을 부여할 만큼 충분히 강하고 충분히 힘찬 존재는 신뿐임을 가르치는 철학, 그러니까 바로 그 철학은 우리를 가장 밀접하게 신과 결합하도록 하는 것을 목적으로 하는

42 Liv. IV, chap. I.

43 Deut., VI.

44 [옮긴이] 〈신명기〉 6장 5절과 13절.

종교와 완벽하게 부합하는 것이다.

우리는 흔히 우리에게 어떤 이득을 주는 사물들만을 사랑한다. 그러므로 위에서 말한 철학이 허용하는 사랑은 오직 신의 사랑이고 다른 어떤 것에 대한 사랑도 절대적으로 단죄한다. 우리가 두려워해야 할 것은 우리에게 어떤 악을 가져다줄 수 있는 것뿐이다. 그러므로 위에서 말한 철학은 신에 대한 두려움만을 승인하며 다른 모든 두려움들은 단죄한다. 그래서 이 철학은 정의롭고 이성적인 영혼의 모든 운동에 정당성을 마련하고 이성과 종교에 반하는 모든 것을 단죄한다. 이 철학으로 부의 사랑, 권세에 대한 정념, 방탕에의 열광에 정당성을 마련해서는 안 되는 것이, 신체의 사랑은 이 철학이 확립한 원칙에 따르면 기상천외하고 우스꽝스럽게 보이니 말이다.

즐거움의 원인을 사랑하고, 그 원인으로 우리가 향유하거나 향유할 수 있는 지복至福에 비례하여 그 원인을 사랑하는 것은 반박할 수 없는 진리요, 자연적 감정이요, 심지어 통념이기까지 하다. 우리의 행복이 우리 사랑의 대상임이 올바를 뿐 아니라 필연적이기까지 하다. 그래서 이 철학에 따르면 우리는 신만을 사랑해야 하는 것이, 우리 행복의 원인이 오직 신뿐임을 가르치기 때문이다. 이 철학에 따르면 우리 주변의 물체들은 우리가 생기를 불어 넣는 존재에는 작용하지 않는다. 말할 것도 없이 신체는 우리 정신에 작용하지 않는 것이다. 태양이 우리를 비추고 우리를 움직이게 하고 생명을 주는 것이 아니다. 다시 말해, 태양이 대지에 과일과 꽃이 가득하게 하고 우리에게 양식을 제공하는 것이 아니다.

이 철학은 성경처럼 우리에게 "오직 신만이 하늘에서 비를 내리시고 결실기를 주시는 선한 일을 하사 음식과 기쁨으로 여러분의 마음에 만족하게 하셨고, 비록 지나간 세기들에 모든 민족이 제 길을 가게 방임하셨으나 자기를 증언하지 아니하신 것이 아니"[45]라는 점을 가르친다. 이 철학의 언어를 따르자면 '자연'이 우리에게 이득을 가득 채운다고 말해서는 안 된다.[46] 신이며 자연이라고 말해서는 안 되고, 오직 신만이라고 말하고, 그런 식으로 모호하지 않게 말해야 한다, 그래야 단순한 사람들이 속지 않게 된다. 그것으로 자기 사랑의 유일한 대상을 삼고자 한다면 우리는 행복의 유일한 원인을 분명히 알 수 있기 때문이다.

우리에게 악이 될 수 있는 것들을 두려워하고, 그것들이 우리에게 마련할 수 있는 악에 비례하여 그것들을 두려워해야 한다는 것 또한 반박할 수 없는 진리이다. 그러나 이 철학은 우리에게 악을 행할 수 있는 존재는 오직 신뿐이며, 이사야가 말했듯이 신이야말로 "빛만큼이나 어둠을 창조하고 선과 같이 악을 만드는 자"[47]라고 말하고, 또 다른

---

45 In praeteritis generationibus dimisit omnes gentes ingredi vias suas. Et quidem non sine testimonio semetipsum reliquit, benefaciens de caelo, dans pluvias et tempora fructifera, implens cibo et laetittia corda nostra.(〈사도행전〉, 14장 15~16절)

46 Ergo nihil agis, ingratissime mortalium, qui te negas Deo debere, sed naturae: quia nec natura sine Deo est, nec Deus sine natura, sed idem: est utrumque, nec distat. Officium si quod a Seneca accepisse. Annaeo te diceres debere, vel Lucio: non creditorem mutares, sed nomen.(Sénèque, *Des bienfaits*, liv. IV, chap. VIII)

47 Ego Dominus, et non est alter, formans lucem et creans tenebras, faciens pacem et crans malum: Ego Dominus faciens omnia haec, Is., XLV, 7; Am., III, 6.

예언자가 말했듯이 그가 만들지 않는 악은 일어나지 않는다고 가르친다. 그래서 우리가 두려워해야 할 존재는 오직 신뿐이다. 페스트, 전쟁, 기근, 우리의 적, 심지어 악마도 두려워해서는 안 된다. 두려워해야 할 존재는 오직 신뿐이다.

우리를 찌르고자 하는 칼을 피해야 하고, 불을 피해야 하고, 우리 위로 막 무너지게 될 집을 피해야 한다. 그러나 우리는 이런 일들을 두려워해서는 안 된다. 우리는 악의 자연적이거나 '기회원인'인 대상들을 '피해'야 한다. 그러나 우리가 악한 이들에게 닥칠 모든 불행의 '진정한 원인'으로서 '두려워해'야 할 존재는 오직 신뿐이다.

우리의 모든 선의 원인을 모든 악의 원인으로 만들어 버리고 마는 죄악만을 증오해야 한다. 한마디로 말해서 '정신의 모든 움직임은 오직 신과 관련되어 있는 것임이 틀림없는데, 정신 위에는 오직 신뿐이고, 우리 신체의 움직임은 우리 주변 존재들에만 관련되어 있'으니 말이다. 이상이 이차 원인들의 효력을 수용하지 않는 이 철학이 우리에게 가르치는 내용이다.

그러나 이차 원인들의 효력을 가정했을 때 우리가 대상들을 두려워하고 사랑할 충분한 이유가 있고, 이성에 사랑을 맞추기 위해서 모든 것보다 신을, 이차적이고 개별적 원인들보다 일차적이고 보편적인 원인을 선호하는 것으로 충분한 것처럼 보인다. 그러므로 온 힘을 다해서, 성경 말씀처럼 "생각을 다하고 마음을 다하고 영혼을 다하고 온 힘을 다하여"48 신을 사랑할 필요가 없어지는 것이다.

---

48 [옮긴이] 〈신명기〉 6장 4절, 10장 12절. 이 구절은 〈마태복음〉 12장 30절과 〈누가

그러나 우리가 모든 사물보다 신을 선호하고, 모든 사물들에서 신을 영예롭게 하고 사랑하기 위해 끊임없는 노력을 기울이지 않은 채 신에게 최고의 사랑과 예배를 드리는 것으로 만족할 때, 종종 잘못 생각하게 되고, 애덕은 잃고 사라지고, 지고한 선 이상으로 감각적 선에 몰두하는 일이 벌어진다. 가장 큰 죄인들이며, 심지어 우상 숭배자들에게 그들이 개별 원인들보다 보편적 원인을 선호하는지 아닌지 물었다면 그들은 아마 두려워하지도 않고 방탕과 미망 한가운데서 자기들은 대단히 본질적 의무를 반드시 지키고, 신에게 다해야 할 의무를 잘 알고 있다고 대답할 것이다. 나는 그들이 잘못 생각하고 있음을 인정하지만 이차 원인들은 효력이 전혀 없으므로 그들은 자기들 행동의 정당성을 마련할 수 있는 사실임 직한 어떤 구실도 갖지 않았으니, 이 효력을 전제한다면 그들이 정념으로 눈이 멀고 감각의 이야기를 들을 때 마음속으로 아래와 같이 말할 수 있을 것이다.

나는 행복하기 위해 태어났으니 행복하기를 바라지 않을 수 없다. 그러므로 내가 어찌할 수 없이 바라는 것을 마련해 줄 수 있는 모든 것에 정신을 집중해야 하고 마음을 그것에 집중해야 하는 것임이 틀림없다. 감각대상을 향유할 때 그것이 행복의 실질적 원인이라면 내가 왜 그 대상들을 사랑하지 않을 것인가?

나는 지고한 종교의식을 받아 마땅한 유일한 것으로 지고한 존재를 인정한다. 나는 그 존재를 그 무엇보다 선호한다. 하지만 그 존재는 내게 바라는 것이 없다는 것을 알지 못하는 나는 그로 인해 내가 따랐던

복음〉 10장 27절에서 반복된다.

이차 원인의 방식을 통해 내게 마련된 이득을 향유하지, 불필요하게 그 존재에 전념하는 일은 없다. 그 존재가 즉각적으로 또 그 자체로, 혹은 적어도 피조물들의 관여 없이는 어떤 이득도 내게 마련하지 않을 때 그것은 그 존재가 내 정신과 내 마음으로 즉각적으로 그에게 몰두하기를 원치 않는다는 증거이거나, 적어도 그 존재는 피조물들이 내 정신과 마음의 감정을 그와 나누기를 바라는 것이다.

태양에 자신의 역량과 영광을 알리고, 태양을 광채와 화려함으로 두르고, 그의 창조물 중 가장 지고한 것으로 세우고, 저 거대한 항성의 영향을 통해 우리가 생명에 필요한 모든 이득을 받아들이므로, 왜 이 생명의 일부를 태양의 빛을 즐기고 우리가 그것의 위대함과 자비에 갖는 감정을 증언하는 데 쓰지 못할 것이 무엇인가?

그것이 사라지면 우리를 얼려 죽이고, 우리에게 가까이 다가오면 우리를 불태워 소멸시키는 존재에 대해 존경과 두려움의 감정이 전혀 꿈틀거리지 않는다면, 그것은 끔찍한 맹목이며 우둔함이 아닐까?

나는 모든 것들보다 신을 선호하고, 그의 피조물보다 무한히 그를 존경해야 한다는 말을 다시 한다. 그것이 바로 피조물을 지은 분을 당연히 공경하는 이유이며 그분의 선한 은총을 받을 자격을 갖는 이유이며 새로운 자비를 베풀어 주시는 신에게 감사하는 이유이다. 신이 피조물에게 자신의 역량을 전달했고 모든 역량은 영예를 받아 마땅하므로 우리가 피조물에 영예를 돌리는 것을 신께서 승인했음이 분명하다. 다만 영예는 역량의 정도에 따라야 하고 태양과 다른 감각대상들의 역량은 우리가 모든 종류의 이득을 수용하게 되는 그러한 역량이니, 우리가 온 힘을 다해 그들에게 영예를 돌리고 우리 존재의 모든 것을 신다음으로 내어 주는 일은 정당하다.

그래서 우리는 이차 원인이 효력을 갖는다는 편견을 따를 때 자연적으로 이런 식으로 추론한다. 그리고 우상 숭배에 대해 쓴 최초의 저자들은 필경 이런 방식으로 추론했다. 유대인들 가운데 가장 박학하다고 평가받는 사람이 생각한 내용이 다음과 같다. 그는 자신이 우상 숭배를 다룬 논고를 이렇게 시작했다.

"에노스의 시대에 사람들은 기이한 미망에 빠졌고, 그 시대의 현자들은 감각과 이성을 완전히 잃었다. 에노스 자신도 이렇게 착각한 사람들 중 하나였다."

다음이 그들의 오류이다.

그들은 "신이 세상을 지배하기 위해 항성들과 하늘을 창조해서 그것을 높은 자리에 두었고, 그 주위를 화려한 광채와 영광으로 둘렀고, 그의 명령을 수행하는 데 썼으니, 우리가 그것들에 영예를 부여하고 존경과 경의를 표하는 것은 정당한 일이다. 그가 드높이고 영광으로 가득 채운 존재들을 우리로 하여금 영예롭게 하는 것은 신의 의지이다. 한 군주가 자기가 보는 앞에서 대신들이 영예를 받기를 기대하는 것과 마찬가지이다. 그들이 받은 영예는 다시 그에게 돌아오니 말이다. (…) 정신에 이런 생각이 이르게 되자 그들은 항성의 영예를 위해 신전을 짓고, 제물을 바치고, 찬양의 담화를 하고 심지어는 그들 앞에서 머리를 조아리기도 했다. 그러면서 그들을 창조한 자들을 이롭게 하는 것이라고 상상했던 것"[49]이라고 말했다.

---

49 R. Moses Maimoindes.

이상이 우상 숭배의 기원이다.

이득을 받는 양에 따라 감사의 생각을 갖게 되는 것이 대단히 자연스럽고 정당한 것이어서 거의 모든 민족들은 태양을 숭배했는데, 그것은 태양이 그들이 누리는 이득의 원인이라고 판단했기 때문이다.50 이집트 사람들이 태양, 달은 물론 범람했을 때 국가의 소출이 늘어나는 나일강뿐만 아니라, 가장 비천한 동물들까지 숭배한 것은 키케로의 말51을 따라 보자면 이들로부터 어떤 유용성을 받았기 때문이다.

그래서 인간 정신에서 행복의 진정한 원인들에 이끌리는 성향을 배제할 수 없고, 그래서도 안 되기 때문에 적어도 이차 원인들의 효력을 주장하는 일에 다소 위험이 있음이 명백하다. 무언지 모를 이해할 수 없는 것들이 있고, 결과론처럼 우리의 편견들과 아리스토텔레스 철학에 정당성을 부여하는 '즉각적 일치concours immédiat'의 필요성이 결합되어 있기는 하지만 말이다.

그런데 보는 것만 말하고 신이 역량과 효력만을 갖고 있다는 것은 전혀 위험하지 않은데, 자연적 결과들과 절대적으로 필연적이고 필수불가결한 관계를 가질 수 있는 신의 의지만을 보기 때문이다. 나는 지금 사람들이 이교도들이나 우상 숭배자들이 저지르는 조잡한 오류들에 빠지지 않을 정도로 충분히 정신이 밝혀졌음을 인정한다. 그러나 나는 종종 우리 정신이 회피하거나, 더 정확히 말하자면 우리의 마음

---

50 Vossius, *De idololatria*, liv. II 참조.

51 Ipsi aui irridentur Aegyptii, nullam belluam nisi ob aliquam utilisatem, quam ex ea caperent, consecraverant.(*De natura deorum*, lib. I). Sextus Empiricus, liv. VIII, cap. II.

이 종종 이교도들의 마음처럼 배치되며, 예수 그리스도가 "왕국 전체, 지배 전체, 역량 전체를 무너뜨린 뒤 아버지 신에게 그의 왕국을 다시 되돌려 신이 모든 사람 마음속에서 전체가 되는"52 날까지 세상에는 우상 숭배 같은 것이 항상 존재하리라고 나는 두려움 없이 말한다.

사도 바울이 그렇게 말하듯53 자신의 배腹로 신을 만드는 것은 우상 숭배 같은 것이 아닌가? 이득을 얻기 위해 끊임없이 노력하는 것은 부富라는 신의 우상 숭배가 아닌가? 그것이 신이 받아 마땅한 숭배를 돌려주는 것인가? 어떤 감각적 아름다움으로 마음을 가득 채우고 상상적 위대함의 광채로 정신의 눈을 부시게 하는 것은 정신과 진리 속에서 신을 숭배하는 것인가?54 어떤 감각적 아름다움으로 가득 찬 마음을 갖고, 어떤 상상의 위대함의 화려한 광채에 정신이 눈이 부시는 것은 신이 받아 마땅한 숭배를 신에게 돌려주는 것인가?

자기들을 둘러싼 대상들에서 자기들이 사용하고 향유하는 즐거움을 수용한다고 생각하는 사람들은 그들 영혼의 역량 전체로 그 즐거움과 결합하는 것이며, 그런 식으로 그들의 무질서의 원리는 그들이 이차 원인들의 효력에 대해 갖는 감각적 확신에서 오는 것이다. 신만이 그들 속에서 작용한다고 말할 수 있는 것은 오직 이성뿐이다. 그러나 이런 이성이 대단히 낮게 말하여 그들은 이를 거의 전혀 듣지 못하고, 신과 모순되는 감각들은 대단히 고함이라도 지르듯 큰 목소리를 내어

---

52 I Cor., XV, 24.

53 Quorum Deus venter est.(Phili., III, 19) Omnis fornicator, aut immundus, aut avarus, quod est iodoroum servitus. (Eph. V, 5)

54 In spiritu et veritate oportet adorare.(Joan., IV, 24)

소리 때문에 정신이 멍멍해지는 것 외에도, 방식들이며 증거들을 통해 그들의 편견 속에서 더욱 이를 확인하게 되는데 그 방식들이며 증거들은 진리의 감각적 특질을 외적으로 표시하기 때문에 그만큼 더 위험한 것이다.

철학자들이며, 특히 기독교 철학자들은 끊임없이 감각의 판단 혹은 편견과 싸울 수밖에 없을 것이다. 특히 이차 원인들의 효력이라는 판단만큼 위험한 편견들과 말이다. 그러나 내가 너무도 또한 올바르게 존경하는 사람들이 어떤 원칙으로써 이 편견을 확증하고자 하고 심지어는 진정한 원인은 신뿐이라는 점을 주장하는 교의만큼 성스럽고 순수하고 견고한 교의를 미신이나 기괴한 것으로 간주하게끔 노력하는지 모르겠다. 그들은 우리가 만물에서 신을 사랑하고 두려워하기를 바라지 않고, 그들의 말에 따르면 신과의 관계에 따라 만물을 사랑하고 두려워하기를 바란다.

그들은 또한 말하기를 우리가 피조물들을 사랑해야 하는 것은 그것이 선하기 때문이고, 자신의 아버지를 존경하고, 그가 모시는 군주와 그의 상급자에게 영예를 돌려야 하는데 그것은 신이 그렇게 명령했기 때문이라고들 한다. 나는 이 점을 부정하지는 않지만 피조물들이 그 자체로 선하고 완벽하다 하더라도 그들을 우리의 선으로서 사랑해야 한다는 점이며, 그의 주인들에게처럼 사람들에게 봉사하고 존경할 수 있다는 점을 부정한다. 혹은 더욱 명확하게 설명한다면 나는 자신의 주인에게 봉사해서는 안 되고, 신에게 봉사하고 신에게 복종하는 것과 다른 의도로 그의 아버지와 그의 군주에 복종해서는 안 된다고 말한다. 다음이 사도 바울의 말이다.

"모든 것은 모든 사람을 위해" 만들어졌고 설교를 듣는 사람의 구원을 위해 "모든 점에서 친절했다."55 "종들아 두려워하고 떨며 성실한 마음으로 육체의 상전에게 순종하기를 그리스도께 하듯 하라. 눈가림만 하여 사람을 기쁘게 하는 자처럼 하지 말고 그리스도의 종들처럼 마음으로 하나님의 뜻을 행하라.56

또한 다른 서한에서 "무슨 일을 하든지 마음을 다하여 주께 하듯Sicut Domino et non homonibus 하고 사람에게 하듯 하지 말라"57고 했다. 그러므로 사람들에게가 아니라 주께 하듯 아버지에게 복종하고, 군주를 섬기고, 상급자를 존경해야 한다. 이 점이 명백하고 결코 나쁜 결과를 가질 수 없다. 상급자들은 계속 더욱 존경받고 더욱 봉사받을 것이다. 그러나 나는 계속 존경과 봉사 받기를 원하는 주인은 제 안에 신의 역량과는 다른 역량을 가졌으므로 악마가 되리라고, 정신 속에서 그에게 봉사하게 될 사람들은 우상 숭배자가 되리라고 말할 수 있다고 생각한다. 나는 신과 관계를 갖지 않는 영예와 사랑이 일종의 우상 숭배라고 믿지 않을 수 없으니 말이다. "홀로 하나이신 하나님께 존귀와 영광이 영원무궁하도록 있을지어다."58

---

55 I Cor., IX, 22; X, 33.

56 Eph., VI, 6.

57 Col., III, 22. Nos si hominem vocamus, honorem aetati deferimus, non Auctorem vitae nostrae ostendimus.(Hieron., *In Matt.*, XXIII)

58 [옮긴이] 〈디모데 전서〉, I, 17.

주의사항

다음에 이어지는 담화는 왕립과학아카데미의 《논문집》에 일부 실린 것이지만 이 책에 이어질 수 있다고들 믿었다. 내가 빛과 색에 관해 말한 부분에 주해로 쓸 수 있을 뿐 아니라, 약 10년 전에 《진리의 탐구》의 최신 영역판 말미에 이것의 몇몇 부분이 런던에서 인쇄되었기 때문이기도 하다. 나는 이 번역이 내 생각을 아주 정확하게 보여 주지 않는다는 것을 이해하는데, 이를 번역한 테일러 씨의 잘못이 아니라 그가 받은 원고의 결함 때문이었다. 번역자들께서 저자들에게 번역하고자 하는 책들의 가장 정확한 판본이 무엇인지 문의해 주시기를 바란다. 그렇게 되면 그들의 작업은 독자에게 더 유용해질 것이다. 부분적으로 바로 이런 이유로 이 책의 머리말 뒤에 내 책의 가장 훌륭한 판본의 목록을 넣은 것이다. 번역자들이 대단히 불완전한 판본을 갖고 번역했음을 내가 알았기 때문이다.

열여섯 번째 주해

빛과 색, 불의 발생과 미세한 물질의 여러 다른 결과들에 대하여

1. 빛과 색의 자연적 원인에 대한 내 생각을 설명하기 위해 외부에서 무한한 힘을 가해 압축된 커다란 공을 상상해 보도록 하자. 그 공은 유체로 가득 차 있는데, 유체의 운동이 너무 빨라 유체 전체가 공통의 중심 주위를 대단히 빠른 속도로 회전할 뿐 아니라, 각각의 부분은 운동 전체를 수행하기 위해, 즉 그 부분이 가진 힘만큼 움직이기 위해서 무한한 작은 소용돌이의 중심 주위를 회전하고, 그 소용돌이 사이로 흐르지 않을 수 없다. 이 모든 일이 대단히 신속하게 이루어진다.

한마디로 말해서 데카르트가 우리의 소용돌이의 물질을 기술했던 것과 거의 유사하게 이 공 속에 포함된 물질을 생각해 보자. 여기서 데카르트가 단단하다고 가정한 두 번째 요소의 작은 공들이 그 자체로는 그저 작은 소용돌이일 뿐이거나, 적어도 그 공들을 둘러싸고 있는 물질이 압축될 때 단단해지게 된다는 점은 제외하자. 이 작은 공들이 그 자체로 단단했다고 하자. 나는 이 점이 사실이 아니라는 점을 이미 충분히 증명했다고 생각한다.[1]

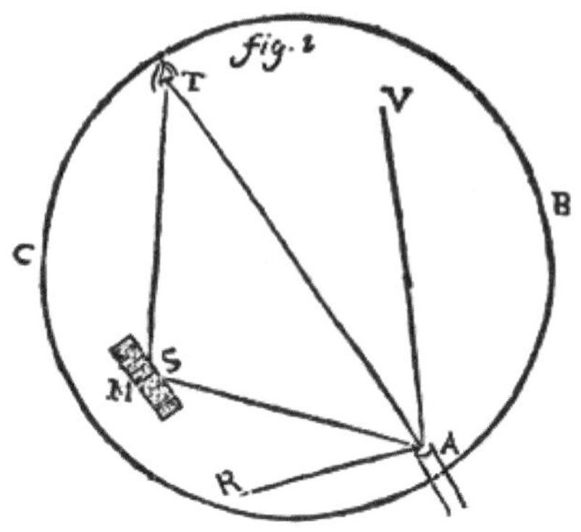

그 작은 공들은 나중에 보게 되겠지만 모든 광선이 교차하는 동일한 지점을 거쳐 빛과 다양한 색을 전달할 수 없을 것이다. 그러나 결국 이런 가정2을 쉽게 상상할 수 없다면 공 하나를 물이나 더 정확히 말하면 극단적으로 압축된 무한히 유체로 된 물질로 가득 찬 공을 생각해 보는 것으로 충분하다. 원 A, B, C가 공의 중심을 통과하는 구간이다.

2. 이렇게 가정하고 A에서처럼 이 공에 작은 구멍을 낸다면, 나는 예를 들어 R, S, T, V의 부분들처럼 물의 모든 부분들이 직선 RA, SA 등을 통해서 점 A를 향하리라고 말하는 것이다. 동일한 정도로 압축된 모든 부분들은 구멍 A에 대응하는 면에 더는 가세하지 않으므로 모든 부분들은 그쪽을 향하게 될 것임에 틀림없는데, 압축된 모든 물체는 저항이 덜한 면을 통해 움직이는 경향이 있을 것이니 말이다.

---

1 《진리의 탐구》의 마지막 장.

2 이후에 이 가정의 증거를 보게 될 것이다.

그런데 A의 입구에 피스톤을 두고, 그것을 신속하게 내부로 밀어 넣으면 같은 부분들 R, S, T, V 등은 모두 같은 직선 AR, AS 등을 통해 그 구멍에서 멀어지는 경향이 있을 것이다. 피스톤이 앞으로 들어가는 순간 이 직선들은 다른 직선 이상으로 직접적인 대응 면에 의해 더욱 압축된다.

결국 피스톤이 앞으로 나아갔다가 대단히 신속하게 뒤로 물러간다는 점을 이해한다면 공을 정확하게 가득 채우는 유체를 이루는 모든 부분들에는 내가 '압력 진동vibrations de pression'이라고 부르는 무한한 동요가 생길 것이다. 이때 나는 이 공의 탄성이 대단히 크거나, 늘어나기는 대단히 어렵다고 가정하는 것이다. 이것을 빛과 색에 적용해 보도록 하자.

완전히 충만해 있으므로 우리가 눈을 감았거나 어둠 속에 있더라도 실제로는 압축되어 있다. 그런데 시신경이 이렇게 압축된 경우 색의 감각을 자극하지 못하게 되는 것이, 이 신경은 계속해서 압축되어 있기 때문이다. 우리 주변에 존재하는 공기의 무게, 즉 기압은 수은주 76cm 높이를 떠받칠 만큼 무겁지만 우리가 이를 항상 느끼지 못하는 것과 같은 이유에서이다. 그런데 눈이 T나 그 외의 다른 어느 곳에 있어서 횃불 A를 향해 시선을 돌렸다고 생각한다면 횃불의 모든 부분들은 끊임없이 운동하므로 어둠 속에서 그리고 대단히 신속한 진동이나 동요에 의한 것보다 더 강력하게 미세한 물질을 모든 방향으로 압박하게 될 것이다.

그 결과 공이 가득 차 있으므로 그 부분들은 눈 속 가장 깊숙한 곳까지 미세한 물질을 압박할 것이고, 그렇게 되면 시신경은 평소보다 더욱 압축되고, 진동을 통해 동요되어 영혼에 빛 또는 날카롭고 선명한 흰색의 감각작용을 일으킬 것이다.

S의 지점에 어떤 검은 물체 M이 있다고 가정한다면 미세한 물질은 그 방향으로 돌아선 눈을 향해 반사되지 않고 시신경을 동요시키지도 않으므로 우리는 지하실 채광환기창이나 눈동자 구멍 안을 바라보는 것처럼 검은색을 보게 될 것이다.

물체 M이 횃불로 동요된 미세한 물질이 이 물체로부터 눈을 향해 반사되어 똑같이 신속한 진동으로 산출되는 그러한 것이라면 그 물체는 흰색으로 보일 것이며, 더 많은 광선이 반사되는 만큼 더 흰색으로 보일 것이다. 물체 M의 표면이 매끈하거나 대부분이 같은 상황에 놓여 광선들이 전부 반사된다면 그 물체는 횃불의 불꽃처럼 빛을 발하는 것처럼 보일 것이다. 광채는 진동의 힘에서 나오고 색은 신속함에서 나오기 때문이다.

그러나 물체 M이 반사된 미세한 물질이 눈 속에서 나로서는 정확히 결정할 수 있다고 믿지 않는 어떤 단계로 다소 차이는 있지만 신속한 진동을 일으킨다면 붉은색, 노란색, 파란색 등처럼 단순하고 등질적인 원색을 보게 될 것이다. 반면에 진동이 다양한 신속성을 가진 광선들이 다양하게 섞였을 때 이에 따라 복합 색을 보게 되거나 심지어는 모든 색 중에 가장 복합적인 색인 흰색을 보게 될 것이다. 나는 흰색이 모든 색 중에서 가장 복합적이라고 말했는데 이는 횃불에서 나오는 불꽃의 서로 다른 하나하나의 부분이 미세한 물질 속에서 정도가 상이한 신속함의 조합으로 구성된 까닭이다.

전체가 가득 차 있고 무한히 압축되어 있을 때 광선 하나하나는 그 길이에 따라 그 광선을 산출한 불꽃의 작은 부분과 동일한 진동 속도를 보존한다. 또한 불꽃을 이루는 부분들의 운동의 다양하다면 색을 이루는 광선들은 필연적으로 진동을 갖게 되고 상이한 방식으로 굴절이 일어난다. 그러나 뉴턴의 탁월한 책에서 이 점에 대한 실험을 찾아야 한다.

이상이 내가 내 몇몇 책들에서 빛과 색은 에테르를 함유한 물질의 다양한 동요[3] 혹은 진동일 뿐이고, 미세한 물질이 망막에 만들어 내었던 '상이한 정도로 신속한 압력 진동'[4]에 불과하다는 점을 말하고자 했던 것이다.

적어도 데카르트의 철학을 알고 있고, 적어도 이 박학한 분이 색에 제시한 설명에 만족하지 못하는 이들에게 내 생각을 이렇게 단순하게 제시하는 것만으로도 아마 충분히 사실임 직한 것처럼 보이게 할 수 있을 것이다. 하지만 내 의견을 더욱 공고하게 판단할 수 있으려면 이를 제시했던 것으로는 충분하지 않고 그것에 대한 어떤 증거를 제시해야 한다.

3. 이를 위해서는 우선 다음을 지적해야 한다.

(1) 소리는 청신경을 동요시키는 공기의 진동 방식을 따라야만 들린다. 공기펌프로 공기를 최대한으로 빼낼 경우 소리가 빈약하거나 공기가 그 속에서 희박해지므로 더 이상 전달되지 않는다.

---

3 방법을 다룬 6권 2부, 4장.

4 《형이상학에 대한 대화》, 12번째 대화, 1절.

(2) 소리들의 차이는 공기가 진동하는 힘의 결과가 아니라 모든 사람이 알고 있듯이 신속성의 차이에서 비롯되는 것이다.

(3) 대상들이 우리 감각기관에 가하는 자극이 간혹 더 크고 덜 크고의 차이일 뿐일지라도, 이로부터 영혼이 수용하게 되는 감정은 본질적으로 다르다. 즐거움과 고통 이상으로 대립하는 감각작용은 없다. 그래서 시원히 몸을 긁는 이가 조금 더 세게 몸을 긁을 때 고통이 느껴지는 식이다. 우리 섬유 속에서 가장 큰 운동과 가장 작은 운동은 신체의 이득과 관련해 본다면 본질적으로 상이하고, 감각은 그런 관계에서만 우리에게 알려질 뿐이다.

상반된 감각작용의 원인이 되는 단맛과 쓴맛은 종종 더 크고 더 작고의 차이뿐인데, 어떤 사람들이 달다고 느끼는 것을 쓰다고 느끼는 사람들이 있는 까닭이다. 오늘은 달콤한 맛을 내지만 내일은 쓴맛을 내게 될 과일이 있다. 그러므로 신체에는 거의 아무런 차이가 없는데 이 두 맛이 대단히 상반된 감각작용의 원인이 될 수 있는 것이다. 한마디로 말해서 영혼과 신체의 결합 법칙들은 임의적이고, 우리가 이에 대해 갖는 감각작용과 닮은 대상들 속에는 그 원인이 전혀 존재하지 않는다.

4. 색은 자연적으로 시각기관의 동요에 달렸음이 확실하다. 그런데 이러한 동요는 강하거나 약하거나, 신속하거나 느리거나 할 수밖에 없다. 시신경의 동요가 가장 크거나 가장 작다고 해도 색의 종류를 변화시키는 것은 아님을 우리는 경험으로 알고 있다. 가장 큰 빛과 가장 작은 빛의 강약 차이만으로 상이하고 완전히 대립하는 종류의 색깔을 흔

히 보지는 않기 때문이다. 그러므로 시신경이 진동할 때, 혹은 시신경에 포함된 정기가 동요할 때 가장 신속한 것과 가장 덜 신속한 것이 있다는 결론을 내리는 것이 반드시 필요하다. 그 신속함이 색의 종류를 바꾸며, 그 결과 이 감각작용의 원인은 원래 망막을 압박하는 '미세한 물질의 더 혹은 덜 신속한 진동'에서 찾을 수 있다.

그래서 빛과 다양한 색깔의 관계나 소리와 다양한 음의 관계나 마찬가지이다. '소리'의 '크기'는 굵은 공기가 진동할 때 가장 크고 가장 작은 '힘'에서 오는 것이고, '음의 다양성'은 동일한 진동의 가장 빠르고 가장 느린 '신속성'에서 나오는 것이며 이 점에는 모든 사람들이 동의한다. 그러므로 색의 '힘' 혹은 광채는 공기가 아니라 미세한 물질의 진동의 가장 크고 가장 작은 '힘'에서 오며, '다양한 색의 종류'는 동일한 진동의 가장 큰 '신속성'과 가장 작은 '신속성'에서 온다.

5. 공기는 대기의 무게로만 압축되므로 공기를 이루는 하나하나의 부분이 인접한 부분을 움직이게 하려면 약간의 시간이 필요하다. 그런 식으로 소리는 충분히 천천히 전달된다. 1초 동안 약 180투아즈toise(약 351m — 옮긴이) 이동하는 것이다. 그런데 빛은 이와 같지 않으니, 그 이유는 에테르를 함유한 물질의 모든 부분들이 서로 맞닿아 있고, 대단히 유동적이기 때문이고, 무엇보다 말하자면 신의 무한한 역량에 대응하는 무한한 힘으로, 혹은 적어도 무한한 힘으로 압축된 소용돌이의 무게로 압축되어 있기 때문이다.

그래서 압력의 진동이나 광원의 작용은 한순간에 혹은 아주 짧은 시간 안에 더 멀리 전달되는 것임이 틀림없다. 우리 소용돌이를 구성하는 부분들이 무한히 압축되었다면 압력의 진동은 한순간에 이루어졌음이 틀림없다.

하위헌스는 자신의 논고《빛에 대하여 *De la lumière*》에서 목성이 거느리고 있는 위성들의 식蝕을 관찰하여 빛이 소리보다 약 60만 배 더 빠르게 전달된다는 결론을 내렸다.[5] 또한 천체 물질 전체의 무게나 압력은 대기의 무게가 지상에서 산출하는 것보다 비교할 수 없이 더 크다. 나는 다른 곳에서 물질의 경도硬度는 미세한 물질의 압축에 달렸다는 점을 올바로 증명했다.[6] 또한 이것이 사실이라면 물체의 경도는 극단적으로 커야 하는데 아주 작은 부분들을 분리해 내는 데 대단히 큰 힘을 사용해야 하는 단단한 물체들이 존재하는 까닭이다. 내가 보기에 '에테르'의 무게와 대기의 무게의 관계는 60만 대 1보다 훨씬 커서, 이를 심지어 무한하다고까지 간주할 수도 있다. 카시니는 지구로부터 멀리 상이한 거리에 위치한 목성의 위성들의 식을 관찰했는데 그와 하위헌스의 관찰은 전혀 일치하지 않는다.

6. 그러므로 이제 '에테르' 혹은 우리의 소용돌이를 이루는 미세하고 보이지 않는 물질의 모든 부분들이 그 주변의 다른 소용돌이로 인해 무한에 가까운 힘으로 압축되었고, 이들 부분 각각은 대단히 유동적이고, 그것을 둘러싸고 사방에서 이를 압축하는 부분들의 운동을 통해서만 경도를 갖는다고 가정해 보도록 하자. 그리고 내가 제시한 체계에

---

5 p.9.

6 《진리의 탐구》, 마지막 장. 뒤에서 그것의 증거를 보게 될 것이다.

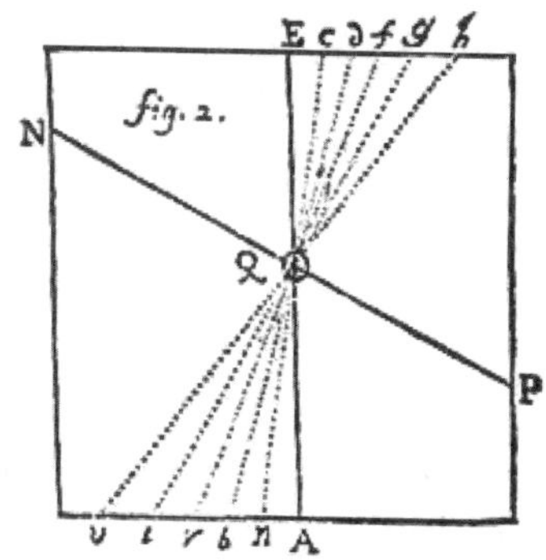

서 무한히 많은 광선 혹은 다양한 색깔들의 자극이 서로 섞이지 않고 전달되는 일이 어떻게 가능한지 살펴보도록 하자. 물리적이거나 감각으로 지각할 수 있는 한 점에 교차하는 1만 개의 광선들이 바로 이 점을 경유하여 상이한 진동 전체를 어떻게 전달하는지 보자. 나는 조금 전에 색의 차이는 바로 그 진동들이 가장 신속하게 이루어지거나 가장 덜 신속하게 이루어지는가에서 오는 것일 뿐임을 증명했다. 필경 이 커다란 난점을 밝혀 줄 수 있는 세상의 체계가 진리에 부합할 것이다.

무한히 많은 색을 칠한 한 방을 자른 단면을 APEN이라고 하자. 그 수많은 색들은 가능한 그보다 뚜렷할 수 없이 구분되는데 다시 말하면 A에는 검은색 n에 흰색이 이웃하고, 붉은색 r에 푸른색 b가 이웃하고, 보라색 u에 노란색 i가 이웃해 있다고 하자. 이 모든 점 A, n, b, r, i, u로부터 직선을 Q에서처럼 한 점에서 교차하는 직선들을 늘여서, E, c, d, f, g, h에서처럼 눈을 그 너머로 위치시켜 본다면 교차점 Q를 매개로 이들 상이한 모든 색깔들을 보게 될 것이다. 이 도형이 한 줄로 늘어선 색만을 재현하고 그 대신 눈으로 구球에서 구분할 수 있는 색을 그만큼 상상할 수 없으므로 교차점 Q는 색이 서로 사라지지 않고도 대단히 많은 수의 상이한 자극을 받고 전달할 것임에 틀림없다.

7. 물리적인 점이거나 작은 공인 Q가 데카르트가 가정한 대로 단단한 물체였다면, E 점에 있는 눈이 A에서 흰색을 보고, 눈이 c에 있을 때 n에 있는 검은색을 보기란 불가능했으리라. 물체가 완전히 단단할 때 그 물체의 어떤 부분이 다소 앞으로 나오거나 직접 A의 시신경에 가까워진다면 이 물체를 구성하는 다른 모든 부분들 역시 그곳을 향하게 된다. 그러므로 Q에서 교차하는 광선들을 거쳐 동시에 검은색과 흰색만을 볼 수 있는 것은 아니다.

데카르트는 또한 붉은색은 작은 공들이 회전하면서 만들어진다고 주장한다. 이렇게 회전하면서 대상으로부터 눈에 이르기까지 광선 전체에서 작은 공들이 서로 교환되는 것이다. 이 의견은 여러 이유로 받아들일 수 없다. 이 의견을 무너뜨리려면 PN 축 위에서 작은 공 Q가 붉은색이 있는 r에서 눈이 있는 f까지 회전한다면, 그 공은 동시에 rf를 축으로 내가 붉은색이 있다고 가정하는 N으로부터 다른 눈이 있다고 가정하는 P로 동시에 회전할 수 없음을 고려하는 것으로 충분하다.

더욱이 내가 광선이 작은 공이나 작은 소용돌이 Q에서 교차한다고 말할 때 나는 이 작은 소용돌이들이 정확히 구형球形이라고 주장하는 것도 아니고, 가시광선의 두께는 이 두 번째 요소나 작은 소용돌이의 두께와 같을 뿐이라고 주장하는 것도 아니다. 색을 볼 수 있도록 시신경을 충분히 동요시켜 색을 볼 수 있으려면 이 광선들의 두께가 얼마나 되는지 나는 확정하지 않는다. 그러나 광선이 감각되려면 내가 한 개의 공에 대해 말한 것을 천 개나 백만 개의 공으로 이해해야 한다면 그 공 역시 천이나 백만 개의 공이나 소용돌이만큼 확장되어야 한다.

8. 그러므로 작은 공 Q, 혹은 그와 유사한 것들이 단단하다고 가정했다면 모든 종류의 색을 보게 해주는 데 적합한 빛의 작용을 전달할 수 있기란 불가능하다. 그러나 이 공들이 무한히 유동적이거나 무르다고 생각해 보자. 정지는 힘을 갖지 않고, 물질의 각 부분은 이웃 부분과 가까이 있거나 가까이 있지 않거나 아무래도 좋고, 어떤 힘, 즉 어떤 운동이 그 부분을 잡아 주지 않는다면 쉽사리 분리될 수 있으니 말이다. 물체들에 들어 있는 힘은 운동뿐이라고 생각하는 까닭이다. 그래서 나는 이 공들이 대단히 무르다고 가정해 보자고 말하는 것이다.

더 정확히 말하자면 나는 이 점이 진실하다고 믿는데, 무한히 유동적이고 극단적으로 동요된 물질로 구성된 작은 소용돌이들처럼,[7] 그 공들도 무한히 상이한 자극들을 받을 수 있고, 이 자극들을 그 공들이 기대고 있는 다른 공들에 전달할 수 있을 것이다. 이와 더불어 그 공들이 이들 다른 공들과 무한히 압축되는 것이다. 이 문제를 설명하고 증명하도록 노력해야 한다.

9. 이를 위해서 처음에 작용은 직선으로 전달되는 것처럼 이때 반작용은 문제가 되고 있는 결과에 본질적인 이유로 필연적으로 작용과 동일하고, 우리의 소용돌이는 무한히 압축되어 있고, 그 결과 그곳에 진공

---

7 이후에 언급될 이의 증거와 결론을 볼 것.

은 있을 수 없다는 점을 올바로 이해해야만 한다. 예를 들어 결코 흔들리지 않는 벽을 지팡이로 밀어 본다면, 손과 지팡이는 둘을 서로 밀게 되는 동일한 힘으로 다시 밀릴 것이다. 그래서 반작용은 작용과 동일할 것이다. 그런데 비록 광선이 지팡이처럼 단단하지는 않아도 반작용의 면에서는 우리 소용돌이의 압축과 충만함 때문에 동일한 일이 일어나게 된다. 물로 가득 찬 통이나 공기가 가득 들어 있는 처음 모습의 공을 가정하고 이것에 관을 이어 붙이고 피스톤을 그 관에 밀어 넣는다면 이 피스톤은 공기 전체가 압축될 때 그것이 밀리는 만큼 되밀릴 것이다. 또한 이 피스톤 중앙에 물이 통으로부터 흘러나올 수 있게 해주는 구멍을 낸다면 압축된 물 전체는 유동적이므로 동시에 작용력에 의해 이 피스톤의 각각의 지점에서 멀어지는 경향을 갖게 될 것이고, 반작용에 따라 중앙의 구멍에 가깝게 다가갈 것이다.

피스톤을 아주 강렬하고 신속하게 밀어 넣었다면 통은 어느 쪽이 되었든 가장 약한 부분에서 터져 버릴 것이다. 이는 피스톤의 작용을 통해서 통을 사방으로 밀어내게 되리라는 확실한 증거이다. 또한 조금이라도 피스톤을 밀어붙인다면 물은 반작용의 결과 작은 구멍을 통해 솟구치게 될 것이다. 이 모든 것은 가득 찬 곳에서 작용과 반작용이 동일하고, 물이나 미세한 물질이 아주 무르거나 유동적이기 때문이다. 그래서 각각의 부분은 모든 종류의 자극을 충족시킬 수 있도록 형상을 갖추고 맞춰지게 된다.

10. 통 속으로 구멍을 뚫은 피스톤을 더욱 강하게 밀어 넣을수록, 물은 통의 오목한 표면을 향해 밀려나더라도 피스톤을 향해 강력하게 되밀

리고 더욱 강력한 힘으로 그 구멍을 통해 더욱 솟아오르게 된다는 점에 주목해야 한다. 이로부터 흰 종이 위의 검은 점이 푸른 종이 위에서보다 틀림없이 더욱 뚜렷이 보인다고 쉽게 판단할 수 있다. 흰색은 다른 어떤 색보다 빛을 더욱 강력히 밀어내므로 시신경을 많이 동요시킬 뿐 아니라 미세한 물질이 반작용을 통해 더욱 강력하게 검은 점을 향하게 되는 원인이 된다.

그러나 에테르를 함유한 물질이 무한히 무르거나 유동적이 아니었다고 해도 흰색의 자극을 전달하는 작은 공들은 단단하므로 검은색이 자극하지 못하도록 할 것이다. 이 공들은 서로 지탱하고 있으므로 검은 점을 향해 나아갈 수 없을 것이니 말이다. 에테르를 함유한 이 물질이 압축되지 않았더라면 반작용은 없을 것이다.

내가 방금 흰색과 검은색에 대해 말한 것은 틀림없이 다른 색에도 적용될 수 있다. 그러나 이를 세부적으로 파악하고, 많은 사람들이 이 주제에 품을 수 있는 난점에 답변하기란 대단히 어려울 것이다. 모호한 주제에 대해서는 쉽게 반박할 수 있다. 그러나 반박할 수 있는 모든 사람들이 그들의 반박을 해결할 수 있는 근거로서의 원칙을 항상 이해할 수 있는 것은 아니다.

다음 두 가지 사항에 주의한다면 어떻게 무한히 유동적인 물질에서 감각으로 지각할 수 있는 한 점이 전 방위로 압축되었을 때 동시에 무한히 많은 상이한 자극을 수용하게 되는지 이해하기란 불가능하지 않다. (1) 물질은 무한히 분할 가능하며, 가장 작은 구는 큰 구의 모든 부분에 상응할 수 있다. (2) 각각의 부분은 압력을 덜 받은 쪽을 향하고 또 그쪽으로 나아간다. 그런 식으로 무르고 고르지 않게 압축된 물체는 말하자면 그것을 둘러싼 주형鑄型의 모든 특징을 수용하고, 그것이 더 유동적이고 더 압축되었으니 그만큼 더 신속하게 수용하는 것이다. 그러므로 나는 방금 설명한 원칙들을 따르는 결과들을 세부적으로는 다루지 않는다.

내가 보기에는 그 결과를 통해 상이한 색의 광선들이 서로 교차하면서 진동들을 뒤섞게 되리라는 이러한 놀랄 만한 난점을 없애거나 적어도 감소시킬 수 있다. 또한 이 난점은 내가 보기에 이 난점을 전적으로 해명할 수 있는 미세한 물질의 진정한 자연의 체계뿐인 것 같다. 어떻건 나는 음악의 '다양한 음들'이 입자가 굵은 공기가 진동할 때 이들 진동이 서로 소멸되는 일 없이 교차한다는 점은 경험으로 알 수 있으며, 그 경우 이 음들은 서로 사라지지 않고 교차하는 진동의 '다양한 신속함'에서 오는 것일 뿐인 것처럼, '다양한 색들'이란 미세한 물질의 압력과는 다른 진동의 '신속함'에 불과하다는 점을 명백히 증명했다고 믿는다.

또한 나는 방금 지적한 원리들을 따르지 않으면 이 진동들 전체가 전달되는 방식의 자연학적 근거가 제시될 수 있으리라고는 생각하지 않는다.

더욱이 내가 단단하기는커녕 차라리 유동하는 물질의 작은 소용돌이로 간주하는 두 번째 요소의 작은 공들에 대해서 말했던 내용이 데카르트의 자연학을 무너뜨린다고 생각해서는 안 된다. 반대로 내가 제시한 생각은 데카르트의 체계에서 막연하게 존재하는 것을 수정하고 완성할 수 있다. 내가 보기에 나의 그 생각은 데카르트의 방법과 원칙에 부합하면서 자연학의 가장 보편적인 문제들, 예를 들어 불의 생성과 놀라운 결과를 설명하고, 해결하는 데 대단히 적합한 것 같다. 나는 바로 이 문제를 설명하겠다.

11. 불의 생성에 대하여

운동이 다른 물체들을 통해 전달되지 않는다면 물체들은 자연적으로 운동을 얻을 수 없는 것처럼 미세한 물질이 굵은 물체들로 전달되어야 불이 붙는다는 점이 분명하다. 다들 알고 있듯이 데카르트는 굵은 물체들로 구성되어 불이 붙게 만드는 세 번째 요소에 운동을 전달할 수 있는 것은 첫 번째 요소뿐이라고 주장했다. 그에 따르면 부싯돌로 불꽃을 낼 때 부싯돌의 작은 부분이 강하게 떨어져 나온다.

내 생각에는 불이 붙는 것은 오히려 강철에서 떨어져 나오는 부분이다. 우리가 불티를 모아 현미경으로 보면 녹아서 공 모양이나 작은 뱀 모양의 불꽃이 되었던 것은 강철이었음을 알기 때문이다. 또한 나는 부싯돌에서 떨어져 나온 작은 조각들에 변화가 있었음은 보지 못했다. 그러나 결국 상관없는 일이다.

그러므로 철에서 떨어져 나온 이 작은 부분은 힘차게 선회하면서 두 번째 요소의 작은 공들을 내몰고, 첫 번째 요소를 그 작은 부분으로 물러나게 한다. 이때 첫 번째 요소는 모든 방향에서 그 작은 부분을 에워싸면서 불 속에서 이를 보이게 만드는 빠른 운동의 일부를 전달한다. 이것이 대략 데카르트가 불의 생성에 대해서 생각한 것이다. 그가《철학의 원리》4부 80절과 그 이하에서 이 점을 설명했음을 볼 수 있다. 그런데 그가 가정한 대로 이 작은 공들이 단단하고 서로 맞닿아 있다면 색을 설명하기 위해서는 어떻게 첫 번째 요소가 철에서 떨어져 나온 부분으로 몰려갈 수 있는지 이해하기 어렵다. 그것이면 그 부분을 둘러싸고 불을 붙이기에 충분히 넉넉하다. 철 조각뿐 아니라 효과가 대단히 강력한 화약이나 발파 폭약도 마찬가지이다.

빠져나갈 수 있는 첫 번째 요소는 기껏해야 미세한 물질의 아주 작은 부분일 뿐이다. 미세한 물질은 이미 맞닿아 있는 공들이 남겨놓은 오목한 작은 삼각형 공간을 채운다. 그러나 더욱이 두 번째 요소를 압박하면서 첫 번째 요소를 뒤로 물리게 될 힘은 충분히 크지 않으며 이 점은 증명하기 쉽다. 그러므로 두 번째 요소의 작은 공들이 사실은 대단히 유동적이고 격해진 작은 소용돌이에 불과하다고 가정하면서 아래에 불의 생성과 강력한 효과들에 대해 설명하겠다.

12. 그런데 첫째, 공기가 어떤 작은 불티를 자극하는 데 반드시 필요한 것은 아니지만 공기가 없으면 불은 이내 꺼지고 심지어 대단히 불에 타기 쉬운 화약이라도 불은 그것에 전달조차 되지 않는다는 점에 주목해야 한다. 진공 기계에 화약을 잘 넣고 권총을 쏠 때 공기가 없으면 기폭약에 불이 붙지 않고, 어떤 불티를 찾아내기가 대단히 어렵다는 점은 경험으로 아는 일이다. 결국 누구든지 불은 공기가 없으면 꺼지고 바람을 불면 불이 붙는다는 점을 안다. 이렇게 가정하고 불의 발생과 광산에서 신속하게 발생하는 효과를 아래에 설명하겠다.

진공에서 부싯돌로 불꽃을 낸다면 충격이 발생하고 그 힘으로 불이나 철의 작은 부분이 떨어져 나간다. 이 작은 부분이 선회하고 신속하게 두 번째 요소의 필연적으로 서로 상쇄되는 작은 소용돌이를 타격하게 되면 평형이 쉽게 깨진다. 평형이 깨지는 데에는 아주 작은 힘만 있으면 되기 때문이다. 결과적으로 부분들이 그것을 둘러싸고, 그다음에 이를 자극하여 불이 붙도록 한다. 그러나 이 소용돌이를 이루는 물질은 지나치게 자극되었다고 생각할 수 없는데 순식간에 운동량이 불규칙하게 된 뒤에 일부분은 그 물질의 운동에 대한 저항력 때문에 다시 신속하게 새로운 소용돌이로 회복되고, 일부분은 주변의 소용돌이들 사이의 공간으로 빠져나간다. 이 소용돌이가 철에서 떨어져 나온 부분에 접근할 때 그 간격은 더욱 커지게 된다. 이 소용돌이는 철 조각이 둥그렇게 되거나 거의 원통형이 되어 그 중심을 회전하거나 세로로 회전하면서 더 이상 주변의 소용돌이를 깨뜨리는 방식으로 충격을 주지 않게 된다. 이 모든 것은 철과 부싯돌이 공기가 없는 장소에서 부딪힐 때 순식간에 이루어지고, 그때 불티는 거의 보이지 않고 오래 지속되지 않는다.

13. 그런데 야외에서 불꽃을 낼 때 철에서 떨어져 나온 부분은 강력하게 선회하면서 어떤 작은 소용돌이뿐 아니라 공기의 많은 부분들을 만나, 이를 동요시킨다. 이 공기를 이루는 부분들은 가지처럼 무성해서 철의 작은 부분보다 훨씬 많은 소용돌이를 만나게 되고, 결과적으로 그것의 운동으로 이를 깨뜨리게 된다. 그래서 이 소용돌이를 이루는 미세한 물질은 철과 공기를 둘러싸면서 다른 소용돌이들을 강하게 밀어낼 만큼 충분히 다양한 운동을 제공하고, 우리 내부에서 빛의 강렬한 감정을 자극하게 된다. 그래서 불티는 진공에서보다 공기 중에서 더욱 밝게 빛나는 것이며, 또한 더 오랫동안 지속되고 화약에 불을 붙일 정도로 충분한 힘을 가짐에 틀림없다. 또한 이 화약은 그 양이 얼마

나 되든 불을 붙이거나 운동하게 만드는 미세한 물질을 충분히 가질 수 있다. 데카르트가 생각했던 대로 그것이 첫 번째 요소의 물질일 뿐 아니라 훨씬 더 두 번째 요소의 물질, 혹은 광산에서 불의 특이한 운동을 산출하는 끊어진 작은 소용돌이들이니 말이다.

우리가 입김을 불 때 불에 무슨 일이 일어나는지 깊이 생각해 본다면, 그러니까 불에 많은 바람을 불어넣을 때 공기의 부분들은 두 번째 요소의 소용돌이를 끊는 데 대단히 적합하지 않고, 그 결과 미세한 물질이 불에 자기 운동의 일부를 전달하도록 결정한다는 점을 확신하게 될 것이다. 불이 힘과 운동을 끌어낼 수 있는 것은 오직 이 물질에서일 뿐인데, 어떤 물체가 그것을 둘러싸거나 충격을 가하는 것들의 작용에 의해서만 운동할 수 있음이 확실하니 말이다.

거대한 화경火鏡의 경이로운 결과들은 미세한 물질이 불의 실질적 원인임을 충분히 증명한다. 빛에서 나오는 광선들이 이 화경의 중심에서 교차하면서, 이 광선을 구성하는 에테르가 함유된 물질의 작은 소용돌이들은 그것의 원운동을 다양한 방향으로 변경시키게 될 것이며, 광선들 모두는 동일한 방향, 즉 반사된 광원추光源錐에 따라 동일한 방향으로 움직이고, 그런 식으로 광선들이 만나는 물체의 부분들에 구멍을 뚫고 동요시키는 경향을 가지게 될 것이 틀림없다.

'여기서 이 책의 마지막 부분까지 이어지는 부분은 이전 판들에는 없는 것들이다.'

내가 제시한 가정의 근거: 에테르를 함유한 미세한 물질은 틀림없이 작은 소용돌이들로 구성되어 있고, 그 소용돌이가 물질에 일어나는 모든 변화들의 자연적 원인이다. 이 점은 내가 물체들의 경도, 무게, 가벼움, 빛, 광선의 굴절과 반사와 같은 자연학의 가장 일반적인 결과들을 설명하면서 확립한 것이다.

14. 내가 제시한 미세한 물질 혹은 에테르를 함유한 물질이 무한히 많은 작은 소용돌이들로만 구성되었고, 데카르트가 《철학의 원리》에서 설명했던 거대한 소용돌이처럼 이 작은 소용돌이들이 극도로 빠른 속도로 그들 중심을 돌고, 서로 상쇄된다는 가정은 자의적인 것이 아니다. 나는 그것이 개별 결과들을 좌우하는 보편 자연학의 진정한 원리임을 확신하므로 이를 입증하고 이로부터 일관된 어떤 진리들의 설명을 이끌어내야 한다고 생각한다. 하지만 독자들에게 부탁드리건대 진정한 자연학자들은 이미 알고 있다고 내가 전제하는 원리들을 주의를 기울여 보충해 주시고, 잠시 내가 제시하는 증거들을 읽고 생각할 때까지 판단을 유보해 주시기를 바란다.

미세한 물질의 운동이 얼마나 빠른지는 천둥의 결과들, 더 정확히 말하자면 화약의 결과들을 통해 명백히 증명된다. 한 물체는 밀려졌으므로 움직인 것일 뿐이고, 그렇게 밀린 것은 즉각적으로 그 물체를 자극한 물체에 의해서이고, 화약이 밀었기에 대포에서 포탄이 나간 것이다. 화약은 이때 그것을 밀고 침투하는 미세한 물질을 통해서만 불이 붙고[8] 뚫고 들어간다. 그래서 그 결과 미세한 물질은 극단적으로 빠르게 움직인다. 포탄이 강력한 운동을 하게 만드는 운동의 최초의 원인이 바로 그것이다.

---

8 불의 생성에 대한 앞의 내용을 참조.

더욱이 미세한 물질은 작은 소용돌이 모양을 갖추고 그 모양을 띠고 운동하지 않으면 안 된다. 이 소용돌이들은 원심력에 의해 상쇄되고 그들 사이에 일종의 균형을 이루게 되고, 그래서 소용돌이 전체는 모두 똑같은 압력을 받거나 압축된다. 어떤 물체든 압력이 덜 가해지는 쪽을 향해 나아가므로 에테르의 어떤 부분에 다른 부분들보다 압력이 덜 가해졌다면 다른 부분들이 그 부분으로 다시 돌아올 것이다. 에테르를 함유한 물질 전체가 고르게 압축되지 않았다면 다양한 색,[9] 혹은 다양한 압력의 진동은 무한한 공간을 통해 아무런 변화를 겪지 않고 순식간에 빠르게 진동하게 된다.

그러므로 내가 방금 말한 것과, 내가 언급할 필요가 없다고 생각하는 다른 근거들을 통해 에테르를 함유한 물질의 모든 운동은 거대한 소용돌이가 그리는 대략의 원 혹은 타원운동에서는 사용되지 않는다는 것이 확실해 보인다. 거대한 소용돌이는 태양 주위를 도는 주요 행성들과, 태양과 행성들이 거느린 위성들을 이끌게 된다. 이 물질을 이루는 모든 작은 부분들 또한 대단히 빠른 운동을 한다. 무한하거나 무한한 것 같은 힘으로 우주가 압축되었고 진공이란 존재하지 않기 때문에 미세한 물질의 이 부분들은 다양하고 개별적 운동을 통해 서로 저항하므로 끊임없이 분할되고 작은 소용돌이들을 틀림없이 만들게 된다. 그리고 이 작은 소용돌이 속에 훨씬 더 작은 다른 소용돌이들이 있고, 심지어는 서로 맞닿은 소용돌이들이 그들 사이에 남겨둔 오목한 사이들 속에 지속 시간이 더 적은 다른 소용돌이들도 있다.

---

9 앞의 내용. III절.

이 모든 것의 이유는 물질이 무한히 분할 가능하고 각각의 부분은 이렇게 분할될 때 전혀 저항하지 않는 데 있다. 정지는 힘을 갖지 않고 물체의 단단함은 그 물체들을 압축하는 것의 운동을 통해서만 올 뿐이니 말이다. 방법을 다룬 마지막 장에서 나는 이 점을 상세히 증명했다.

그러므로 극단적으로 빠른 미세 물질은 작은 소용돌이를 이루고 그 모양으로 운동하고, 이들 소용돌이들이 서로 상쇄되는 것이 내게는 명백해 보인다. 물질이 동일한 방향으로 움직였다면 그 물질 주변의 모든 물체들은 벼락보다 더 빨리 그것의 경로로 이동되었을 것이다. 벼락의 속도는 포탄의 속도만큼 최초의 원인으로 에테르를 함유한 물질의 속도를 갖게 되니 말이다. 이는 대지, 공기, 도시 등이 24시간 안에 우리를 둘러싼 거대한 소용돌이에 의해 옮겨지는 것과 같은 이유에서이다.

그러나 이 작은 소용돌이들이 상호 저항에 부딪혀 일치되고, 일종의 평형 상태에 놓이면서 운동을 이행하기 위해 상쇄되는 일이 필요해지는 것처럼, 이 물체들을 이루는 부분이 즉각 맞닿을 때 굵은 물체들의 부분들은 계속 압축되는 것이다. 그러므로 그 소용돌이들은 단단해지게 된다. 그래서 이들 물체를 깨뜨리고 부분들로 나누기 위해서는 힘, 즉 운동을 사용해야 한다(물체들의 힘10은 그저 운동이기 때문이다). 그 운동이 작용했을 때에야 단단한 물체들을 이루는 부분들을 서로 압축하는 이들 소용돌이의 원심력을 이겨낼 수 있다.

그래서 화약과 섞여서 그것을 둘러싸고 있는 에테르를 함유한 물질

---

10 방법을 다룬 곳의 마지막 장.

의 소용돌이가 서로 평형을 이루므로 그것으로는 어떤 변화도 일어나지 않는다. 소용돌이들은 그 부분들을 움직이게 하거나 분리하기는커녕 이들을 압축한다. 그런데 여기에 불이 붙으면, 그러니까 소용돌이의 평형이 깨지고, 화약을 이루는 부분들이 흐름, 혹은 끊어진 여러 소용돌이의 물질이 쏟아내는 새로운 격류 속에 휩싸여서 그 안에 유영한다고 하자. 이는 이미 설명했던 것인데,[11] 나는 이를 충분히 증명했다고 생각한다. 가장 질 좋은 화약이 장전된 총이 그 핵심부에 구경의 지름만을 전장全長으로 갖는다고 가정한다면 그 화약을 이루는 부분들은 탄환에 그 운동의 여섯 번째 부분만을 전달하는 운동을 다소 수용하는 것이다. 이때 전제는 화약이 작용하여 부딪히게 되는 원통형으로 움푹 들어간 표면은 구경 지름의 여섯 개의 원형 평면과 같은 길이를 점하고 있으니 말이다. 나는 화약이 그것을 둘러싼 물질의 운동을 '다소'만 수용한다고 말했는데, 화약 전체가 불이 붙는 것도, 동일한 순간에 불이 붙는 것도 아닐 뿐 아니라 아주 짧은 시간 동안만 그것을 이끄는 물질의 흐름 속에서 유영할 뿐이기 때문이다.

어떤 물체가 그것을 둘러싼 유체의 운동의 전달에 의해서만 움직였을 때 그 유체만큼의 운동을 한순간에 받아들이는 것이 아니다. 더욱이 미세한 물질의 작은 격류는 모든 방향으로 다양하게 변하면서 상호 저항하는 것이다.

15. 그러므로 에테르를 함유한 물질이 엄청난 속도로 움직인다는 점이

---

11 XII절.

명백하다. 대단히 묵직한 탄환은 그중 아주 적은 부분만을 받아들일 뿐이므로 대단히 빠른 속도로 총신에서 나오게 되는 것이다. 그런데 물체들의 원심력은 순환할 수밖에 없는 원의 지름을 속도의 제곱으로 나눈 것과 동일하다는 점이 증명12되었으므로 강철의 경도硬度가 미세한 물질로 이루어진 작은 소용돌이의 압력의 결과라는 점이 놀랍지 않다. 특히 그 소용돌이가 극단적으로 작고, 예를 들어 이 소용돌이를 이루는 수백만 개의 지름이 길이와 간신히 동일할 것임을 가정한다면 말이다. 그런데 이 소용돌이는 유리뿐만 아니라 강철의 구멍을 쉽사리 통과할 수 있으므로 대단히 작을 수밖에 없다. 유리의 경우 빛의 작용을 각각의 구멍에서 아마 백에서 천을 전달하게 된다.

물체는 운동 외에는 다른 힘을 갖지 않으므로 검劍은 이를 구부러뜨리고, 다시 바로 원상태로 되돌릴 때에만 저항할 뿐인데, 그것의 구멍 속에 존재하는 에테르의 작은 소용돌이가 자유롭게 원운동을 하지 않기 때문이다. 검을 구부리게 되면 필연적으로 그곳으로 흘러가게 될 구멍의 둥근 형상이 타원형으로 바뀌게 된다. 그러므로 미세한 물질의 놀랄 만한 속도를 그 자체로 증가시키고, 그다음에는 이 속도를 작은 소용돌이들이 순환할 때의 지름의 무한히 작은 크기로 분할할 때 우리는 말하자면 동일한 본성의 다른 힘들과 관련해서 무한히 큰 원심력의 양을 얻을 것이다. 다이아몬드의 경도에 아마 더 이상 놀라지 않게 되는 그런 힘은 확실히 오로지 에테르의 압력의 결과일 수밖에 없다. 나는 모든 물체들의 경도를 이런 식으로 증명했다.

---

12 모르는 사람들을 위해 증명을 이 책의 마지막에 두었다.

16. 작은 소용돌이의 원심력을 큰 소용돌이의 원심력과 비교해 보고, 그로부터 작은 소용돌이의 힘이 물체들의 경도와 원동력의 원인이며 원동력이라고 판단할 수 있다면, 한 작은 소용돌이의 대단히 작은 부분이나 물리적 점이 중심으로부터 멀어지기 위해 갖는 원심력과, 그 순환의 중심인 태양으로부터 멀어지기 위해 지구의 유사한 부분이 갖는 원심력을 비교할 수 있다. 지구와 평형을 이루고, 자신의 원심력과 동일한 원심력으로 그 물질이 태양과 동일한 거리에 머무르지 않을 수 없게 하는 에테르를 함유한 체적과 비교해서 말이다.

이를 위해서 한 작은 소용돌이의 물리적인 점의 속도가 대포에서 나오는 포탄의 속도보다 단지 10배 더 크다고 가정해 보자. 이렇게 되면 확실히 에테르의 속도는 대단히 감소한다. 이는 내가 방금 말한 것으로 명백하다. 또한 1년 동안 태양의 주위를 도는 지구의 물리적인 점이 포탄보다 1천 배 더 빠르다고 가정해 보자. 그렇게 되면 아마 그 운동은 증가할 것이다.

이를 계산해 볼 수 있는 것은 1초의 시간 동안 포탄이 얼마만 한 공간을 거치게 될지 대략 알고, 이로부터 하루 혹은 1년 동안 포탄이 얼마만 한 공간을 거치는지 알고 있기 때문이다. 또한 지구와 태양의 거리가 적어도 지구의 지름의 1만 배임 또한 알고 있다. 그러므로 이 두 속도의 관계, 태양 주위를 도는 지구의 속도와 포탄의 속도의 관계를 알 수 있다면 그 결과 탄환보다 적어도 열 배 더 빠르다고 입증된 미세한 물질의 속도를 대략 알 수 있다.

그러므로 작은 소용돌이의 물리적 점의 속도가 커다란 소용돌이의 물리적 점의 속도의 백분의 1이라고 가정해 보자. 백분의 1의 제곱은

1만분의 1이다. 이제 원운동들의 지름의 관계를 찾아보도록 하자.

지구의 공전 거리는 지구 지름의 2만 배에 해당한다. 지름 각각은 적어도 6백만 투아즈(약 12,000km — 옮긴이)가 된다. 아카데미 회원들이 만든 단위를 따르자면 그 지름은 653만 8,594투아즈가 되지만, 나는 5백 투아즈와 몇천 투아즈는 무시하겠다. 물론 이 숫자는 작은 소용돌이와 큰 소용돌이의 비율을 더욱 증가시킬 것이다. 또한 각각의 투아즈에는 적어도 그만큼의 구멍이나 작은 소용돌이가 있을 것이다. 성능이 좋은 현미경을 사용하는 사람들이라면 이 점을 확신할 것이다.

너무 작은 동물들이 있다. 나비의 한 개의 겹눈에는 240만에서 250만 개의 홑눈이 있을 것이다.[13] 곤충들의 유기적 부분들, 더 자세히 말하면 곤충들이 태어나는 종자에 주의를 기울여 보자면 이 점은 의심의 여지가 없을 것이다. 그들의 작은 신체 기관들은 그들을 둘러싼 작은 소용돌이들의 압력에 의해서만 그들의 형상과 다양한 굳기를 갖게 된다. 그래서 나는 이 작은 소용돌이들의 지름을 수백만의 수백만 배로 줄일 수 있을 것이다. 한마디로 말해서 이들을 제한 없이 작게 만들 수 있고, 이로써 원심력은 무한히 증가할 것이다.

그래서 1투아즈에 한 작은 소용돌이의 지름의 6백만 배가 포함된다고 할 때, 이 지름이 태양 주위를 도는 지구의 공전 지름의 몇 배인지 알려면, 같은 방식으로 2만을 곱해야 한다. 그러면 작은 소용돌이의 지름과 큰 소용돌이의 지름의 관계는 1 대 72만 조가 될 것이다. 그런데 물체들의 원심력은 속도의 제곱을 물체들이 압축되어 순환할 수밖

---

13 드 퓌제 씨의 편지, p.121.

에 없는 원의 지름으로 나눈 것과 같다. 그러므로 큰 소용돌이와 비교해서 작은 소용돌이의 속도의 1만분의 1의 제곱을, 큰 소용돌이에 비해 작은 소용돌이의 지름인 72만 조 분의 1로 나누면, 작은 소용돌이의 물리적인 점의 원심력으로 72조를 얻게 된다. 이 작은 소용돌이의 물리적 점과 커다란 소용돌이의 물리적 점은 이와 같은 커다란 수와 1의 관계가 될 것이다.

이 계산이 비록 정확성이 떨어지기는 하지만, 작은 소용돌이가 과도한 원심력을 갖고 있다는 어떤 관념을 마련해 줄 수 있으며, 그것만이 물체들이 단단해지는 원인이고 이를 깨뜨리기 위해 기울이는 노력이 저항에 부딪히게 된다.

17. 예를 들어 물과 같은 유동적 물체들에 관해 보자면 이 점을 오랫동안 살펴볼 필요도 없이 작은 소용돌이들이 그 물체들에 이 특성을 전달할 수 있음을 잘 알게 된다. 그 물체들이 전방위적으로 유체로 구성된 작은 부분들을 둘러싸고 압축하고 있어서일 뿐만은 아니다. 내가 방금 한 말에 따르면 압력만이 물체들에 형상과 굳기를 마련해 줄 수 있기 때문이다. 그뿐 아니라 그 물체들은 그 작은 부분들을 분리해서 유지하고, 서로 밀어내게끔 한다. 이 물체들이 유동적인 것은 바로 이 때문이다. 그리고 그 부분들이 또한 공기로 둘러싸여 있는 데다 무게가 나가므로, 시간이 다소 지나지 않으면 완전히 분리되지 않고 그 사이로 미끄러져 들어가게 된다.

우리는 또한 불의 생성을 통해 다양한 액체들이 함께 결합되면서 어떻게 대단히 상이한 발효가 이루어지는지 이해한다. 산酸과 알칼리가 결합하면 정도의 차이는 있지만 작은 소용돌이들은 끊어지고, 결과 정도의 차이는 있지만 대형 발효들이나 운동의 원인이 된다. 그러나 발효 각각의 개별적 근거들은 명확하게 설명할 수 없다. 그러므로 이 추정은 그대로 두고, 원인이 대단히 감춰져 있는 중력으로 넘어가 보자.

18. 여러 철학자들이 데카르트의 생각을 올바로 취하지 않고, 더 정확히 말하면 그가 생전에 출판했던 《철학의 원리》14 대신 사후에 다른 사람들이 출판한 그의 편지들에서 취하면서 물체의 중력을 미세한 물질이 지구 주위의 원운동으로부터 끌어내는 원심력으로 생각한다. 그런데 이렇게 생각했고 그 생각을 주장하고자 했던 사람들 및 몇몇 사람들이 증명했듯 이 물질은 적어도 지구와 같은 속도로 열일곱 번 회전하면서도 깃털이 낙하하는 수직 방향을 바꾸지 않는 것이 틀림없다. 우리가 땅에서 몸을 일으키는 데 들이는 노력에 많은 저항이 발생하지만 운동의 방향을 거슬러 나아가는 사람에 전혀 저항하지 않는 것과 같다.

이는 명백한 모순을 포함하는 것처럼 보인다. 물질이 수직 낙하할 때 전혀 방향을 바꾸지 않고, 그러니까 운동을 전혀 전달하지 않고 지구가 깃털 하나를 통해서 나아가는 것과 같은 속도로 열일곱 번 더 회전한다면 높은 곳으로 던진 물체들은 다시 떨어지지 않을 것이다. 그때 미세한 물질은 이들을 다시 밀어내지 않은 채 나아갔던 것이고, 원심력은 속도와 비교할 수도 없을 테니 말이다.

---

14 4부 27절.

반대로 나는 공간 전체를 채우는 유체로 휩싸여, 그것이 어떤 본성이 되었든 이 유체에서 유영하는 물체들은 그 자극을 수용할 것이고 거의 유체만큼 빨리 그 자극을 수용하리라는 것이 명백하다고 믿는다. 다른 식으로 말하자면 불의 생성은 불가능할 것이며, 화약의 효과들, 벼락의 결과들은 기적적이거나 초자연적인 것이 될 것이다. 포탄을 밀어내는 화약은 움직이되, 미세한 물질이 흘러감에 따라 움직이는 것이 아니다. 미세한 물질은 화약과 즉각적으로 맞닿은 극단적으로 움직인 유일한 물체인 것인데 이는 자연 법칙에 반하는 것이다. 한 물체는 그것과 맞닿은 것에 의해서만 움직일 수 있을 뿐이다.

반대로 나는 행성들은 자기를 둘러싸고 있는 유체로부터 얻은 운동을 통해서만 그들의 중심을 회전하게 된다고 믿는다. 내 말은 신이 행성들을 움직이는 상태로 창조했던 것이 아니라, 그저 그들을 둘러싸고 몇 달 뒤, 혹은 몇 년 뒤에 그들 속으로 침투하게 되는 미세한 물질을 만들었는지 말하는 것이다. 그랬다면 행성들은 지금 회전하는 것처럼 회전할 것이다.

나는 이러한 중력의 설명에 반하는 어떤 반박들도 말하지 않는다. 그중에 물체들은 지구의 중심에 직접 떨어지는 것이 아니라 지구 축 위로 수직으로 떨어지는 것임에 틀림없다는 반박도 있었고, 그 반박에 재기 넘치고 섬세하게 답변들을 했다. 나는 중력에 대한 이런 의견에 반대하는 다른 반박들은 그냥 놓아두고 내 생각을 제시하겠다. 나는 모든 방향에서 서로 누르고 상쇄되는 작은 소용돌이에 많은 주의들을 기울인다고 주장한다.

에테르 E, E의 모든 방향으로 둘러싸인 돌 P를 생각해 보자. 선 CD

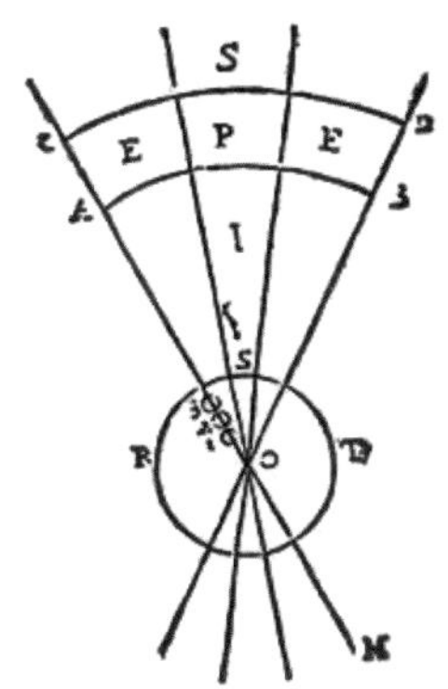

위에서만큼이나 지구 표면에 구심적인 선 AB 아래에 놓인 것은 완벽한 평형 상태에 있다. 본성이 동일하고, 작은 소용돌이들로 구성되어 있으므로 이 부분들 전체는 원심력에 의해 서로 똑같이 압력을 가하고 또 상쇄된다. 그러나 선 AB와 CD 사이에 있는 에테르가 함유된 물질은 돌과 평형을 이루지 않는데, 돌을 이루는 부분들은 원운동을 하는 것도 아니고 원심력을 갖지도 않기 때문이다. 원심력을 받아 돌의 부분들이 작용하고 작은 소용돌이처럼 모든 방향으로 벗어나고자 하는 경향이 생긴다.

그래서 에테르는 돌보다 우세해지고 두 가지 이유로 돌을 떨어뜨리게 된다. 하나는 작은 소용돌이가 아래쪽보다 위쪽에서 더 넓게 퍼질 수 있기 때문이고, 다른 하나는 에테르의 속도가 아래쪽보다 위쪽에서 더 크기 때문이다. 위쪽에서는 중심으로부터의 거리들이 더 다양하므로, 속도는 거리의 제곱에 비례해 증가한다. 그러나 내가 가장 중요하고 실질적인 이유라고 생각하는 것은, 작은 소용돌이가 받는 반작용이 커다란 소용돌이의 중심 쪽에서 훨씬 더 크다는 사실이다. 바로 이것이 굵은 물체들이 지구 중심으로 바로 떨어지는 이유이다. 나는 이 점을 곧 증명해 보겠다.

지구 RST, 혹은 지구의 중심 O가 위쪽만큼 아래쪽에서, 왼쪽만큼 오른쪽에서 압력을 받는다는 점이 확실하다. 지구를 모든 쪽에서 똑같이 압축하는 자기 자신의 소용돌이와 비교해 본다면 말이다. 그래서 선 AO에 위쪽으로 늘어선 모든 작은 소용돌이의 원심력의 작용은 중심 O의 저항 혹은 부동성 그 자체로 그들 위로 다시 떨어지게 된다. 이 중심 O도 아래쪽에 있는 소용돌이에 똑같이 밀리고 있다. 서로 기대고 있는 1, 2라고 표시된 두 개의 작은 소용돌이는 모든 방향으로 이들을 둘러싸고 있는 것으로 압축되어서, 중심 O를 향해서 벗어나는 경향이 있는 첫 번째 소용돌이의 원심력 작용은 중심 O의 부동성 때문에 그 위로 다시 떨어질 것이다. 두 번째 소용돌이는 첫 번째 소용돌이보다 중심에서 더욱 밀려날 것이다. 두 번째 소용돌이에 고유한 작용이 선 OA에 따라 그 위로 다시 떨어지게 되리라는 것 말고도, 첫 번째 소용돌이의 반작용에 다시 밀릴 것이니 말이다. 세 번째 소용돌이를 둔다면 그것은 두 번째 소용돌이보다 더 많이 밀리게 되고, 이런 식으로 계속될 것이다. 그러나 이런 새로운 증가세는 그것이 중심으로부터 멀어지면서 더 많은 수의 소용돌이로 분산됨에 따라 감소할 것이다. 그래서 중심에서 어느 정도 멀어지면 증가는 멈추거나, 더 자세히 말하자면 거의 무가 되어 버린다.

이제 스무 번째의 소용돌이 대신에 전혀 움직이지 않거나 원심력을 갖고 있지 않아서 자기 위로 다시 떨어질 수 있는 한 단단한 물체를 생각해 본다면 그 물체는 자기 아래로 늘어선 열아홉 개의 소용돌이들로 인해 위로 밀려날 것이다. 그 소용돌이는 곁에 있는 열아홉 개의 소용돌이와 평형 상태에 있지만 스무 번째 소용돌이처럼 원심력을 갖고 있지 않아서 자기 위로 다시 떨어지고 지구 중심으로부터 멀리 떨어뜨릴 것이다.

그러므로 이로부터 선 AB 아래와 선 CD 위의 모든 작은 소용돌이들은 중심 O와 동일한 거리에 있고 평형을 유지하고 아래에서 위로 동일한 반작용을 받게 된다. 공간 E, E에 돌 P에서보다 소용돌이가 더 많으므로 E, E에 있는 에테르는, 돌 속에서보다 더 많은 소용돌이를 갖게 됨에 따라 돌보다 더 위쪽으로 올라간다. 그래서 에테르는 돌보다 더 높은 곳으로 밀려나고 모든 방향에서 압축되므로 극단적으로 유동적이고 운동성을 갖게 되어 돌에까지 확장되어 그 돌을 지구 중심으로 밀어내게 된다. 또한 같은 이유로 물은 나무보다 위에서 아래로 더욱 밀려나므로 나무 아래로 밀려들어 가서 나무를 세우게 된다.

이제 지구를 둘러싸는 미세한 물질의 거대한 소용돌이가 사방에서 압축되었으므로 그것이 포함하는 이 물체를 지구를 행하게 밀어낸다는 것과, 작은 소용돌이로 구성되는 대신에 무한히 단단하고 견고해서 그 결과 탄성력도 없고 원심력도 없는 작은 공들뿐임을 생각해 보도록 하자. 작은 공들 1, 2, 3 등은 지구 중심의 한쪽과 다른 쪽에서 공히 이들을 압축하는 무게를 가질 것이다. 그러나 그 작은 공들은 전혀 튀어 오르지 않을 것인데 탄성력을 갖지 않았기 때문이다. 운동 법칙을 설명할 때 물체들을 튀어 오르게 하는 것은 탄성력임을 보았으며, 방금 물체들이 이루는 탄성력의 힘을 그 물체들의 구멍 속에 존재하는 작은 소용돌이의 원심력일 뿐임을 보았다. 그런데 그 물체들이 튀어 오르지 않는다면 돌 P는 그것을 둘러싸고 있는 에테르 E, E와 평형을 이룰 것이다.

돌의 중력이 이제 미세한 물질이 지구 주위에서 돌보다 훨씬 빠르게 회전한다는 점에서 오는지, 또 그래서 빠른 속도의 결과 원심력에 의해 그렇게 우세해지는 경향이 있으니 그 때문에 돌은 지구를 향해 떨어지는 것인지 검토해 보도록 하자. 그러나 더욱 유용하고 즐겁게 검토해 보기 위해 우선 행성들을 태양 주위로 회전시키지 않도록 하는 이들 행성의 중력의 원인은 무엇인지 찾아보도록 하자. 그렇게 되면 이 지상에서 무거운 물체들을 떨어뜨리게 하는 것이 동일한 중력인지 알 수 있게 된다.

내 가정은 다음과 같다.

(1) 태양이 중심이 되는 거대한 소용돌이에 포함되고 모든 주요 행성들 및 이들의 소용돌이들을 이끄는 물질은 극단적으로 동요되어 있고, 이 물질은 그것을 둘러싸는 물질에 의해 사방에서 동일하게 압축되어 있기 때문에 순환하지 않을 수밖에 없다.

(2) 이런 외적 압축이 동일하다고 가정하면 그 압축은 그 중심이 되는 태양을 향해 소용돌이의 물질 전체를 똑같이 밀어낸다.

(3) 압축된 물질은 그것의 운동 속도에서 끌어낸 원심력을 통해 그 물질을 태양을 향하게 하는 압축의 힘을 끌어내게 된다. 미세한 물질의 이런 압축이나 이런 종류의 중력은 원심력과 동일하다. 우주의 모든 부분들은 평형을 이루거나 평형을 이루려는 경향이 있다. 한쪽이 다른 한쪽보다 압력을 덜 받는 모든 물체는 모든 면이 똑같은 압력을 받을 때까지 운동하게 된다.

이렇게 가정하고, 이들 가정에 반하여 제시될 수 있는 난점들은 무시하고, 이 커다란 소용돌이라는 천체 물질, 혹은 행성들이 벗어나는 일이 없는 황도면은 소용돌이의 표면부터 태양까지 층으로 겹겹이 분리되어 있다고 생각해 보도록 하자. 이 둥근 층들 전체는 지름의 제곱 혹은 태양과의 거리의 제곱일 것이다. 이로부터 역학의 일반 원리 혹은 통념을 통해 상반된 힘이 동일할 때만 평형을 이룬다는 결론이 나온다. 내 말은 이로부터 모든 위쪽과 아래쪽의 층들이 평형을 이루고, 그들의 단순 속도가 아니라, 속도에서 비롯하는 원심력을 통해 중력 혹은 태양을 향한 압력의 무게가 실린다는 결론이 나온다는 것이다.

다음에 증명하게 되겠지만 그 원주들은 속도의 제곱에 상호 비례한다. 이들 층의 각각의 지점의 원심력은 그것의 속도와 일치하는 것이 아니고, 속도의 제곱을 공전의 지름으로 나눈 값과 일치한다. 필요하다면 이 책 말미에서 이 증명을 찾아보실 수 있다. 그러므로 층들의 속도는 층들이나, 지름들, 혹은 태양과의 거리의 거듭제곱근처럼 상호적으로 증가하는 것임에 틀림없다. 원주 혹은 층들은 그것들의 반지름 혹은 지름과 비례 관계에 있으니 말이다. 내 말은 태양과 인접해서 에테르를 함유한 물질은 속도가 엄청나게 빠르다는 것이 틀림없다는 것이다.

이곳에서부터 태양 중심까지의 거리가 3천만 리외lieue (1억 2천만km — 옮긴이)이고, 그것과 태양 표면까지의 거리는 그 중심으로부터 3만 리외라고 가정한다면, 태양과 가까운 미세한 물질의 속도와 지구를 둘러싼 미세한 물질의 관계는 3천만의 거듭제곱근 대 3만 리외와 같다.

그러나 하늘의 물질은 태양 표면에 이르기까지 어디에서나 평형을 이루고 있다. 평형이 깨지는 곳은 태양 표면인데, 태양의 표면은 고작 27일 반 동안 회전하니, 그 표면은 그것이 중심이 되는 소용돌이의 위쪽 층들처럼 평형을 보존하기 위해서는 3시간이나 그 정도 시간 동안 회전해야 할 것이다. 그래서 미세한 물질과 태양의 표면의 관계는 소용돌이의 압축이나 중력을 그것의 원심력을 통해서 유지되기에 필요한 원의 속도의 200분의 1이 아니다. 물질이 그 주위를 둘레를 회전하는 중심으로 밀어내는 모든 것을 중력이라고 부르니 말이다. 하늘의 물질이 평형을 보존하기 위해 태양 표면에 내놓아야 할 원운동의 속도의 계산을 빌모 씨가 내놓은 새로운 체계 6장에서 볼 수 있다. 그의 책은 저자의 정신의 힘과 폭이 얼마나 넓은지 잘 보여 주고 있다.

내가 보기에는 내가 방금 말한 것으로부터 태양은 그저 불, 즉 끓어진 소용돌이의 더미에 불과하다는 결론이 나오는 것 같다. 그것을 구성하는 물질의 원운동의 속도에서 생기는 원심력만으로는 소용돌이의 무게 혹은 중력을 지탱할 수 없으므로, 이를 위해 자기와 이웃하고 있는 층들을 밀어내는 것이다. 그것은 위쪽 층들의 압력과 같은 동일한 단일 형태의 압력, 그 소용돌이의 물질에서 평형만을 보존하고, 열도 빛도 산출하지 않는 압력에 의해서가 아니다. 단지 평형만으로는 아무것도 만들지 못하기 때문이다. 다양한 물체들로 구성되어 있는 물질 전체에 말하자면 생기를 불어넣는 대단히 신속한 진동에 의해 이 무게를 지탱한다. 그것이 계절마다 보는 그런 변화를 만들어 내는 것이다. 그렇지만 이 점은 내 주제를 벗어난다.

그러므로 역학 원리에 의해 태양의 표면에서 소용돌이의 극단에 이르기까지 모든 구형의 층들은 평형을 이룰 수 없고, 중심을 향하도록 밀어대는 중력이나 압력은 오직 원심력을 통해서만 실려지는 것이 아니며, 아래쪽 층들과 위쪽 층들은 상호 속도의 제곱의 비율을 따른다는 점이 확실하다. 또한 천문학자들의 관찰에 의해 태양 주위를 도는 주 행성들, 특히 목성과 토성이라는 두 행성 주위를 도는 위성들의 원운동 시간의 제곱은 그들 사이에서는 공전 중심과의 거리의 세제곱과 같다. 이로부터 천문학의 관찰들은 이성을 통해서 방금 증명한 것과 완벽하게 일치한다. 이 관찰로 얻게 된 비율에 따라 시간 대신 그것의 가치, 즉 속도로 분할된 행성들의 공전을 대체한다면 이성에 따라 미세한 물질의 층들에 평형을 보존하기 위해 필요한 것과 동일한 비율을 얻을 것이다. 이에 대한 특정된 연산은 잠시 후에 보여드리겠다.

이를 통해 행성들은 그것을 둘러싸고 있는 층들의 바로 그 속도, 더 정확히 말하자면 동시에 한 공전 주기를 마칠 때의 바로 그 속도를 갖는다는 점을 알게 된다. 나는 행성들의 공전이라고 했는데, 그것은 행성들의 층의 속도가 높아질 때 행성들의 속도는 다소 느려지고, 층들이 공전의 다양한 부분들을 더 느리게 움직일 때 행성들의 속도는 다소 빨라지기 때문에 그렇게 말했다. 그러나 행성들은 층들과 동시에 한 공전 주기를 마치게 되는데 그것은 행성들은 공전의 한 주기를 마칠 때 태양과 동일한 거리에 있지 않고, 위성들도 행성들과 동일한 거리에 놓이지 않을 것이기 때문이다.

그러므로 행성들과, 구형으로 된 층들의 실제 중력은, 이들을 소용돌이 중심으로 밀어내는 중력은, 이들을 순환하지 않을 수 없게 하는 중력은, 속도에서 비롯하는 원심력을 통해 저항하게 되는 중력은 소용돌이의 중심에서 나오는 것이 아니라, 그것 외부의 압력에서 나오는 것이다. 반대로 지구나 행성들에 가까운 물체들의 중력은 바로 그 외부의 압력이 모든 면들의 반대 방향으로 똑같이 압력이 가해진 소용돌이의 중심에서 생기는 반작용에서 나온다.

이 중력은 이미 내가 위에서 설명했듯이 작은 소용돌이들의 원심력에서 온다. 이 작은 소용돌이는 행성이나 지구가 움직이지 않을 때 받는 압력으로 인해 팽팽해진 그만큼의 작은 태엽처럼, 부분적으로 이 작은 태엽을 결여한 거대한 물체들보다 우세하다. 작은 소용돌이는 그것이 없으면 처음의 상태로 돌아가지 않으므로 태엽처럼 간주될 수 있는 까닭이다.

그러므로 아래쪽의 층들이 위쪽 층들을 밀어내지 않거나, 원심력을 통해서만 소용돌이의 압력의 무게를 받을 때 평형을 보존하기 위해서는 케플러의 규칙이 정확히 지켜져야 한다는 점을 세심히 관찰해야 한다. 이것은 이성으로써 명백하고, 천문학의 관찰을 통해 확실하다. 그런데 이 층들이 소용돌이의 중심에서 지나치게 멀리 떨어져 있을 때 그 중심에서 생기는 압력의 결과로 나타나는 반작용은 멀어질수록 약해지고 사라지므로 위쪽 층들의 중력을 견딜 만큼만 원심력에 전혀 협력하지 않거나 거의 협력하는 법이 없다. 목성의 위성들이 그렇다. 그 위성들을 이끄는 층들은 케플러의 규칙을 따르는 것임에 틀림없다.

동일한 이유로, 지구 주변의 미세한 물질의 층이 오직 원심력을 통해서만 소용돌이의 압력을 뒷받침했다면, 혹은 결국 똑같은 말이지만, 미세한 물질이 바로 이러한 유의 원심력을 통해 중력의 원인이 된 것이라면 이 미세한 물질의 층이 지구의 적도보다 약 16배 더 빠르다는 점이 확실히 증명된다. 그런데 부동의 중심에서 이 압력의 결과로 생긴 반작용은 원심력 크기만큼 16배 협력하여 위쪽 층의 무게를 지탱하고 평형을 보존하게 된다. 거대한 물체들의 실질적 중력의 원인이 바로 이러한 협력과 반작용이다. 우리 주변의 미세한 물질의 층이 케플러의 규칙에 따라 지구가 원심력에 의해 평형을 유지하는 데 지구보다 17배 빠른 속도를 내는 것이 틀림없으므로, 그 결과 이 층의 회전이 덜 빠르게 이루어진다면 부족한 힘에 상당하는 다른 힘을 추가해야지, 다른 식이라면 평형은 깨어지고 말 것이다. 중심의 미세한 물질이 원주를 향하는 경향, 혹은 이 지상에서 그 물질이 위쪽 층에 가하는 저항은 지구보다 17배 더 빨리 돌든 아니든 동일하다. 평형이 반드시 맞춰져야 하고 위쪽 층이 지탱되어야 하니 말이다. 그 결과 미세한 물질의 속도에 대해 달의 속도와 비교를 해서도, 케플러의 법칙을 따라서도 확실한 어떤 결론도 내릴 수 없다.

케플러의 규칙은 내가 제시한 두 가지 증거만을 입증할 뿐이라는 점에 주목해야 한다. 그중 하나는 역학 원칙에서 끌어낸 것으로 대단히 확실하다. 그러나 그 증거는 하늘의 층들은 오직 원심력에 의해서가 아니라면 서로 저항하거나 상쇄되지 않는다는 점을 가정한다. 그런데 확실히 소용돌이 중심에 가까운 층들에서 보면 이는 사실이 아니다. 다른 증거는 천문학적 관찰에서 끌어낸 것으로, 행성들과, 멀리 떨어져서 그 행성들을 이끄는 층들의 관점에서 본다면 대단히 올바르다. 그러나 행성들과 대단히 가까이 존재하는 하늘의 층들의 속도가 얼마나 되는지 우리가 알 수 있는 관찰들이 존재할 수 없음이 명백하다. 반대로 우리는 태양도, 지구도, 목성도 케플러의 법칙이 주장하는 만큼 빠르게 회전하지 않는다는 것을 알고 있다.

내 생각에 이는 행성들을 바로 둘러싼 미세한 물질이 이 법칙을 지키지 않는다는 점을 판단케 해주는 충분히 올바른 증거이다. 그러나 이 물질이 지구보다 17배 더 빨리 돌지 않는다는 다른 확실한 증거들이 많이 있으며, 이 증거들을 발견하기란 대단히 쉬운 일이라 계속 이 점을 언급하면서 독자를 지겹게 하지 않을까 두렵다.

작은 소용돌이들의 속도와 원심력이 자연적 결과들의 일반 원리임을 더 잘 이해하도록 할 목적으로 내가 이 글에서 주목하는 점은 빛의 어떤 속성들이 오직 그 점, 특히 빛이 반사하고, 표면에 닿았을 때 굴절하는 특징이 있음을 올바로 증명하고자 할 것이다. 그렇지만 내가 방금 예고했던 것을 증명하겠지만 그 증명을 어디에 두어야 할지 몰랐다. 어떤 독자들은 이 증명을 필요로 하지 않고, 대부분은 이 증명을 이해하지 못할 것이거나 읽으려 들지도 않을 것이기 때문이다. 우선 다음이 그 증명이다.

방금 언급한 것의 증명. 태양과의 거리에 따라 행성들의 원운동 시간으로 우리가 알고 있는 비율에 따라 시간 대신 시간의 가치를 둔다면, 소용돌이의 하늘의 층의 평형을 보존하는 것과 동일한 비율을 찾게 될 것이다.

천문학의 관찰을 통해 행성들의 공전 시간의 제곱은 행성들 사이에서 이들의 공동의 중심의 거리의 세제곱임을 알 수 있다. 그래서 t를 아래쪽 행성의 공전 시간으로, d를 행성과 중심과의 거리로 간주하면 tt가 TT에 대응하듯, d^3는 D^3에 대응한다.[15] T와 D를 위쪽 행성의 공전

---

15 [옮긴이] tt, TT 등은 근대 초기의 반복 기호식 제곱 표기로 각각 t^2, T^2을 뜻한다.

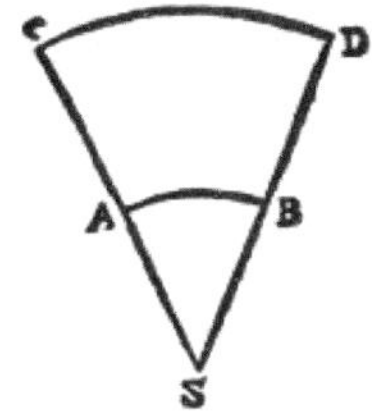

시간과 중심과의 거리로 간주할 때도 마찬가지이다.

이렇게 가정하고, v를 원 혹은 호 AB 위의 점 B의 속도, X를 원 혹은 호 CD 위의 점 D의 속도라고 부르자. 행성 혹은 태양 주위를 도는 점 B의 공전 시간을 t라 하고, 호 또는 원 AB의 길이를 c라고 부르면 $t=\frac{c}{v}$가 된다. 같은 이유로 호 또는 위쪽의 원 CD를 C라 하고, 그 공전 시간을 T라 하면 $T=\frac{C}{X}$가 된다. 그러므로 tt는 $\frac{cc}{vv}$, $TT=\frac{CC}{XX}$가 된다.

그러므로 행성들은 동일한 속도로 회전하거나, 그들을 둘러싸면서 이동시키는 유체와 동시에 그들의 한 공전 주기를 마치게 되면, tt와 TT 혹은 $\frac{cc}{vv}$와 $\frac{CC}{XX}$는 d^3, D^3과 비례 관계가 된다. 혹은 행성들과 비례 관계를 이루는 원주를 지름으로 놓으면, $\frac{dd}{vv}$와 $\frac{DD}{XX}$는 d^3, D^3과 비례 관계가 된다. 그러므로 $\frac{d}{xx}=\frac{D}{vv}$이다. 그러므로 xx와 vv의 관계를 d와 D 혹은 c와 C의 관계처럼 관찰함에 따라, 즉 점 B 혹은, 동일한 속도로 나아가는 호 AB의 속도의 제곱은 호 CD의 속도의 제곱이다. 이때

이후 등장하는 c^2, D^2 등의 표기는 이미 제곱된 항이 다른 항과 결합되는 경우 가독성을 위해 사용된 지수 표기이다. 이는 지수법이 완전히 통일되기 이전 시기의 정상적인 표기 혼용이다.

호 CD와 호 AB의 관계는 호, 원, 지름이 갖는 상호 비율을 따르며, 이것이 천체 물질이 평형을 이루는 원인이 된다.

그러나 천문학자들이 관찰을 통해 행성들의 공전 시간과, 공전의 공통 중심의 거리의 관계를 알지 못했다고 해도, 원심력에 대해 가진 지식을 통해서 다음의 방식으로써 이 관계를 발견할 수 있을 것이다. 어떤 소용돌이에서는 그것을 구성하는 구球들이 반드시 상쇄되고 평형을 이루어야 하기 때문이다. 호 AB가 재현하는 구가 호 CD가 재현하는 구와 평형을 이루지 못했다면, 그 구는 어떤 물질이든 덜 압축된 쪽으로부터 나아간다는 원칙에 따라 그곳에 머물게 될 것이다.

그런데 아래쪽의 구형 층이 위쪽의 CD와 평형을 이루거나, 그 소용돌이의 압력이 가하는 무게를 고르게 받으려면 역학의 일반 원리에 따라 그들의 원심력이 그 층들과 상호 비례를 이루어야 한다. 그래서 아래쪽 층 AB를 구성하는 에테르를 함유한 물질의 한 점의 원심력은 원심력 $\frac{vv}{d}$의 증명을 통한다면,[16] 원형 층 전체의 속도는 $\frac{vvc^2}{d}$가, 위쪽 층의 속도는 $\frac{XXC^2}{D}$가 될 것이다. 그런데 이 두 힘이 소용돌이의 압력에 공히 저항하고, 하늘 물질로 된 이 층들 전체에서 평형을 유지하려면 서로 합동이어야 하므로 이때 우리는 방정식 $\frac{vvc^2}{d} = \frac{XXC^2}{D}$, 혹은 vvc = XXC를 얻게 된다. $\frac{c}{d}$는 $\frac{C}{D^c}$와 같으며, v와 X를 그들의 가치에 따라 놓으면, 즉 공전 시간에 의해 나뉜 원주를 놓거나 원주 대신 원주와 동일한 비율로 지름을 놓으면 $\frac{D^3}{TT} = \frac{d^3}{tt}$ 혹은 tt. TT : : d^3. D^3라는 결과

16 이 증명을 본 권 말미에 실었다.

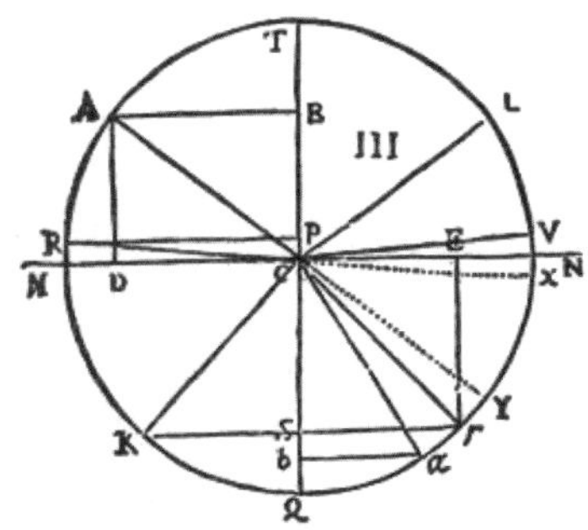

가 도출되는데, 이것은 정확히 천문학자들이 관찰을 통해서 발견했던 것이다. 그래서 이 점에서 이성과 경험이 일치하게 되는데, 하늘의 물질 전체는 완벽한 평형에 있거나, 그 평형에 이르고자 하는 경향이 있기 때문이다. 이제 나는 빛의 속성의 문제로 넘어가겠다.

19. 광선 AC가 공기처럼 희박하거나 미세한 물질 속에 있고, 물이나 유리에서처럼 공기보다 더 조밀하고 무게가 나가는 투명한 물체의 표면 MN에 비스듬히 닿을 때 이 광선 및 그것의 작용, 혹은 압력은 두 선에 따라 분할된다는 것을 경험으로 알 수 있다. 그 두 선 중 하나는 유리 속에 들어가면서 선 TC 쪽으로 방향을 바꾼다. 이때 선 TC는 공기와 물을 나누는 선 MN과 수직을 이룬다. 다른 선은 동일한 수직선을 따라 입사각 ACL과 합동인 반사각을 이루는 선에 따라 반사된다. 경험을 통해 다음을 알게 된다.

(1) 예를 들어 광선이 원 RTVQ을 그리는 점 C와 마주치기에 앞서 물 표면과 아주 가까운 점 R을 통과한다면 이 광선은 꺾어져 점 r을 통과할 것이다. 또한 이 광선은 선 MN에 스치듯 지나가면서 부분적으로

반사된다.

(2) 입사각 RCT의 사인sinus RP, 혹은 반지름 RC와, 바짝 스쳐 지나가는 광선 RC가 꺾일 때 생기는 사인 rs와의 관계는, AB처럼 아주 상이한 입사각의 사인과 그것의 굴절각 사인 ab의 관계와 같다는 점에 주목해야 한다. 즉 AB와 ab의 관계가 4 대 3인 것처럼 RC와 rS는 4 대 3의 관계이다.

(3) 그런데 어떤 광선으로 인해, 혹은 그 광선이 작용하여 선 rC를 따라 물에서 공기를 향해 나아갔다면, 점 C에서 광선은 꺾어지고, 선 MN을 스쳐 지나가면서 점 R을 거칠 것이다. 그 광선은 또한 부분적으로 K쪽으로 반사되고, 입사각 rCS과 합동인 반사각을 물속에 만들 것이고, 입사각의 사인 KS는 공기에서 물로 들어가는 RC를 스쳐 지나가는 광선의 꺾인 각의 사인과 같을 것이다. 한마디로 말해서 광선들이 중앙에서 다른 광선들 속으로 들어갈 때 되돌아 나올 때와 동일한 길을 따르게 된다. 광학 분야를 다루는 사람들은[17] 이를 공리의 하나로 삼는데, 이를 확증하는 굴절광학의 실험이 없기 때문이다. 그 이유는 곧 알게 될 것이다.

(4) "광선들이 중앙에서 다른 광선들 속으로 들어갈 때 되돌아 나올 때와 동일한 길을 따르게 된다"는 굴절광학의 토대가 되는 이 공리로부터 다음의 결과가 나온다. 광선들이 공기에서 물 표면에 닿을 때 아무리 가깝게 스쳐 지나가더라도, RC를 스쳐 지나가는 광선과 물 표면에 이루는 각이 절반이나 3분의 1에 불과하더라도 그리로 거의 모든

17 뉴턴의 《광학》, p.5.

광선이 들어가게 된다. 물에서 공기를 향하는 어떤 광선도 그것과 물의 표면과 형성하는 각이, 각 rCE의 값인 41도 25분보다 더 작게 되는 만큼 그리로 들어가지 못한다. 이때 물의 굴절과 공기의 굴절의 관계는 3 대 4가 된다. 광선들이 유리에서 나와서 공기 속으로 들어간다면 어떤 광선도 표면과 이루게 될 각이 49도 5분보다 더 작게 되는 만큼 그리로 들어가지 못할 것이다. 이때 유리의 굴절과 공기의 굴절의 관계는 20 대 31이다.

(5) 물이 1도 정도처럼 약간의 공기 표면으로 떨어지는 빛의 경사각 rCE이 증가되면 그때 거의 모든 광선은 그리로 들어간다. 이 각을 열배 더 증가시킨 것처럼 빛이 풍부해 보이는 것이다.

(6) 마지막으로 투명한 물체들이 조밀하거나 무게가 나갈수록 그 안으로 들어가는 광선의 굴절은 더 커진다는 점에 주목해야 한다. 이런 경험들을 전제하고 이제 물리적 근거들을 찾아보도록 하자.

반사된 광선이 평평한 표면 위에서 움직인 탄성을 가진 단단한 물체들이 반사되는 것과 마찬가지로 이루어진다고 생각해서는 안 된다. 어디나 가득 채워져 있고 무한히 압축되어 있으므로 광선들은 에테르의 작은 소용돌이들이 자리를 바꾸지 않고도 서로 반사하고 작용을 전달한다. 압력이 진동하는 데 필수적이라고 생각되는 것이 아니라면 그때는 운동 없는 압력뿐이다. 광선이 다양하게 반사되거나 꺾이는 것은 압력이 가했을 때 향하게 되는 다양한 방향의 직선을 따라서이다.

흔히 광선들은 오로지 이에 저항하는 유리의 단단한 부분들과 부딪히기 때문에 반사된다고 생각들을 한다. 그러나 이 의견이 대단히 자연스럽고 사실임 직하더라도 여러 가지 근거로 받아들일 수 없다.

(1) 물이나 유리의 표면 위로 가장 비스듬하게 그 표면을 스쳐 지나가는 광선들이 그 속으로 쉽게 들어갈 수 있을 것 같지 않다. 또한 가장 큰 표면이라도 광선들을 반사시키는 커다란 부분들을 찾지 않는다면 그럴 수 없을 것 같다. 유리에서 나와 공기 속으로 들어가려는 어떤 광선도 이들이 이루는 경사각이 상당히 크지 않는 한 그 안으로 들어갈 수 없다. 공기는 빛을 대단히 쉽게 전달하는데, 물과 유리 이상으로 단연 빛을 반사하는 굵은 부분들을 가지며, 경사각이 39도나 그보다 더 작을 때 적어도 유리에서 나와서 공기 속으로 지나갈 수 있는 어떤 장소를 발견하는 어떤 광선이 존재한다고 생각할 수 있을까?

(2) 물이나 유리에서 나오려는 광선들 중에 경사각이 40도보다 작을 경우, 공기의 커다란 부분들이 이 광선들을 반사시키지 않을 수 없다는 이유로 그중 어느 것도 공기 속으로 절대 들어갈 수 없다고 생각할 수 있을까? 경사각이 조금이라도 증가해서 필경 20도 증가했을 때만큼 1도 증가했을 때 거의 모든 광선이 그리로 들어갈 것인가? 이 점은 유리의 커다란 부분을 마주했을 때와는 명백히 다르게, 공기 표면에서만 이루어지는 다른 반사의 원인이 있음을 알려 주는 것일까? 아래에 더욱 설득력 있는 증거를 제시하겠다.

종이에 작은 구멍을 뚫고 이를 태양이나 밝은 빛에 노출하고, 차단된 광선이 내려앉는 유리를 그 밑에 둔다면, 빛이 밝혀진 두 개의 작은 원을 볼 것이다. 그중 하나는 유리 표면에 반사되는 빛을 통해 보이는 것이고 다른 하나는 광선이 거기로 들어가면서 공기의 아래쪽 표면에 반사된 빛을 통해 보이는 것이다. 평평하고 두께가 고른 유리를 가정하고 광선이 어떤 길을 따르게 되는지는 다음과 같다.

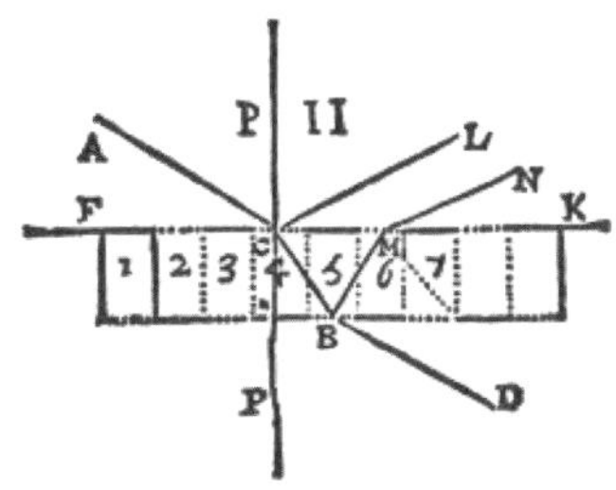

차단된 광선 AC는 점 C에서 유리 FK를 만나고 L로 반사된다. 이 광선은 반사된 빛으로 감소된 채 유리 속으로 들어가 B 방향으로 꺾인다. 광선은 B에서 다시 D쪽으로 꺾이고, 곧은 빛으로 감소된 채 M으로 반사된다. 결국 광선은 공기를 두 번 만나 7쪽으로 반사된 빛으로 감소되어 N의 방향으로 꺾이고, 광학 법칙과 경험에 따라 보자면, CL과 평행한 선 MN은 가장 빛이 덜한 작은 원을 보여 주는 광선의 선이며, 이때 광선의 빛은 유리에서 아래쪽 공기로 이동하면서 광선 CB에서 반사된 것이다.

그런데 이것을 광선 BMN을 반사하는 유리의 아래쪽 표면이라고 말할 수는 없고, 단지 미세한 물질 혹은 공기의 굵은 부분들일 수 있을 뿐이다. 그것이 공기의 굵은 부분이 아니라는 것은 경험으로 알 수 있다. 유리를 진공 기계에 붙이고 가능한 굵은 공기를 빨아들였을 때 이것으로는 유리 아래쪽에 반사된 광선의 힘에 뚜렷한 변화를 전혀 만들어 내지 않았다. 그런데 보일 씨에 따르면 공기 전체를 빨아들일 수 없다고 하더라도 공기의 1만분의 1도 남지 않는다. 그래서 극히 적은 부분만 남으므로 깃털은 필경 납덩이와 똑같은 속도로 떨어지게 된다. 또한 깃털이 아래로 느리게 떨어지는 것은 오직 공기 저항 때문이다.

그러므로 내가 그렇게 믿지 않는 것처럼 광선의 반사가 유리, 물, 공기의 굵은 부분들을 만나 생기는 것이 아니며, 어떤 굵은 물체와 만나서 생기는 것도 아니라는 점이 명백하다. 이 점은 나중에 살펴보겠다.

그러므로 광선이 유리와 다른 모든 물체들로 구성된 단단한 작은 부분들을 만나게 되면 어떻게 될까? 나는 광선들이 사라져 버린다고 생각한다. 아래가 왜 그런가 하는 이유이고 어떻게 이루어지는가 하는 방식이다. 광선들은 작은 소용돌이 속에서 직선으로 나아가는 압력의 진동일 뿐이다. 이때 이 소용돌이들은 모두 평형을 이루고 있고, 그들의 원심력으로 상호 저항하고 있다. 이 광선들은 원심력을 전혀 갖지 않은 유리의 단단한 작은 부분 위에 내려앉을 때 다시 튀어 오르지 않는다. 이는 마치 광선들이 작고 무른 부분에 떨어지기라도 한 것 같다. 그 부분이 단단하다는 것은 사실이지만, 그 부분을 둘러싸고 있는 작은 소용돌이들의 원심력이 가하는 압력 때문에 단단한 것일 뿐이다. 그 소용돌이로 인해 물체를 구성하고 있는 모든 작은 부분들은 형상과 점도가 마련되는 것이다. 이 작은 부분에서 일어나서 이를 다소 동요시키는 각각의 진동의 압력은 이를 압축하는 소용돌이 속으로 불규칙하게 퍼지고, 그렇게 되면 광선이 꺼지게 되는데, 광선은 직선으로 움직이는 압력의 진동에 불과한 것이니 말이다.

또한 광선은 조금씩 열을 일으키게 되는데 이는 뜨거운 물체들은 그것을 구성하는 작은 부분들이 진동하면서 뜨거워지는 것이기 때문이다. 그래서 태양에 노출된 검은 물체들은 광선들을 반사하는 흰색의 물체들이며, 그 빛을 거의 모두 전달하는 투명한 물체들보다 훨씬 더 뜨거워진다는 것을 알 수 있다.

왜 굴절이 일어나는지의 문제에 대해 다양한 생각들이 제시되었는데, 그중 가장 사실임 직한 것은 공기가 투명한 물체들의 구멍을 채우는 미세한 물질보다 더 굵어서 그 안으로 들어가려는 광선들은 이에 저항하는 굵은 공기에 되밀리게 되는 것임이 틀림없다. 그러나 앞의 실험과 우리가 행했던 다른 실험들은 이 생각과 일치되지 않는다. 그리고 사실 공기의 굵은 부분들과 마주쳐서 그것들을 동요시키는 광선들은 내가 방금 말한 것처럼 꺼지게 된다. 광선들은 적어도 진동을 계속하거나 전달하는 데 필요한 방식으로 되밀리지는 않으며, 굴절률이 약 5 대 2인[18] 유리나 다이아몬드의 표면에서만큼 강하게 광선을 꺾을 만큼 필요한 힘도 갖지 못했다. 공기가 대기압大氣壓으로 압축되는 지상에서조차, 공기와 미세한 물질로 구성된 부피에서 굵은 공기는 만분의 일도 점하지 않는다.

광선의 반사와 굴절은 공기의 작용으로 만들어지는 것도 아니고, 한 곳에서 다른 곳으로 이동할 때 유리의 작용으로 만들어지는 것도 아니므로 그것의 원인은 미세한 물질의 작용 자체에 있음이 틀림없다. 공기, 유리, 미세한 물질밖에 찾아볼 수 없으니 말이다.

이 내용이 이루어지는 방식을 설명하기 위해서는 에테르의 모든 부분들, 혹은 내가 에테르를 구성하고 있음을 증명했다고 생각하는 작은 소용돌이 전체가 균등하게 압축되어 있고, 그들 사이에 평형을 이루어 끊임없이 그 자리를 차지하려는 경향을 갖는다는 점에 주목해야 한다. 모든 물체가 실제로 압력을 덜 받는 쪽으로 움직이므로, 에테르의 어

---

18 뉴턴을 따랐음. 《광학론》 p.232.

떤 부분에 압력이 덜 가해졌다면 다른 부분들이 그 부분으로 이동하고 압축하게 되리라는 점이 명백하다.

작은 소용돌이들의 원심력에 의해 그 소용돌이들에 가해지는 압력이 이렇게 평형과 균등을 이루지 않는다면 작은 부분들의 여러 가지 운동이 산출한 다양한 진동들이 우리에게까지 단번에 전달될 수 없을 것이다. 그 작은 부분들은 별들로 구성되어 있고, 그중 한 부분은 푸른색을 띠고, 다른 한 부분은 불그스름한 색을 띠게 된다. 이를 바라보는 우리의 시각은 그것의 원인이 되는 압력의 진동이 차단될 때 중지될 수 있을 것이며, 공기 중에 흩날리는 어떤 작은 물체가 우리 눈을 향해 광선들의 선을 가로지를 때 실제보다 더 오랫동안 중단될 수도 있다. 행성들을 대단히 크게 보이게 하는 망원경을 통해 보아도 별들은 너무 멀리 떨어져 있기 때문에 그저 밝은 점 하나처럼만 보일 뿐이다.

별들에서 나오는 광선들을 다 합쳐도 에테르와는 다른 가장 굵고 작은 부분들만큼 두께가 대단히 얇기 때문이다. 그 작은 부분들이 매순간 광선들을 가로지르면서 그들의 작용을 중단시키고 그 광선들을 빛나게 만든다.

그러므로 에테르를 이루는 작은 소용돌이들 전체가 균등하고 무한이나 다름없이 압축되었으며, 그 소용돌이들은 모두 원심력에 의해 상쇄된다고 가정하면, 빛을 발하는 물체의 가장 작은 부분들은 그것들과 마주치는 작은 소용돌이를 압박하고, 이렇게 이루어지는 모든 다른 소용돌이로 전달되는데, 진공이 존재하지 않으니 우리에게까지 단번에 이르게 된다. 빛을 발하는 물체들의 이 작은 부분들은 동요되어 그것에 저항하는 소용돌이들을 다시 압박하게 되면서 그 부분들 내부에 압

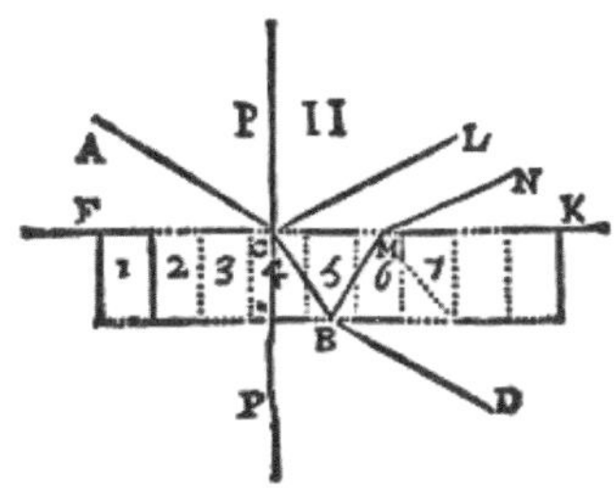

력의 진동들을 일으키는 원인이 된다. 그런데 압력의 이 모든 진동들은 그것이 에테르 속에 존재하는 이상 직선 운동을 하게 된다. 모든 소용돌이들이 원심력에 의해 상쇄되므로 광선이나 압력의 진동은 왼쪽만큼이나 오른쪽에서도 압력을 가하게 된다. 그래서 광선은 방향을 바꿀 수 없다.

그러나 광선들이 유리의 표면에 비스듬하게 닿게 되면 굴절이 일어나게 되고, 이 표면에서 수직선 쪽으로 방향을 바꾸게 된다. 또한 이 굴절은 그 광선들이 들어가는 물체들이 거기서 나오는 물체들보다 더욱 조밀하거나 더욱 무게가 나감에 따라 그만큼 더 커진다. 우리는 그 이유를 이미 살펴보았지만 이 점을 더욱 분명하게 설명할 필요가 있다.

FK가 유리의 표면이고, 1, 3, 5, 7은 유리 표면의 단단한 부분들이고, 2, 4, 6은 에테르의 작은 소용돌이들로 채워진 구멍들이라고 가정하자. 그리고 이 유리의 아래쪽 표면도 동일하며, 광선 혹은 압력의 진동의 선 AC가 비스듬히 유리 위에 내려앉는다고 가정해 보자.

그 광선은 수직선 쪽으로 방향을 틀 것이 분명하다. 유리보다 공기에 소용돌이가 더 많으므로 원심력도 더 크다. 또한 주변 소용돌이의 원심력은 이 광선을 더 이상 균등하게 압박하지 않는다. 압력의 진동은 가장 약한 쪽으로 방향을 돌릴 것임이 틀림없다. 그런데 유리 위와 아래의 공기 속의 소용돌이의 원심력과, 유리의 두 표면의 원심력에 동일한 관계가 있는 것처럼, 광선은 그것이 유리로 들어가는 만큼 그것에서 나온 유리 표면에 이르기까지 수직선으로부터 멀어진다. 공기보다 물에 소용돌이가 더 적고 유리보다 더 많은 것은 물이 공기보다 더 무게가 나가고 유리보다는 덜 무게가 나가기 때문인데 그래서 유리의 아래쪽 표면이 물에 젖었다면 광선은 유리에서 공기로 들어가면서 점 B에서 수직선에서 다소 멀어지지만, 공기에서보다 물에서 소용돌이와 원심력이 더 적으므로 그만큼 공기 속으로 덜 들어가게 된다.

결국 평평한 유리의 아래쪽 표면에 망원경 대물렌즈처럼 뚜렷한 한 점에서 유리에 접촉하는 오목렌즈를 붙인다면 이 접촉 지점을 통과하는 광선들은 꺾이지도, 반사되지도 않고, 두 유리 속에서 소용돌이와 원심력은 균등해진다. 대물렌즈는 접촉 지점에서 구멍이 난 것처럼 보일 것이다. 내가 이미 말했던 실험에서 카드 속에 뚫린 작은 구멍을 통해 가로막히고, 대단히 뚜렷하게 두 개의 반사를 만들어 내는 유리 위에서 수용된 광선으로부터, 두 번째 반사가 이루어지는 유리의 아래쪽 표면이 물에 젖었다면 어렵게 그것의 희미한 빛을 보는 방식으로 반사를 약화시키게 될 것이다.

나는 희미하다고 말했는데 그것은 첫 번째 반사에서 나오는 빛과 관계해서 그러한 것이다. 공기에서보다 물속에 소용돌이가 더 적으므로 그만큼 반사광은 더 약하다.

이 모든 점으로부터 광선의 반사와 굴절, 혹은 빛의 압력이 향하는 선의 우회는 에테르 속에 들어 있는 공기의 굵은 부분들에 의해서도,

유리를 구성하는 굵은 부분들에 의해서도 만들어지지 않으므로 이 우회는 미세한 물질의 소용돌이의 원심력에서만 이루어지게 된다. 미세한 물질에 의해 소용돌이들은 그것들과 주변의 모든 물체들 사이에서 서로 압축되어, 결국 모든 물체는 덜 압력을 받은 쪽으로 움직인다는 자연법칙에 따라 상반된 힘들 사이에 평형을 보존하게 된다.

그러나 내 생각이 옳다는 점을 훨씬 더 뚜렷하게 이해하기 위해 입사각과 반사각의 사인들의 관계가 일정해야 하며, 광선들이 유리 표면에서 만나는 상이한 모든 경사점傾斜點에서 항상 동일하다는 점을 추론할 것이다.

우선 원 RTVQ는 유리 구球를 나타내고, 유리의 모든 부분의 밀도가 동일하다면 광선 RC는 점 C에서도, 다른 어느 곳에서도 꺾이지 않을 것이라는 점을 이해해 보도록 하자. 그런데 위쪽의 반구半球가 잘려나갔고, 유리 표면의 선 MN의 위에는 굵직한 공기는 거의 없이 소용돌이들만 있고, 선 MN의 위에도 역시 공기가 거의 없지만 유리를 구성하는 굵직한 부분들을 가진 소용돌이뿐이고. 광선은 소용돌이를 이루는 두 열로 배치된 불균등한 물질을 갖춘 소용돌이를 비스듬하게 자르고, 그 결과 대규모로 공기가 유리로 들어갈 때 이 두 열이나 불균등한 힘의 표면, 혹은 두 열을 가진 수직선 쪽으로 방향을 돌릴 것이다. 그것은 선 MN을 얼마나 비스듬하게 자르냐에 비례한다. 수직으로 내려앉았다면 유리 속으로 들어가면서 수직선 양쪽으로 압축되거나 방향이 정해지기 때문이다.

내가 방금 말한 것과, 내가 나중에 말할 것보다 더 뚜렷한 관념을 갖고자 한다면 도형 MTNQ가 운동을 통해서가 아니라 압력을 통해 빛을

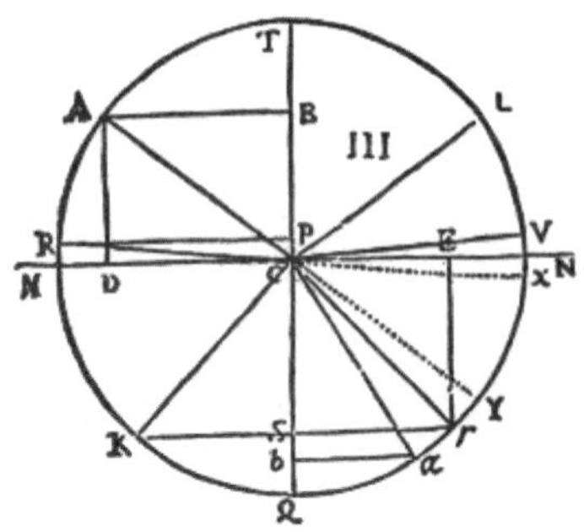

발하는 물체의 작용을 전달하는 작은 소용돌이들 중 하나를 나타내고, 이 작은 소용돌이는 내가 방금 말했던 균등하지 않은 힘을 가진 두 열 사이에 있게 된다고 상상해 보도록 하자.

입사 광선 혹은 그것의 압력의 선을 AC라고 한다면 위쪽 열에 더 많은 소용돌이가 있으며, 그 결과 원심력이 더 강하므로 수직선 TC에 따라 다른 열에서보다 작은 소용돌이를 더욱 압박하게 될 것이다. 그런데 TC에 따라 이루어지는 이 수직의 압력은 광선 혹은 AC를 따르는 압력들의 선에 전적으로 의지하는 것이 아니라, TC에 따라 압력 전체는 TC처럼 광선 AC에 의지하는 동일한 압력의 부분과 같은 관계에 있다.

선 AC는 선 AB와 합동이고 양쪽 모두 입사각 ACT의 사인이다. 아주 다른 광선도 사정은 같다. 예를 들어 RC를 스쳐 지나가는 광선 입사각 RCT의 사인 RP는 더 많은 소용돌이를 가진 열의 압축을 받는 압력의 힘을 표현할 것이다. 그래서 다양한 광선의 입사각들의 사인들은 다양한 힘을 표현한다. 이 다양한 힘들의 전체가 원인이 되어 우회도 가능한데 이는, 유리 속 작은 소용돌이에 대한 공기 중의 작은 소용돌이들의 원심력의 과잉일 뿐이다. 그 힘은 항상 동일한 채로 남고 이 빛에 의지하고 이를 압박하는 수직선 CT가 이 빛의 표현인 것이다. 그 결과 이 광선들이 우회할 때 그렇게 우회하게 만드는 원인들이 이 광선들 사이에 틀림없이 존재할 것이므로 다양한 광선들이 만드는 굴절각의 사인들은 입사각의 사인들과 동일한 관계를 가질 것이다. 즉 RP. AB : : rS. ab. 그리고 RP. rS : : AB. ab.이다. 바짝 붙어 지나가는 광선의 사인 RP가 반지름으로 간주될 수 있는 것처럼, 입사각의 모든 사인과 굴절각의 사인과의 관계와 같은데, 즉 MC와 CE의 관계가 S와 r의 관계와 같은 것이다.

그러므로 작은 소용돌이가 원심력을 갖고 끊임없이 평형에 이르는 경향이 있으므로 이것이 광학 전체와 우리 눈의 감탄스러운 구성의 기초를 쉽게 제공하게 된다. 나는 이 점을 나중에 주해에서 설명하겠다.

광선의 반사에 대해서는, 투명하다고들 부르고, 실제로 유리, 물, 공기와 같이 광선을 반사하게 만드는 다른 모든 것들 이상으로 실제로 투명한 물체의 굵은 부분들이 아니라는 점을 증명했다고 생각한다. 나는 "투명하다고들 부른다"고 말했는데, 대단히 얇은 모든 물체들이 그러한 까닭이다.

이 얇은 물체들은 모두 작은 소용돌이들의 어떤 압력의 진동이 외부에서 계속되도록 만드는 구멍들을 갖는다. 금속 중에 가장 조밀하고 가장 무게가 나가는 금 역시 그렇다. 금은 어떤 광선들은 반사하고 다른 광선들은 지나가게 만드니 말이다. 금은 압력의 진동들을 통해 노란 색을 보게 하는 광선을 반사하고, 금을 아주 얇은 금박으로 만들었을 때 압력의 진동으로 푸른색을 보게 만드는 광선은 그냥 지나가게 만든다. 그러나 금박 종이들을 통해서 어떤 색깔도 볼 수 없을지라도,

이로부터 금박 종이들을 어떤 광선도 통과하지 않는다는 결론을 내려서는 안 된다. 단지 광선이 극히 적으므로 영혼에 어떤 감각작용을 일으키게 되는 경우, 망막과 두뇌를 충분히 크게 동요시키기에는 충분하지 않을 뿐이다.

자석 주위를 도는 물질은 공기만큼 자유롭게 그곳을 빠져나가고, 물이 금으로 된 병에 지나치게 압축되었을 때, 물도 땀처럼 그것을 가로질러 물방울로 쌓이게 된다. 그러므로 적어도 대부분이 금을 구성하는 작은 부분들보다 소용돌이들이 더 작다는 점이 명백하다. 소용돌이로 인해 이 작은 부분들이 원심력을 통해 점도를 갖게 되니 말이다. 내 말은 적어도 이들 소용돌이들 중에 어떤 것들은 직선으로 진동을 계속하고 두께가 아주 얇은 모든 물체들은 투명하다는 것이 분명한다. 지나가면서 하는 말이지만 광선의 반사의 문제를 들어 보자. 광선이 반사되지 않는다면 우리는 빛을 발하는 물체들만을 볼 수 있을 것이다.

내가 보기에 유리와, 다른 물체들로 구성된 굵은 부분들도, 이 물체들을 둘러싸는 공기도 광선을 반사시키는 진정한 원인이 아니라는 점을 충분히 증명한 것으로 보인다. 이로부터 광선들이 반사되는 진정한 원인은 소용돌이 자체의 원심력이라는 결론을 내려야 한다.

대단히 단단하고 완벽한 탄성력을 가진 공이 한 평면에 비스듬히 떨어질 때 평면의 저항을 통해 입사각과 반사각이 합동이 되는 방식으로 다시 튀어 오른다는 것을 잘 알고 있기에, 나는 빛의 반사를 설명하기 위해 우리가 충분히 알고 있는 내용을 반복하지는 않고 이 반사들의 차이를 지적하는 것으로 충분하다.

(1) 소용돌이는 구처럼 운동하지 않는다. 광선이 반사된다면 그것

은 그 자리에 머무는 작은 소용돌이들의 압력선壓力線에서 방향을 새롭게 결정한 것에 불과하기 때문이다.

(2) 광선의 반사는 광선과 소용돌이들이 원심력을 갖지 않는 유리의 단단한 부분들과 접촉하는 지점에서 이루어지는 것이 아니라, 광선들이 압박하고, 유리 위쪽의 대단히 많은 수의 소용돌이를 거쳐 수직선으로 방향을 돌리는 소용돌이 위에서 이루어진다. 나는 이 점을 이미 설명했다.

(3) 광선의 반사, 즉 소용돌이들의 압력은 고스란히 반사되는 것은 아니다. 가장 큰 압력은 유리 속에서 이루어지면서 유리를 가로지른다. 반사된 압력은 유리 위에 존재하고, 수직선 쪽으로 방향을 바꾸는 소용돌이의 반작용에서 온 것이므로 반사된 광선은 꺾인 광선보다 훨씬 더 약하다.

(4) 공을 다시 튀어 오르게 만드는 동력은 구멍 속의 작은 소용돌이들의 원심력에서만 나오는 것이다. 빛을 다시 튀어 오르게 만드는 동력은 빛을 구성하는 작은 소용돌이들 자체들의 원심력에서만 나오는 것이다.

(5) 마지막으로 빛의 입사각은 고스란한 탄성을 가진 공의 반사각과 일치한다. 이상으로 빛의 반사에 대한 나의 생각을 밝혔다. 이는 내가 설명하고 증명하고자 했던 빛의 속성을 따르는 것처럼 보인다.

나는 이제 물리적 근거들, 즉 이론의 여지 없는 이 원칙을 따르는 근거들을 보여 주고 있으며, 균등하지 않은 압력을 받자마자 어떤 물체든 움직인다는 점을 알게 되었다고 믿는다. 내 말은 내가 다음의 사실이 명확히 알려졌다고 생각한다는 것이다.

(1) 어떤 이유로 다양한 중심을 통과하면서 굴절되는 광선이 갈 때나 올 때나 동일한 길을 따르고, 빛을 발하거나 빛을 받는 대상을 그 초점, 즉 그 이미지가 나타나는 곳으로 이동시킨다면, 그 대상을 이동시켰던 동일한 지점에서 동일한 이미지를 보게 될 것이다.

(2) 어떤 이유로 모든 광선들의 입사각의 사인들의 기울기가 다양한데도 꺾인 각angles rompus의 사인들과 동일한 관계를 갖는 것이며, 또 어떤 이유로 입사된 광선들의 사인들은 반사된 광선들의 사인들과 동일한 것인가.

(3) 어떤 이유로 특히 단단한 물체들은 흔히 그것들의 무게에 정확히 비례해서 굴절하게 되는가. 반사와 굴절의 원인은 동일하다. 즉 소용돌이들이 더 많다는 점이다. 그 결과 더 무게가 나가고 더 단단한 물체들에서보다 공기에서 원심력은 더 커진다.

굴절이 무게가 거의 동일한 유체에서 정확히 무게에 비례하지는 않는다는 점은 사실이다. 예를 들어 물은 에틸알코올보다 다소 무겁기는 하지만 우리가 수행했던 여러 실험들에 따르면 그만큼 굴절되지 않는다는 점을 우리는 알고 있다. 그중 중요한 한 가지 근거는 필경 유체를 이루는 작은 부분들이 작은 소용돌이만큼의 원심력을 갖지 않을지라도, 그 작은 부분들은 유체로서 운동을 하고 있으니 어떤 힘을 갖는다는 데 있다. 그래서 작은 부분들은 그것의 운동에 따라 주변의 소용돌이들에 더 혹은 덜 저항한다. 그런데 물의 무게와 에틸알코올의 무게의 차이나, 그 결과 이 두 액체를 둘러싼 작은 소용돌이들의 힘의 차이도 대단히 큰 것이 아니므로, 물과 에틸알코올을 이루는 작은 부분들이 다양하게 운동하면서 갖게 되는 차이 때문에 무게에 따른 굴절 비율은 일정하지 않게 될 것이다.

또한 다른 원인들도 생각해 볼 수 있겠지만 나는 여기서 주요한 원인을 언급한 것이다. 똑같은 물이라도 항상 굴절이 동일한 것은 아님에 주목해야 한다. 뜨거운 물은 찬 물보다 굴절이 덜하다. 뜨거운 물이 덜 무겁기 때문에 그럴 뿐 아니라, 물을 구성하는 부분들이 더욱 활발한 운동 상태에 있기 때문이기도 하다. 그런데 모두 반듯하게 깎은 망원경의 두 대물렌즈를 같은 그릇에 넣으면 하나는 탁월한 성능을 보이지만 다른 것은 그렇지 않다. 그 원인은 오직 렌즈를 구성하는 부분들의 밀도와 무게에서 찾을 수 있고, 굴절이 고르지 않게 되는 것이 바로 이런 이유에서이다.

다양한 색을 가진 광선 전체가 서로 섞이지는 않고 끊임없이 교차하며, 서로 사라지게 한다는 점이 확실하므로 광선들의 작용은 작은 소용돌이들의 직접적 운동이 아니라, 그저 그 소용돌이들이 빛을 발하고 밝혀진 대상들로 받고, 원심력을 통해 즉각적으로 가하는 압력을 따른다는 점이 명백하다. 소용돌이는 모든 면에서 동시에 움직일 수 없지만 동시에 모든 면에 압력을 가하고 압력을 받을 수 있다.

그러므로 색의 다양성이 내가 이를 충분히 증명한 것처럼 압력의 진동들의 서로 상이한 신속성의 결과라고 가정하자. 붉은색, 주황색, 노란색, 초록색, 남색 혹은 어두운 푸른색, 보라색의 원색의 광선들은 색이나 진동의 신속성은 변하지 않고, 굴절률이 서로 동일한 이유를 명백히 알 수 있다. 이것이 뉴턴이 여러 결정적 실험을 통해 증명한 것이다. 진공 없이 모든 것이 가득 차 있고 무한히 압축되어 있으므로, 광선은 시신경까지 동시에 모든 곳에서 압력을 받을 수 없는 빛 조각으로써 압력을 받을 수 없다. 그 광선은 시신경을 동요시키고, 시신경을 통해 두뇌를 동요시킨 후에 꺼지거나 약해지게 된다.

노란 광선이 푸른 광선과 결합하여 망막의 어떤 섬유를 압박할 때 초록색이 보인다는 점이 사실이다. 그러나 이 색은 감각작용으로서 원색의 초록색 광선이 만들어 내는 색과 동일하더라도 그 원인은 아주 다르다. 유리로 된 프리즘을 통해 원색의 초록색 광선을 지나가게 한다면, 그것은 항상 초록색이 되겠지만, 다른 광선이 그곳을 지나게 될 때는 노란색과 푸른색이 될 것이다. 노란색은 푸른색보다 굴절이 적으므로, 이 두 광선들은 서로 분리될 것이다. 굴절의 원인이 된 감각작용을 통해 판단해서는 안 된다. 둘이나 여러 균등하지 않은 진동들이 시신경 섬유를 누르면서 어떻게 평균 진동과 동일한 방식으로 두뇌 주요 부분을 동요시킬 수 있는지 이해하기란 쉽다.

예를 들어 흰 광선이 단순한 것이 아니다. 대단히 흰 모든 광선은 붉은색, 노란색, 푸른색 등 모든 원색이 결합된 것이다. 그리고 이들 모두의 진동과 굴절은 상이하다. 그리고 대상을 덮고 있는 것처럼 보이는 모든 상이한 색은 불투명한 물체들의 투명한 작은 부분들에서 전달되었거나 반사된 원색의 광선들이 다양하게 혼합되었을 때 나온다.

태양에서 나올 때는 전혀 평형 상태에 있지 않고 태양을 구성하는 모든 물질이 다양한 운동들을 통해 위쪽 층들과 평형을 이루는 구형의 층으로 된 작은 소용돌이를 밀어내는 것이 확실해 보인다. 나는 행성들의 중력에 대해 말하면서 이 점을 언급했다. 내 말은 태양에서 나올 때 작은 소용돌이들이 태양을 이루는 부분들이 불규칙하게 운동하기 때문에 그것이 원인이 되었지만 결국 그들이 여러 순간에 걸쳐 서로 약분이 가능하도록 진동을 조율하지 않을 수 없고, 이런 일치가 이루어졌거나 이런 유의 평형이 확보되었을 때 각각의 광선은 진동 시 동일한 신속성을 갖추게 되는 것이 확실해 보인다는 것이다. 이로부터 나오는 결론은 원색 광선들 숫자는 정해져 있고, 그 광선들은 각자 진동 시 항상 동일한 빠르기를 보존하므로 항상 굴절 양이 동일하다는 것이다.

이 점은 뉴턴의 실험으로 확실하다. 화성학적으로 옥타브를 분할할 때, 즉 포함된 음들이 약분 가능하거나 음들을 내는 원인이 되는 공기의 진동이 서로 소멸되지 않으면서 서로 일치하고 가능한 빨리 함께 다시 시작되는 방식으로 분할할 때 음들의 숫자는 정해져 있다는 것이다. 원색의 광선들의 수가 정해져 있는 것처럼 말이다. 그래서 뉴턴은 104페이지에 자신의 실험을 보고하면서 모든 원색의 광선이 굴절할 때 그 개별 양을 결정하기 위해서 원색이 늘어선 열이 화성학적으로 분할된다는 점을 발견했다. 뉴턴은 이 원색들을 다양한 프리즘을 사용해서 대단히 정확하게 구분했다. 우리는 이 점을 그의 걸작에서 볼 수 있다.

그러므로 나는 이 점으로부터 붉은색은 다른 광선들보다 굴절이 가장 적으므로 가장 큰 힘을 갖기에 그 뒤의 광선들만큼 신속하게 밀려나지 않고 진동을 덜 자주 시작하고, 가장 마지막에 있고 가장 약한 보라색은 그 진동들이 가장 작고 가장 신속한 광선으로, 더 자주 진동을 다시 시작한다는 결론을 내릴 수 있다고 생각한다.

평평한 유리 아래에 오목렌즈를 둘 때, 반사를 통해 이 두 유리들의 접촉 지점에 작고 검은 원이며, 대단히 뚜렷한 다양한 색들의 중심을 향한 여러 광환光環이 보인다. 특히 오목렌즈가 충분히 오목하지 않을 때 그렇다. 그러나 비스듬히 보게 되면 검은색으로 보였던 것이 흰색으로, 푸른색으로 보였던 것이 붉은색으로, 노란색으로 보였던 것이 보라색으로 보인다. 한마디로 말해서 대부분 반사와 굴절을 통해 색이 더 뚜렷해지고 반대의 색이 부각된다.

내가 보기에 이 점은 진동의 신속성이 변하지 않고 광선의 압력선이 도처에서 동일하게 동요한다는 점과, 모든 단순한 광선들을 포함하는 빛으로부터 다양한 혼합이 다양한 색을 만들어 내는 어떤 광선들만을 반사하기 때문임을 정확히 보여 준다.

더욱이 내가 마지막 항목에서 언급한 바를 충분하지 않게 증명된 추정이나 총체적 관점들로만 보아야 한다는 점을 알릴 필요가 있다고 믿는다. 그것은 영국의 저 저명하고 박학한 기하학자 뉴턴이 실행했던 주요 실험들을 설명하기 위한 것이었는데 나는 실험들이 의심할 수 없이 정확하게 이루어졌다고 본다. 본 주해에서 내 주된 관점은 자연학 전체가 미세한 물질에 의존하고, 이 미세한 물질은 작은 소용돌이로 이루어졌다는 것을 보여 주기 위한 것이었다. 이들 작은 소용돌이는 원심력의 평형으로써 모든 물체들에 강도를 부여하고, 이 소용돌이들이 끊임없이 재확립하고자 하는 평형을 끊음으로써 세상에 모든 변화가 일어나도록 한다는 점이다. 내 주된 관점은 정지는 힘을 갖지 않고, 모든 것은 운동을 통해 이루어지고, 운동의 근원은 오직 이 보이지 않는 물질 속에 있는데도 대단히 박식한 몇몇 사람들은 이를 무라고 보며, 그 물질이 평형상태에 있을 때 무력하고 작용하지 않는 물질로 느끼고 있다는 점을 입증하는 데 있다.

내가 앞서 중력을 설명하기 위해 했던 내용으로부터 많은 결과를 끌어낼 수 있을 것이다. 예를 들어 깃털은 적도나 극지방이나 상관없이 지구의 표면에 수직으로 떨어짐에 틀림없다. 온대지방에서 지구 표면을 이루는 부분들은 표면 및 다른 어느 곳에서도 차이가 전혀 느끼지 않는 속도로 회전한다. 중력은 적도나 극지방에서 명백히 동일할 것이고, 그 결과 지구는 둥근 것임이 틀림없다. 모든 행성들은 거대한 소용돌이들과 내가 방금 말했던 작은 소용돌이들로 둘러싸여 있을 것인데 그 소용돌이들이 없다면 중력도 없을 것이고 그 결과 에테르와는 다른 굵은 물질 더미도 없을 것이다. 에테르를 함유한 물질은 평형을 이루고 극단적으로 작고 유동적인 작은 소용돌이들로 구성되었으니 수평운동에서 저항을 일으킨다는 것을 느낄 수 없다. 물체들이 낙하할 때 속도는 무게에 비례하지 않고, 공기의 저항을 받지 않으므로 모두 똑같은 속도로 떨어질 것이고, 깃털도 납덩이와 같은 속도로 낙하할 것임에 틀림없다. 단단한 물체들의 무게는 정확히 그 물체들의 질량, 즉 운동 없이 물질이 고유하게 가진 것과 동일할 것이며, 이때 소용돌이로 채워진 구멍들은 고려되지 않는다.

그런데 내가 이 결과들이며, 빛과 색의 전달과 불의 생성을 설명하기 위해 제시했던 가정으로부터 끌어낼 수 있는 모든 결과들을 세부적으로 증명하려 했다면, 즉 에테르를 함유한 물질이 단지 원심력을 통해 서로 상쇄되는 무한히 압축된 작은 소용돌이들로만 구성되어있다면, 그리고 내 말은 내가 이 결과들을 세부적으로 다루었다면, 그때 나는 너무도 먼 여행을 하게 되지 않을까 두려운 나라에 들어가게 될 것이고 그곳에서 틀림없이 길을 잃고 말 것이다. 내 전제를 에테르를 함유한 물질이 놀랄 만큼 빠르게 움직이며, 모든 방향으로 움직인 부분들이 소용돌이가 되지 않을 수 없게 되는 찬滿 곳에서 마주치는 저항을 통해서 입증했으며, 빛과 색의 전달, 불의 생성과 결과, 물체들의 무게, 경도, 유동성과 같은 자연의 가장 일반적인 결과들을 통해 내 증거를 확증한 것이면 충분하다.

모든 자연적 결과들은 이런 것들에 달려 있으며 자연학자들은 그것들의 원인을 찾고 있는 것이다. 그러나 확실히 자연학자들은 이들을 에테르를 함유한 물질에서만 찾게 될 것이다. 물질이 모든 운동의 원천이고 만물이 만들어지는 것은 오직 운동뿐이라는 명백한 이유에서이다.

이참에 창조주의 무한한 지혜로 주제를 확장해 보자. 그것이 적어도 독자들에게는 훨씬 더 유용할 것이다. 그는 우주를 창조하면서 물질의 다양한 부분들에 운동을 분배하고 그 방향을 결정했으므로 모든 부분들이 상호 의존하는 창조물, 모든 물체는 가장 압력이 가해진 쪽으로 움직이고 더욱 압력이 가해졌을 때 이에 비례하여 움직인다는 우리가 생각할 수 있는 가장 단순한 일반 법칙을 통해서만 끊임없이 보존되고 갱신되는 창조물을 형성했다. 내 말은 이 법칙을 우리가 주의를 기울여 살펴보아야 한다면 이 법칙은 순전히 수동적 실체로서 물질에서 효력을 끌어내는 일이 없고, 그 물질을 움직이는 힘은 물질에 속한 것도 아니고 물질 안에 들어 있는 것도 아니라는 데 있다는 점이다. 나는 이를 열다섯 번째 주해와 다른 곳에서 이미 증명했다.

그런데 전능한 존재는 물체들을 배치함에 있어서 자신의 보편적 섭리라는 일상적 과정에서 이 법칙을 만들었고 또한 정확히 지키는 것이다. 그는 자신의 속성에서 법칙과 동기를 찾았는데 그 속성의 성격에 따라 자신의 행동을 맞추기 위한 것만은 아니다. 이는 내가 다른 곳에서 증명한 것이다. 그러나 또한 인간과 심지어는 동물까지 자신을 보존하고 행동하는 데 확실한 규칙들을 제공하기 위해서이기도 했다. 신이 모든 결과를 예측하고서 확립했던 자신의 법칙을 정확히 따르지 않았다면 말이다. 신은 그 법칙과 관련해서 무한한 지혜와 호의로써 이를 규정했던 것이다. 또 신이 개별적 원인과 제한된 지성에 따라 행동했다면 말이다. 자연학에는 확실한 것이 아무것도 없을 것이고, 경험의 원칙도 전혀 없을 것이다.

한마디로 말해서 모든 것은 우리의 관점에서 본다면 아무것도 이해할 수 없는 혼돈에 빠져버리고 말 것이다. 그러나 내가 방금 설명한 대로 신은 이 법칙을 정확히 준수함으로써 그가 우리들 사이는 물론 무한 공간에 결합시켜 준 빛을 만들어 낸다. 그 빛을 꺼보시라. 우리 주변의 작은 소용돌이들은 다른 소용돌이들의 무게를 더 이상 지탱하지 못하고, 하늘에 있는 모든 것과 더 이상 평형을 유지하지 못하고, 그리하여 법칙의 결과 압력의 진동들을 더 이상 수용하지 않는다고 해보자. 사람들 사이에서는 더 이상 사회가 존재하지 않을 것이다. 우리가 대상들을 구분케 해주는 저 다양한 색은 더 이상 존재하지 않을 것이다. 대지는 더 이상 경작되지 않고, 경작되더라도 빛이며 광선의 진동의 결과인 열이 존재하지 않으므로 소출이라고는 아무것도 없을 것이다. 그런데 "빛이 있으라"고 말했던 이가 사람들과 동물들에게 눈을 지어 주었던 바로 그 존재이다.

눈을 구성하는 모든 부분들은 우리가 곧 살펴보겠지만 빛의 작용에 대단히 정확하고 원만한 관계를 가지므로 빛과 눈은 서로를 위해 만들어졌고 같은 손, 즉 지혜와 선에 한계가 없는 전능한 자의 손에서 나온 것이다. 태양, 불, 물체들의 무게, 만물을 형성하고 생성하는 데 없어서는 안 되는 특질들인 다양한 정도의 단단함과 유동성이 용도에 대해 성찰을 하고, 이 모든 것이 말하자면 신이 동일한 법칙에 따라 실행하는 무한한 의도와 관련지어 그가 물질에 생명을 불어 넣어 준 동력을 따르는 것이라고 한다면 창조주의 지혜에는 한계가 없음을 어렵지 않게 이해할 수 있을 것이다. 그러나 이어지는 다음 주해에서 나는 눈과, 눈을 구성하는 부분들의 구성과 쓰임새에 들어 있는 경이로운 섭리를 더욱 세부적으로 제시하겠다.

내가 자연학의 일반 원리에 대해 이렇게 덧붙이면서 말했던 내용은 정확히 사실이고, 확실한 원리에 기대고 있다고 하자. 이것이 주의 깊고 밝게 눈뜬 독자들과의 논의에 남은 점이다. 그렇다면 내가 제 6권 2부 4장에서 데카르트의 자연학을 요약한 부분에는 수정할 대목이 몇 가지 있을 것이다. 그러나 그 장에서 내 주된 의도는 데카르트 철학의 방식과 아리스토텔레스 철학의 방식에 차이가 있음을 깨닫게 해주는 데 있었으므로 데카르트 철학의 체계를 내가 지금 제안한 체계에 따라 전적으로 수정해야 한다고는 생각하지 않았다. 내가 방금 제안한 체계가 근본적으로는 데카르트 철학의 체계에 의존하고 있기는 하지만 그렇다고 그의 체계에 부합하는 것은 아니다. 독자들에게 충분히 시간이 있고 이 주제가 재미있어 보인다면, 그리고 독자들이 내가 방금 기록한 것이 충분히 증명되었다고 판단한다면 독자들이야말로 이 수정의 작업을 맡을 이들이다.

열일곱 번째 주해

눈을 구성하는 부분들의 기술과, 시각의 오류를 주제로 했던 제 1권의 언급을 이해하도록 해주는 눈의 구성의 주된 근거들

나는 제 1권에서 독자가 적어도 광학에 약간이라도 지식을 가졌거나, 내가 지적했던 데카르트의《굴절광학》과 같이 이 주제에 대한 책을 참조하여 배우고자 하고 있음을 전제로 했다. 저자들이 자신들이 다루는 주제와 관련한 모든 학문들의 가장 일반적인 원리를 계속 설명하고자 하여, 독자들이 갖고 있는 지식의 여부를 전혀 전제하지 않고자 했다면 그들은 심지어 학자들을 당황시키고 놀라게 만드는 것은 물론 방대한 책을 짓지 않고서야 전혀 심화할 수 없었을 것이다. 그래서 나는 많은 다른 사람들이 했던 말이며, 눈을 구성하는 부분들과 그 구성에 대해 다른 책에서도 읽을 수 있는 것을 되풀이해서 말하지 않아도 되었다고 생각했다. 그런데 광학을 이미 공부했던 사람들을 지루하게 만들지 않고도 광학에 대해 아무것도 모르는 사람들을 만족시킬 목적으로 나는 본 권 말미에 다음에 이어지는 사항을 추가해야겠다고 생각했다. 광학을 모르는 사람들이 내가 시각의 자연적 판단과 오류를 주제로 한 말을 이해하기 위해 다른 책으로 바꿔 읽을 필요가 없을 테니 말이다.

조금 수고스럽기는 하겠으며, 태만한 독자라면 기꺼이 수고를 들이고자 하지 않을 것이다. 다른 이들은 필경 그들이 아무것도 배우는 것이 없는 책을 읽지 않을 것이다. 더욱이 어떻게 대상들을 보는지 올바로 이해하는 것으로 충분히 자연학뿐 아니라 관념들의 본성, 선, 보편성, 우리로서는 이해 불가한 신의 섭리의 지혜와 관련된 형이상학의 진리를 포함한 무한히 많은 진리를 발견할 수 있다는 점을 알릴 필요가 있다고 생각한다.

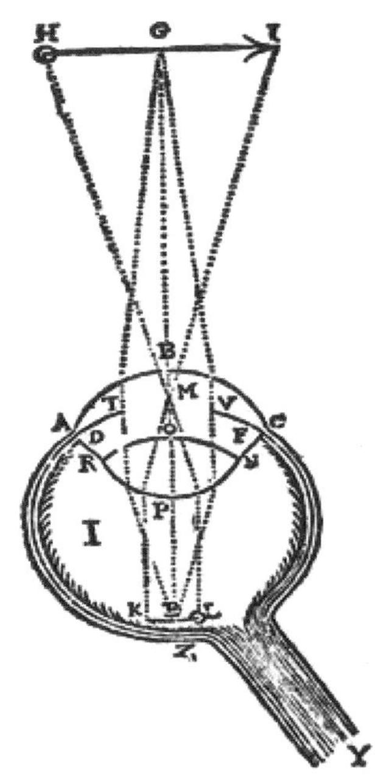

우리가 이제부터 나올 근거들을 이해하려면 눈의 구성이 갖는 모든 특수성을 세심하게[1] 지적해야 한다.

1. 눈을 덮고 있는 3개의 피부

눈을 반으로 절개하되 절단면이 눈동자와 시신경의 중심을 거치고 체액이 흐르지 않게끔 했을 때 위의 그림처럼 재현된다. ABCZ는 눈 전체를 둘러싸고 있는 단단하고 두터운 피부이다. 그중 한 부분인 ABC의 이름은 '각막cornée' 인데 뿔corne처럼 단단하고 투명하기 때문이다. 이 부분은 다른 나머지 부분보다 훨씬 더 볼록하다. 눈동자 TV에 열린 구멍으로 끝나는 두 번째 피부는 더욱 섬세한데, 이것의 이름은 포도막uvée 혹은 맥락막脈絡膜, choroïde이다. 말하자면 이 부분은 첫 번째 피부를 내부에서 덮고 있고, 섬모ciliaire라는 이름의 막질膜質로 된 인대를 통해서 A와 C에 단단히 부착되어 있다.

이렇게 D부터 T, F부터 V에 이르는 피부의 부분의 이름은 홍채이다. 각막을 통해서 보이는 홍채의 볼록한 표면은 어떤 사람들에게는 검고, 다른 사람들에게는 푸르거나 여러 색깔이 점점이 나타난다. 그런데 홍채와 맥락막 전체의 볼록한 표면은 여러 동물에게는 그렇지 않지만 사람의 경우는 완전히 검다. 세 번째 피부의 이름은 망막인데 눈 깊은 곳을 완전히 덮고 있고, 맥락막을 단지 D와 F까지만 따른다.

---

1 첫 번째 그림을 보라.

2. 이들 피부의 기원

눈의 첫 번째 피부에서 경뇌막硬腦膜이라는 이름의 두뇌의 첫 번째 막을 끌어당기는 시신경 LY의 첫 번째 피부가 생긴다. 두 번째 피부 혹은 맥락막에서 연뇌막軟腦膜이라는 이름의 두뇌의 두 번째 막을 끌어당기는 시신경의 두 번째 피부가 생긴다. 마지막으로 망막에서 시신경의 골수를 끌어당긴다. 이 신경의 골수를 구성하는 작은 망들이 섬세한 어떤 정맥과 어떤 동맥과 결합하여 이런 대단히 민감한 조직을 이루는데 그 망들이 활짝 펼쳐진 것을 망막이라고 부르는 것이다. 그런데 시신경 피부 밑에 갇혀 있는 이 작은 망들에서 연수延髓라는 이름의 두뇌의 부분이 생긴다. 이 작은 망들은 필경 이 골수를 구성하는 망들, 혹은 작은 도관일 뿐인데, 이 도관을 통해 동물정기가 배치된다. 망막은 흰색이고, 시신경은 눈의 운동신경에 비해 대단히 굵고, 그 결과 대단히 많은 수의 망이 포함된다는 점에 주목해야 한다.

3. 섬모 막질

AD로 표시된 부분에서 섬모 막질Ligaments ciliaires이 나온다. 이는 수정체 RN까지 이어지는 많은 양의 작은 망들인데 대단히 검다. 수정체가 대상들을 뚜렷하게 보는 데 필요한 위치, 즉 눈동자 구멍 중심을 거치는 선 BP가 세 볼록면 ABC, RON, RPN에 수직이 되도록 그것을 붙잡아 두는 것이다. 그리고 다른 이유들도 있는데 이는 나중에 말하겠다.

4. 눈동자

눈동자 구멍의 크기가 고정되어 있지 않다는 점에 주목해야 한다. 지나치게 많은 빛을 받은 대상들 때문에 망막이 상할 수 있을 때나 가까이 있는 대상을 집중적으로 바라볼 때 눈동자는 작아진다. 그래서 홍채는 사람의 눈동자를 항상 정확히 둥근 모양으로 유지하도록 하여 움직이면서 대단히 기이하게 작동하는 작은 근육의 효과를 낸다. 이제 눈의 투명한 체액으로 넘어가자.

5. 눈의 3가지 체액

대단히 맑고 투명한 체액들이 있는데, 눈의 방수房水 l'aqueuse, 수정체, 유리체가 그것이다. '방수'는 ABCNOR의 공간에 차 있다. 그것은 물처럼 유체이며, 그 결과 똑같은 방식으로 굴절한다. 대단히 섬세한 피부로 싸여 있는 '수정체'는 RONP의 공간에 차 있다. 수정체는 약간 끈적끈적하고 삶은 계란의 흰자처럼 약간 단단하지만 수정처럼 투명하다. '유리체'는 눈의 나머지 용적을 채우고 있는데 그것의 점도는 삶기 전 계란 흰자의 점도와 비슷하다.

보통 '굴절'[2]은 광선들이 거치는 투명한 물체들의 조밀함에 비례하여 증가하므로, 광선에서 방수를 원인으로 하는 굴절이 가장 작고, 수정체의 굴절이 가장 크다. 유리체의 굴절은 수정체의 굴절보다는 더 작고 방수의 굴절보다는 더 크다.

---

2 이하 13번.

이제 나는 시신경과 그것이 눈으로 들어가는 구멍을 제외하고 평면 그림이 재현하는 것이 축 BE에서 180도로 회전한다고 생각한다면 구체의 눈 및 눈에 내 의도에 반드시 필요한 것으로 포함된 모든 것의 명백하고 완전한 관념을 갖게 될 것이다. 그러나 그 관념을 확정하려면 어떤 큰 동물의 눈을 해부해 보는 것이 좋을 것이다.

6. 눈의 여섯 근육, 네 직근

눈의 바깥 부분을 본다면 이 부분을 움직이고 압축하는 근육밖에 없다. 이 자리에서 그 근육에 대해 무언가를 말할 필요가 있다. 사람의 근육은 여섯 개뿐인데 직근直筋이라는 이름의 네 근육과 사근斜筋이라는 이름의 두 근육이 있다. 이들이 한쪽으로는 눈 가장 안쪽 뼈에 붙어 있고, 다른 쪽으로는 안구 외부의 피부에 붙어 있다.

4개의 직근은 넓고 근육이 많이 붙은 건성腱性, tendineux 꼬리를 만들면서 바로 나아가 안구 외부의 피부에 붙어서 새로운 피부를 만들게 된다. 이들 근육 덕분에 안구를 움직일 수 있다. 하나는 위로, 다른 하나는 아래로, 세 번째 것은 한쪽 눈꼬리로, 마지막 것은 다른 쪽 눈꼬리로 움직인다. 다른 용도로도 쓰일 수 있는데 그 점에 대해서는 나중에 말하겠다.

7. 두 사근

두 사근斜筋 중 가장 길고 가장 좁은 위쪽 사근은 눈을 위쪽으로 잡아당기는 근육의 기원 옆에 자신의 기원을 둔다. 이 위쪽 사근은 우선 눈 안쪽 언저리 쪽으로 나아가는데 거기에서 막근을 통해 턱뼈에 붙은 연골

속으로 들어간다. 이 연골은 귀환의 도르래 역할을 한다. 거기에서 위쪽 사근은 눈 위쪽 부분을 향해 방향을 바꾸고, 눈을 위쪽으로 잡아당기는 동일한 근육 아래를 지나, 눈을 외부의 눈꼬리를 향해 잡아당기는 근육이 부착된 눈의 부위에 가깝게 부착된다. 위쪽 사근과 마주하고 있는 아래쪽 사근은 눈 안쪽 꼬리 쪽으로 뼈에 부착되어 있다. 거기에서 아래쪽 사근은 눈 아래로 외부의 눈꼬리 쪽으로 나아가 약간 위로 올라가서 위쪽 사근이 부착되어 있던 자리 옆 안구에 부착된다.

두 사근이 동시에 나란히 4개의 다른 직근에 작용을 가하고 특히 두 사근이 부착되어 있는 눈의 부위와 가장 가까운 부위에 부착되어 있는 직근에 작용을 가할 때 사근은 안구를 압축하고 그러므로 가까이에서 뚜렷이 보는 데 필요한 만큼 수정체와 망막에 거리를 두게 한다. 눈에 어떤 변화가 일어나지 않고는 가까이서, 또 멀리서 분명히 볼 수 없다는 것은 기하학적으로 증명된 진리이다. 나는 나중에 이 점을 보여 줄 것이다.

이 여섯 개의 근육 하나하나가 움직이도록 하는 작은 신경을 하나씩 갖는다는 점에 주목해야 한다. 동물정기에 확산될 수 있는 신경이 없는 모든 근육은 비활성 상태l'inaction에 있다.

내가 보기에 눈의 구성은 충분히 설명된 것 같다. 그렇지만 눈을 구성하는 부분들의 속성들이며, 빛의 속성들은 그렇지 않다. 그렇기는 하지만 그 속성들을 어느 정도 알 필요가 있는데 그래야 우리가 어떻게 대상들을 보게 되는지 올바로 알게 되고, 우리 눈을 형성할 때 창조주의 무한한 지혜에 대해 간단한 관념을 가질 수 있다.

8. 빛의 속성과 본성에 대하여:
어떻게 빛을 발하는 물체들의 작용이 전달되고
우리 내부에서 빛과 흰색의 감정을 자극하는가

어둠속에서 횃불을 밝히면 즉시 횃불이 바라보이는 모든 장소에서 그 빛을 보게 된다. 이로부터 이 횃불의 불꽃은 우리 눈 내부와 그 불꽃이 비추는 모든 장소에서 작용한다. 그런데 그 불꽃이 이들 모든 장소에서 즉각적으로 작용하지는 않는다는 것이 명백하다. 불꽃은 운동이 가해진 밀랍의 작은 부분들로만 구성되어 있고, 매순간 그것의 무한히 작은 부분을 흩트리고 밀어내고 있으므로 이 작은 부분이 빛이 밝혀진 모든 공간을 채울 수 없음이 확실하다. 그러므로 밀랍의 작은 부분들이 불이 붙어서 그 주위를 즉각적으로 둘러싸고 있는 미세한 공기, 혹은 에테르에 사방에서 압력을 가한다면 이 에테르는 다른 에테르에 사방에서 압력을 가하게 되고 이런 식으로 계속되어 우리에게까지 이르게 된다. 그것도 한순간에 이르게 되는데 어디나 찬滿 곳이며, 자연적으로 빈 곳은 없기 때문이다.

그런데 미세한 물질 속에서 불꽃이 일으키는 원인이 되는 압력, 더 자세히 말하자면 불꽃의 무한히 상이한 부분들이(우리 눈까지 전달되고, 눈에서 두뇌로 전달된다) 공기 안에서 일으키는 원인이 되는 무한에 가까운 압력이 신체와 영혼의 결합 법칙의 결과 우리 내부에서 빛과 흰색의 감각을 자극하는 것이다. 어두운 곳에서 망막이 내부에서 덮고 있는 공간에서 눈꼬리를 동요시켜 압박할 때 우리는 틀림없이 압력이 가해진 곳과 반대쪽의 빛을 볼 것이다. 압력이 가해진 장소와 마주보는 쪽에서 틀림없이 빛을 보게 될 것이고, 이로써 새로운 압력이며, 밤이나 눈을 감았을 때 망막을 압축하는 것보다 더 큰 압력이 빛의 감각을 자극한다는 점을 충분히 증명했다.

9. 그리고 빛의 감각

나는 압력의 다양한 진동들이 색의 다양성의 원인이라고 생각하고, 이를 본 권에서 증명하고자 했다.[3] 나는 여기서 태양 속에 존재하는 그런 진동들이 모든 색의 원인이 되며, 그 진동들이 결합했을 때 흰색의 감각이 자극된다고 말했다.

유리 프리즘을 이용해 다양한 색깔로 채색된 태양의 이미지를 포착한 뒤에,[4] 이를 한눈에 볼 수 있을 만큼 커다란 확대경을 그 자리에 놓는다면 모든 색깔은 확대경의 중심에서 섞이고, 종이 위에 그려진 이 이미지는 어떤 색으로 채색되었든지 완전히 흰색으로 보일 것이다.

10. 대상들로부터 반사된 빛

모든 방향으로 또 직선으로 움직이는 빛을 발하는 물체들을 볼 뿐 아니라 그 물체들이 빛을 받았을 때 모든 불투명한 물체들도 동일한 방식으로 보게 된다. 따라서 빛이 사라져 버리게 하지 않은 대상들에 가해지는(검은색이 이렇게 한다) 빛의 압력은 그 대상들 주변의 미세한 공기 위에 다시 내려앉고 모든 방향으로 이를 압박하는데 이는 모든 것이 유체로 가득 차 있기 때문이다. 유체의 모든 부분들은 계속 운동하

---

3 빛과 색에 대한 주해를 참조.

4 뉴턴《광학》의 9번째와 10번째 실험(p.112와 p.117)을 참조.

고 있다. 그런데 여기서 자연학을 말할 때가 아니다.[5] 그러므로 나는 광선 혹은 원색 광선을 빛을 발하거나 빛이 비추어진 대상에서 끌려나온 직선이라고 부르는데, 그 직선을 통해서 대상을 가시적으로 만드는 작용이 전달된다. 그런데 우리는 대상을 모든 방향에서 보기 때문에 그 결과 대상들을 이루는 각각의 부분들은 광선들을 원을 그리면서 모든 방향을 향해 보내게 된다.

11. 이제 빛의 점진적 약화, 또는 망막에 가해지는 빛의 힘과 압력의 감소의 관념을 갖기 위해서 대상들이 빛을 발하는 물체의 각각의 점으로부터 받는 빛이 이들 대상과 각각의 점과의 거리의 제곱에 비례하여 감소한다는 것을 관찰해야 한다.

예를 들어 1에퀴écu 동전이 촛불 밑에서 받는 빛과 20피에pied 멀리 떨어진 곳에서 받는 빛의 관계는 1 대 400, 즉 20의 제곱이다. 빛이 발하는 지점에서 1피에 떨어진 곳에 놓였을 때 1에퀴가 만들어 내는 그림자는 20피에 떨어진 벽에는 1에퀴보다 400배 더 큰 그림자를 만들게 된다. 그래서 20피에 거리에 있는 이 에퀴의 빛은 첫 번째 빛, 즉 빛을 발하는 점에서 1피에 거리에 있는 에퀴가 차단한 빛의 400분의 1이다. 그런데 촛불에서 20피에 떨어진 이 에퀴는 또한 사방에서 보일 수 있고 그것이 그저 촛불에서 1피에 떨어져 있을 때 받았던 첫 번째 빛의 400분의 1의 작용, 혹은 반사된 압력으로 인해서만 보일 수 있다. 그러므로 검은 배경 위에 놓였을 때 그것을 20피에 거리에서 볼 수

5　앞의 주해를 참조.

있다고 가정했다면, 눈동자의 구멍은 이 에퀴만큼 커질 것이고, 두 번째 빛이 모든 방향으로 퍼지는 것이 아니라, 단지 검은 배경에서 1피에 거리에 놓인 1에퀴의 크기가 결정한 공간에 의해서만 퍼지게 된다. 첫 번째 빛의 16만분의 1만이 눈 속에 들어가게 될 것이다.

그런데 1에퀴의 지름이 눈동자 구멍의 지름보다 10배 더 크다면, 눈에는 16만분의 1의 100분의 1, 즉 촛불에서 1피에 떨어진 에퀴가 받는 빛의 1,600만분의 1만이 들어갈 것이다. 결국 다른 모든 방향으로 퍼진 에퀴의 반사된 빛을 제외한다면 1,600만분의 2백분의 1만이 눈에 들어올 뿐이다. 물론 이때 20피에 거리에서 볼 수 있다는 점을 전제해야 한다. 구형球形 표면의 절반은 중심에서 구를 절개하는 두 개의 원과 합동이기 때문이다.

그래서 1피에 구의 광선과 1피에의 10분의 1에퀴의 원주에서 나오는 광선을 가정한다면 구형 표면의 절반은 에퀴의 200배를 포함하게 될 텐데, 원은 이들 사이에서 광선의 제곱과 같기 때문이다. 그러나 에퀴가 그것이 반사하는 빛에 의해 20피에 거리에서 모든 방향에서 지각될 수 있다고 가정한다면 이 희미한 빛은 망막의 대단히 섬세한 섬유들을 동요시킬 수 있다.

12. 망막 섬유의 민감함에 대하여

망막 섬유가 얼마나 섬세한지 알려면 태양에 노출된 검은 배경 위에 1리뉴ligne 제곱 크기의 작은 종이를 부착해서, 그것을 볼 수 있는 거리를 알아내고, 비례식을 만들기만 하면 된다. 우리가 그것을 보게 되는 거리와 약 6리뉴의 눈의 지름과의 관계와 마찬가지로, 1리뉴와 눈 깊은

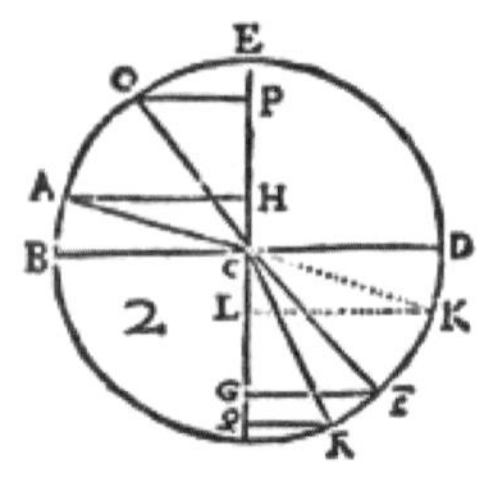

곳에 놓인 종이의 이미지의 변의 관계와 같다. 이 이미지의 제곱을 얻기 위해 네 번째 항을 제곱하면서 1리뉴 제곱보다 수백만 배 더 작은 공간을 얻게 된다. 나는 종이의 이미지라는 말을 그것이 반사하는 광선을 망막에 다시금 모이게 하는 정확한 장소로 이해한다. 광선들이 결합해 있는 망막의 섬유들은 이웃 섬유들을 다소 동요시킬 수 있는 일이 생길 수 있으니 말이다. 이제 빛의 굴절의 문제로 넘어가 보자.

13. 빛의 굴절

광선이 공기와 같이 희박한 곳에서 유리나 물처럼 덜 희박하거나 더 조밀한 곳으로 이동할 때 그 광선은 그리로 들어가면서 방향을 전환하거나 굴절을 일으킨다. 그런데 일단 그곳으로 들어갔다면 광선은 그곳에서 나올 때까지 직선 운동을 하게 된다. 예를 들어 선 BCD[6] 위에 공기가 있었고 그 아래에 유리가 있었고 광선은 A에서 C를 향해 나아갔다면(내가 나아갔다allât고 말할 때 A에서 C로 나가는 경향이 있거나 압력이 가해지는 것이라고 항상 이해해야 한다), 그 광선은 K 쪽이 아니라 F 쪽으

6 두 번째 그림을 참조.

로 방향을 바꾸고 그러면서 유리 속에 공기를 들여보낼 것이다. 그 이유는 움직여진 모든 물체 혹은 움직이려는 경향이 있는 물체는 모든 쪽에서 동일한 저항을 받고, 가장 저항이 덜 가해지는 쪽으로부터 언제나 방향을 바꿀 때 직선 운동을 하게 되기 때문이다.

그런데 광선들은 공기와 물보다는 유리와 조밀한 물체들에서 저항을 덜 느낀다. 그리고 앞의 주해 19번에서 제시한 근거를 볼 수 있다. 내가 유리 속에서라고 말할 때 그 말은 광선이 자신의 작용을 개입시키거나 전달시키는 유리의 구멍들을 의미하는 것이지, 광선들을 다소 동요시키면서 꺼지고 마는 유리의 단단한 면을 의미하는 것이 아니다. 나는 다른 곳에서 이를 이미 증명했다. 그래서 광선 AC는 자신의 작용을 물보다는 유리로 옮길 때 저항을 덜 받고, 공기보다는 물의 구멍들 속에서 저항을 덜 받는다. BD와 수직인 선 CG 쪽으로 가면서 꺾이고 각 LCK보다 더 작은 각 GCF를 이루는 것임에 틀림없다.

14. 굴절의 측정

선 PQ에서 수직으로 내려오는 점 K와 F에서 연장한 선 KL과 FG를 두 각 LCK와 CGF의 사인이라고 부른다. 이때 PQ는 다양한 장소에서 분리선으로 작용하는 선 BD를 수직으로 분할한다. 그런데 각 LCK와 입사각이라고 불리는 각 HCA가 합동이므로 그 각의 사인 AH는 사인 LK와 합동이다. 그러므로 빛이 입사각과 굴절각의 사인인 선 AH와 FQ의 관계에 따라 한 장소에서 다른 장소로 지나가면서 광선들이 굴절된다고 말한다. 예를 들어 공기에서 유리로 들어가는 광선의 굴절 관계가 3 대 2일 때 사인 GF가 사인 AH의 3분의 2라면 광선 AC는 점 F를 거치게 될 것이다. 그리고 동일한 이유로 광선 FC가 유리로부터 나와 C에서 공기 중으로 들어간다면 그 광선은 A로 방향을 바꿀 것이다.

15. 굴절광학의 근본 원리

굴절광학의 기초가 되는 주된 법칙은 모든 입사각의 사인이 그 경사각이 어느 정도일지라도 모두 각자 굴절의 사인에서 동일한 관계를 갖는다는 것이다. 예를 들어 광선이 점 A의 위든 아래든 어떤 점에서 출발해서 예를 들어 광선 OC처럼 점 C를 거친다면, 그 광선은 점 R을 거치게 될 것이다. 그리고 입사각 사인 OP와 굴절각 사인 QR이 AH와 GF처럼 3 대 2의 관계일 것이다. 점 C에서 이어지는 표면에 마주치는 다른 모든 광선도 상황은 같다.

그래서 정확한 실험의 결과 한 장소에서 다른 장소로 이동하는 그 어떤 광선의 굴절 양을 알았을 때 모든 다른 광선들이 이들 장소를 분할하는 표면을 수직으로 자르는 선과 이루는 각들을 기하학적으로 결정할 수 있게 된다. 그러나 내 의도와 관계해서 본다면, 일반적으로 다음의 사실을 아는 것으로 충분하다. 눈의 체액이 공기보다 더 조밀하므로 광선은 눈에서 축과 결합하는 굴절을 이루며, 공기에서 방수액으로 들어가는 빛의 굴절은 거의 4 대 3이 되며, 수정체는 3 대 2, 유리체는 약 10 대 7이다.

16. 볼록렌즈에 내려앉는 광선들의 굴절의 차이

여러 광선들이, 빛을 발하거나 빛이 비치는 한 점에서 출발한 뒤 공기를 통해 조밀한 물체, 예를 들면 표면이 볼록한 유리 속으로 들어갈 때,

이 표면 위로 수직으로 내려앉는 광선은 주변 공기가 유리 속으로 들어오면서 모든 방향에서 균등하게 압력을 받으므로 굴절이 되지 않고, 다른 모든 광선은 점 H, 축 AH에서 더 멀리 떨어진 한 점을 통해 유리 속으로 들어오는 만큼 더욱 굴절이 된다. 광선이 비스듬하게 표면이나 유리 속에 들어가는 점을 거치는 접선tangente에 내려앉을수록 방향은 더욱 바뀌게 되는데 그것은 이 모든 광선이 표면에 수직선들과 만드는 입사각의 사인이 항상 굴절각에 상응하는 사인과 동일한 관계를 갖기 때문이다.

17. 이들 렌즈의 초점

예를 들어 광선 AH가 수직으로 확대경이나 볼록렌즈 위로 내려앉는다면 그 광선은 직선 운동을 계속하면서 볼록한 중심을 거칠 것이다. 광선 AH에 가장 가까운 광선은 이를 d에서 자르고, 이 광선은 방향을 바꿔 C에서 축을 자를 것이고, 이 점 C는 축에서 가까운 광선들의 교차점이자, 대상 AP의 이미지의 장소라고 부르는 것이 될 것이다. 다른 광선 Ae, Af, Ag는 ei, fk, gl이 될 것이다. 그래서 점 H에서 가장 멀리 떨어진 점들을 통해 확대경에 들어가게 될 광선들은 그것이 축을 자를 때 그로부터 가장 가까이 있게 될 것이다.

예를 들어 점 d를 거치는 선은 H와 가장 가까운 것으로 점 C에서 축 HC를 자르게 되는데 이 점 C는 선들의 점 x 혹은 점 g 이상으로 점 H와 먼 거리에 있다. 그런데 점 H와 대단히 가까워서 확대경에 들어오지 않는 이들 광선은 확대경의 초점에 그려지는 대상의 이미지를 모호하게 만들고, 이미지를 더욱 강렬하거나 화려하게 만들지라도 점 H에서 가장 멀리 존재하므로 그만큼 더 모호해진다. 대상 AP 위의 점 A에 가까운 점 P로부터 확대경 위, A와 d 사이에 수직선을 긋고 동일한 점 P로부터 점 A에서 끌어낸 것들과 같은 광선들을 그었다면, 이 새로운 수직선에 가장 가까운 광선은 일단 굴절한 이후에 그 수직선을 축 AHC의 다른 쪽의 점 C에서 가까운 곳에서 자를 것이다. 그리고 이 광선이 그 새로운 수직선을 자르게 되는 점은 P에 해당하게 될 교차점이 될 것이다. 그런데 점 C에서 축을 자르는 광선 Ad보다 축에서 조금 더 멀리 떨어진 점 A에서 연장된 광선들 또한 점 P에 대응하는, 점 C에 인접한 그 동일한 교차점을 거치게 될 것이다. 그래서 점 A에서 연장된 어떤 광선들은 점 P의 광선들과 섞이게 될 것이고, 그 작용을 모호하게 만들 것이다.

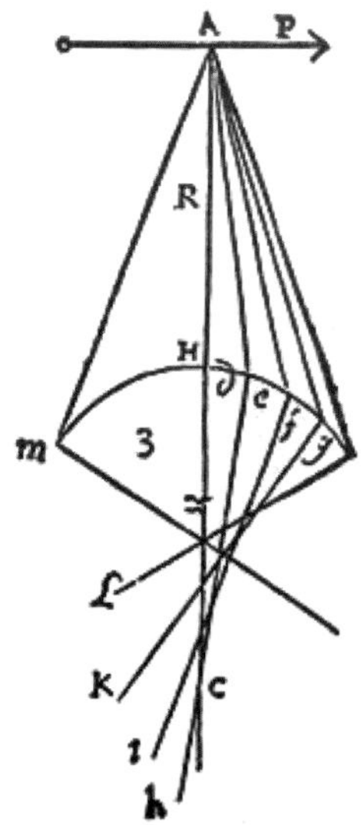

나는 방금 점 A와 점 P에서 연장한 광선들에 대해서 말했는데 이를 대상의 다른 모든 점들에서 연장한 광선들로부터 이해해야 한다. 이 점들에서 연장된 광선들은 수직선과 멀어져 이미지를 진실로 더욱 눈부시게 만들지만, 그것이 그 안으로 더 많이 들어가므로 그만큼 더 모호해진다. 다른 한편, 확대경을 가리고 대단히 작고 둥근 입구만을 남겨 놓음으로써 축으로부터 멀리 떨어진 광선들, 그곳을 지나가는 작은 원추들을 입구에서 배제한다면, 대상의 각각의 점에서 밀려난 모든 광선들이 결합되어도 그 광선들은 확대경 초점에 형성하게 될 이미지를 더욱 뚜렷하게 할 만큼 충분히 강렬하지도 빛나지도 않을 것이다. 그래서 대상들의 이미지를, 가능한 확대경의 초점에서 가장 뚜렷이 보이고, 감각될 정도로 충분히 빛을 밝혀줄 수 있도록 하려면 확대경 입구는 광선들이 나온 대상들을 비추는 빛의 양과 고정된 비율을 가져야 한다. 각자 세밀한 시선으로 전체를 구분해야 한다. 가장 섬세한 시각을 갖춘 사람은 많은 빛을 필요로 하지 않을 것이므로 확대경의 입구가 더 작다면 이미지는 그에게 더욱 뚜렷하게 나타날 것이다.

18. 축과 멀리 떨어진 광선이 이미지를 혼란스럽게 만든다는 것의 증거

나는 이 모든 것의 세부 사항을 기하학적으로 증명하려고 하지는 않는데, 기하학을 좋아하지 않는 사람들을 괴롭히는 일이 되면 어쩌나 두렵고, 삼각형을 이루는 선들의 길이를 측정하는 일은 나도 질색하는 일이니 말이다. 기하학자라는 사람들은 내가 여러 가지 다른 것들 다음에 할 수도 있을 말을 잘 알고 있고 굴절광학을 다룬 책들을 통해 배울 수 있기도 하다. 그런데 경험을 통해, 내가 방금 말했던 감각적 방식으로 Ag, Am처럼 축 HC에서 멀리 떨어진 광선들이 굴절된 뒤 축 A에서 잘려진다고 확신하는 사람들이라면 핀을 갖고 일렬로 네 개의 구멍을 뚫은 뒤, 종이로 된 충분히 커다란 종이 확대경으로 그것을 고스란히 덮기만 하면 된다. 네 개의 구멍 중 두 개는 공히 축에서 멀리 떨어져 확대경의 가장자리에 대응하고, 나머지 둘은 축에 아주 가깝다. 이 확대경을 뒤에 둔 종이에 태양 빛을 받도록 태양에 노출시켰기 때문에 그들은 조금씩 이 종이를 확대경에서 뒤로 물리면서 가장 멀리 떨어진 광선이 더 빨리 다가와 다른 광선들보다 빨리 점 H에 더 가깝게 교차하게 되리라는 점을 볼 것이다.

19. 확대경의 구멍과 빛의 양의 관계를 증명하기 위한 다른 실험

볼록렌즈가 초점에서 그리는 이미지가 대단히 분명하고 강렬하려면 확대경의 입구와 이미지로 재현된 대상들에 밝혀진 빛의 양의 확정된 관계가 필요하다는 점을 경험으로 확신하기 위해서는 우리가 인공 눈目이라고 부르는 것, 즉 예를 들어 3~4푸스 길이에 내부를 검게 칠한 관을 취하기만 하면 된다. 가장자리 하나에 확대경을 놓고, 다른 하나에 확대경의 초점에 맞추어 대단히 얇은 종이나, 광택 없는 흰색의 세사細沙를 이용해서 평평하게 맞춘 렌즈를 둔다. 이 경험에 더 큰 확실성을 부여하기 태양 빛을 받아 빛나는 대상들의 방향으로 확대경을 돌려놓게 되면 다양한 입구들이 생기게 되는데 이때 대단히 큰 입구 하나가 종이 위에 빛으로 그려진 이미지를 더욱 빛나지만 덜 뚜렷하게 나타내며, 날씨가 어두워짐에 따라 입구를 더 크게 만들어야 한다는 점을 알게 될 것이다.

20. 대상이 다가올 때 이미지들은 확대경과 멀어진다

대상 AP[7]가 확대경으로부터 멀어졌다고 하자. 그 대상의 이미지는 축에 가까운 광선이 굴절한 뒤에 그 대상을 자르게 되는 C에 있다. 그러면 이 대상의 이미지는 계속해서 H를 향해 훨씬 더 나아가게 될 것이다. 그리고 이 대상이 확대경 쪽에 접근했다면 대상의 이미지는 계속해서 H와 아주 멀어질 것이다. 대상이 확대경에 가까이 갈 때와 멀어질 때 이미지의 운동에는 커다란 차이가 있거나 광선의 일치점이 있다. 대상이 균등하고 단일한 운동으로 확대경에서 멀어지고 가까워진다고 가정하면서 점 H를 향한 이미지의 운동은 대상이 그것으로부터 멀어질 때 계속해서 감소해서 이 점이 확대경의 초점, 즉 축에 평행한 광선들의 교차점이라면 점 X를 지나지도 않을 것이다. 그러나 반대로 대상이 확대경에 접근한다면 그 대상의 이미지가 그것으로부터 멀어지기 위해 계속 무한히 증가할 것이다. 그래서 우리가 확대경의 반대 초점이라고 부르는 점, 즉 확대경의 반대쪽에서 취한 초점까지 접근하게 되므로, 광선 Ad와 유사한 가까운 광선들의 교차점은 무한한 공간을 관통할 것이고, 이 광선들은 굴절된 뒤 축 HC와 평행해질 것이다. 이로부터 끌어낼 수 있는 결론은 100투아즈 떨어진 이미지의 장소는 1,000투아즈 떨어진 대상들의 이미지의 장소와 뚜렷이 다르지 않고, 태양과 별들의 이미지의 자리의 장소와도 그렇다는 점이다. 그리고 반대로 이로부터 끌어낼 수 있는 결론은 확대경에서 2피에 떨어진 어떤

---

7 세 번째 그림을 참조.

대상의 이미지의 장소는 고작 2분의 1피에 떨어진 대상의 장소와 대단히 다르고, 확대경의 초점에서 2분의 1피에 거리에 떨어져 있다면, 무한한 공간을 거친 후에 그 이미지는 사라지리라는 것이다.

21. 어떻게 이미지의 다양한 거리들과 주어진 대상들의 거리들을 확정할 것인가

특히 고작 2분의 1피에 떨어진 대상의 이미지가 확대경과 얼마나 멀리 떨어져 있는지, 그다음에 그 대상을 2피에 떨어뜨릴 때 이러한 방법으로 망막이 2분의 1피에와 2피에 거리에 떨어진 대상들을 분명히 보기 위해 수정체와 얼마나 접근해야 하는지 알고자 한다고 하자.

굴절광학에서 증명된 이 명제8를 알아야 하는데, 이는 다음과 같다. 이 두 점을 결합하는 선 위에 대상의 점에 해당하는 이미지의 점을 찾기 위해서 이 비율을 알아야 한다. 대상과 확대경과의 거리에서 확대경의 볼록 꼴의 반지름을 뺀 것이 대상의 전체 거리이다. 마찬가지로 확대경의 볼록 꼴의 반지름은 이미지의 거리이다. 그렇게 눈의 체액이 두 면의 똑같이 볼록한 작은 확대경과 동일한 굴절을 하고, 그 볼록 꼴의 반지름이 6리뉴이고 유리의 두께는 무시한다고 가정하면, 72리뉴(대상의 전체 거리)에서 6을 빼면 66(6리뉴인 확대경의 볼록 꼴의 반지름을 뺀 대상의 2분의 1 거리의 값) 대 72이고, 마찬가지로 6리뉴는 결과적으로 $\frac{72 \times 6}{66}$ 혹은 $\frac{72}{11}$인 이미지의 거리이다. 그다음에 이런 비례식을 만들어 보자. 288리뉴(거리 전체)에서 6리뉴를 빼면 282(대상의 두 번째

8 이 권 말미에 증명을 실었다.

거리인 2피에의 값에서 2분의 1피에를 뺀 값) 대 288이므로, 마찬가지로 6리뉴와 구한 거리의 관계는 결과적으로 $\frac{288\times6}{282}$ 혹은 $\frac{288}{47}$이고, $\frac{72}{11}$리뉴에서 $\frac{288}{47}$을 빼면 2피에 떨어져 있을 때 대상의 이미지가 7분의 3리뉴를 약간 넘어선 확대경에 더욱 가깝고, 이러한 가정에 따라, 정확한 진리는 아니지만 망막은 2피에 떨어진 대상을 뚜렷하게 보기 위해 수정체에 2분의 1피에의 거리에 떨어져 보기보다 7분의 3리뉴 더 가까워져야 한다, 그리고 동일하게 연산한다면 3푸스 거리에 떨어진 대상을 보기 위해서 망막은 약 1리뉴와 4분의 1만큼 수정체에 가까워져야 할 것이다.

그런데 대상들의 이미지는 그 대상들이 이미지에 접근할 때 확대경에서 멀어지고, 대상들이 이미지에서 멀어질 때 확대경에 가까워진다는 것을 분명히 하고자 한다면 인공 눈을 사용할 수 있을 것이다. 내가 세운 가정은 관이 늘어나고 줄어들면서 대물렌즈, 즉 외부 대상들의 이미지가 그려지는 광택 없는 렌즈에 멀어지고 가까워질 수 있다는 것이다. 또한 이들 이미지들의 장소는 확대경이 덜 볼록하므로 그만큼 더 뚜렷해질 것이다. 그런데 내가 방금 말한 것을 뚜렷한 실험으로 확신하려면 확대경의 중심은 3, 4푸스만 되면 충분하다. 굴절광학의 진리들을 이렇게 가정하고, 어떻게 우리가 대상을 보는 것인지, 또 시각기관이 이렇게 감탄스럽게 구성된 이유는 무엇인지 검토해 보자.

22. 망막이 눈의 핵심적 부분인 것은 망막을 통해
빛의 작용이 두뇌에 전달되기 때문이다.
대상들은 망막에 그려지는 것이 틀림없다. 그리고 두 가지 반박.

눈의 구성 및 빛의 속성을 통해 이미지들이 뚜렷할 때, 즉 대상들의 각각의 점에서 나온 다양한 광선들이 정확히 눈 가장 깊은 곳에서 모일 때에서야 대상을 뚜렷하게 볼 수 있음이 명백하다. 그런데 눈 가장 안쪽은 망막만큼이나 맥락막으로 완전히 덮여 있어서 광선들이 서로 만나는 곳은 망막이 아니라 맥락막이며, 시각작용은 맥락막에서 혹은 맥락막을 통해서 이루어진다고 믿는 사람들이 있다. 그들은 자기들 의견의 주요한 두 증거를 다음에 제시한다.

첫 번째 증거는 경험에 근거한 것이다. 검거나 어두운 배경 위에, 서로 3~4피에 거리에 있고 높이는 동일한 흰 종잇조각 둘을 부착하고, 두 종잇조각 사이의 거리의 약 세 배 뒤로 물러서서 눈을 감는데, 예를 들어 왼쪽 눈을 감고 오른쪽 눈으로 왼쪽 종이를 뚫어지게 쳐다본다면 그때 오른쪽에 있는 종이는 사라질 것이다. 오른쪽에 있는 종이가 사라지거나, 같은 위치에 머물지만 다른 쪽으로 옮겼을 때 다시 나타나는 이유는 그것의 이미지가 정확히 맥락막의 구멍 속으로 내려앉고, 그곳에서 시신경은 눈 안에 비집고 들어가 거기서 망막을 형성하는 까닭이다. 그들은 이런 식으로 사라진 이미지를 형성하는 광선들은 맥락막을 만나는 것이 아니라 망막을 만나기 때문에 시각작용에 소용되는 것은 맥락막이지 망막이 아니라고 말하는 것이다. 두 번째 증거는 검은 물체는 광선을 흡수하고 흰 물체는 광선을 반사한다는 것이다. 그런데 맥락막은 검고 망막은 희다. 그러므로 다음과 같다.

23. 첫 번째 반박에 대한 답변

나는 첫 번째 증거에 대해 그 경험은 사실이고, 사라져 버리는 종이의 이미지는 정확히 맥락막이 시신경에 열어주는 구멍 위에 내려앉는 것이라고 답한다. 확실히 시신경의 입구가 눈동자에서 열린 구멍과 마주보고 있다고 보는 해부학자들은 잘못 생각하는 것이다. 이 입구는 눈의 안쪽 구석에 좀 더 가깝다. 그런데 이 장소에서 시신경 망이 펼쳐지고 모든 쪽에서 나팔 모양으로 벌어져 맥락막으로 확장되므로, 신경망은 이곳에서 끝이 구부러진 작은 깔때기처럼 배치되고, 이미지의 광선들은 이 신경망에 비스듬하게 내려앉게 된다. 그래서 이 광선들은 감각작용을 자극하는 데 필요한 진동 혹은 동요를 전달할 수 없다. 어떤 대상을 뚜렷하게 보려면 그 대상의 각각의 점의 주된 광선들은 망막 위에 수직으로 내려앉아야 하는데 그래야 그 광선들이 압력의 진동들을 망막 및 그것이 구성하는 작은 망들이나 도관들 속에 포함된 정기에 강하게 전달하고, 그래서 그 정기들의 운동이 두뇌의 중요한 부위까지 전달될 수 있을 것이다.

지금 말한 전달이 없었다면 영혼에는 감각작용이 생기지 않았을 것인데, 보는 것은 눈目이 아니라 영혼이니 말이다. 어떤 체액이 시신경을 막아 버리자마자 우리는 맹인이 되는 까닭이다. 눈에 상한 데가 전혀 없는데도 흑내장黑內障이 일어나는 것과 같다.

나는 망막의 작은 망은 움푹 들어가 있고 동물정기가 가득 차 있고, 눈에서 가장 깊은 안쪽부터 두뇌의 주요 부위, 즉 영혼의 다양한 감각작용들이 이어지는 다양한 변화가 이루어지는 부위에 이르기까지 연속된다고 가정했다. 내 말은 이 가정을 내리게 된 것은 망막의 망들에서 빛의 진동이 어떻게 두뇌까지 전달되는지 이해시키는 데 가장 편리하게 보였기 때문이다. 물로 정확히 가득 찬 도관을 한 끝에서 손가락으로 동요시키면서 압력을 가했을 때 다른 쪽에서도 마찬가지이며, 손가락이 되밀리리라는 점이 확실하기 때문이다. 그러나 손가락으로 구멍을 만들지라도, 장腸처럼 무르고 길쭉한 물체에 눌렀다면, 그것은 되밀리지 않을 것이고, 손가락 운동은 한쪽 끝에서 다른 쪽 끝까지 전달되지 않을 것이다.

24. 두 번째 반박에 대한 답변

그러므로 나는 두 번째 반박에 다음과 같이 답한다. 첫째, 맥락막이 검고 빛의 진동들을 약하게 만들기 때문에 그것으로는 빛을 두뇌에까지 전달할 수 없다. 또한 반대로 망막이 희고, 그것에 압력을 가하는 광선들을 되밀기 때문에 이 망에 포함된 정기들에는 동일한 진동이 생긴다. 이는 내가 방금 물로 가득 찬 장腸의 예에서 든 것과 같다.

두 번째로 나는 맥락막이 연뇌막軟腦膜에서만 생기기 때문이라고 답한다. 이는 시신경 망처럼 두뇌에 들어가지 못한다. 맥락막이 두뇌 주요 부위에 빛의 진동을 약화시키지는 않을지라도 이를 전달할 수 있을 것 같지 않다. 그러므로 두뇌에까지 대상들로부터 반사된 광선의 작용을 수용하고 전달하는 것은 망막이고, 맥락막은 어떤 불필요한 광선들을 수용하고 약화시킬 목적으로 검은색임이 확실하다. 그런 빛들이 망막에 들어가서 망막 위에서 반사되고 다시 내려앉았다면 진동에 혼동을 일으켰을 것이다.

홍채虹彩의 아랫부분과 섬모 인대들이 검은 것은 망막으로부터 반사된 광선을 약화시키려는 목적에서일 뿐이고, 모호하게 내려앉았다면 시각작용은 혼란을 겪게 될 것이다.

이 진리를 전제하고 창조주의 무한한 지혜를 부분적으로 발견하도록 노력하자. 창조주가 인간에게 눈을 선사하고 그의 내부에서 단일하고 항상적인 방식으로, 즉 자연의 질서를 이루는 보편적인 법칙들을 작동시키면서 자신이 제시했던 목적을 수행하기 위해 취한 방식들 속에서 발견하도록 노력하자.

25. 눈의 구성에 담긴 신의 지혜에 대하여: 신만이 우리에게 대상들의 지각을 마련할 수 있다

영혼이 들판 한가운데에서 눈을 떠 시선을 돌리자마자 주변의 대상들로부터 갖게 되는 모든 지각을 그 자체로 일으키는 것이 영혼이 아님이 확실하다. 영혼은 의지하지 않고도 이를 볼 수 있을 뿐 아니라, 자기 눈과 자기 두뇌가 어떻게 구성되어 있는지, 거기서 일어나는 일이 무엇인지 전혀 모른다. 그것이 우리 주변 물체들이 아니고, 우리 영혼을 자극하는 것이 우리의 두뇌가 아니라는 것 역시 확실하다. 순전히 수동적인 실체 자체인 물질은 정신에 작용할 수 없고, 대상에서 반사된 빛에 의한 두뇌 섬유의 어떤 동요와, 우리가 그것에 갖는 지각 사이에 어떤 필연적인 관계가 없음은 물론, 이 동일한 동요에 뒤이어 다양한 지각이 나오고, 다양한 동요가 동일한 지각을 동반한다. 이는 뒤에서 볼 것이다. 또한 이 모든 것은 광학의 대단한 지식 및 신체에서 일어나는 모든 것에 달린 추론들을 통해 조정되므로 눈을 뜨고 눈을 다른 방향으로 돌리는 바로 그 순간, 이 추론을 행할 수 있는 지성은 없는 것이다. 그래서 영혼을 이를 조정하는 힘이 얼마만 하더라도 나는 두뇌라고 말하지 않고 지성 자체라고 말하는 것인데, 영혼은 들판 한가운데에서 눈을 뜨고 다른 방향으로 돌리는 순간 자신이 받은 모든 지각을 두뇌에 줄 수 없는 것이다.

한마디로 말해서 우리에게 감각작용을 부여하는 이는 신이라고 전제한다. 그러나 신은 항상 신 내부에서 작용하고, 신의 속성들 때문에 그는 보통 변함없는 방식으로 보편적 법칙에 따라 작용해야 한다. 그렇지 않다면 자연에는 조정이 이루어지는 질서도, 자연학의 확실성도 없을 것이다. 그래서 신은 영혼과 신체의 결합이라는 보편 법칙을 확립했다. 창조주의 이 법, 혹은 이 일반적이고 유효한 의지는 보편적이다. 두뇌의 어떤 부분에 일어나는 변화들은 영혼의 감각작용을 동반하며, 영혼이 어떤 욕망을 갖게 된 다음에는 그의 신체의 어떤 부분들을 동요시키는 정기의 흐름이 이어지는 것이다.

26. 신이 이를 위해 따르는 일반 규칙

그런데 시각과 관련된 것만 말하자면 신은 이런 보편 법칙을 통해 다음의 조건에 따라 우리 스스로 마련하는 대상들의 모든 지각을 정확히 부여한다. 우리가 두뇌와 눈 속에서 일어나는 일뿐 아니라 우리 신체의 위치와 운동에 대한 정확한 지식을 갖고, 그 외에도 광학과 기하학을 완벽히 알고, 우리가 다른 곳에서 끌어낼 수 있을 다른 지식에 대해서가 아니라 이런 실제 지식에 대해서 한순간에 무한히 많은 수의 정확한 추론을 행하고 우리 자신 속에서 같은 순간 우리 내부에서 작용할 수 있을 것이고, 그 추론의 결과 우리가 한눈에 보는 대상에 대해 뚜렷하든 모호하든 모든 다양한 지각, 즉 대상들의 크기, 형상, 거리, 운동, 정지 및 모든 다양한 색깔들의 지각을 가질 수 있었다면 말이다.

27. 우리 개별 지식들은 신의 규칙과는 아무런 관계가 없으며 아무것도 변화시키지 않는다

앞에서 내가 제시한 가정에서 나는 "우리 눈에서 실제로 일어나는 지식"을 "우리가 다른 곳에서 끌어낼 수 있을 다른 지식"에서 배제했다는 점에 주목해야 하는 것이, 사실 그런 지식은 두뇌에서 아무것도 변화시키지 않는다면 감각작용에 전혀 영향을 주지 못하기 때문이다.

예를 들어 내가 태양이 달보다 몇 백만 배 더 크다는 점을 확실히 알지라도 나는 태양과 달을 거의 같은 크기로 보는데, 이는 망막에 맺힌 태양 이미지가 달의 이미지와 동일하고, 더욱이 내 눈에는 이 둘의 거리에 차이가 있음을 발견케 해줄 수 있을 것이 전혀 일어나지 않기 때문이다. 그런데 망막에서 나와 10피에 거리에 있다고 보는 한 아이의 이미지가 30피에 거리에 있다고 보는 거인과 같다고 보기는 하지만, 나는 그 거인이 아이보다 3배 더 크다고 본다. 그것은 내 눈에 두 사람의 거리의 차이를 발견하기 위해 내가 사용할 수 있는 무엇이 내 눈 속에서 일어나기 때문이다. 이 두 사람과 나 사이에 놓인 물체들의 이미지 혹은 내가 그들을 뚜렷이 구분해서 바라보기 위해 각자에게 시선을 집중할 때 내 눈이 취하게 되는 다양한 배치, 제 1권 9장에서 이미 말했듯이 대상들의 거리를 측정하는 데 사용할 수 있는 다른 방법들 중 하나이다. 그래서 아이와 거인 사이의 거리를 알고, 이것 외에도, 이런 가정에서 망막 위에 그려지는 대상들의 이미지가 서로 멀어짐에 비례해서 감소함이 틀림없음을 가르쳐 주는 광학의 완벽한 지식을 가질 때 나는 거인이 아이보다 3배 더 크다는 점을 지각하게 된다.

이 모든 것의 이유는 눈은 보기 위해 만들어졌으므로, 눈에서 일어나고, 눈을 통해 다른 곳에서가 아니라 두뇌의 주요 부위에 일어나는 변화 속에서 창조주의 일반의지의 효력이 우리 영혼에서 작용하고 우리 주변의 대상들을 보게끔 만들도록 결정하는 기회원인을 찾아야 한다는 데 있다. 이제 신이 영혼에 알려서 내가 말한 모든 것을 알 수 있고 행할 수 있도록 눈을 어떻게 배치했는지 검토해 보도록 하자. 그러면 영혼은 신체의 필요와 생명의 보존과 관련해서 대상들의 현전과 다양한 특질들을 확신할 수 있을 것이다.

28. 눈이 체액으로 가득 차 있는 이유

인공 눈인 확대경 대신에 그 자리에 작은 구멍이 뚫린 불투명한 물체를 두고 그것을 태양 빛을 받아 빛나는 대상들 쪽으로 돌렸다면 그 작은 구멍에 가까이 접근하거나 그로부터 뒤로 물러설 때 그 대상들이 불투명한 유리 위에 그려진 것으로 보게 될 것이다. 그러나 빛을 거의 받지 않은 대상들 쪽으로 눈을 향했을 때 그 대상들은 보이지 않을 것이다. 그래서 이들 대상들이 항상 균등하고 대단히 세찬 빛을 받고, 그것들이 어떤 색을 띠고 있을지라도 태양에 노출된 흰 물체들에게 보이는 것만큼 화려하게 빛난다고 가정했을 때, 눈동자가 바늘 끝 이상으로 크지 않았다면, 안구를 가득 채우고 있는 체액이 아무리 다양해 봤자 소용없을 것이다. 대상들을 아주 가까이 볼 수 있을 때도 이런 장점을 얻을 수 있을 것이다.

그러나 우리가 볼 수 있는 대상들보다 빛을 1만 배 덜 받은 대상들을 지각하는 것이 필요할 때, 눈동자의 구멍이 그렇게 작았다면 신은 안구를 다양한 체액으로 채워 넣었기 때문이다. 그 체액은 제대로 자리 잡고 있으므로 작은 구멍을 거치게 되는 광선과 닮은 천 개의 광선들이 망막의 한 점에 모이게 되고, 그 결과 대상이 천 배 더 빛을 받아 빛나게 되었다면 망막을 그만큼 혹은 그 정도로 동요시키게 된다. 점 G에서 출발한 모든 광선들은 방향을 돌려 축 GBE 쪽을 향하게 되고, 그렇게 방수 속에 들어오고, 거기로부터 수정체로 들어가고, 다시 수정체에서 나와서 유리처럼 투명한 체액 속에 들어가 결국 점 E에서 모인다.[9] 그래서 점 G에서 보이는 동일한 색깔은 인공 눈에서 볼 수 있는 것처럼 점 E에서 대상의 이미지 위에 보인다. 그래서 점 G에서 출발한 모든 광선은 눈동자의 구멍을 거쳐, 점 E에서 망막에 서로 모이면서, 정점이 동일한 축 GE에 있는 광원추光源錐, corne de lumière 같은 것을 만든다. 아울러 내가 점 G에서 출발하는 광선들에 대해서 말한 것을 점 H와 점 I는 물론 대상의 모든 점에서 이해해야 한다.

29. 홍채의 운동성과 방수房水의 유체성의 이유

그런데 눈동자의 구멍이 지나치게 클 때 축 GE에서 멀리 떨어진 광선들은 우리가 대단히 어두운 장소에 있을 때 대상을 모호하기는 해도 유용하게 구분할 수 있게 하지만, 광선들이 대단히 밝게 빛날 때 그것

---

9 첫 번째 도판을 보라.

들의 이미지는 모호해져 버린다. 이는 내가 이미 증명한 것이다.[10] 그래서 눈동자의 구멍이, 대상이 빛을 더 많이 받는가 덜 받는가에 따라, 또 심지어는 가까이 다가가서 보고 그 부분들을 구분하는 욕망의 정도에 따라 작아지거나 커지지 않고서야 시각 기관이 완전해질 수 없다.

대상들에 강하게 빛이 밝혀졌을 때 눈동자의 구멍이 작을수록 망막에 그려지는 이미지는 더욱 뚜렷해지니 말이다. 이는 시각작용을 유지하기 위해서도 반드시 필요하다. 눈동자로 들어가는 입구가 지나치게 컸다면 지나치게 빛이 밝혀진 대상들을 바라보지 않을 수 없을 때 이 대상의 광선들은 섬세한 섬유들은 이내 사라지게 만들고, 태양의 광선이 확대경을 통해 모이는 것을 보듯 그 중심에 노출된 것을 태워 버릴 것이다. 적어도 그렇게까지는 아니더라도 그 광선들로 인해 망막을 구성하는 섬유에 섬세함이 줄어들어 어둡거나 빛이 거의 들지 않은 장소에서는 아무것도 보지 못하게 된다.

그런데 내가 방금 말한 상황에서 눈동자의 입구가 열리는 정도의 변화가 정말 두드러지는데, 특히 아이들이 그렇다. 그래서 신은 홍채의 민감한 피부에 시신경에 대한 빛의 자극의 정도에 따라, 또 우리와 가까이 있는 대상의 작은 부분들을 뚜렷이 보고자 하는 의도의 정도에 따라 움직이는 용수철 같은 것들을 그 정도로 마련했기에 광선들은 동시에 이 정도에 따라서 작용하는 것이다. 그렇지만 광선들의 이 작용은 작은 피부가 사람의 눈이 다양한 정도에 따라서 열릴 때 정확히 동그란 모양을 유지하는 방식으로 이루어진다. 그리고 홍채의 피부가 유

---

10 앞의 17번의 내용.

리체와 수정체와 닮은 체액을 거쳐 가기에는 지나치게 섬세하기 때문에 신은 이 피부를 물만큼이나 유동적인 체액에 띄워서 쉽게 분리되고, 또 대단히 신속하게 다시 모이도록 했다.

30. 각막의 볼록함과 세 가지 체액의 상이한 본성 및 배치의 이유

눈이 그것의 쓰임새와 관련해서 대단히 유동적이고, 모든 방향으로 돌릴 수 있음이 틀림없으므로 신은 눈을 동그랗게 만들었다. 그러나 볼록함의 정도가 어디에서나 균등하고 각막의 볼록함이 단단한 피부의 볼록함과 거의 다르지 않다고 가정해 보자. 이렇게 가정했을 때 안구가 오직 체액으로만 채워졌다면 이 체액이 아무리 조밀하거나 유리만큼 굴절할 수 있을지라도 대상에서 나오는 광선들은 거기서 굴절만 이루어질 뿐이니 망막에 모일 수 있기는커녕 훨씬 높이 위로 나아갈 것이다. 광선들이 멀리 떨어진 대상에서 나왔을 경우 망막에 모일 수 있을지라도 우리와 가까이 있는 대상에서 나왔다면 망막에 모일 수 없을 것이다.

그래서 신은 신속히 광선들을 결합시키고 대상의 이미지들을 정확히 망막에 자리 잡도록 하려고 먼저 가장 볼록한 확대경이 이를 가로지르는 광선들보다 더 빨리 결합하므로 방수가 안구의 나머지 부분보다 더 큰 볼록한 모양을 마련했고, 둘째, 더욱 조밀한 물질로 만들어졌고, 다른 체액보다 더 크게 굴절하는 수정체를 방수 아래쪽에 배치한 데다가 특히 유리체에 맞닿는 아래쪽을 훨씬 더 볼록하게 만들었고, 셋째, 수정체와 망막의 거리를 멀리하고, 여기에서 나와 수렴하는 광선들에게 필요한 공간을 마련하기 위해 망막과 수정체 사이에 그 둘보다 더 풍부하고 더 많은 자리를 차지하는 유리체를 마련한 것이다.

그래서 어떤 대상 각각의 가시적인 점에서 나오는 광선들은 정확히 망막 위의 점에서 만나기 위해 세 번의 굴절을 하게 되며, 이 굴절은 모두 축 BE를 향해 다가가게 된다. 첫 번째는 방수에 들어오는 경우인데 이때 각막 위로 들어가고 나가면서 생기는 것이 고려되지 않기 때문이고, 두 번째는 수정체로 들어오는 경우이며, 세 번째는 수정체에서 나오는 경우이다. 이 마지막 세 번째는 내가 보기에 훨씬 큰 것이 틀림없어 보인다. 유리체와 맞닿는 쪽의 수정체가 더욱 볼록하기 때문이다.

31. 근육, 특히 사근의 배치의 이유

가까운 대상들과 멀리 떨어진 대상들을 우리가 볼 수 있으나, 다양한 거리에서 같은 대상에서 출발한 광선들이 정확히 망막에 모이는 일은 불가능한 것이다. 이는 내가 이미 증명한 바이다.[11] 수정체의 굴절이 다른 체액보다 더 크고, 대상이 뚜렷하게 보이기에는 지나치게 가까울 때 망막에서 다소 멀리 떨어질 수 있는 섬모 인대에 매달리는 방식으로 신은 창조한 것이다. 다음이 내가 생각하기에 이것이 어떻게 실행되는가에 대한 설명이다.

수정체와 망막의 거리가 보통이면 중간 거리로 대상들을 보기에 적절하다. 아울러 예를 들면 마음이 이끌어 파리 같은 아주 작은 어떤 대상을 아주 가까이에서 보고 그 부분들을 구분하고자 할 때 오른쪽 네

---

11 20번.

개의 근육은 공히 안구를 고정된 위치에 붙잡아 두고, 그 주변의 두 개의 사근 역시 당겨져 안구를 압착한다. 이 두 사근이 한쪽은 안구에, 다른 쪽은 안쪽 눈꼬리 근처 뼈에 서로 나란히 부착되어 있다는 점을 기억해야 한다. 위쪽 사근은 안쪽 눈꼬리와 아주 멀리 떨어진 뼈에 부착되어 있음이 사실이다. 그러나 이 사근이 통과하는 귀환의 도르래는 막질 인대로써 안쪽 눈꼬리에 부착되어 있다고 간주할 수 있다. 그러므로 사근은 반대 방향으로 수축함으로써 그 주변의 안구를 압착하고, 그것 주변의 안구를 압박함으로써 유리체를 다소 조이게 된다. 또한 유리체는 수정체를 앞으로 밀어내는 동시에 아마 망막은 뒤로 밀어내는 것 같다.

수정체가 앞으로 나아가면 직선으로 수정체를 향하는 섬모 인대는 두 가지 이유로 투명한 체액의 방향으로 다소 휘어진다. 첫 번째 이유는 수정체가 앞으로 나아가면서 안구 주변에 더욱 꼭 붙어 다가가는데 이 때문에 섬모 인대가 느슨해지게 된다. 두 번째 이유는 수정체가 방수를 누르면서 그 자체로 사방으로 밀어내 자리를 마련하고, 그 작용은 가장 최소한으로 저항하는 부분, 즉 느슨한 섬모 인대에서 다시 이루어지게 된다. 그런 식으로 방수는 섬모 인대를 수정체 주위에 휘어지게 하고, 섬모 인대가 휘어지면서 남긴 공간에 머물게 된다.

또한 각막은 방수의 압력으로 다소 늘어나는 것이 틀림없어 보인다. 그러므로 수정체와 각막의 거리는 근육이 안구를 강하게 압박하는 동안 충분히 증가되어 대상을 대단히 뚜렷이 볼 수 있게 된다. 그러나 근육이 더 이상 압축을 하지 않으면 안구는 필연적으로 원래의 구형球形을 회복하고, 그 결과 모든 체액들은 보통의 위치를 회복한다. 이상이 내가 생각하기에 억지로 보고자 할 때, 그리고 작은 대상들을 아주 가까이 보고자 할 때 눈에 일어나는 변화이다.

32. 수정체는 가까이 있고 멀리 있는 대상들의 시각 작용에서 형체를 바꾸지 않는다

섬모 인대의 수축과 이완을 통해서 수정체의 형태가 바뀔 수 있고, 대상들이 접근할 때 수정체가 더욱 볼록해지고 대상들이 멀어질 때 수정체가 덜 볼록해질 수 있다면 정확히 망막 위에 대상들의 이미지를 내려앉게 하는 다른 방법이리라는 것이 사실이다. 그러나 내가 보기에 이 두 번째 방법은 실현될 수 없는 것이, 수정체는 충분히 단단하고 끈적거리므로, 유동성을 전혀 갖추지 못했다는 것이다. 그래서 수정체는 어느 순간에도 형체를 바꿀 수 없다. 그러므로 섬모 인대가 느슨해질 때 수정체가 더 볼록해지고, 수축될 때 덜 볼록하게 되는 일은 가능하지 않다. 섬모 인대의 역할은 다른 체액들 가운데에서 그런 위치로 수정체를 잡아두는 것에 불과하므로 수정체를 구성하는 두 볼록면의 축이 항상 눈동자의 중심을 통과하는 것이다.

그런데 가깝거나 먼 대상들의 이미지가 정확히 망막에 내려앉거나 수정체가 동일한 장소에 머물면서 볼록함의 정도를 변화시키기 위해서는 자리를 바꾸거나, 볼록함의 정도는 그대로 두고 망막에서 멀어지는 일이 필수적이다. 그 결과 내가 설명한 첫 번째 수단이 실질적으로 실천될 수 있다. 억지로 작은 대상을 아주 가까이 보려고 할 때 눈을 압축하는 근육들의 힘이 느껴진다. 이는 작은 대상들을 가까이서 바라보는 데 습관이 붙지 않은 사람들에게는 특히 고생스러운 일이다.

귀환의 도르래가 지금 그것이 있는 자리에 놓이고 들어서기 위해 만들어진 것은 오로지 유지되지 않을 수 없는 정확하거나 항상 균등한 압력을 받으면서 근육을 풀어주기 위한 것일 뿐이다. 그래야 오랫동안 어떤 대상을 뚜렷이 볼 수 있게 되며, 이것이야말로 시각을 그보다 더 완전할 수 없도록 만드는 데 반드시 필요한 것이다.

33. 귀환 도르래의 주요한 용례

이 점을 제대로 이해하기 위해서는 다음을 알아야 한다.

(1) 눈에 들어오는 광선의 양은 다양한 거리의 제곱의 상호 비례로 증가한다. 예를 들어 어떤 대상이 눈에서 2푸스 떨어져 있는데, 눈에서 6푸스 떨어진 것보다 눈에는 아홉 배의 빛이 들어가야 한다.

(2) 망막을 충분하게 동요시켜서 대상들을 보게끔 하려면 광선의 한정된 양, 눈동자의 열린 정도가 광선이 증가함에 따라 감소할 수 있을 것이다.

(3) 눈동자의 열린 정도가 적을수록 대상의 이미지는 더욱 분명한데, 이것은 이미지를 모호하게 만드는 축에서 멀리 떨어진 이들 광선이 눈에 덜 들어오기 때문이다. 이로부터 이끌어내야 하는 결론은 대상들의 작은 부분들을 뚜렷이 구분하려면 그것들을 가능한 가까이서 바라보아야 한다는 것이다. 그런데 아주 가까이서 바라볼 때에는 오직 애써 바라보려 해야 하고 안구의 압력을 통해 망막과 수정체를 멀리 떨어뜨려 놓아야 한다.

그런데 안구의 외피는 단단하고 탄성력을 가지므로 계속해서 그것을 압축하는 근육에 저항한다. 조금이라도 근육이 이 외피에 부착되어 있는 지점에서 균등하게 긴장되어 있지 않다면, 이내 수정체와 망막 사이의 거리가 일정하지 않게 될 것이고, 그 결과 이미지의 뚜렷함과 대상의 지각도 역시 일정하지 않게 될 것이다. 그러므로 시각을 우리의 필요와 관련해서 반드시 완벽하게 만들려면 어떻게 해야 할까? 다음이 그것이다.

대단히 팽팽히 당겨진 근육이 오랫동안 정확히 일정한 긴장을 보존하기란 어려우므로, 신은 눈을 압착하는 근육을 느슨하게 만들고, 일정치 않은 긴장을 지각하지 못하도록 만들게 하려고 도르래라는 이름의 연골을 통과하지 않을 수 없게 했다. 그래야 연골에 부딪히는 근육의 마찰이 부분적으로 눈의 외피가 만들어 내는 탄성 작용에 저항할 수 있게 된다. 예를 들어 내게 대단히 무거운 물체가 있는데 이것이 줄 끝에 붙어 있고, 나는 그 물체를 오랫동안 땅에서 들린 채로, 내 팔 근육을 일관된 상태로 두면서 그 물체를 동일한 높이로 유지하고 싶다고 하자. 나는 이내 힘들어져서 정확히 동일한 높이로 유지할 수 없을 것이다.

그러나 내가 어떤 장소에 단단히 고리를 매고 그 사이로 줄을 지나가게 하고, 줄을 위에서 아래로 잡아당겼다면 나는 쉽게 성공할 수 있을 것이다. 고리에 부딪히는 마찰로 인해 내 힘이 경감되고, 이 무거운 물체를 계속해서 동일한 높이로 멈춘 채 당길 수 있도록 도울 것이다. 그러므로 이 도르래의 주요한 용도가 눈의 단단한 피부의 탄성력에 작용할 때 위쪽의 사근을 느슨하게 한다는 것은 내게 확실해 보인다. 근육은 그 피부를 압축해야 하고 항상 균등하게 압축해야 한다. 그래야 가까운 대상을 균등히, 또 끊임없이 올바로 바라볼 수 있는 것이다.

게다가 사근의 주 용도가 눈이 돌아가는 방식으로 눈을 돌리게 만드는 것이 아니라는 점이 내게는 확실해 보인다. 안구는 그 자신을 축으로 돌지 않으니 말이다. 그랬다면 사근만이 눈의 방향을 돌리게 할 수 있을 것이다. 그러나 그렇지 않으며, 이는 불가능하며, 심지어 불필요하기까지 하다. 그런데 우리가 보는 것과 같이 눈의 이런 회전은 오른쪽 근육의 연속적인 작용을 통해 쉽게 이루어질 수 있다. 사실 우리가 눈을 둥그렇게 빙빙 돌릴 때, 이것이 주변 사근의 유일한 결과였다면 그렇게 되었을 변함없는 것이 아니라, 상이한 근육들의 연속적인 자극을 나타내는 작은 동요에 의해 이루어지는 것임을 알게 된다.

34. 내가 사근에 마련한 용도에 대한 반박 및 그 답변

나는 아마 눈의 외피는 눈의 근육의 힘을 따르기에는 지나치게 단단하지 않느냐는 질문을 받을 것이다. 그런데 이 질문에 대한 답변은 대단히 쉽다. 눈의 외피가 지나치게 단단하다면 가까이에서 대단히 뚜렷하게 아무것도 볼 수 없다. 이는 노인들에게 일어나는 일이다. 나이 때문에 노인들은 이 피부가 대단히 단단해진다. 그러나 이 노인들은 젊었을 때는 가까이서나 멀리서나 똑같이 잘 보았지만, 그들의 외피가 휘어지지 않게 되어서 근육은 더 이상 아무것도 변화시킬 수 없다.

그래서 노인들은 이차적 방법에 도움을 구해야 한다. 수정체를 더욱 볼록하게 만들 수 없게 된 노인들은 가까이서 보기 위해 볼록렌즈를 사용한다. 볼록렌즈는 광선의 결합을 재촉하고 정확히 망막 위에 내려앉게 한다. 더욱이 원래 풍부했던 유리체가 조금이라도 압축되면 수정체가 있으며 다른 두 체액의 평형이 중단되는 그곳에서 그것과 망막의 거리를 상당히 멀리 떨어뜨린다. 내가 유리체의 압축이 망막과 수정체의 거리를 상당히 멀리 떨어뜨린다고 말했을 때 나는 눈의 피부에서 일어나는 대단히 작은 변화와 관련시켜 한 말이다.

나는 이렇게 압축되었을 때 수정체를 충분히 멀어지게 해서 예를 들어 반半 피에 거리의 물체에서 출발한 광선들이 정확히 망막에 모이게 되는 것이다. 그런데 수정체와 망막 사이에 필요한 거리와 광선들이 그리로 모이는 데 필요한 거리 사이의 차이는 대단히 작다. 전자는 무한히 멀리 떨어진 대상들, 예를 들면 별들에서 나오는 빛이 모이는 거리이며, 후자는 눈에서 반 피에 거리밖에 떨어지지 않은 대상에서 나온 광선들이 모이는 데 필요한 거리이다.

그 차이는 6리뉴의 초점을 가진 확대경으로 이미 밝혔던 비교[12]에 따라 11분의 6에 불과할 뿐이고, 눈 속 체액의 굴절과 4리뉴 초점을 가진 확대경의 굴절을 비교한다면 그 차이는 약 5분의 1리뉴에 불과하다. 그래서 눈을 압축하는 근육들이 조금이라도 유리체에서 작용한다면 근육을 통해 수정체와 망막은 충분히 멀어질 수 있다. 반 피에에서 무한에 이르기까지 멀리 떨어진 대상의 광선들이 모일 수 있게 하려면 말이다.

---

12 21번.

35. 신의 창조물의 탁월성에서뿐 아니라, 신이 그것을 구축하는 데 쓴 길들의 단순성에 훨씬 더 잘 나타나는 신의 무한한 지혜에 대한 성찰

이상이 눈의 구성과 눈에 포함된 투명한 체액의 배치를 설명하는 근본적인 근거들이다. 그런데 이 점을 조금이라도 깊이 생각해 본다면 신은 눈을 창조할 때 빛의 속성이나 에테르를 함유한 물질의 작용을 고려했음을 명백히 알게 된다.

그는 빛이며 에테르를 함유한 물질의 창조자이자 동인인 것이다. 그래서 우리는 운동 전달의 일반 법칙(광선의 전달과 그것의 상이한 굴절이 그 한 가지 결과이다)에 따라 변함없고 항구적인 방식으로 끊임없이 세계에 작용하고, 영혼과 신체의 결합이라는 일반 원리(눈을 통해 우리 두뇌에 일어나게 되는 일들의 결과이다)에 따라 우리 영혼에도 끊임없이 작용하므로 사회의 이득과 생명의 보존을 위해 우리 주변의 모든 대상들의 현전과 차이를 충분히 주의를 기울이게 된다.

눈을 창조한 이가 나머지 모두를 만들었음을 우리는 알고 있다. 빛을 발하거나 빛이 밝혀진 대상들이 산출하거나 반사한 광선들, 그러니까 뒤섞이는 일 없이 끊임없이 교차하는 다양한 종류의 광선들을 한순간에 직선으로 또 모든 방향으로 이동시키는 비밀을 발견했던 이는 그런 방식으로 눈을 만들 생각을 했던 것임을 우리는 알고 있는 것이다. 그 존재는 우리 내부는 물론 우리 외부에서도 단일한 방식으로 작용하면서 우리를 자신의 다른 창조물과 결합하고, 그것의 질서, 아름다움, 위대함을 찬미하게 할 수 있었다. 한마디로 말해서 우리는 동일한 지혜가 모든 것을 바로 조정했고, 동일한 역량이 만물을 창조했고, 동일한 섭리가 만물을 보존한다는 것을 아는 것이다.

36. 그런데 눈이 어떻게 구성되었는지 우리가 적은 지식밖에 없지만 그곳에서 보이는 신의 지혜가 우리를 놀라게 한다면, 우리가 시신경의 작은 망을 두뇌 속까지 따라가 보고 두뇌의 주요 부위에서 무슨 일이 일어나는지 볼 수 있다면 우리는 과연 놀라지 않겠는가? 우리로서는 상상하기도 힘들 정도로 섬세하고, 대상들에서 반사된 빛으로 대단히 미세하게 동요하는 이 섬유들 그 자체로는 분명 우리 신체에서 그것이 자극하는 운동을 산출할 수 없다. 그러나 그 섬유들이 두뇌 속에서 느슨하게 만드는 탄성은 어떠한 것이며, 어떻게 그것은 두뇌에 채워진 정기들로 하여금 온몸에 퍼져 상이한 운동들을 산출하게끔 하는가? 대상들마다 다르므로 이렇게 산출된 운동들도 상이하다. 이 작은 섬유들이 동요되면서 우리의 팔다리로 쏟아져 나오는 동물정기를 조절하는 것이다.

우리는 우리가 없이도 우리 내부에서 이런 일이 벌어진다는 것을 정확히 느끼고 있다. 그 섬유들은 어떻게 정기를 이 팔다리가 아니라 저 팔다리 안으로, 때로는 느리고 성기게, 또 때로는 신속하고 다량으로, 또 보통은 신체의 이득과 관련해서 흘러들어 가게 하는 것인가?

예를 들어 돌 하나가 직선방향으로 나를 향해 전진할 때 내 망막 위에 그려진 이 돌의 이미지는 속도에 비례하여 신속하게 증가하고, 그 이미지는 자리를 바꾸는 일이 없고 있더라도 아주 적다. 어떻게 두뇌까지 연속된 이 이미지로부터 섬유들은 정기들을 앞으로 나아가게 하거나 방향을 다른 곳으로 돌리게 하여 머리를 숙이게 만드는 것일까?

내 머리를 돌리게 하는 것은 정확히 말해서 돌의 이미지가 아니고, 그 이미지의 속도가 신속하게 증가해서도 아니다. 그 돌이 내 쪽으로 바로 오는 것이 아닐 때처럼 눈에서 방향을 바꾼다면 말이다. 그러므로 내가 돌에 맞지 않도록 기계적으로 고개를 돌리게 만드는 것은 내 망막 섬유들이 동요하면서 그것과 결합된 이미지가 신속하게 커지는 것이다. 그런데 그것을 작용하게 만드는 용수철과 무한한 수의 비슷한 결과들은 어떤 것인가? 인간으로서는 이를 영원히 이해할 수 없다.

37. 우리 신체의 모든 부분들이 관련된 두뇌의 주요부분까지 시신경을 따라가 보는 대신 우리는 다시 가던 길로 되돌아와, 신이 우리 눈을 구성하는 부분들을 형성하고, 키우고, 보존하기 위한 방식에서 어떤 무엇인가를 찾아내고자 노력한다면 우리는 이 모든 것에서 창조주의 심오한 지혜를 느끼지 않겠는가?

피로 구성된 다양한 부분들 사이에서 빛이 지나가게 하는 데 적합한 부분들을 선택하고, 그다음에는 이를 투명한 체액에 확산시키는 이 작은 혈관들은 어떻게 구성되었는가? 그 광선들을 어렴풋하게 만드는 데 적합한 저 검은 체액을 분리하고, 이를 그것에 맞닿은 체액들이 분리되지도 와해되지도 않는 그런 방식으로 섬모 인대와 홍채 아래에 결합시키게 하는 혈관들은 또한 어떻게 구성되었는가? 이 작은 혈관들은 피를 구성하는 다양한 부분들 속에서 빛에 길을 내주는 데 적합한 부분들을 선택한 뒤, 그다음에 투명한 체액에 이를 확산시키는데 이것들은 어떻게 구성되었는가? 빛의 강도를 완화시키는 데 적합한 이 검은 체액을 분리하고, 이를 홍채 아래의 섬모 인대에 부착시키게 될 작은 혈관들은 또 어떻게 구성되었는가? 이렇게 부착되면 그것에 접하는 체액이 이를 분리하지도, 녹이지도 못하게 된다.

이 혈관들은 피 속에서 다양한 점도를 가진 체액이며, 방수房水로 쓸 수 있는 대단히 유동적인 체액이며, 수정체로 쓸 수 있는 단단하게 변하는 데 적합한 체액이며, 유리체로 쓸 수 있는 보통의 점도를 가진 체액을 어떻게 선별하는 것일까? 이 작은 혈관들은 어떻게 각각의 눈에서 이 체액들을 분배하고 수정체를 균등하게 볼록하게 만드는 것일까? 둘 중 하나가 다른 것 이상으로 볼록해지면 그 눈으로 다른 쪽보다 더 작은 대상들을 보고 더 가깝게 보는 것이다. 이 모든 것이며, 또 이와 유사한 무한히 많은 결과들은 어떻게 실행되는 것일까? 확실히, 정신은 창조주의 불변의 기술에서 무한을 느끼지만 자기가 이해할 수 있는 범위 내의 것만을 이해할 뿐이다.

38. 눈에서 작은 결함을 발견하지 않는 사람은 대단히 적거나 아마 없으리라는 것은 사실이다. 그런데 눈에 엄청난 결함이 있고 시각작용에 본질적인 어떤 부분이 결여되어 있다고 생각하는 사람은 극히 드물다. 그런데 우리가 이 결함들의 진정한 원인을 안다고 해도 그것이 창조주의 지혜에 품어야 하는 드높은 관념을 줄이는 것은 아니다. 이를 통해 정신은 신의 예지에는 한계가 없음을 발견하게 되는 관점을 갖게 된다. 이 점을 올바로 이해하기 위해 유기체들은 운동 전달의 일반 법칙에 의해 개별적 목적과 관련하여 수만 가지 방식으로 구성되기란 불가능하다는 점을 알아야 한다. 모든 물체는 그것을 미는 힘에 비례하고, 그것을 미는 쪽 방향으로 움직이고, 유기체와 관련해서 이 법칙에서

끌어낼 수 있는 모든 용도는 동물들이나 식물들의 배아나 씨앗을 구성하는 부분들을 발육시키고 자라게 하는 데 있는 법칙에 의존한다.

해부학에 어느 정도 지식을 갖고, 동물을 이루는 부분들의 수가 경이로울 정도로 많으며, 이들 부분이 서로 맺는 연관들이며, 그 부분들의 쓰임이 정해진 용도에 주목했던 사람들은 확실히 물체들의 충돌이 살아 있는 신체를 소멸시킬 수 있지만 그것으로 다양한 기관들을 구성하는 데 적합하다고 판단할 것이다.

이로부터 신이 자신의 보통의 섭리로 운동 법칙의 결과 물질적 존재를 통제하여 세상의 시초부터 우리의 최초의 부모들에게서 그 이후에 태어날 모든 사람들을 만들었고, 동물과 식물에서도 동일한 것을 만들었고, 이로부터 그들과 닮은 존재들을 만들 수 있는 다산多產의 힘을 부여했다고 결론내리기란 쉬운 일이다. 그럼에도 내가 방금 말한 것에서 오늘날의 사람들은 그들이 오늘 가진 팔다리의 동일한 비율을 아담의 시대에도 무한히 작은 모양으로 가졌다는 결론을 끌어낼 수 있다. 하지만 그때 그들은 운동의 법칙의 결과, 우리가 지금 보는 모습과 같이 되도록 6천 년 동안 조금씩 자랄 수 있었던 것이다.

이 작은 배아胚芽, 더 정확히 말하자면 이 배아의 배아, 배아의 배아의 배아 등은 예를 들어 수정체나 시신경을 갖지 않았거나, 내가 말했던 귀환의 도르래, 혹은 동일한 목적에 이르게 될 이들 모든 부분들의 최초의 원기原基, les premiers rudiments를 갖지 않았다고 가정한다면 운동의 일반 법칙으로 그것들이 구성될 수 없었으리라는 점이 명백하다.

39. 그러므로 내가 보기에는 신이 우선 개별 의지를 통해 인간이며, 동

물과 식물의 모든 상이한 본성들이며, 동시에 그들 각자가 종을 영속하게 만들어 주는 것을 지으신 것이 확실한 것 같다. 이 또한 동시에 개별적 의지를 통해서이다(물체들의 충돌 이전에 다른 식으로 일어날 수 없는 까닭이다). 시간이 지남에 따라 모든 물체는 그것이 더욱 밀린 곳에서 그 비례에 따라 움직인다는 저 단순하고 보편적인 법칙을 따르면서 작은 배아들이 조금씩 성장하고 발육할 수 있는 그런 방식으로 신은 물질의 최초의 운동을 결정했다.

사실 우리는 신이 지금 새로운 종의 동물과 식물을 만들고 있는지 모르며, 최근에 나타난 것은 최초의 것에서 왔다는 것을 알고 있다. 오늘날 곤충들이 부패한 것에서 태어난다는 저 이상한 생각에서 깨어난 것이다. 큰 동물에서보다 종종 더 유기적인 부분들을 많이 갖고 더 훌륭한 솜씨로 지어진 곤충들 말이다. 성경에서 배웠듯이 지금 신은 휴식하고 있지만 그 이유가 더 이상 행동하지 않아서가 아니다. 성경은 우리에게 신은 끊임없이 행동한다는 것을 가르쳐 주고 있다. 그것은 신은 자신이 확립한 보편적인 법칙들만을 따르게끔 하기 때문이다.

그런데 이는 일련의 운동 법칙들이다. 신이 준거로 삼아 자신의 일상적 섭리에서 물질에 작용하고 작용을 가하는 것임에 틀림없는 법칙들이다. 작은 배아들은 6천 년 전부터 성장하고 발육했던 것이다. 그리고 근시이거나 멀리 떨어진 대상들을 보기에는 지나치게 볼록한 수정체가 그러한 것이 이 법칙의 결과이다.

그러므로 시력이 좋은 모든 사람들을 제외해 본다면 사람의 수정체는 왜 이토록 볼록한 것일까? 그것은 신이 어떤 개별의지를 통해 오늘날 존재하는 그대로 그의 눈을 만들었기 때문이 아니다. 눈은 6천 년 전부터 만들어졌고 어떤 법칙이나 일반의지의 효력을 통해 지금 상태에 조금씩 이르게 되었다. 이 일반의지는 대단히 단순해서, 시각 기관만큼 경이로운 감각기관을 형성하는 것보다는 소멸시키는 데 더욱 적합해 보인다. 사실 우리 눈과 우리 신체가 성장하고 발육하는 것이 그 일반 법칙에 의한 것인 것과 같이 우리 눈과 우리 신체 자체가 소멸되는 것도 바로 이러한 일반 법칙을 따르는 것이다. 그전에 신은 눈이며 신체를 창조하고 일반법칙을 통해 이들이 성장하도록 예비하셨다.

그렇지만 신이 저 사람이 멀리서도 잘 볼 수 있도록 눈을 지으셨다면 신이 세상의 초기에 창조한 모든 것처럼 그 눈도 완벽할 것이다. 이것이 이성만큼이나 성경이 가르쳐 주는 바이다. "신이 지으신 그 모든 것을 보시니 보시기에 심히 좋았더라.[13]

40. 그러므로 내가 방금 말했던 결함의 원인을 알게 될 때 정신은 드높아지고 말하자면 어떤 정점에 오르게 된다. 그곳으로부터 창조주의 지혜가 대단히 화려하고 대단히 심오하게 나타나 우리의 눈을 부시게 하여 우리는 길을 잃고 만다. 결국 창조되는 순간 눈의 최초의 부분들이 얼마나 대단히 작은지 상상할 수 없으며, 그 부분들이 어떻게 구성되고 배치되어 있는지는 더 상상할 수 없으며, 어떻게 이렇게 단순한 법칙의 효력에 따라 여러 해가 지나면 성장하고 발육하는지는 더 상상할 수 없다. 그 법칙은 어떤 물체라도 그것이 밀린 방향에 따라 비례하여 움직인다는 것만큼 단순한 것이다.

---

13 Gen., chap. I.

어떤 사람의 수정체가 조금 지나치게 볼록하게 되었다면 이는 결함이라는 점에 나는 동의한다. 그러나 보편 법칙이 다양한 상황들에 적용될 때 동일한 결과를 산출하지 않는다. 이들 법칙의 풍부한 적용가능성이 그것의 단순성에 대응할 때, 즉 법칙들의 단순성과 그 법칙들이 수행하는 창조물의 탁월함과의 관계는 가능한 가장 완벽하게 창조주의 속성을 표현할 때 그 법칙들은 가능한 가장 지혜롭게 확립된 것이다. 신은 자신의 창조물의 탁월함뿐만 아니라 그가 따른 지혜로운 길을 통해서 숭배받고자 하는 까닭이다. 신이 그가 완벽한 숭배를 받기 위해 결심했을 창조물의 탁월성만을 목적으로 삼았다면, 그는 서로서로를 무한히 더 완벽하게 만들 수 있었을까?

그런데 그는 가능한 가장 현명하게, 혹은 그의 속성에 가장 마땅한 방식으로 행동한다. 자신의 법칙과 자신의 모든 동기들을 찾을 수 있는 질서에 따라서 반박할 수도 경시할 수도 없는 속성들을 말이다. 왜냐하면 그의 의지는 단지 창조물이 그에게 품는 사랑일 뿐이기 때문이다. 내 말은 신이 할 수 있는 한 최선으로 가능한 모든 창조물들로부터 모든 부분에서 가장 완벽한 것이 아니라, 그 창조물이 산출된 길과 부합하여 그의 속성을 가장 완벽하게 표현하도록 결정하기 때문이다. 그래서 비록 어떤 개별자들의 눈으로 보았을 때는 어떤 결함이 있더라도 신만이 그것을 지은 분이시다. 이 점을 설명하고, 맹목적 자연이나, 가소성을 가진 형상, 산모나 이런 결함들을 가진 자의 영혼에 도움을 구하는 일은 의도는 좋지만 몽상을 만들어 내는 것이다. 개별자들의 이런 결함들이 창조물 전체의 완전성에 이바지하거나 신은 결함을 가진 사람들의 이득을 위해 항상 이를 사용한다고 믿는 편이 나을 것이다.

41. 우리가 무한히 완전한 존재의 관념에 대해 대단히 신중하게 물을 때 그 존재의 태도가 본질만큼이나 우리 존재의 태도와 무한히 상이하다는 점을 알게 된다. 그러나 이렇게 진지하게 주의를 기울이는 순간들이 지나가고 나면, 우리 자신이 생각하고 우리 자신이 움직인다고 느끼듯이 우리는 그도 생각하고 움직이게 한다. 신의 관념은 느껴지지 않고 쉽게 사라지고 흐려지니 말이다. 그러나 영혼은 항상 제 자신 앞에 현전하며 항상 자기 자신을 느낀다. 이것이 왜 영혼이 만물에, 심지어는 신에게까지 인격을 부여할 수 있는가의 이유이다. 또한 이것이 왜 어떤 이들은 신이 개별 의지를 통해 모든 것을 지었다고 상상하는 반면 다른 이들은 세계를 통치하는 수고를 천사들이나 상상의 존재들에게 전가하는가 하는 이유이다.

이런 이들은 신이 우선 피조물 각자에게 실재적 역량을 부여했고, 어떤 피조물에게는 그들이 본능의 지식이라고 부르는 지식들을 부여하여 이를 깎아내리기를 바란다. 그럼에도 그 본능의 지식은 종종 누구도 유사한 지식을 가질 수 없는 그런 지식이며, 그렇게 된다면 신은 휴식을 취하고 그 무엇에도 더 이상 개입하지 않는다. 그리고 더 종교적이지만 거의 동일한 생각을 하는 사람들은 신은 끊임없이 행동하지만 일상적 섭리 속에서 그의 행동 전체는 단지 오직 그것만이 이차 원인들을 작동시킬 수 있는 동시적 일치일 뿐임을 올바르게 주장한다.

내가 이 말을 하는 것은 머릿속에 다음의 사항을 인지할 목적에서일 뿐이다. 즉 신의 섭리를 인간화하는 것으로 만드는 것은 중대한 오류이자 무수히 많은 위험한 오류들의 근원으로 이를 피하기 위해서 우리가 할 수 있는 한 전력으로 주의를 기울여 무한히 완벽한 존재의 관념을 물어야 하고, 이로써, 만물을 인간화하는 것이 자연스러운 우리의 성향이니 만큼 각자 내 생각에 반대하여 생길 수 있는 난점들을 스스로에게 답변할 수 있도록 하려는 까닭이다.

42. 상상력을 기울여 본다면 아담의 시대에 우리 신체뿐만 아니라 신체의 유기적 부분들이 얼마나 무한히 작았는지에 대해 경악하리라는 것을 나는 인정한다. 그 유기적 부분들은 심지어 오늘날에도 존재하는 것이다. 또한 이들 부분은 완전히 발육해도 대단히 작아서 눈으로 볼 수 없다. 성능이 좋은 현미경으로만 볼 수 있는 종자와 벌레들이 있으니, 상상력은 한층 더 달아오르고 심지어 이성도 펜을 들고 6천 년 전에 무엇이 존재했다거나 여러 세기들의 종말에까지 그 종자들에서 태어나게 될 것을 어떻게 포함하고 있는지에 대해 놀라게 된다. 그러나 이성은 한편으로는 기하학을 통해서 물질은 무한히 가분적이라는 점을 납득하고, 다른 한편으로는 신앙과 이성 자체를 통해서 신의 예지에는 한계가 없음을 납득하면서 확신하는 것이다.

사실 나는 신은 본질이 무한하므로 무한히 많은 실체 속에 분유分有할 수 있는 다양한 본성을 지닌 무한히 많은 실체들을 창조할 수 있음을 확신한다. 신은 자신을 향유할 수 있도록 만든 정신 이외에도 물질을 선택했다. 그가 자신의 무궁무진한 지혜에 대응하는 무한히 가분적인 주체와, 자신의 본질에 의해 기술과 역량을 실행하는 데 한계를 둘 수 없는 주체를 원했으며, 물질이 그것의 부분들의 분할을 통해 무無 혹은 분할 불가능한 부분으로 축소되었고, 그것을 통해 물질이 섭리의 단순하고 적용범위가 넓은 흐름을 멈춰 세울 수 있었다면, 그는 물질을 결코 무로부터 끌어낼 수 없었을 것이기 때문이다.

어떻건 내가 조금 전에 신의 행동에 두었던 요약된 관념은[14] 우리가 일상적으로 형성하는 것 이상으로 무한한 지혜의 성격을 띤다는 것이 내게 명백해 보인다. 그렇다면 그 관념이 다른 것들 이상으로 진리에 접근한다는 것이 확실하다. 신은 항상 신 내부에서 작용하고, 항상 그의 법이자 그의 동기인 속성들의 불변하는 질서에 따라서 작용하니 말이다. 그는 그들 속에서 만족하고, 그들을 반박하지도 소홀히 할 수도 없다. 내 주제를 전개하다 보니 논의를 벗어나게 되었는데 이 점에 대해 용서를 구한다.

43. 나는 앞에서 눈을 구성하고 그 목적을 주목해야 할 눈을 이루는 부분들의 배치의 주된 근거들을 제시했다고 믿는다. 즉 신은 우리 영혼 속에서 자신의 속성에 적합한 방식, 즉 항상 항구적이고 단일한 방식으로 작용하므로, 눈을 거쳐 우리 두뇌에서 발생하는 일의 결과, 우리는 사회와 생명의 보존과 관련해서 우리 주변의 모든 사물들이 현전하고 또 각자 차이가 있음을 충분히 알았다. 우리 내부에서 작용하고 이 모든 것을 우리에게 알리는 이는 오직 신뿐이다.

그러나 우리가 무지하고 역량을 갖지 못했으므로 신이 우리를 위하여, 우리를 대신해서 그런 일을 하는 것이므로, 대상 앞에서 우리의 눈과 우리의 두뇌 속에서 일어나는 일에 대해 가질 수 있는 지식의 결과,

14 섭리의 더욱 정확하고 더욱 확장된 설명은 《형이상학과 종교에 대한 대담》 대담 9~13 참조.

우리가 우리 내부에서 작용할 수 있었다면 신은 우리가 우리 자신에 대해 할 수 있는 것만을 할 수 있었을 뿐일 것이다. 그러므로 우리 영혼이 모든 학문과 모든 역량 및 내가 앞의 26번[15]에서 지적했던 그 나머지를 전부 갖췄다고 가정한다면 영혼은 어떻게 우리 주변 물체들에서 일어나는 것을 발견할 수 있을지 생각해 보도록 하자.

내가 들판 한가운데에서 눈을 뜨고, 이내 나는 서로 뚜렷이 다른 무한히 많은 대상들을 본다. 이들 대상은 형태도 다르고, 색깔도 다르고, 거리나 운동 등도 서로 전부 다르다. 나는 백 보 떨어져 있는 다른 대상들 가운데에서 큰 백마 한 마리가 전속력으로 오른쪽으로 달려가는 것을 본다. 나는 어떻게 내가 세운 가정에 따라 말을 그렇게 볼 수 있을까? 아래가 그 이유이다.

(1) 나는 26번의 가정에 따라 모든 광선들은 직선으로 나아가고, 미지의 대상 위에서 반사된 광선들, 즉 내 눈에 들어오는 말 위에서 반사된 광선들은 망막에서 서로 모이고, 주요한 광선, 앞에서 설명했던[16] 두 개의 작은 원추가 이루는 공통된 축이 그보다 더 강할 수 없게 동요시킨다는 점을 알고 있다. 그러므로 나는 이 광선이 수직으로 망막에 내려앉고, 그런 식으로 이 말은 이 수직선의 어딘가에 있다고 판단해야 한다, 그러나 나는 그 거리를 아직 모른다.

(2) 나는 그 말이 오른쪽으로 머리를 돌리고 서 있다는 것을 안다. 물론 그 이미지는 망막에서 뒤집혀져 있기는 하다. 기하학자는 오목한

---

15 26번을 참조.

16 28번.

표면으로 내려오는 수직선들이 필연적으로 교차하고, 수직선들이 평평한 표면 위에 내려앉을 때만 서로 평행할 수 있다는 점을 내게 가르쳐 주고, 그래서 나는 그것의 이미지의 위치와 반대되는 상황에 있다고 판단해야 한다는 점을 배운다.

(3) 나는 또한 말이 내게서 약 백 보 떨어져 있음을 안다. 내 망막에 말의 이미지와 동시에, 말이 서 있고, 말까지의 거리를 내가 대략 알고 있는 땅의 이미지를 가지므로, 나는 이로부터 그 거리를 판단하고, 여기서는 설명할 필요가 없는 다른 방법들을 통해 이를 판단한다.

(4) 나는 그것이 커다란 말임을 안다. 말과의 거리, 말의 이미지의 크기, 내 눈의 지름을 알고 있으므로 나는 이 비례를 세우는 것이다. 내 눈의 지름과 말의 이미지의 크기와의 관계는 나와 이 말 사이의 거리와 그 말의 몸집과의 관계와 같으므로 이를 내가 보았던 다른 말들의 몸집과 비교하면서 몸집이 큰 말들 중 하나라고 판단한다.

(5) 나는 그 말의 이미지가 내 눈 속에서 위치를 바꾸므로 말이 달린다는 것을 알고, 내가 그의 이미지가 신속하게 내 망막 위를 주파하므로 말이 전속력으로 달린다는 것을 안다. 이로부터 나는 내가 방금 한 것과 동일한 비례를 설정하면서 그가 넓은 공간을 단숨에 주파한다는 결론을 내린다.

(6) 나는 그 말이 반사하는 광선이 내 망막에 어떤 종류의 동요를 산출하는지 알고, 내 안에서 작용할 수 있으므로 결코 잘못 생각하는 일 없이 내 망막에 어떤 동요가 일어나고, 망막으로 인해 내 두뇌에 어떤 동요가 일어날 때 그 감각작용을 갖게 된다.

(7) 결국 내가 머리를 숙이거나 풀 위에 누워서 그 말을 바라본다면

그 이미지는 내 망막에서 자리를 바꿀 것이고, 동일한 섬유들을 더 이상 동요시키지 않을 것이다. 그러나 나는 그 말을 마찬가지로 보게 될 것이다. 말이 멈추고, 내가 그 말을 똑바로 바라보면서 달리기 시작한다고 가정한다면, 그 말의 이미지는 내 눈 깊은 곳에서 위치를 바꿀 것이겠지만, 나는 말이 움직이지 않는다고 볼 것이다. 내가 머리를 숙이는 동시에 내 눈의 위치가 어떤지 알거나, 내가 달리면서 만들어 내는 정확한 운동량이 어떤지 알고, 정확히 추론하면서 운동이 단지 내 쪽에서 일어날 뿐임을 발견하게 되기 때문이다.

(8) 내가 말을 바라보면서 그 말에 접근한다면, 말의 이미지가 내 망막에서 끊임없이 증가하고, 열 발자국밖에 떨어져 있지 않더라도, 그 이미지의 높이가 내가 백 보 떨어져 있을 때보다 열 배 더 크더라도 나는 그것을 동일한 크기로 볼 것이다. 광학은 한 대상의 이미지들의 다양한 높이가 그 대상의 거리와 상호적 비례 관계에 있다는 점을 가르쳐 주며, 내가 발을 내딛을 때마다 이 비율이 항상 동일하다는 것을 내가 알기 때문에 내게는 동일한 감각작용이 계속해서 마련된다.

이상이 내가 제시했던 가정에 따라서[17] 영혼이 오직 한 대상을 보기 위해 했어야 할 판단과 추론의 일부이다. 영혼이 순식간에 보았던 모든 대상들과 관련해서 똑같은 판단과 추론을 하리라는 점이 틀림없을 것이다. 영혼은 한눈으로 보는 대상들과 관련해서, 또한 눈을 최소한으로 움직이면서 한순간에, 그리고 또 다시 그 유사한 것들을 항상 눈을 거의 움직이지 않고도, 또한 눈이 동일한 위치에 있을 때 잘못 생각

---

17 26번.

하지 않고도 유사한 판단과 추론을 틀림없이 할 것이다. 그러므로 이런 판단과 추론을 하는 것은 우리가 아니다. 우리를 위해 그렇게 판단과 추론을 하는 이는 오직 신뿐이다.

바로 이런 이유로 나는 이 판단과 추론을 '자연적naturel'[18]이라고 부른 것이다. 다른 사람들처럼 말해서 이 판단과 추론을 영혼에 부여했을 때에도 그랬다. 그렇게 했던 것은 이 말로써 판단과 추론을 행하는 것은 문자 그대로 영혼이 아니라 영혼 속의, 그리고 영혼을 위한 조물주임을 이해시키기 위함이다. 또한 이 판단들에 대해 말하는 것이 필요했던 것은 그것 없이는 우리의 다양한 감각작용을 설명할 수 없기 때문인데, 감각작용들이 그 판단을 전제하고 필연적으로 그것에 종속되어 있는 까닭이다.

내가 방금 말한 것으로부터 대단히 중요한 결과를 끌어낼 수 있다.

(1) 신만이 우리 눈이 매번 움직일 때마다 우리의 대상에 대한 다양한 지각을 얻게 할 수 있다. 우리가 방금 말한 바에 따르면 이 점의 증명을 오랫동안 붙잡고 있기에는 이는 지나치게 명백한 것이다. 우리 영혼은, 심지어는 어떤 유한한 정신도 한순간에 수많은 추론을 할 수 없고, 창조되고 개별적 어떤 존재도 매순간 모든 사람들에게 전부 작용할 수 있는 일반적인 원인일 수 없다는 점으로 충분하다.

(2) 그래서 이로부터 동시적 일치가 존재하지 않는다는 결론이 나온다. 그런 일치는 작용될 준비가 된 유효한 원인을 전제로 하니 말이다. 그 유효한 원인으로써 신은 자신과 일치하게 된다. 그런데 신에게

---

18 1권 7장.

어떤 전능을 넉넉히 부여할지라도 여기서는 어떤 원인도 사용될 수 없으니, 그 원인의 용도는 그것으로서는 행할 수 없는 즉각적 추론에 의존하기 때문이다.

(3) 신은 동일한 상황에서 항상 동일한 방식으로 일반적 법칙이나 의지를 통해 작용하며, 여기서 이 법칙들의 유효성으로 그 결과들을 산출하도록 하는 기회원인들이 눈을 거쳐 두뇌에 일어나는 변화이다. 이때 매개로 작용하는 눈은 신체의 일상적 운동과 위치를 동반하는 것들과 비교된다. 또 신은 섭리의 일상적 과정에서 일반 법칙을 통해 작용하는 것이 필요하다. 이 작용방식에는 신의 불변성과 지혜가 갖춰져 있을 뿐 아니라, 그것이 없다면 자연에는 질서가 존재하지 않을 것이고, 자연학의 어떤 원칙도, 행동을 위한 확실한 규칙도 없게 된다.

(4) 이 일반 법칙들은 가능한 만큼 기하학의 불변하고 변함없는 진리들의 조정을 받는다. 예를 들어 눈을 감은 다음, 자기로부터 3~4피에 떨어진 곳에서 실에 매달린 작은 대상을 본다고 하자. 그때 거리의 지각은 두 눈을 뜨고 바라보았다면 그랬을 만큼 정확하지 않다. 한 삼각형에 주어지고 알려진 한 각과 한 면만 있을 경우 이는 확정되지 않기 때문이다. 이 점을 설명한 제 1권 9장 3번 참조.

(5) 마지막으로 우리는 물체들을 그 자체로 보지 않고, 그것이 동물정기의 흐름에 의해서나 다른 방식으로 우리가 지금 눈을 뜬 채 자극받은 것과 유사한 동요들에 의해서 두뇌 속에서 자극되었다면 외부의 모든 물체들이 소멸되어, 그 결과 그 자체로 절대적으로 보이지 않게 되었대도 우리는 우리가 보는 것을 그대로 보는데, 이는 영혼과 신체의 결합이라는 일반 법칙의 결과이다. 잠을 잘 때나, 고열 환자에게서,

광인들에게서 일어나는 일이 이것이다. 그런데 우리는 즉각적으로 또 직접적으로 무엇을 보는 것이며, 우리 영혼에 작용하고, 우리가 대상에 대해 가진 모든 지각들로 영혼을 변형시키는 즉각적인 대상이란 무엇인가? 이것이 분명 가장 중요한 질문이다.

나는 이를 관념들의 본성을 언급했던 이 책 제 3권에서 해결하고자 했으며, 무엇보다 내가 이 책에서 말했던 것에 아르노 씨에 대한 내 답변들이나, 내가 이 저명한 저자의 세 번째 편지에서 했던 답변을 결합한다면 이 문제가 뚜렷이 증명될 수 있으리라 희망한다. 그 답변은 내 답변집 4권에 실려 있다.

이 추가 부분을 유용하게 끝내기 위해 나는 독자에게 부탁하건대 눈의 구성에서 보이는 감탄스러운 기술이며, 눈이 빛의 속성과 갖는 관계며, 눈과 두뇌가 맺고 있고 두뇌를 통해 신체의 나머지 부분과 맺는 관계에 대해서 말한 것을 머릿속에 재검토해 주시기 바란다. 아울러 눈을 발육시켜 조금씩 현재의 상태로 이끈 일반 법칙의 단순성 및 영혼과 신체의 결합의 결과로 신이 매순간 모든 사람들에게 마련한 용도도 재검토해 주시기를 바란다. 그리고 시각의 감각으로부터 청각의 감각으로 나아가야 한다. 내가 보기에 청각 기관의 구성은 더욱 감탄스러워 보인다. 현재 삶과 관련해서 청각에서 세 번째 감각으로 나아갈 때 훨씬 덜 필요한 것이기는 하지만 말이다. 인간으로부터 내려가야 한다. 코끼리로부터, 필경 코끼리보다, 심지어는 인간 자체보다 더 풍부한 신체기관을 갖춘 각다귀까지 말이다. 인간은 눈 하나에 수정체가 하나뿐이다. 각다귀는 수천 개가 있다. 이는 현미경으로 쉽게 구분된다. 여기서 동물보다 더 무한히 풍부한 식물들로 넘어가야 한다. 말하자면 누구나 잘린 나무가 다시 태어난다는 사실을 알고 있다. 잘린 가지에서 다른 여러 가지가 다시 나오고, 그 가지들마다 꽃과 열매가 피고 열린다. 열매에 든 단 하나의 씨앗이 시간이 지남에 따라 숲 전체를 이룰 것이다. 이 모든 것에 대해 내가 6천 년 전부터 우리 눈의 발육 전부터 우리 눈의 발전에 대해 내가 한 것과 유사한 성찰을 한다면 확실히 신의 지혜에 대해 우리가 가져야 할 관념이 증가될 것이다.19

그러나 우주 전체를 두루 살펴보고, 파리보다 수억 배나 더 무한히 작은 동물에 이르기까지 경이로운 모든 배치를 둘러볼지라도, 성경에서처럼 말한다면20 "신의 지혜가 작용하면서 만들어" 내는 것만을 보게 될 것이다. 사라지게 될 창조물이며, 영원히 존속하게 될 미래 세계의 그림자와 형상만을 말이다. 그것이 신이 배려하는 영원한 대상이고, 그의 창조물의 목적이자 걸작이다.

당신의 집에 사는 이들은 행복하여라, 주여,
그들은 시대에 시대를 거쳐 당신을 찬양할 것입니다.
(Beati qui habitant in domo tua Domine,
in saecula saeculorum laudabunt te.)

---

19 드 퓌제와 레이우엔후크의 편지들을 참조.
20 〈잠언〉 VIII.

이 책 말미의 추가사항

앞서 다들 아시리라 전제했던 두 개의 증명을 이 책의 말미에 싣는다. 다음이 그 첫 번째 증명이다.

물체들의 원심력은, 물체들의 단일 운동 시 그려지는 원의 지름으로 나눈 속도의 제곱과 동일하다.

점 C의 주위를 돌면서 C에서 고정된 실絲 AC 끝에 부착된 물체 A는 접선tangente AT에 따라 실에서 벗어나려는 경향을 갖기 때문에 실에 항력을 갖는다. 자연학에서는 모두 이 점에 동의하며, 그 항력을 '원심력'이라고 부른다.

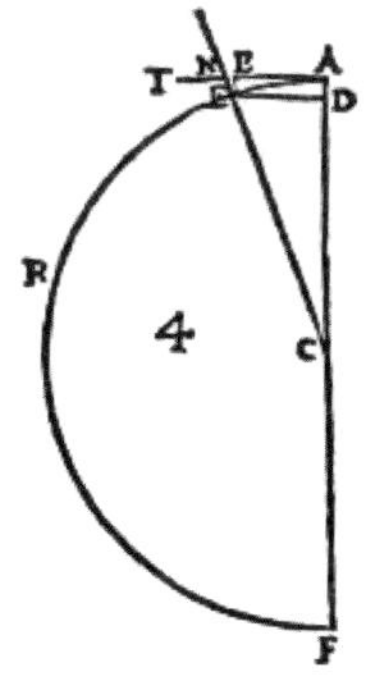

증 명

원 ARF에서 무한히 작다고 가정해서, 결과적으로 호와 현弦이 동일하다고 볼 수 있는 호 AE를 취하자. 이때 이 원을 무한한 면을 가진 다각형으로 이해하는 것이다.

그리고 작은 평행사변형 ABED를 머릿속에 그려 보자. 물체 A가 무한히 짧은 시간 동안 호 혹은 현 AE를 그릴 때 그것은 두 가지 힘의 작용으로 밀려난다. 하나는 탄젠트 AT에 따라서이고, 다른 하나는 선 AC를 따라서이다.

선 AB나 DE는 그것의 속도의 표현이고, AD나 BE는 그것이 실을 당기는 원심력을 표현한다. 이 경우 BN과 AB의 차이, 즉 현 AE가 AB를 초과하는 과잉분은 AF가 FD를 초과하는 과잉분으로 간주될 수 없다. 후자는 두 번째 종류의 차이를 따른 것이다. ED는 FA와 관련해서 무한히 작다고 가정되기 때문이다.

그래서 BE가 AD와 합동이자 평행이고, 원의 속성을 통해 이 상승비相乘比, proportion géométrique를 끌어 낼 수 있다. FA. DE : : DE. AD 혹은 BE이고, 이는 $\frac{DE^2}{FA}$ 와 같다. 그러므로 원심력 BE는 물체 A의 속도의 제곱을 지름으로 나눈 것과 같다.

즉 BE로 표현되는 매 순간, 즉 무한히 짧은 시간에 작용하는 힘과 같은 순간에 작용하고 선 DE에 의해 표현된 물체 A의 힘 혹은 속도의 관계는 이 속도와, 무한히 짧은 같은 시간이 지난 후에 작용하는 물체 A의 속도가 반지름 AF를 거치도록 할 수 있는 속도 혹은 힘의 관계와 같은데, 이는 선 AD, DE, AF가 힘 혹은 속도를 표현하기 때문이다.

그래서 DE가 무한히 작다고 가정했으므로 AD는 두 번째 종류의 무한소이며, BA나 ED의 과잉분 BN은 세 번째 종류의 무한소이다. 또한 원심력을 표현하는 AD를 무한소라고 가정하면 AF는 두 번째 종류의 무한대일 것이고, 원심력과 관련해서 두 번째 종류의 무한한 힘을 표현할 것이다.

마지막 주해 21번에서 가정된 명제를
단지 파생명제로 보는 굴절광학의 일반 명제

렌즈가 공 모양으로 볼록하거나 오목한 정도가 같거나 다를 수 있고, 한쪽은 오목하고 다른 쪽은 볼록할 수 있고, 한 면은 평평하고 다른 면은 오목하거나 볼록할 수 있다. 렌즈 축 위에 빛을 발하는 대상이나 빛을 받는 대상의 한 점에서 출발하여 서로 다른 두 번의 굴절이 이루어진 후 한 곳으로 모인 광선들의 일치 혹은 결합의 지점을 찾도록, 한마디로 말해서 대상을 재현하는 이미지의 장소를 찾도록 해보자. 또한 축과 가까워서 이 이미지를 뚜렷하게 만들어 주는 광선들이 있고, 축에서 멀리 떨어져 이미지를 모호하게 만들어 주는 광선들이 있다.

여기서 문제가 되는 것은 근접한 광선이 일치하는 지점뿐이다. 렌즈의 굴절이 거의 3 대 2가 된다고 가정하자. 다양한 경험들을 통해 알고 있듯이 공기에서 렌즈로 들어갈 때 입사각의 사인이 3 대 2인 것처럼, 그 결과 렌즈에서 나와서 공기로 들어갈 때는 2 대 3이 된다.

증명을 위한 준비

광선이 나오는 물체의 점을 A라고 하자. BK는 광선 BC 주위를 한 바퀴 돌았다면 렌즈를 볼록하게 만들 수 있는 원의 호가 될 것이다. AIM은 점 A에서 출발한 광선들 중 하나인데, 나는 이 점 A가 점 B에 아주 근접한 렌즈로 들어간다고 가정한다. 그래야 세 선 AI, AD, AB와 두 개의 작은 선 DI와 BI가 서로 합동이라고 간주될 수 있다. 볼록 꼴 BIK의 중심인 점 C에서 광선 AIM 위의 수직선 CM이 나오거나, 굴절된 광선 If 위에 다른 수직선 CN이 나온다. 뒤의 두 작은 선은 입사각과 굴절각의 사인이 되고, M과 N에서의 직각은 동일한 빗변 IC를 갖는데, 이것이 볼록 꼴 렌즈의 광선이다. 이때 CM은 입사각의 사인이고, CN은 굴절각의 사인이다. 그 결과 CM과 CN의 관계는 3 대 2이다. 이제 굴절된

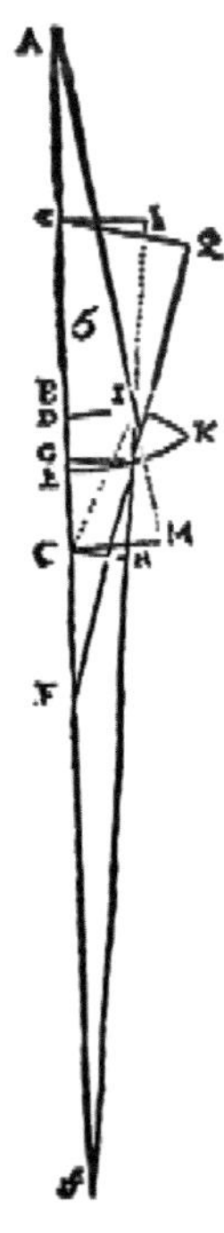

광선 If가 축 Af, 선 fIP를 만났다고 하고, 점 H[21]에서 작은 선 HG를 끌어냈다고 가정하자. 렌즈 EHK의 다른 쪽 볼록 꼴 중심의 작은 c에서 수직선 cP는 첫 번째 굴절로 꺾인 광선의 연장선상에 있고, cQ는 점 H에서 렌즈로부터 나와 공기 속으로 들어가면서 이루어지는 두 번째 굴절로 꺾인 광선 FQ 위에 있다. 그러므로 P와 cQ의 관계는 2 대 3이 되는데, 이는 내가 첫 번째 굴절에 대해 말했던 것과 같은 이유에서이다. 이렇게 가정하고, 내가 마지막 주해에서 굴절에 대해서 말한 것으로 충분히 증명되었으므로 축 Af위에서, 대상의 점 A에서 나온 광선들의 일치점 F를 찾는 것이 문제가 된다. 즉 거리 BF를 찾고 난 후의 거리 BF 말이다.

이를 위해 특정되지 않은 것에 이름을 붙여보자. 즉 대상 AB의 거리는 d이고, 원 BIK의 광선, 즉 BC = r이다. 입사각의 사인, 혹은 CM = s이고, CN = $\frac{2s}{3}$ 이고, 미지의 입사각 Bf = x이다. 점 f를 갖게 되면 다른 선들에도 이름을 붙일 것인데, 이는 혼동을 피하기 위함이다.

이제 미지의 입사각 Bf = x를 찾아보자.

광선 AI는 축에 대단히 근접해 있으므로 AC, (d + r)과 AD 혹은 AB의 관계는 CM, (s)와 DI = $\frac{sd}{d+r}$ 의 관계와 같다.

B f (x)와 fC (x − r)의 관계는 DI, $\left(\frac{sd}{d+r}\right)$와 CN$\left(\frac{2s}{3}\right)$의 관계와 같다.

이로부터 $\frac{2sx}{3} = \frac{sdx - sdr}{d+r}$ 은 다음처럼 B f 혹은 x = $\frac{3dr}{d-2r}$ 로 귀결한다. 이 x의 값을 통해 d가 2r과 같다면 광선들은 평행하다는 것을

---

21 그림에 없는 문자 H는 선 FQ가 호 EK를 절단하는 곳의 자리에 있다.

알게 되고, d가 2r보다 클 때 광선들은 도형에서처럼 렌즈 아래에서 교차하게 될 것이고, 그것보다 작았다면 점 f는 점 A을 넘어서게 되어, 광선들은 굴절 후에 여전히 발산할 것인데, 이 경우 x 값이 음수가 될 것이기 때문이다. d가 무한했다면 첫 번째 볼록 꼴의 초점은 광선과 세 배 먼 거리에 있을 것이고, 2r은 d와 관련해 볼 때 0이 된다. r이 무한할 때, 즉 렌즈가 평평할 때 일치점 f는 점 A의 위에 있고, 이로부터 $\frac{3d}{2}$ 만큼 떨어져 있을 것이고, 이때 x 값은 음수가 된다. 마지막으로 이 세 개의 크기로부터 xd와 r의 둘이 주어졌을 때 방정식 $x = \frac{3dr}{d-2r}$ 을 통해 세 번째 크기를 쉽게 얻게 된다.

예를 들어 렌즈의 볼록 꼴에서 나오는 광선 r과 이미지의 거리 B f가 주어졌다고 가정하자. ① 방정식을 이루는 각각의 구성요소에 d −2r을 곱한다. ② dr을 양쪽에서 제거하고 2rx를 추가한다. ③ 이를 x − 3r로 나누면 $d = \frac{2rx}{x-3r}$ 를 얻게 된다. 이 방정식으로부터 우리는 첫 번째와 동일한 결과를 끌어낼 수 있다. 단지 나는 이 자리에서 대수학의 일반 해법의 풍부함과 유용성을 깨닫게 하기 위해서 말하는 것이다. 이제 광선이 렌즈에서 나올 때 일어나는 두 번째 굴절의 결과를 검토하는 것이 문제가 된다. 두 번의 굴절 다음의 일치점 F를 얻는다.

미지의 입사각 EF의 값 z를 찾아보자.

이를 위해서 렌즈 BE의 두께를 e로 부르고, E f 혹은, Gf 혹은, Hf = y라고 하자. 볼록 꼴 EHK의 광선은 Ec = a이다. 첫 번째 굴절로 꺾인 광선의 입사각의 사인은 렌즈에서 점 H로 나오게 된다.

이 사인은 c P = t이다. 그 결과 두 번째 굴절각의 사인은 c Q = $\frac{3}{2}t$

이고, 결국 FG 혹은, FH 혹은, FE = z이다.

광선 f H는 축에 아주 근접해 있으므로, f c (y+a)와 f E(y)의 관계는 c P (t)와 GH = $\frac{ty}{y+a}$ 와 같으며, Q$\left(\frac{3t}{2}\right)$와 GH $\left(\frac{ty}{y+a}\right)$의 관계는 F c(z+a)와 FE(z)의 관계와 같다는 비례식을 얻게 된다.

이 비례식의 외항과 중항을 곱하면 방정식 $\frac{3}{2}tz$ = $\frac{tyz+aty}{y+a}$를 얻게 되고, 각각의 변을 t로 나눈 뒤, 2를 곱하고, 다시 y + a를 곱하면 3yz + 3az = 2yz + 2ay가 나오고, 이로부터 양쪽에서 3yz를 빼면 3az = 2ay － yz가 나온다.

마지막으로 이를 2a － z로 나누면 y = $\frac{3az}{2a-z}$가 된다. 그런데 y나 E f는 x － e 혹은 B f － BE와 같으므로, 방정식 x － e = $\frac{3az}{2a-z}$가 나오고, 이 방정식에서 x 값을 $\frac{3dr}{d-2r}$라고 하면, $\frac{3dr}{d-2r}-e$ 혹은 $3dr-\frac{ed+2er}{d-2r}=\frac{3az}{2a-z}$가 나온다. 각 변에 $d-2r$와 $2a-z$를 곱하면 $6ard-2aed+4aer-3drz-2erz+edz=3adz-6arz$가 나오게 되는데, 여기서 미지수 z가 있는 3개의 항을 변을 바꾸면, $3adz+3rdz-edz-6arz+2erz=6ard-2aed+4are$가 나오고, 그 결과 미지수를 찾게 된다.

$$(1)\ z=\frac{6ard-2aed+4are}{3ad+3rd-ed+2er-6ar}=\text{EF}$$

렌즈의 두께를 0이라 가정하면, 렌즈의 두께값을 의미하는 e가 있는 항들이 전부 삭제되어 다음의 방정식을 얻게 된다.

(2) $z = \frac{2ard}{ad + rd - 2ar}$

대상의 거리가 무한하거나, 대상들이 멀리 떨어져 있을 때 렌즈에 내려앉는 광선들이 평행하다고 간주할 수 있다면 d가 존재하지 않는 모든 항들을 지우면 z의 두 번째 값은 다음과 같이 귀결한다.

$z = \frac{2ar}{a+r}$ 그리고 이 두 볼록 꼴이 동일하다면 $z = r$이 나온다.

그런데 거리 d가 충분히 크지 않아서 광선들을 평행하게 만들 수 없다면, $z = \frac{dr}{d-r}$ 이고, 이것이 내가 마지막 주해 21번에서 가정했던 정리이다.

이 문제를 해결하기 위해 만든 도형과 추론에서 렌즈가 두 면에서 볼록하다고 가정했다. 그런데 이들 공식으로 기호들 몇 개를 바꾸고 항 몇 개를 제거하는 것을 관찰하면 보편적인 해답이 제시된다. 특별한 각각의 경우가 이 점을 결정하게 된다.

예를 들어 렌즈가 대상의 쪽에서는 오목하고, 다른 쪽에서는 볼록하다고 가정하고, z의 2차 값을 사용한다고 가정한다면, r이 들어간 항들의 기호를 바꾸기만 하면 된다. 이 경우 볼록 꼴 BIK의 광선은 음수이거나 그 공식을 제공했던 계산의 기초가 되었던 것과 반대 방향으로 취하므로 $z = \frac{-2ard}{ad - rd + 2ar}$ 혹은 $\frac{2ard}{rd - ad - 2ar}$가 된다.

그러나 똑같은 렌즈를 뒤집는다면 이 공식에서 광선 a가 들어 있는 항들의 기호를 바꿔야 할 것이다. 결국 렌즈 두 면이 볼록해진다면 광선 r과 a만이 만나는 기호들을 바꾸고, 그들 모두 들어 있는 항에서는 아무것도 바꿔서는 안 된다. − r은 − a를 통해 + a r이 마련되기 때문이다. 그래서 우리는 $z = \frac{2ard}{-ad-rd-2ar}$ 을 얻는다. 이 값은 항상 음수이고, 광선들이 렌즈에 내려앉는 것과 동일한 면의 일치점 F이다.

렌즈가 대상을 향한 면이 평평하고, 반대편이 볼록하다고 가정하면, 그때 광선 r은 무한해지므로 z의 두 번째 값에서 r이 없는 a와 d 항을 무시해야 할 것이다. 또한 같은 이유로 렌즈를 뒤집는다면 r d 항을 삭제해야 할 것이다. 그래서 렌즈의 한 면이 평평하고 반대쪽이 오목할 때 어떻게 할지 충분히 알게 된다.

마지막으로 광선들이 볼록렌즈 위에 내려앉는다고, 즉 광선들이 서로 가까워진다고 한다면 그때 거리 AB (d)는 음수가 되겠고, 이 경우 광선들이 향하는 점 A는 점 F와 같은 면에 있을 것이다. 그래서 z의 두 번째 값이나, 방금 지적한 개별 경우들에서 d를 포함한 항들을 다른 기호로 바꾼다면 찾고 있는 값을 얻게 된다.

z가 다른 둘 중 하나와 함께 주어진다면 이 방정식은 이미 말했듯이 다른 방정식에서 z를 끌어내면서 세 번째 방정식을 알려줄 것이다.

그러므로 공기에서 렌즈로 들어가는 빛의 굴절률이 3 대 2임을 가정한다면 처음 두 공식 혹은 z 값이 이 문제의 상이한 모든 값에 모두 해답을 내놓는다는 점을 분명히 알게 된다. 그런데 굴절률이 m 대 n인 확정되지 않은 공식을 필요로 할 때 m 대 n에 우리가 바라는 그런 수들을 넣어 볼 수 있다. 문제 해결을 위해 우리가 만든 비례식에서 $\frac{2}{3}$s 대신 굴절각 $\frac{n}{m}$s의 사인값 C N과 c Q의 사인값을 $\frac{3}{2}$t 대신 $\frac{m}{n}$t라고 명명하기만 하면 된다. 그리고 계산을 마무리하면 p를 m − n에 넣으면서 찾게 될 것이다.

EF 혹은 $z = \dfrac{mnard - npaed + nnare}{mpad + mprd - pped + npre - mnar}$

혹은 렌즈의 두께 e를 무시한다면

$z = \dfrac{nard}{pad + prd - nar}$ 이다.

이 한 가지 문제를 보편적으로 해결했을 때 여기에는 말하자면 대상에서 나오는 광선들을 결합하고, 평행으로 놓고 수렴하고 분산하도록 렌즈의 형상을 결정하는 굴절광학이라는 학문 전체가 포함된다는 점이 명백하다.

이 광선들이 여러 렌즈를 거치도록 하면서 원하는 대로 이미지를 증가시키거나 감소시키게 된다. 대상 A의 이미지에 속한 점 F를 점 A 자체처럼 간주하고, 볼록렌즈의 양의 초점과 오목렌즈의 음의 초점을 같은 F라는 점에 두도록 그 점 F의 자리에 볼록렌즈를 두고 점 F의 아래에 오목렌즈를 같은 축선에 둔다. 그러면 빛줄기들은 이 후자의 렌즈들로부터 평행으로 나오게 된다. 이것은 시력이 좋은 사람들에게 필요한 것이다.

그러나 대상이 뒤집혀 보이므로 광선들이 볼록렌즈를 두 개 거치고 세 번째 볼록렌즈에 도달하게 되면 광선들은 다시 축에 모일 것이다. 또한 이 새로운 초점을 대상의 점 A로 간주하고 세 번째 렌즈와 볼록한 정도가 동일한 네 번째 렌즈를 추가하면서 이 점 A가 지금 말한 마지막 두 렌즈의 초점에 모으고자 한다면 광선들은 여기서 평행하게 나올 것이며 대상들의 이미지는 다시 원 상태가 되면서 훨씬 증가하게 될 것이다.

나는 이 모든 점을 세부적으로 다루지는 않는다. 그리고 나는 두 번째 공식으로부터 끌어낼 수 있는 몇몇 일반 파생명제들만을 제공하면서 그것으로 다양한 문제들에 적합한 새로운 파생명제들을 제시하고자 했다. 여기서 나는 대수학과 분석의 유용성에 대해서 방법을 다룬 다섯 번째 장의 마지막 부분에서 내가 제시했던 진리를 깨닫게 하려는 목적뿐이다. 1704년 아카데미 논문집에 실린 기네Guisnée 씨의 논문에서 이 문제의 일반 해법으로 제시된 더욱 세부적인 파생명제들을 읽을 수 있다. 이 논문에서 저 박식한 기하학자는 평면이나 원의 호로 렌즈를 깎는 것뿐 아니라 일반적으로 동일하거나 상이한 본성을 가진 두 곡선을 가정하면서 이 문제를 해결하고자 했다.

방법의 문제를 다룬 제6권 2부 4장 및 다른 곳에서 "신은 항상 질서에 따라, 가장 단순한 길을 통해 작용한다"라고 말한 것의 주해[1]

어떤 사람들은 신이 항상 질서를 따라 작용하고 그의 의도를 실행함에 있어 가장 단순한 길들을 통해서만 작용한다고 하는 말이 대단히 대담한 발견이거나 모호하고 일반적인 용어들을 잘못 사용하는 것으로 본다. 그래서 내가 이 진리를 증명하고 설명하는 것이 쓸데없는 일은 아닐 것이다. 그 진리는 자연의 지식을 위해서뿐 아니라, 종교와 도덕의 지식에 대해서 가장 중대한 일이니 말이다.

우리는 신이라는 말을 지혜와 학문에 한계가 없으며, 그 결과 그의 의도를 실행할 수 있는 모든 방식을 알고 있는 무한히 완전한 존재라고 이해한다. 사정이 이러하므로 나는 신이 항상 가장 짧은 방식을 통해서 혹은 가장 단순한 길을 통해서 작용한다고 말하는 것이다.

내 말을 더 잘 이해시키기 위해 나는 한 가지 뚜렷한 예를 들겠다. 나는 신이 물체 A가 물체 B와 충돌하기를 바란다고 가정한다. 신은 모든 것을 알기 때문에 A가 무한한 곡선과 단 하나의 직선을 통해서 B와 충돌할 수 있으리라는 것을 완벽하게 안다. 그런데 신은 A를 통한 B의 충돌만을 원하고, 우리는 이 충돌을 통해서만 A에서 B로 그 물체를 이동

1 C~E판의 열여섯 번째 주해

시키기를 원할 뿐이라고 가정한다. 그러므로 A는 가장 짧은 길을 통해서, 혹은 직선을 통해서 B를 향해 이동했음이 틀림없다. 물체 A가 곡선을 통해서 B를 향해 이동했다면 그것은 그 물체를 이동한 것이 다른 길을 알지 못했거나, 이 물체들의 충돌뿐 아니라, 이 충돌의 관계와는 다르게 이 충돌을 만드는 방식 또한 원했기 때문임을 분명히 알려준다. 이는 가정과 모순된다.

곡선이 직선보다 더 크므로 한 물체를 A에서 B로 이동시킬 때 그만큼 더 많은 작용이 존재한다. 그러므로 신이 직선의 두 배인 곡선을 통해 A를 B로 이동시켰다면 신의 행위의 절반은 전적으로 무용할 것이다. 그래서 결과가 없는 만큼 의도도 없고 목적도 없이 산출된 신의 작용의 절반이 있을 것이다.

더욱이 신에게서 행위란 의지이다. 그러므로 A가 직선이 아니라 곡선으로 이동하기 위해서는 신의 더 많은 의도가 필요하다. 그런데 신은 충돌의 방식을 통해서만 A의 운동에 대해 충분한 의지를 가질 뿐이다. 그 결과 A가 곡선을 통해 B로 움직이는 것은 모순이다. 그래서 신이 자신의 의도를 실행하기 위해 길을 선택할 때 그의 동일한 의도와는 다른 것을 목적으로 한다고 가정하지 않는다면 신이 가장 단순한 길을 통해 작용한다는 것은 모순이며 이는 우리의 가정에도 반대된다.

내가 직선보다 곡선을 통해 한 물체를 A로부터 B까지 이동시키기 위해 신의 의지가 더 많았다고 말한다면, 그것으로 신의 존재와 작용의 단순성에 반대하는 결론을 전혀 끌어낼 수 없다. 무한한 존재의 이러한 단순성이 유한한 존재들의 다양한 완전성을 어떻게 포함하는지, 어떻게 그의 의지가 항상 동일하고 항상 질서에 부합하는 것인지, 어떻게 그의 의지가 산출하고 보존하는 다양한 존재들의 관계에 따라 다양화되는지 이해할 수 없음을 인정해야 한다. 나는 우리가 이해하는 방식에 따라서만 말할 뿐이다. 우리는 내가 보기에 대단히 명백하게 신이 예를 들어 물질의 1피에 입방체를 원하고 창조할 때, 그는 그것을 창조하는 것과는 다른 것을 원하는 것임을 이해한다. 그러나 신이 두 개의 상이한 물질을 창조할 수 없고, 1피에의 물질을 창조했는지 2피에의 물질을 창조했는지, 아니면 둥글거나 직선으로 물체를 이동시켰는지, 물질 혹은 물질의 운동에 관련하여 그의 의지에 어떤 차이가 있는 것은 아닌지 알 수 없으리라는 것이 분명하다. 신은 피조물들의 모든 차이를 오직 자기 자신 속에서만, 그의 의지에서만 보기 때문이다. 그런데 이는 신이 산출하거나 보존하는 다양한 존재들과 관계를 가진 행동으로 신 속에 존재하는 것이다. 나는 이를 신 속의 의지의 차이 혹은 감소나 증가라고 부른다. 그리고 사물을 이해하는 이러한 방식에 따라 나는 신이 자신의 의도들을 실행하기 위해 필요한 것 이상의 의지를 사용할 수 없다고 말하는 것이다. 그래서 신은 항상 그의 의도와 관련해서 가장 단순한 길을 통해 작용한다.

그러나 나는 신이 동일한 결과들을 산출하기 위해 똑같이 단순한 수많은 길을 가질 수 있다는 점을, 상이한 길을 통해서 동일한 결과를 산출할 수 있다는 점을 부정하지 않는다. 그런데 신은 항상 가장 단순한 길들이 동일한 유에 속하는 것이라면 그 길들을 통해 동일한 결과를 산출한다. 무한히 현명한 존재가 불필요하고 조정이 되지 못한 의지를 갖는다는 것은 모순이기 때문이다.

이 원칙을 도덕에 적용해 보고자 한다면 내핍, 고행, 예수 그리스도의 충고에 정확히 복종함으로써 은총을 준비하는 사람들이 구원을 확신함을 알게 될 것이다. 신은 그들 속에서 가장 단순한 길을 통해 행동하신다. 내 말은 신이 그들에게 새로운 은총은 거의 부여하는 일 없이 그들 속에서 많은 일을 수행하신다는 것이다. 그들이 구원을 확고히 한다는 것을 보게 될 것이다. 그것들은 내핍, 고행, 예수 그리스도의 충고에 정확히 복종함으로써 은총을 준비하므로 신은 그들 속에서 가장 단순한 길을 통해 작용하게 되고, 나는 신이 그들에게 새로운 은총을 거의 부여하지 않고 그들 속에서 많이 작동한다고 말하는 것이다. 비록 신이 우리 모두를 구원하고자 하지만 그는 가장 단순한 길을 통해 구원할 수 있는 사람들만을 구원할 것이다. 그들은 예수 그리스도를 통해 자신의 영광에 선택된 일정한 수의 사람들을 성화하려는 위대한 의도와 관련되어 있다. 그리고 신은 그 수가 찰 때까지 이브의 아이들을 증가시킬 것이다. 그것은 신이 가장 단순한 길을 통해 우리를 성화하고자 하고, 원죄 이후 신이 인간의 아이들을 늘려서 선택된 사람들의 수를 채우려고 하기 때문이다. 신의 질서에서 물러나 영벌을 받는 사람들이 많으니 말이다.

그런데 신이 개별적 원인으로서 행동하지 않으므로 우리처럼 그가 산출하는 각각의 사물에 개별 의지를 갖는다고 생각해서는 안 된다. 만일 그렇다면 괴물들의 발생은 불가능할 것이고, 신의 창조물이 어떤 다른 것을 파괴하는 일이 일어나지 않으리라는 것이 명백해 보인다. 신이 반대의 의지를 가질 수 없으므로 마니교도들이 하듯이 예를 들어 신이 자라게 했을 과일들을 얼리기 위해서는 악의 원리에 도움을 구해야 할 것이다. 사정이 이러하므로 내가 보기에 우리는 어떤 일반 법칙들이 존재한다고 생각하지 않을 수 없다. 그 일반 법칙들을 따라서 신은 예수 그리스도 안에서 선택된 자들을 예정하고 성화하는 것이다. 이 법칙은 우리가 은총의 질서라고 부르는 것인데, 신이 세상에 존재하는 모든 것을 산출하고 보존하는 데 따르는 일반의지가 자연의 질서인 것과 같다.

나는 내가 잘못 생각하는지 모른다. 하지만 내가 보기에 이 원칙으로부터 대단히 많은 결론들을 직접적으로 끌어낼 수 있을 것 같다. 그 결론들은 아마 몇 년 전부터 많은 토론이 이루어졌던 난점들을 해결할 것이다. 그러나 나는 내 자신이 그것들을 끌어내어야 한다고 생각하지 않는다. 각자 자신의 빛에 따라 이들을 끌어낼 것이다. 반드시 알아야 할 필요가 없는 일들에 대해서 말하는 것보다 침묵하는 것이 훨씬 적절하다. 아마 언젠가는 우리가 지금 행하게 될 것보다 더 쉽게 동의할 것이다. 내가 바라는 것은 그저 우리의 만족의 가장 단순한 길들이 내핍과 고행이라는 것을 사람들이 확실히 알았으면 하는 것이다. 적어도 예수 그리스도가 은총의 질서의 법칙들을 뚜렷하게 알기에 그가 우리에게 말뿐 아니라 그의 모든 행동을 통해 지적한 길들을 따르지 않을 때 위험을 계속해서 무릅쓰는 것이라는 성찰을 진지하게 했으면 하는 것이다.

그러나 인생의 행로에서 어떻게 결정해야 하는지 모르는 개별적인 경우들이 일어난다. 어떤 생각들에 이쪽저쪽에서 상반된 근거들을 가져올 수 있기 때문이다. 아마 이곳에서 특별한 어떤 사례를 통해 우리가 방금 확립했던 신은 항상 단순한 길을 통해서 작용한다는 원칙을 다수 사용할 수 있음을 보여 주는 것이 유용할 것이다.

예를 들어 내가 매일 시간을 정해 놓고 내 자신 속에 들어가서, 내 허약함과 내 비참을 머릿속에 그려 보고, 신 앞에서 내 의무를 고려하고, 신에게 내 정념을 극복하는 데 도움을 간청해야 하는지 혹은 내가 신이 원하는 곳에서 신이 원하는 시간에 숨결을 불어넣는 신의 정신이 나를 내 자신과, 내가 신에게 몰두하기 위한 일상적인 활동에서 빼앗기를 기다려야 하는지 아는 일이 어렵다고 가정해 보자. 이 생각들 각각의 찬반을 두고 사실임 직한 근거들을 제시할 수 있다. 우리는 종종 유사한 경우들에서 사실임 직함에 만족한다. 이 때문에 신앙을 가진 사람들도 간혹 아주 상이하고, 항상 가장 확실한 것은 아닌 행동을 취하는 것이다.

그러므로 신의 정신의 개별적 움직임들을 내가 예상한다면, 내가 이를 위해 개별적 빛들이나 선행적 열락들을 받아들이지 않는다면 나는 그것을 결코 간청하지 않을 것이다. 그런데 이 빛이나 이 열락은, 자연의 질서를 정하는 그의 일반의지들보다 더 개별적 의지들에 의해 신이 산출한 것이므로, 그것은 일종의 기적이라고 하겠다. 그래서 신이 나를 가장 단순한 것이 아닌 길을 통해 내게 요청한다고 주장하는 것이다. 항상 필연적인 것이 아닌 그의 은총들을 기대하는 것은 어떤 방식으로 신을 시험하는 일이기도 하다.

그러나 내가 어떤 시간에 신의 현전現前을 맞거나 맞기 위해 노력하는 습관을 마련한다면, 시계의 종소리가 내 의무를 기억하게 하는 것으로 충분하다. 신이 나에게 기도하려는 생각을 불러일으키려는 개별적 의지를 가질 필요가 없는 것이다. 내가 선택한 시간이 어떤 감각적인 것을 통해 주목될 때 영혼과 신체의 결합의 일반법칙만으로 나는 내 의무를 생각하게 될 것이다.

그런데 자기 자신 속으로 들어가 기도를 해야 하고, 그 생각을 갖지 않고는 기도할 수 없고 신이 그 생각을 하게끔 하지 않는다면 그 생각을 가질 수 없으므로, 이런 생각을 한다는 것이 이미 구원을 위한 대단한 것이다. 신이 우리에게 그 생각을 개별적 의지를 통해 혹은 일종의 기적에 의해, 더 정확히 말하자면 신이 모든 사람들을 자신의 아들 속에서 구원하고자 하는 은총의 명령이라는 일반 법칙의 결과로 전하지 않는다고 해도 말이다. 이는 아마 신의 현전 앞에서 기도하고 의무를 고려하는 처음 언급한 생각의 결함이다. 그것이 많은 사람들의 맹목의 근원이고, 그 결과 영원한 영벌의 근원이다.

신은 항상 가장 단순한 길을 통해 행동하므로 그들이 때에 따라 규칙적으로 기도하는 습관을 일단 들였다면, 개별 의지들에 의해 그들이 신의 일반의지들 덕분에 얻을 수 있었을 생각들을 부여할 수 없었다. 그래서 신은 가장 단순한 길들을 통해 사람들을 구원하고자 하므로, 원하는 만큼 은총의 질서에 자연의 질서를 맞추도록 하고, 말하자면 적어도 우리에게 기도할 생각을 부여하는 시간을 맞춰 놓고서 자연과 은총 사이에 신의 의지를 부합하도록 해야 한다는 것이 명백하다.

필경 신이 예전에 유대인들에게 자신의 계명을 집 문에 적고, 그것을 기억하게 할 수 있는 뚜렷한 어떤 표지를 항상 갖추라고 명령한 것이 이런 이유에서이다. 이를 통해 신은 이렇게 말할 수 있다면 그들에게 이런 생각들을 불러일으키는 개별 의지를 사용하지 않아도 된다. 은총의 기적은 유대인들 사이에는 극단적으로 드물었고, 신이 자신의 율법을 새기고 그의 성령과 애덕을 인간의 마음속에 퍼뜨렸던 시간은 아직 오지 않았다.

순전히 자연적 힘을 통해 만들 수 있는 모든 것들은 그 자체로 은총에 칭송받을 만하게 배치될 수 없고, 그것이 없이는 종교 내부에 외부에 속한 모든 것은 단지 우리의 교만과 이기심을 유지하는 데만 사용될 수 있다는 점을 나는 인정한다. 바리새인들은 허영심에 신의 율법을 기억하게 하는 눈에 띄는 기호들을 지니고 다녔다. 예수 그리스도는 그들에게 그것을 비난한 것이다. 기독교인들은 종종 호기심에, 위선에 의해, 혹은 이기심의 어떤 다른 이유에 의해 십자가와 성상을 사용한다. 그러나 이것들은 신을 생각하게 할 수 있으므로 사용하는 것이 대단히 유용하다. 가능한 은총에 자연을 이용하게 해야 한다. 그래야 신은 우리를 가장 단순한 길을 통해 구원할 수 있을 것이다.

자연적으로 은총을 받을 수 있게 준비할 수 없을지라도 우리는 종종 은총을 유효하게 만드는 데 공헌할 수 있다. 정념의 원인이 되는 대상들로부터 멀어지거나 그것이 불러일으킨 것과 반대되는 근거들을 스스로 그려 보면서 정념의 노력을 감소시킬 수 있기 때문이다. 다른 사람들보다 더 세심하게 그들의 상상력의 순수성을 지키려고 하거나, 감각적 쾌락들을 끊임없이 누리고 또 사교계의 교류를 피해 순수한 상상력을 타락하지 않도록 하는 사람들은 은총을 유효하게 만든다. 다른 사람들보다 그들에게서 은총이 저항을 덜 받는다는 점에서 말이다. 이런 의미에서 질병 자체, 비, 혹은 우리를 우리 집에 붙들어 두는 어떤 다른 사고는 은총을 유효하게 만들 수 있다. 쾌적한 어떤 대상의 현전이 만들어 내는 감각적 자극에 우리를 저항하게 하기에는 지나치게 약할 수 있었을 그런 은총의 단계는 이 동일한 대상의 더러운 상상력이나 사유를 끔찍하게 거부하도록 하기에 충분히 강하다.

신이 우리를 가장 단순한 길을 통해 구원하는 데 복음서의 충고들 이상으로 필요한 것이 없다. 그 충고들을 따르는 것이 유용하다. 불변하는 질서나 은총의 질서의 일반 법칙 덕분에 우리 내부에 그의 사랑을 키우는 신의 정신의 운동에 그 충고를 따르는 것일 뿐 아니라, 비록 우리가 그 충고를 그저 이기심에 의해 실천할지라도 이 충고들의 실천이 종종 은총을 유효하게 하기 때문이다. 이는 수많은 경우에 우리가 할 수 있는 일이다.

찾아보기

지은이 · 옮긴이 소개

지은이 | **니콜라 말브랑슈** (Nicolas Malebranche, 1638~1715)

17세기 프랑스 철학자이자 신학자로, 데카르트 철학을 아우구스티누스 신학의 사유 안에서 재해석한 독자적 인식론을 전개했다. 파리의 부르주아 가문에서 태어나 가정교육을 받았고, 파리의 콜레주 드 라 마르슈에서 철학을, 소르본대학에서 신학을 공부했다. 이후 베륄이 창시한 오라토리오회에 입회해 1664년 사제로 서품되었다. 《인간론》을 계기로 데카르트 철학에 천착하였고, 그 사유의 결실이 1674~1675년에 걸쳐 출간된 그의 대표작 《진리의 탐구》이다. 말브랑슈는 생애 말년까지 이 책을 지속적으로 수정·보완해 1712년에 결정판을 완성했다. 말브랑슈는 성 아우구스티누스의 신학 전통을 계승하면서도 데카르트의 방법론을 적극적으로 수용해, 신학의 진리를 근대 이성의 언어로 재구성한 사상가로 평가된다. 대표 저서로는 《기독교 대화》, 《자연과 은총의 논고》, 《기독교 성찰과 형이상학》, 《도덕론》, 《기독교 철학자와 중국인 철학자의 대담》 등이 있다.

옮긴이 | **이충훈**

서강대학교 불어불문학과를 졸업하고 같은 학교 대학원에서 불문학을 공부했다. 프랑스 파리 제4대학에서 《단순성과 구성: 루소와 디드로의 언어와 음악론 연구》로 문학박사 학위를 받았다. 현재 한양대학교 글로벌문화통상대학 교수이다. 디드로의 《미의 기원과 본성》, 《백과사전》, 《듣고 말하는 사람들을 위한 농아에 대한 편지》, 《자연의 해석에 대한 단상》, 라 메트리의 《인간기계론 / 인간식물론》, 장 스타로뱅스키의 《장 자크 루소. 투명성과 장애물》, 《자유의 발명 1700~1789 / 1789 이성의 상징》, 사드의 《규방철학》, 모페르튀의 《자연의 비너스》, 장 자크 루소의 《정치경제론·사회계약론 초고》, 필립 피넬의 《정신이상 혹은 조광증의 의학철학 논고》 등을 번역했고, 저서로 《자연의 위반에서 자연의 유희로》 등이 있다.